Ganzheitlich Heilen

Buch

Die alte mexikanische Heilkunst Curanderismo vereinigt in sich die Weisheit der jahrtausendealten Kulturen dreier Kontinente. Sie entwickelte sich aus einer gegenseitigen Befruchtung der spanischen, aztekischen und afrikanischen Medizin. Die Curandera Elena Avila weiht den Leser in die Besonderheiten dieser Heilkunst ein, die den Körper nicht getrennt von Geist und Seele betrachtet. Jede Person wird im Curanderismo in ihrer emotionalen, physischen, mentalen und spirituellen Ganzheit erfaßt. Entsprechend stellen auch die Behandlungsmethoden immer eine Kombination aus Kräuteranwendungen, psychotherapeutischen Maßnahmen und spirituellen Ritualen dar. Avilas Buch öffnet nicht nur neue kulturelle Horizonte, sondern trägt darüber hinaus zu einem neuen Verständnis von Gesundheit und Krankheit bei.

Autorin

Elena Avila besitzt eine Spezialausbildung als Krankenschwester für Psychotherapiepatienten und ist seit zwanzig Jahren als Curandera tätig. Sie veranstaltet Seminare und internationale Workshops. Joy Parker ist Autorin ethnographischer Publikationen und lehrt an der New York University sowie an der Columbia University.

Elena Avila
Joy Parker

CURANDERA

Eine mexikanische Schamanin berichtet

Vorwort von Clarissa Pinkola Estés

Aus dem Amerikanischen
von Diane von Weltzien

Ganzheitlich Heilen
GOLDMANN

Die amerikanische Originalausgabe erschien 1999 unter dem Titel
»Woman Who Glows in the Dark. A Curandera Reveals Traditional
Aztec Secrets of Physical and Spiritual Health«
bei Jeremy P. Tarcher/Putnam, a member of Penguin Putnam Inc., New York

Umwelthinweis:
Alle bedruckten Materialien dieses Taschenbuches
sind chlorfrei und umweltschonend.
Das Papier enthält Recycling-Anteile.

Deutsche Erstausgabe März 2000

Published by Arrangement with
Tarcher Books, a member of Penguin Putnam, Inc.
Umschlaggestaltung: Design Team München
Umschlagfoto: Agentur Holl/DNT
Redaktion: Ralf Lay
Satz: Uhl & Massopust, Aalen
Druck: Elsnerdruck, Berlin
Verlagsnummer: 14180
WL · Herstellung: Stefan Hansen
Made in Germany
ISBN 3-442-14180-X

1. Auflage

Dieses Buch ist Coyolxauhqui gewidmet,
der Mutter, die im Dunkeln, leuchtet,
und in liebevollem Angedenken meinen Eltern,
Matias G. Martinez und Ada Brito Martinez,
und meinen Schwestern Laura und Sonia.

Elena Avila

Für Frank Parker,
den liebenden Vater.

Joy Parker

Frau, die im Dunkeln leuchtet

Im Erwachen erkannte ich meine Illusionen,
und jetzt kann ich nicht mehr schlafen.

Ich habe keine Wünsche,
und nun kann ich nicht mehr essen …
was du mir austeilst.

Ich werde für immer wach bleiben,
wenn es sein muß.

Ich lebe im Sprung eines Eies –
im Raum zwischen den Galaxien
und im Schlamm der Erde.
Entlang der dünnen Grenzen
der Erleuchtung und
Dunkelheit.

Ich blickte durch den rauchigen Spiegel;
und mein drittes Auge zwinkerte mir zu!

Zeit ist *eine Illusion,*
und Ewigkeit lebt
im Sprung all dessen,
das zwiefach ist.

Ich mag *es,*
mitten zwischen dem
Entweder-Oder zu leben,
und Grau ist meine Farbe
im Schwarzweißen.
Ich fühle mich wohl im Kern
von Vergangenheit und Zukunft und…

Ich bin das glühende Saatkorn *in Licht/Dunkelheit.*
Ich bin
die Frau, die im Dunkeln leuchtet.

Ich werde für immer wach bleiben,
wenn es sein muß.

Elena Avila

Inhalt

Vorwort

Von Kindheit an werden die Menschen in vielen Kulturkreisen gelehrt, ja nicht zuviel zu sehen. Auf keinen Fall sollte man es wagen, sich selbst als Künstler oder Dichter zu betrachten. Auch wenn man etwas vollkommen anderes spürt, muß man sich mit der Übereinkunft abfinden, daß nur den Dingen im Leben Bedeutung zugemessen wird, deren Atome so dicht gedrängt sind, daß sie von allen wahrgenommen werden können.

Doch im Curanderismo verhält es sich genau umgekehrt. Dessen Muttersprache ist Poesie. Der Heiler ist ein Künstler. Die unsichtbaren Welten werden eindeutig erspürt und finden in dieser gemeinsam erfahrenen Wirklichkeit Anerkennung.

Wenn man zuviel Zeit in einer im Spritzgußverfahren plastifizierten Kultur verbracht hat und verbringt, muß man jeden Tag, und zwar gründlich, ausbrechen, um nicht von einer anerzogenen Blindheit gegenüber dem Innenleben aufgesaugt zu werden. Doch für viele ist eine solche Verringerung der Wahrnehmung bereits alltägliche Realität. Und vor die Wahl gestellt, sich für spärliche Belohnung zu arrangieren oder wegen der eigenen Überzeugungen an den Rand der Gesellschaft gedrängt zu werden, entscheiden sich viele unter Anpassungsdruck für eine solche Einbindung auf niederer Ebene und lassen damit zu, daß sie langsam eine Störung in der Beziehung zu allen natürlichen Dingen auf der Welt entwickeln. Auf diese Weise wird man jedoch von der wahrnehmbaren Essenz, von der Lebenskraft, die von allem ausgeht, abgeschnitten. So können Menschen nicht wahrhaft leben. Die Beziehung zu allen Themen und Aspekten im Kosmos ist die Voraussetzung, damit man die Energie, die »Elektrizität«, und die Bedingungen für diese »Elektrizität« in allem spüren kann.

In der fachwissenschaftlichen Literatur sind die Beschreibungen von unterschiedlichen Phänomenen des Geistes, Verstandes, Körpers, des Ritus und von Ritualen aller Art häufig von verblüffender Oberflächlichkeit und von unhaltbaren Behauptungen durchsetzt, oder aber es fehlt ihrer zwar stichhaltig belegten Darstellung dennoch an wahrer Lebenskraft. Dies führt zu Beobachtungen, die aus dem Zusammenhang gerissen sind, statt zu einer klaren und nützlichen, ganzheitlichen Wahrnehmung.

Zum Beispiel könnte ein ohne Zweifel wohlwollender Beobachter, dem jedoch das tiefere Verständnis fehlt, sagen, daß »im Mittelpunkt des Curanderismo die Curandera steht, die eingreifende Heilerin, die Person, die um Vermittlung bittet, die die entwirrte Welt von Verstand, Körper und Geist lobpreist und neu zusammensetzt, um das weltliche und spirituelle Wohlbefinden des Patienten zu verbessern«. Eine solche Beobachtung wäre jedoch auf bedenkliche Weise unzutreffend. Denn tatsächlich steht im Zentrum des Curanderismo zuerst und zuletzt der blumengeschmückte Gott, der zum Wohle des heilungsbedürftigen Menschen durch die Trommel herbeigerufen und von ihr begleitet wird – oder von der Glut des mit durchdringendem Duft verbrennenden Kopalharzes und von dem weißen Rauch, der sich über Hunderte süß duftender brennender Wachskerzen erhebt. Gott ist der genaue Mittelpunkt, die einzige und alleinige Muttertrommel des ganzen Beziehungsgeflechts, das wir als »Curanderismo« bezeichnen. Diese Tatsache wird nur den Augen offenbar, die »unverbildet« sind, die klar und unverschleiert sehen, erfüllt von einer solchen Art des »Nichtwissens«, das dennoch lernen will, keineswegs aber von Ignoranz, die sich wenig für das unauslöschliche Herz in allem interessiert.

Im Verlauf der Jahrhunderte hat es Milliarden von Versuchen gegeben, das zu beschreiben, was ich als *el aliento profundemente*, den »großen Atem«, bezeichnen würde, der in der Kunst des Heilens anzutreffen ist. In einer wahrhaftigen Welt wäre die Beschreibung an sich bereits ein Phänomen, das, in die rechten Hände gelegt, ein hohes Maß an Numinosiät transportierte. Doch obwohl einige wenige Darstellungen bestimmter Aspekte des Curanderismo – wie sie etwa im *Popol Vuh*, dem Urmythos der Maya, so wunderbar dargelegt und umgesetzt sind – künstlerisch und wohlgestaltet waren, haben andere sich matter, gräulicher Pigmente bedient, die das Gesamtbild eher zerstörten, als es in all seinen Nuancierungen und in seiner ganzen Pracht wiederzugeben.

Die meisten Darstellungen des Curanderismo liefern eine rein äußerliche Beschreibung, etwa indem sie sagen, »daß Curanderismo eine traditionelle Heilweise bei bestimmten ethnischen Gruppen ist, die insbesondere bei den unteren Schichten in verschiedenen der Länder, die heute unter dem Begriff, ›das alte Mexiko‹ zusammengefaßt werden, vorkommen«. Weiter heißt es, »daß solche Bevölkerungsschichten glauben, Gott fahre in den Heiler, damit auf diese Weise ausersehene Personen eine Reihe exzentrischer Rituale vollziehen können, während sie zugleich bestimmte vorgeschriebene Worte sprechen. Dann werden gewisse Artefakte verbrannt, und/oder ihr Rauch wird auf bestimmte Weise fächelnd verteilt, wonach man den Patienten als ›geheilt‹ bezeichnet. Dieser bezahlt die Curandera hierauf in einer zuvor vereinbarten Währung, und das Leben kehrt zum Normalzustand zurück.«

¡Ay! Nein! In solchen Darstellungen fehlen vollständig die entscheidenden Einblicke in die Mysterien des Heilens! Sicherlich müßten alle Dichter dieser Welt plötzlich wie vom Erdboden verschluckt sein, bevor sich Gott mit einer derartig ver-

nagelten Geschichte ohne jedes Herz einverstanden erklärte... Wenn man die ganze Kunst beschreiben will und sich dabei an solch reduktionistischen Berichten festhält, dann verwandelt sich die Beschreibung eines lebendigen, kraftvollen und dynamischen Tigers, der mit ausgefahrenen Krallen und funkelndem Blick sein Opfer anspringt, zu einem laffen, abgezogenen, in die Luft geworfenen Fell, dessen Masse an seinem einen Ende größer als am anderen zu sein scheint. Diese Art Schilderung hat nichts mit lebendiger Wissenschaft, Forschung oder Gelehrsamkeit zu tun. Es ist, als würde man ein präpariertes Tier mit einem lebendigen gleichsetzen...

Doch die religiösen Riten der Bewohner von Haiti, Santo Domingo, Hawaii, der nordamerikanischen Indianer, der Azteken und anderer beinah vernichteter beziehungsweise kolonialisierter Völker wurden auch in Worte wie die folgenden gefaßt: »Curanderismo ist Teufelszeug. Er wird von Personen praktiziert, die von Dämonen besessen und in Wahrheit nichts anderes als Quacksalber sind. Ihre Gebete, Ermahnungen und Tänze sind von gottloser Natur. Es handelt sich um Heiden; sie sind Heuchler.«

Zweimal und dreimal *¡ay! Dio mio, mio Dio,* wo ist in solchen Berichten der Eine, der im Mittelpunkt so vieler Religionen steht und im Curanderismo in weiten Teilen als *El Cristo,* als Herr der Liebe, bezeichnet wird? Der Autor dieser Zeilen hat wie ein wahnsinniger Barbier gleich auch die Gegenwart Seiner Mutter, Unserer Schönen Frau, *la Nuestra Señora,* der Jungfrau von Guadalupe, mit fortgeschoren.

Weitere ähnlich fehlerhafte oder oberflächliche Beschreibungen sind überall anzutreffen, sei es nun in den Tagebüchern des spanischen Konquistadors Bernal Díaz del Castillo aus dem sechzehnten Jahrhundert oder in kürzlich veröffentlichten Zeitschriftenartikeln, in denen die Autoren zu verlangen scheinen, daß alles, was sich außerhalb ihres Gesichtsfelds befindet, als alarmierend sinnlos und überspannt zu betrachten sei. Meiner

Meinung nach kann niemand lebendig und authentisch über das »Innenleben« und den Geist des Curanderismo schreiben, der nicht an dem Ort lebt, wo er praktiziert wird – und zwar wahrhaftig, nicht als Tourist, nicht als Besucher, nicht als Entwicklungshelfer, sondern als wirklicher Bürger.

Es ist gut, daß trotz der Kritiker, Hasser und Marodeure nichts, was schon seit jeher geliebt wurde, auf immer verlorengehen kann. Überall auf der Welt gibt es weiterhin unzählige Seelen, die auch jetzt noch Verbindung zu ihren Ahnen und damit zu ihren Wurzeln haben. Sie sprengen auch weiterhin Jahrhunderte der Verachtung, Verfolgung und der manifest-schicksalhaften Projektionen auf ihre tiefen und gottesfürchtigen Einsichten und Rituale gleichsam weg. Die Latinos der Welt fahren über die Zeiten hin damit fort, ihre religiösen Riten, die zum Teil altweltlich und zum Teil neuweltlich-*católico* sind, zu vermischen. Curanderismo ist Bestandteil des großartigen farbenprächtigen Gewebes, das daraus entsteht.

Ich muß jetzt, in meinen älteren Jahren, über viele Dinge leise lächeln, über die ich früher nur düster brütete oder zumindest mit einiger Verwirrung nachdachte. Eine der weitestverbreiteten Meinungen, die mich heute in Heiterkeit versetzen, ist die populäre Vorstellung, daß die Psychologie vor hundert Jahren mit Sigmund Freud ins Leben gerufen wurde. Es stimmt, daß Freud in vielerlei Hinsicht ein scharfsichtiger Beobachter war, C. G. Jung ebenso. Aber das Wort »Psychologie« bedeutet wörtlich das »Studium des Seelenlebens«. Der Begriff »Psyche« leitet sich ab von dem alten Wort *prushke,* das sowohl mit dem Bild von *la mariposa,* dem Schmetterling, als auch mit *la alma,* der Seele, zu tun hat. Das Wort ist außerdem verwandt mit der Essenz des Atems; anders gesagt: mit der belebenden Kraft, ohne die wir alle nicht wären. »Psychologie« in ihrer wahrsten Bedeutung ist nicht per se das Studium des Verhaltens, sondern das Studium der belebenden Kraft. Das gleiche gilt auch für den Curanderismo.

Folglich begann die Psychologie, sich vor Millionen von Jahren zu entwickeln. Sie ist uralt. Sie stieg nicht aus dem eleganten Denken des »Schlips-und-Kragen-Stamms« empor, sondern unter den wilden Locken jener, die glaubten, daß sie in den Verstand des Adlers eindringen könnten, jener, die freundlich die Bären begrüßten, denen sie auf dem Weg begegneten, jener, die sich kleideten wie eine Schar Krähen, jener, die das Heulen des nun fast ausgestorbenen Wolfes genau nachmachen konnten.

Für den streng westlich orientierten Verstand hört sich das ein wenig unheimlich an, ich weiß. Aber es klingt nicht absonderlich, wenn man es mit unserer Achtung vor Genies vergleicht. Denken Sie doch einmal daran, wie wir über jene staunen, die die Begabung für die Malerei und Bildhauerei oder für die Technik und Physik haben. Ihnen zollen wir die gleiche Art Respekt, wie sie die Ältesten in mexikanischen Familien ihren Kindern im Hinblick auf jene beibringen, die die Gabe besitzen, einzudringen, zu heilen und von Geist zu Geist, von Seele zu Seele zu übersetzen.

Der Curanderismo beschäftigt sich, wie dies auch bestimmte psychoanalytische Theorien tun, mit den negativen und positiven Prinzipien der Seele. Der Curanderismo geht jedoch sehr viel weiter. Man berücksichtigt nicht nur die Geschichten im Alltag eines Menschen, die Träume, die weltliche Situation, sondern indem man das Leben der Seele eingehend untersucht, betet man auch für den Patienten. Gebetet wird für Vision, Kraft und Ganzheitlichkeit. Im Curanderismo stellen Träume *wirklich* Hilfe und Führung dar. Auf dem Grund der Psyche erfährt man, daß die innere und die äußere Welt *tatsächlich* ineinanderlaufen.

In der Psychoanalyse sagen wir, ähnlich wie im Curanderismo, die Meisterung der inneren und äußeren Welt hänge davon ab, daß man nicht einseitig wächst. Denn wenn dies geschieht, dann werden sich die Wurzeln der Person aufgrund ihrer Schmalspurausbildung und ihres einseitigen Gewichts aus ebenjener Erde losreißen, die gerade das enthält, wonach wir uns im Leben am meisten sehnen: Sinn und Bedeutung, sich entfaltende Talente, Mitgefühl und Liebe, den belebenden Geist.

Die Beziehung zwischen der Curandera und dem Patienten hört nicht auf, nachdem der Ritus/die Analyse vorüber ist oder wenn *la quenta,* die Rechnung, bezahlt wurde. Die größten Curanderas und Curanderos lassen die *velas* für die Gesundheit jeder Seele monate-, jahrelang, ja manchmal für immer brennen.

Curanderismo zieht wie die klassische Jungsche Psychoanalyse in Betracht, daß ein moderner Mensch in seinem frühen Leben oft gut und angemessen sozialisiert, aber auch auf gewisse Weise zutiefst fehlgeleitet ist; daß er häufig verkehrt ermutigt, belohnt oder sogar zu einem Leben gezwungen wird, das einen ganzen Kontinent des Wissens ausschließt – das Leben der Seele.

Wie in der Psychoanalyse gibt es im Curanderismo ebenfalls ein Zusammenspiel mit den Prozessen des kollektiven Unbewußten. Ich habe bewußt von *Prozessen* gesprochen, denn man könnte vielleicht fälschlicherweise meinen, das kollektive Unbewußte selbst sei von so großem Interesse. Nein, der Einblick in das kollektive Unbewußte allein mit dem Intellekt, selbst mit viel Zuneigung, ist dennoch wie das Betrachten faszinierender Relikte in einem gläsernen musealen Ausstellungskasten. Es sind vielmehr die *Prozesse* und nicht so sehr die *Darstellungen* des kollektiven Unbewußten, die auf uns einwirken, die dafür sorgen, daß unsere *vida imprescindible,* die Vitalität des Lebens, lebendig bleibt, wirklich fähig, uns sowohl Sinn als auch Richtung zu bieten.

Mit alldem will ich nicht sagen, daß Psychoanalyse Curanderismo oder daß Curanderismo Psychoanalyse ist, denn keines ist dem anderen gleich, und beide beschreiten in Heilung und Ausbildung sehr unterschiedliche Wege. Die Ausbildung zum Psychotherapeuten ist beispielsweise weit kürzer als die zur Curandera – ungefähr acht Jahre im Rahmen eines Programms, dessen Abschluß vom Stammhaus in Zürich bescheinigt wird, im Vergleich zu ungefähr fünfzig Jahren oder mehr praktischem Curanderismo ohne jeglichen formalen Abschluß.

Obgleich beide gemeinsame Gebiete behandeln, sind die meisten ihrer Methoden und Ideenbildungen unterschiedlich. Ähnlich ist jedoch, daß sie darauf angewiesen sind, die Psyche zu einer vollständigeren Sichtweise zu bewegen, zu einer, die für zusätzliche und symbolische Informationen und Formationen sorgt, zu einer, die nicht ein auf dem Sofa oder vor dem Fernseher verschlafenes Dasein begünstigt, sondern ein Leben der Kraft, der Schöpfung, des Strebens nach Erfüllung und Glück.

Sollten wir also die Schuld am Ersticken der Signale aus der inneren Welt den grausamen Händen einer fehlgeleiteten Kultur zuweisen oder den verflachten Berichten der professionellen Beobachter und der in den Medien vermittelten Wirklichkeitsparodie, die einen Teil des großen Kollektiven ermutigen, mit seiner Geringschätzung für das innere und heilige Leben fortzufahren? Nein, am Ende ist nichts von all diesen Dingen ausschlaggebend. Sie leisten lediglich ihren Beitrag zu den Abfallhalden der Jahrhunderte. Was? Was sagen Sie da? Aber sie liegen der Sache doch sicherlich zugrunde? Nein. Da gibt es anderes, was weit verantwortlicher ist. Die Ursache dafür, daß die Seele in der Gesellschaft so oft schlecht behandelt wird, daß sie so häufig entehrt und als pathetisches, armes, abgewürgtes Ding lächerlich gemacht wird, ist vor allem darin zu suchen, daß so viele Menschen ihr sicheres Wissen von der Existenz der Seele nicht laut aussprechen und nicht sichtbar ausleben.

Sie versuchen statt dessen, sich das innere Leben als »private Angelegenheit« zu bewahren, sie fesseln sich selbst mit Knoten, um ihr äußeres Dasein so zu führen, als existierte die Welt der Engel und Boten, rettender Liebe, von Helfern und Inspiratoren gar nicht.

Das ist es, was den Zustand der Seele degradiert. Obwohl es verständlich ist, daß niemand sich besonders danach sehnt, gequält, mißverstanden oder für sein inneres Wissen öffentlich lächerlich gemacht zu werden. Doch wenn wir so viel zu fürchten haben, daß wir uns lieber in unwissende Pappmachéfiguren verwandeln, dann ist schreckliche Gefahr in Verzug: Das Leben der Seele, dem in jeder Kultur größte Aufmerksamkeit gewidmet werden sollte, welkt statt dessen dahin.

Gibt es also eines, wovon jenes treue Volk aller tiefen und alten Glaubensbekenntnisse überzeugt ist (und dies trifft zweifelsohne auch für uns zu, die wir *Católicas y Mexican-Americans* sind), dann ist es, daß Glaube kein Timbre und keine Kraft hat, daß es gar kein Glaube ist – es sei denn, man lebt ihn öffentlich aus.

Das bedeutet nicht, man müsse nun ununterbrochen darüber reden, aber auch keinesfalls, daß man sein wildes und kostbares Seelenleben leugnet – eines, welches die inneren Laternen hell genug erstrahlen läßt, so daß man in dunklen Zeiten im eigenen Leben und im Leben anderer noch etwas sieht.

Ohne die tägliche Interaktion zwischen inneren und äußeren Welten fühlt man sich vielleicht davor gefeit, durch andere erschüttert und von ihnen durchgeschüttelt zu werden; bei einer Beschäftigung allein mit der äußeren Welt und ohne Unterstützung durch die innere fällt man jedoch ohnehin der Schüttlerkrankheit anheim. Man wird krank vor fehlender Leidenschaft und geschüttelt durch den Mangel an bedeutsamer Animation. Die Seele wird von solcher Mißachtung gequält. Eines Tages könnte sie »ihrer Person« regelrecht »davonlaufen«.

Die arme zurückgelassene Person fühlt sich dann »abgetötet« – spürt Langeweile, Frustration, ist aus der Fassung gebracht, aber sie weiß nicht, wovon. Doch die Curanderas wissen um die Ursache. Es ist eine Angelegenheit, die etwas mit der Unkenntnis des Menschen davon zu tun hat, was *la vida verdad,* was wahres Leben ausmacht. Es fehlt die Wirklichkeit der Welt des Geistes und das Wissen von der Gottgefälligkeit, die einen Menschen direkt berührt, ihn führt, anspornt, vor falscher Selbstsucht und vor einem Leben bewahrt, in dem die wesentlichen Beweggründe sozusagen abgetötet werden. Das ist es, woran Curanderismo so sehr interessiert ist: dem Einen zu helfen, der, wenn Er die Kindseele gestrandet und verängstigt am Ufer der wilden Wasser entdeckt, sie mit heiligen und unsichtbaren Händen aufhebt und hinüberträgt. Dieser Eine. Es ist dieser Eine, über den wir sprechen.

Im wesentlichen wird die Störung der Einseitigkeit durch zwei Aspekte geprägt: durch Unter- oder Überbewertung. Über die Unterbewertung sprachen wir schon. Die Überbewertung ist jedoch ebenso destruktiv. Sie findet statt, wenn die Psyche eines Individuums, häufig an Geist und Sinn verarmt, sich kopfüber mit einem leichtsinnigen Sprung darauf stürzt und denkt, Curanderismo und/oder das Leben des Inneren allein seien das ein und alles. Da solche Menschen den Kontakt zur Erde verloren haben und ihre Schuhe nun aus den Wolken hängen, sind sie für gar nichts mehr zu gebrauchen.

Curanderismo ist *praktisch und geistig zugleich*. So ist er gedacht, und so muß er sein. Was göttlich ist, wird, wann immer möglich, auf tänzerische Weise verstanden und genossen, aber es muß auch hinaus in die Welt getragen und pragmatisch auf jeden Aspekt des Lebens angewandt werden.

Der Fehler, sich dem Göttlichen bedenkenlos in die Arme zu werfen, ohne es vorher auszuloten, erinnert ein wenig an eine Ziege, die gerade einen Brombeerbusch entdeckt hat, aber vergißt, seine Dornen zu berücksichtigen. Das war noch nie für lange Zeit effektiv. Die Essenz des Göttlichen wird nämlich durch Sehnsucht erkannt und kann nicht mitten in gierigem Enthusiasmus erfahren werden. Diese Art Hybris würde nur dazu führen, zu behaupten, daß der eigene Weg, dieser eine Pfad, alles sei, daß es keinen anderen gebe. Das ist jedoch nicht der Weg. Nein, gewiß nicht. Wer so etwas annimmt, weiß nichts. Und das ist gefährlich: die Grenzen nicht zu kennen. Es geht nämlich nicht darum, den Curanderismo zu verschlingen. Ziel ist es vielmehr, Nahrung darin zu finden, daß man sich zum Bestandteil seines Wesenskerns macht – zum Bestandteil Gottes.

An dieser Stelle muß auch noch etwas gesagt werden, um vor jenen zu warnen, die manchmal als *los estomagos vacios,* die leeren Bäuche, bezeichnet werden, Quacksalber, die das Kostüm und die Rassel der heiligen Inauthentizität aufnehmen, ohne zuvor die erforderliche, sehr lange und schwere Arbeit geleistet zu haben, und die sich unglücklicherweise oft eine Macht anmaßen, die sie nicht wirklich besitzen. Ob *cantadora, partera, sobadora* oder irgendeine der anderen Kategorien von Curanderas – der Heiler befindet sich immer in Ausbildung, ist nie »graduiert« oder »diplomiert«. Die hilfreichen Künste des Curanderismo sind nichts, was man abschließend meistern kann, indem man zur Schule geht. Sie können nicht erlernt werden ohne eine vollständige und ausgesprochene Übereinkunft zwischen der lebendigen Seele von *la maestra o el maestro* und der lebendigen Seele des anderen. Der Austausch, und es *ist* ein wirklicher Austausch zwischen beiden, findet häufig in der Küche, im Hinterhof, in einem winzigen Raum oder unter einem riesigen Himmel statt. Er kann weder erlernt werden, indem man eine Zeitlang Reisen in abgelegene Orte unternimmt, noch, indem man Rituale beobachtet, einfach ihre Sprache erlernt oder selbst entsprechende Erfahrungen damit als eine Art Souvenir sammelt. Das ist der Grund, warum es im Curanderismo kein Abschlußzeugnis gibt. Ganz im Gegenteil: Jede Curandera – *partera, sobadora* – bleibt für immer Lernende, eine Dienerin allen gesegneten Lebens.

Im Curanderismo wird gelehrt, daß es die Einsicht stärkt, wenn man den Berg der eigenen Demut besteigt. Die Curandera bemüht sich ununterbrochen darum. Hinunterfallen und erneut hinaufsteigen. Wieder hinunterfallen, hinterherlaufen, um einzuholen und festzuhalten. Das ist nicht einfach. Und worum geht es überhaupt bei der Demut? Im Curanderismo bedeutet sie, nicht selbst den Mittelpunkt im eigenen Leben zu beanspruchen, sondern ihn Gott zu überlassen.

Unter anderem deshalb, weil Curanderas nicht unbedingt das Rampenlicht suchen oder Schaudarbietungen im Madison Square Garden abhalten, sondern ihre Arbeit lieber allein tun, in ihrer Gemeinschaft, gebunden durch ihr Herz, gibt es nicht Tausende von Abhandlungen über Curanderismo. Obgleich Curanderismo weit verbreitet ist, bekommt man ihn dennoch nur selten zu Gesicht – wie der kurze Blick, den man auf einen Kolibri mit rubinrotem Hals erhascht oder auf eine hoch oben in der nebligen Baumgrenze der Rocky Mountains wachsende, seltene blaue Akelei.

Aber – und das ist sicherlich ebenso wahr – viele von uns sprechen untereinander seit Jahrzehnten über die Notwendigkeit, unsere Arbeit in einen größeren kulturellen Rahmen zu stellen und sich ehrlich mit den Auswirkungen auseinanderzusetzen, die dieser Schritt haben wird, damit *unsere* Kultur den Bekanntheitsgrad erlangt, der ihr angemessen ist, und zwar *durch unsere eigenen Stimmen.* Doch nicht weniger geht es um den Dienst des Mitgefühls an einer armen Welt, die sich, wie wir meinen, sehr wohl aus Mangel an Verstand, aus »Versehen« und unwiderruflich in ihre Endzeit katapultieren könnte. Ein so großer Teil der Welt und ihrer Völker scheinen schneller, härter und auf soviel überwältigendere Weise zu leiden als jemals zuvor. Wir hören. Wir wollen reagieren.

Dieses Buch ist einer der Vorreiter eines solchen von Mitgefühl getragenen Tätigwerdens an der Welt. Gerade weil wir nur über so wenig detaillierte Texte über echte Curanderas verfügen, von denen die meisten bis vor kurzem des Lesens und Schreibens gar nicht mächtig waren, auch heute noch oft nicht sind, ist es wunderbar, daß Elena Avila sich bereit erklärt hat, die Geschichte ihrer einmaligen Art, ihres interessanten Lebens und ihrer selbst erlebten Arbeit als Curandera zu erzählen.

Ihr Buch stellt den Anfang einer Geschichte des Curanderismo dar. Der Inhalt mag, weil er in der Regel bisher vor den Blicken der meisten verborgen wurde, anfangs ein wenig fremd erscheinen. Aber das ist gut so, bedeutet es doch, daß Curanderismo bis zum heutigen Tag wohl geschützt und gierigen Augen, Trivialisierung und Korrumpierung größtenteils entzogen bleiben konnte. Ich hoffe und bete darum, daß er durch alle, die von ihm profitieren und lernen, auch weiterhin so gut behütet wird.

Elena Avilas Buch taucht auf vor einem Horizont, der nur selten einen solchen Anblick gewährt. Ihre Arbeit und ihr Leben haben den Charakter eines »Prototyps«. Ihr Schatz ist ein bisher verborgener, an dem sie uns sowohl in fachkundig-sachlicher wie auch in poetischer Sprache teilhaben läßt. Darin offenbart sie ihr außerordentliches Wesen, ihre Geduld und ihre Bereitschaft, die *ganze* Geschichte zu erzählen. Ihre tiefe und langjährige Hingabe an diese Heilkunst haben ihr, wie es gut und richtig ist, zahlreiche Ehrungen eingebracht. Aber sehr viel mehr noch ist das Leben einer Curandera ein einsames, weises, sie selbst verletzendes, von den Toten zurückkehrendes Leben – ein Zyklus, dem sie zugestimmt und auf den sie sich eingelassen hat, nicht nur für ein Jahr, gelegentlich oder für zwei Jahre, sondern für Jahrzehnte. Beim Lesen werden Sie sehen, daß sie durch ihre wirklichen Leiden und ihre wahren Zeiten – wie meine Großmutter sie zu besingen pflegte, *lo lo contento,* der Zufriedenheit und des Friedens –, daß sie durch ihr wahrliches *Sein* zu einem gewaltigen Fürsprecher und Verteidiger der Seele geworden ist.

Elena Avila *ist* wie jene Menschen, die ich am meisten geliebt habe, zugleich zutiefst Alte Welt und fröhlich Neue Welt. Ich lernte sie kennen in der Wüste unter einem sehr tief hängenden, finsteren Sonnenuntergang. Ihr kleines Haus im nördlichen New Mexico lag nur ein paar Meilen die holprige Straße hinunter von einem Schild entfernt, das auf ein Casino in einem der Reservate hinwies und mit Tausenden kleiner blinkender

Lämpchen überfrachtet war. Auf Elenas Einladung hin parkte ich in meinen alten, tiefliegenden, schwarzen Wagen auf ihrem Rasen vor dem Haus, »wie es jede anständige Chicana getan hätte«. Dies allein schon sagte mir, daß wir rasch Freundinnen werden würden.

In unserer Zeit haben wir viel von östlichen und viel, sehr viel von westlichen Weisheitstraditionen und sogar von den nördlichen der amerikanischen Indianer gehört. Nun lade ich Sie dazu ein, auch etwas über die reine und authentische südliche Weisheitstradition, über den Curanderismo, zu lesen, wie er so gut von La Elena, einer großen Curandera, beschrieben wird, von einer, die im Inneren des Phänomens lebt, von einer, deren Wurzeln in der reichen, dunklen Erde der wahren Arbeit liegen, von einer, die den köstlichen Kern zutiefst kennt.

Sie befinden sich in guten Händen.

Dr. Clarissa Pinkola Estés,
Dichterin, Psychoanalytikerin, *cantadora*
Cheyenne, Wyoming.

Am Anfang

Vor fünfhundert Jahren entwickelte sich auf dem amerikanischen Kontinent eine neue Art der Medizin, die ich als die Medizin der »dreiköpfigen Schlange« bezeichne – die Zusammenführung von Volk, Medizin und den Herzen dreier Kulturen. Sie nahm ihren Anfang, als die Spanier in der Neuen Welt eintrafen und im heutigen südwestlichen Teil der Vereinigten Staaten die spirituellen und erdverbundenen Heilpraktiken der einheimischen Bewohner Mexikos kennenlernten. Zum damaligen Zeitpunkt verfügten die Spanier über ein fortschrittliches Heilsystem, das eine eigene Kräuterkunde aufwies und von der Vorstellung geleitet wurde, daß der Körper über vier »Säfte« verfüge, Blut, Schleim, gelbe und schwarze Galle. Diese vier Hauptsäfte wurden weiter in Gegensatzpaare wie »feucht und trocken« oder »warm und kalt« und damit in ein Klassifizierungssystem von Krankheit und Gesundheit aufgegliedert.

Die spanische Medizin traf auf Systeme wie die aztekische *Wewepahtli,* »Größte Medizin«, die über ein grundlegendes und komplexes Verständnis von Heilung und Erhaltung von Körper, Seele, Geist und Gefühl verfügten. Der Curanderismo entwickelte sich weiter, nachdem die Spanier begonnen hatten, afrikanische Sklaven einzuführen, die wiederum ihre eigene Spiritualität und ihre Heilmodalitäten – beide komplex, uralt und verfeinert – praktizierten. Als sich die drei Kulturen miteinander vermischten und eine neue Bevölkerung, die Mestizen, ausbildeten, da entwickelte sich eine »Volksmedizin«, die tief verwurzelt war in der praktischen Beobachtung, der jahrtausendealten Tradition dreier Kontinente und im persönlichen Stil, der Kreativität, Intuition und spirituellen Kraft des einzelnen Heilers.

Das Wort »Curanderismo« leitet sich von dem spanischen Begriff *cura* ab, der »Kur« oder »Geistliche(r)« bedeutet. In den Vorlesungen und Workshops, die ich überall im Land halte, betone ich als einen der wichtigsten Aspekte dieses Heilverfahrens die Tatsache, daß Curanderismo Seele und Geist nicht vom Körper trennt. Curanderismo ist gleichzeitig praktizierende Medizin und Spiritualität. Erst vor kurzer Zeit hat die traditionelle westliche Medizin die Bedeutung dieses Konzepts erkannt. Im Jahr 1994 boten nur drei von hundertzwanzig medizinischen Hochschulen in den Vereinigten Staaten Kurse an, die sich mit der Erforschung von spirituellen Überzeugungen und dem Gebet in Zusammenhang mit Heilung beschäftigten. 1998 waren es bereits vierzig medizinische Hochschulen, die inzwischen Kurse in diesem Bereich entwickelt hatten. Im Curanderismo hat es nie eine Untergliederung der emotionalen, physischen, mentalen und spirituellen Gesamtheit gegeben, die einen Menschen ausmacht. Es gibt keine Trennung zwischen dem Wesen eines Menschen und seinem Lebensumfeld. Der Volksheiler trennt nicht zwischen seinen religiösen oder spirituellen Vorstellungen und seinen Behandlungsmethoden. Im Curanderismo findet die Heilung unter einem Dach statt, wobei die Erde als Fundament und Gott als die Quelle dient.

Die Stärke des Curanderismo beruht auf der intuitiven und kreativen Einbindung aller Praktiken, die für die Behandlung sinnvoll scheinen und verfügbar sind. Ein moderner Arzt muß eine vorgeschriebene Prozedur einhalten, doch eine Curandera beziehungsweise ein Curandero nutzt alles, was funktioniert: Kräuter, Gespräche, Seelenrückführung, Psychodrama, Rituale, spirituelle Reinigung und, ja, Überweisung an Ärzte. Als

Curandera mit medizinischer Ausbildung stelle ich fest, daß ich am besten heilen kann, wenn ich mein fachliches Wissen mit meinem Instinkt und mit göttlicher Führung verbinde. Ich habe Frauen mit Männerkleidern ausstaffiert, um sie mit der männlichen Seite ihres Wesens in Berührung zu bringen. Ich habe meine Patienten auf langen Spaziergängen durch die Wüste begleitet, um sie auf *limpias*, spirituelle Reinigungen, vorzubereiten. Wenn eine Massage erforderlich ist, damit ein Patient sich von seinen Sorgen entlasten kann, dann soll er sich auf meinen Massagetisch legen, und ich arbeite mit ihm, bis sich sein Herz öffnet und die befreienden Worte heraussprudeln. Ich nehme meine Klienten mit auf Trancereisen, die ich mit Trommeln begleite, um den verlorenen Teil ihrer Seele wiederzufinden. Ich gebe ihnen Hausaufgaben, fordere sie auf, Tagebuch zu führen, Bilder ihrer Familie oder Partner beizubringen, um die Heilung einer Beziehung zu erleichtern, die zu ihrem Ende gekommen oder in ernster Gefahr ist. Ich habe Klienten auf den Friedhof mitgenommen, damit sie ihre Toten beweinen und ihre trauernden Seelen zurückgewinnen. Ich habe Verbindungen gesegnet, aber auch dazu beigetragen, daß Menschen sich mit Liebe und Vergebung aus einer Beziehung verabschieden, für die die Trennung unvermeidlich war.

Menschen aus allen Bevölkerungsschichten sind durch die Tür meines Behandlungszimmers getreten: Ärzte, Navajogroßmütter, Rechtsanwälte, Sozialarbeiter, Arbeiter, Katholiken, Afrikaner, Hausfrauen, Psychologen, Chicanos (aus Mexiko gebürtige US-Amerikaner), Anglos (Amerikaner englischer Herkunft) und Patienten mit asiatischen und afrikanischen Vorfahren. Innerhalb der letzten dreiundzwanzig Jahre habe ich nahezu jede Art physischer, spiritueller und emotionaler Krankheit zu Gesicht bekommen, die man sich nur vorstellen kann. Auf dem Altar in meinem Behandlungsraum stehen Symbole vieler verschiedener Glaubenssysteme: katholische und aztekische, solche der Mayakultur und der nordamerikanischen Indianer.

Wenn ich über Curanderismo spreche, dann vergleiche ich ihn oft mit einer traditionellen mexikanischen Nachspeise namens *capirotada,* ein wunderbarer Brotpudding, der in der Fastenzeit zubereitet wird. Wie beim Curanderismo auch wird zur Herstellung dieses Puddings alles nur Erdenkliche verwandt. Meine Mutter machte eine ausgezeichnete *capirotada,* indem sie ein Rezept benutzte, das sie wiederum von ihrer Mutter hatte. Man verwendet Brot oder Weizentortillas, Cheddarkäse (doch auch anderer Käse aus Kuhmilch erfüllt den Zweck) und *piloncillo* (falls Sie *piloncillo* nicht bekommen können, benutzen Sie am besten braunen Zucker). Sollte Ihnen auch der braune Zucker ausgegangen sein, dann greifen Sie auf weißen Zucker zurück. Außerdem können Sie Rosinen hinzugeben, gefärbte Zuckersplitter und Pinienkerne. Sie können statt dessen auch Pecannüsse wählen und außerdem Zimt, Butter, Sahne oder eben all das hinzugeben, was Ihrer Erfahrung nach gut dazu paßt.

Als Curandera bringe ich nicht nur alles, was mir zugänglich ist, praktisch und kreativ zur Anwendung, ich stimme meine Behandlungen auch individuell ab. Dies ist in meiner Erfahrung begründet, daß ein und dieselbe Krankheit bei zwei verschiedenen Menschen möglicherweise eine unterschiedliche Ausprägung annehmen kann. Zwei Individuen können hinsichtlich derselben Symptome sehr verschieden sein – ihre Energiekörper, vergangene und gegenwärtige Erfahrungen, Temperamente und Seelen sind einzigartig. Der Experte zu jedem beliebigen Zustand ist immer die Person, die damit leben muß. Schubladendenken oder die zu starke Identifizierung mit der Diagnose, die ein Mediziner oder eine Curandera gestellt hat, legt die kreativen Selbstheilkräfte der betreffenden Person lahm. Jede Krankheit hat ihre eigene Geschichte, und die Aufgabe des Heilers besteht darin, diese Geschichte zu ermitteln.

Heilung und Wohlergehen in den Augen der Curandera

Curanderismo ist ein erdverbundenes, natürliches, grundlegendes Gesundheitsfürsorgesystem mit dem Ziel, alle Elemente unseres Seins im Gleichgewicht zu halten. Curanderas und Curanderos glauben, daß Menschen – ebenso wie Tiere, Pflanzen, Mineralien, Wasser, Erde, Luft und Feuer – ein Teil des lebendigen Systems der Erde sind. Krankheit tritt dann auf, wenn man nicht in Harmonie mit allen Aspekten des Selbst und der Natur lebt.

Sie glauben außerdem, daß es nicht ausreicht, allein den physischen Körper zu therapieren. Auch die verwundete Seele bedarf der Heilung. Wenn ein Mensch vergewaltigt, bei einem Verkehrsunfall verletzt wird oder wenn eine Frau eine Abtreibung vornehmen läßt, dann verschwinden die physischen Narben vielleicht nach und nach, doch diejenigen der Seele nicht. Das Trauma sorgt dafür, daß ein Bereich der Psyche sich ängstigt und sich verbergen will. Wenn dies geschieht, dann ist uns ein Teil unserer Energie nicht mehr länger zugänglich. Doch wir benötigen hundert Prozent unserer Seelenenergie, um physisch, mental und spirituell gesund zu sein. Von einer Seele, die aus dem Gleichgewicht geraten ist, heißt es, sie leide unter *susto,* »Schrecken« beziehungsweise »Seelenverlust«; und die Behandlung erfordert eine »Seelenrückführung«. Wenn der eigene Geist das Vertrauen in Gott oder das Göttliche verloren hat, dann erfährt man eine Krankheit, die so wirklich ist wie ein physisches oder mentales Symptom. Alle Aspekte des Selbst sind betroffen, und man wird Störungen entwickeln, die auf den eigenen Körper, den Geist, das eigene Gefühl, die Seele, Familie, Gemeinschaft und die Umwelt einwirken. Die Curandera versteht dieses Konzept von Krankheit und verfügt über das Wissen, um den Klienten wieder zum Gleichgewicht zurückzuführen.

Da viele meiner Patienten weiblich sind, habe ich in meiner Praxis außerdem einen besonderen Einblick in die Gesundheitsfürsorge bei Frauen. Curanderismo ist hervorragend dazu geeignet, um sich sowohl mit ihren physischen als auch psychischen Problemen zu befassen. Mit Curanderismo habe ich Frauen geholfen, ihre emotionalen Verletzungen nach einer Abtreibung zu heilen, mit der physischen und emotionalen Herausforderung der Wechseljahre, mit Eßstörungen, dem Trauma von Vergewaltigungen und den psychischen Narben einer problematischen Kindheit oder einer gescheiterten Ehe fertig zu werden. Da Frauen die Welt mehr im Zusammenhang mit Beziehungen sehen als Männer, haben viele ihrer physischen Erkrankungen ihre Basis in dem Streß, unter dem sie leiden, wenn das Verhältnis mit dem Lebenspartner, einem Kind, Freund oder Kollegen aus dem Gleichgewicht gerät oder verdirbt. Curanderismo hält viele Mittel für die Heilung oder den Abschluß von Beziehungen bereit: *limpias, pláticas* und Rituale für die Seelenrückführung und die Heilung des Herzens.

Curanderas haben einen Einblick in den Zusammenhang, in dem eine Patientin ihre Krankheit mit ihren persönlichen Werten, ihrer Familie und Kultur sieht. Ein Behandlungsziel, das diese Vorstellungen nicht mit einbezieht, ist undenkbar. Gleichgültig, wer wir sind, wir alle haben kulturelle Werte und gesellschaftliche Normen verinnerlicht, manchmal sogar, ohne es zu merken. Zum Beispiel frage ich eine Klientin als erstes, welchem spirituellen Glaubenssystem sie anhängt. Falls es sich um eine siebzigjährige katholische Großmutter handelt, richte ich ihre Aufmerksamkeit auf die Bilder von Jesus und der Jungfrau Maria, die sich auf meinem Altar befinden. Ich schüchtere sie nicht ein, indem ich ihr einen Vortrag über die aztekische Philosophie von Geist und Seele halte. Wenn mein Klient ein weißer amerikanischer Rechtsanwalt ist, der mit einem personifizierten Gott nichts anfangen kann, dann spreche ich über göttliche oder universelle Energie. Handelt es sich um eine Patientin, die sich mit einem männlichen Gottesbild unwohl fühlt, dann sprechen wir vielleicht über die drei Bilder, die hinter meinem Altar zu sehen sind, die Jungfrau von Guadalupe, den Mond und Coyolxauhqui, die kosmische Mutter der Azteken.

Oftmals sind Chicanos zu mir gekommen, die sich über einen Fluch beklagten, mit dem ein Sohn, eine Tochter, die Mutter oder der Vater einer Familie belegt worden sei. Obwohl ich nicht an die Wirksamkeit von Flüchen glaube, respektiere ich die kulturelle Perspektive jener, die sie ernst nehmen, und höre ihnen aufmerksam zu. Denn zu einem wesentlichen Teil besteht die Heilung darin, die Ursache der physischen oder emotionalen Krankheit in einer Sprache zu bestimmen, die dem Patienten verständlich ist. Manchmal leidet die »verfluchte« Person unter irgendeiner Art biochemischen Ungleichgewichts wie etwa einer Schizophrenie, die medikamentös und mit psychiatrischer Hilfe behandelt werden muß. Mitunter ist aber auch eine Seelenrückführung die beste Therapie. Gelegentlich handelt es sich um ein physisches Problem, bei dem ein Arzt Klarheit schaffen kann. Curanderas tragen dazu bei, durch Respekt vor der jeweiligen kulturellen Eigenart das Energiesystem und die Selbstachtung eines Menschen aufzubauen, und lehren sie, den Teufelskreis der Hoffnungslosigkeit zu durchbrechen.

Viele Menschen, die zu mir kommen, fürchten, Gott bestrafe sie mit Krankheit oder Unglück für etwas, was sie falsch gemacht hätten. Ich erkläre ihnen dann, daß nicht Gott uns krank macht, sondern daß wir uns nicht richtig um uns selbst kümmern, eine Krankheit ererbt haben beziehungsweise einfach alt sind oder einer von der Atmosphäre transportierten Energie erliegen, deren der Körper sich einfach nicht erwehren kann (Viren oder Bakterien). Unsere körperliche Widerstandskraft hat Grenzen.

Im Westen, vor allem seit der Entwicklung von Wundermedikamenten wie Penizillin und fortschrittlicher medizinischer

Technologien wie Organtransplantationen und der Kernspintomographie, haben wir uns in den vergangenen Jahrzehnten immer mehr darauf verlassen, daß die Wissenschaft uns zu heilen vermag. Schließlich sind wir dennoch zu unserem Ausgangspunkt zurückgekehrt und blicken nun auf unsere Vergangenheit und die Kulturen, die sich ihre ganzheitlichen und natürlichen Heiltraditionen bewahrt haben. Denn die Menschen erkennen langsam, daß Wissenschaft und Technologie allein nicht alle Antworten auf die in den Heilberufen aufkommenden Fragen liefern können.

Die Wurzeln des Curanderismo

Afrikanische Medizin

Millionen afrikanischer Sklaven wurden zwischen 1500 und 1870 nach Amerika und Mexiko verschleppt. Sie brachten ihre spirituellen Überzeugungen und medizinischen Praktiken mit, die allmählich in den Curanderismo einflossen. Das ist nicht überraschend, denn diese Afrikaner hatten vieles gemeinsam mit den Eingeborenen der Neuen Welt. Beide praktizierten eine auf die Erde ausgerichtete Spiritualität, in deren Rahmen sie die Welt als belebt und von geistigen Energien bewohnt sahen, mit denen sie durch Rituale, Opfergaben und Gebete Verbindung aufnehmen zu können meinten. Beide empfanden die Seele und den Geist nicht als etwas Heiliges und vom Körper Abgetrenntes, wie es die Spanier taten, sondern als etwas, das tief in unserem physischen Körper, in unseren Emotionen und in unserem Geist verwurzelt ist.

In seinem Buch *Vom Geist Afrikas. Das Leben eines afrikanischen Schamanen* (München 1996) schreibt der westafrikanische Medizinmann Malidoma Patrice Somé über die Heiltraditionen und Überzeugungen, die sein Volk über Jahrtausende bewahrt hat. Als ich dieses Buch las, stieß ich auf zahlreiche Einzelheiten, die mich an die Vorstellungen erinnerten, die auch dem Curanderismo zugrunde liegen. Ohne Zweifel kamen sie mit den aus Westafrika stammenden Sklaven nach Amerika und Mexiko. Einer der zentralen Begriffe, die unseren beiden Traditionen gemeinsam sind, ist jener der Gemeinschaft. In der Vorstellung beider Traditionen ist Gesundheit eng mit Gemeinschaft verbunden, denn die Gemeinschaft wird als Bindeglied zur Identität des einzelnen, zu seinem Sinn und Zweck verstanden. Beide Kulturen gehen außerdem davon aus, daß emotionale, physische und spirituelle Gesundheit von einer gesunden Beziehung zu den Vorfahren abhängen. Somés Stamm, die Dagara, verfügen über viele Zeremonien und Rituale, in denen die Ahnen geehrt und um Hilfe ersucht werden. In meiner Heilpraxis verfahre ich ebenfalls so. Tatsächlich ist einer der wichtigsten Feiertage in Mexiko der *Día de los Muertos,* der Tag der Toten (Allerseelen), am 2. November. An diesem Tag werden die Gräber mit Blumen und Speiseopfern geschmückt und die Verstorbenen zu Hause an Altären geehrt.

Es gibt viele weitere Ähnlichkeiten zwischen meiner Kultur und derjenigen Somés. Beide besitzen eine reiche Tradition des Geschichtenerzählens, die bei der Heilung hilft. Beide glauben an die Verbindung zwischen Gedanken und Wirklichkeit, zwischen Heilung und Natur, und beide verfügen über die Vorstellung, daß der Geist jener Teil von uns ist, der die Seele beschützt. Beide empfinden Tiere, Pflanzen und alles Lebendige als unsere Brüder und Schwestern. Als Curandera verwende ich Rituale, Zeremonien, Tänze, Trommeln, Rasseln, Vorhersagen, Bemalung von Gesicht und Körper während der Zeremonie und Fasten als Mittel der Heilung. Somés Stamm tut dies ebenfalls. Beide Kulturen sehen die Seele als etwas, das verlorengehen kann, und die Gesundheit der Seele als entscheidende Voraussetzung für die Gesundheit des Menschen.

Die meisten traditionellen afrikanischen Wohnhäuser verfügen über einen Altar. Auch für die Arbeit der Curanderas und Curanderos spielt der Altar eine wichtige Rolle. Beide Traditionen ehren die Ältesten und erhalten den Brauch aufrecht, die Medizin an einen Lehrling weiterzugeben, wenn die Zeit dafür gekommen ist.

Sowohl die Medizin der Dagara als auch der Curanderismo begreift die Erde als Ort der Heilung und Transformation. Während der Initiation fordern die Ältesten von Malidomas Stamm die Neophyten auf, sich gegenseitig in der Erde einzugraben, damit die Erde einen Beitrag zu ihrer initiatorischen Transformation leisten kann. Einer meiner aztekischen Lehrer vermittelte mir das gleiche Verfahren für Frauen, die vergewaltigt worden waren und nun geheilt und neu geerdet werden müssen.

Wenn ich Heilungen für jemanden aus Afrika vollziehe, dann ist es kaum erstaunlich, daß dieser Mensch sich bei der Anwendung meiner Mittel und Methoden wohl fühlt. Vor mehreren Jahren suchte mich ein Afrikaner auf, der in den Vereinigten Staaten lebt. Es fiel ihm sehr schwer, sich den hiesigen Lebensbedingungen anzupassen, und ein Freund hatte ihm vorgeschlagen, durch mich eine *limpia* vollziehen zu lassen. Als wir einander gegenübersaßen, war er ehrlich und erklärte mir, daß er mit Curanderismo nicht vertraut sei, jedoch verzweifelt war und seinen Geist unbedingt wieder spüren müsse. Er sagte, er habe Gutes über mich gehört, und war bereit, es mit meinen Methoden zu versuchen. Ich bereitete ihm eine spirituelle Reinigung, die ein Ritual an die fünf Richtungen enthielt, und als wir fertig waren, strahlte er übers ganze Gesicht. Er dankte mir überschwenglich und erklärte: »Deine *limpia* ist unserer Heilung des Geistes so ähnlich. Endlich habe ich etwas gefunden, das mir das Gefühl gibt, mich hier daheim fühlen zu können.«

Wenn ich an seine Worte denke, dann breitet sich in mir ein Wohlgefühl aus; denn ich denke, es ist ein großes Glück, daß die afrikanische Medizin einer der Bestandteile unserer wunderbaren *Capirotada* wurde. Ihre Gaben kamen zu uns, geboren aus dem Willen und der Kraft der afrikanischen Seele und des afrikanischen Geistes, in der Neuen Welt zu überleben. Es ist schwer, einen starken Geist zu töten, auch wenn der Körper versklavt ist; und ich danke meinen afrikanischen Brüdern und Schwestern für ihren Beitrag zum Curanderismo. Meine und ihre Vorfahren sind sehr zufrieden.

Spanische Medizin

Als die Spanier im fünfzehnten Jahrhundert die Neue Welt betraten, verfügten sie über eines der angesehensten medizinischen Systeme der westlichen Welt. Ihre Medizin war eine elektische Kombination aus griechischen und römischen, auf Hippokrates zurückgehenden Praktiken und einer von den Mauren überlieferten arabischen Heilkunst und Gesundheitsfürsorge. Dieses System wurde ergänzt durch jüdisch-christliche religiöse Symbole und Rituale sowie durch mittelalterliche europäische Hexenkunst. Die Spanier gliederten ihr medizinisches Wissen in zwei gut definierte Theorien: die rationale und die spirituelle.

Die rationale Theorie. Die rationale Herangehensweise wurde in Spanien von den Mauren eingeführt und hatte ihre Wurzeln in den medizinischen Theorien des griechisch-römischen Arztes Galen, des griechischen »Vaters der Medizin« Hippokrates und des chinesischen Arztes Ho. Ihr medizinischer Ansatz basierte auf der »Säftelehre«. Die »Humoraltheorie« (lateinisch *humor* = »Flüssigkeit, Feuchtigkeit«) besagte, daß im menschlichen Körper vier Hauptflüssigkeiten vorkommen – Blut, Schleim, gelbe und schwarze Galle –, und von jeder dieser Körperflüssigkeiten nahm man an, daß sie ihren eigenen »Charakter« hatte. So findet man in der hippokratischen Schrift *Über die Natur des Menschen* nach dem Vorherrschen bestimmter Körpersäfte unterschiedene Temperamentstypen: Sanguiniker, Choleriker, Phlegmatiker und Melancholiker. Blut (lateinisch *sanguis*) wurde als »warm« und »feucht« empfunden. Gelbe Galle (griechisch *cholé*) verursachte Wut, und ihre Eigenschaften waren »warm« und »trocken«. Schleim hatte die Eigenschaft »kalt« und »feucht« (griechisch *phlégma* = »Brand, Hitze«, seit Hippokrates »zähflüssiger Schleim«). Und die schwarze Galle verursachte Melancholie, sie hatte die Attribute »kalt« und »trocken« (griechisch *mélas* = »schwarz«). Befand sich einer dieser Körpersäfte nicht in Harmonie mit den übrigen, dann war es die Aufgabe des Heilers, das Gleichgewicht wiederherzustellen und auf Dauer zu bewahren. Ein gutes Beispiel für den Einfluß dieses Systems auf den Curanderismo ist *bilis* (»Zorn«), ein »warmer/heißer« und »trockener« Zustand, der durch extremen Ärger oder Angst verursacht wird, denn solche Gefühle erhöhen die Ausschüttung von gelber Galle, des bitteren basischen Sekrets, welches das gleichlautende Organ herstellt. Ist das Körpersystem mit zuviel gelber Galle überschwemmt, dann entstehen Entzündungen im Magen, in den Därmen oder in der Leber. Die chinesische Medizin klassifiziert Körperflüssigkeiten zusätzlich als Yin und Yang, weibliche und männliche Komponenten, eine Kategorisierung, die noch heute in der Traditionellen Chinesischen Medizin (TCM) eine wichtige Rolle spielt.

Das alte chinesische Prinzip, daß Nahrungsmittel »warme/heiße« und »kalte« Eigenschaften haben und damit ähnliche Körperzustände verursachen können, kam ebenfalls mit den Spaniern in die Neue Welt. Einzelne Lebensmittel wurden in ihrer Essenz und weniger in bezug auf ihre reelle Temperatur als »heiß« oder «kalt« empfunden und bestimmte Zusammenstellungen als gesund oder ungesund betrachtet. Diese Theorie ist mir auch heute noch immer dienlich, weil die praktische Erfahrung sie zum großen Teil bestätigt. Ich weiß, daß es bestimmte Kombinationen von Nahrungsmitteln gibt, die physische Krankheiten verursachen, und andere, die heilend wirken. Zum Beispiel reichen wir meiner Tradition gemäß niemals Milch und Schweinefleisch zugleich, da der Verzehr dieser beiden »kalten« Speisen eine schlechte Verdauung oder *empacho*, »Verstopfung«, verursacht. Bestimmte Körperzustände werden als »heiß« beziehungweise »warm« oder »kalt« beschrieben und sollten entsprechend behandelt werden. Als junges Mädchen warnte man mich häufig, während der Menstruation keine Zitronen und Bananen zu essen. Ich hinterfragte das Gebot nie; ich tat einfach, was man mir sagte. Nun kenne ich die Ursache und weiß, daß die Menstruation ein »warmer« Zustand ist, während diese beiden Obstsorten als »kalt« empfunden werden und folglich während der Mensis Unterleibskrämpfe verursachen können. Wenn wir Menstruationsblut ausscheiden, dann ist unser System von größerer Energie durchdrungen und bewirkt eine höhere Körpertemperatur.

Manchmal werden »kalte« Zustände mit kalten Speisen bzw. Mitteln behandelt. Beispielsweise ist es bei einem Menschen, der unter dem »kalten« Zustand *susto* leidet, besser, sein Gesicht mit kaltem Wasser zu bespritzen als mit warmem, da die Seele durch ein Schockerlebnis in den Körper zurückgeholt werden muß. Das Ergebnis einer solchen Maßnahme ist jenen typischen Filmszenen vergleichbar, in denen einer hysterischen Person ein Glas eiskaltes Wasser ins Gesicht gegossen wird. Der Betroffene beruhigt sich sofort und bedankt sich sogar für die »schockierende« Behandlung.

Bestimmte Aspekte der von der spanischen Medizin vertretenen Theorie von »heiß« und »kalt« wurden von den Indianern übernommen, da sie ihre Vorstellung von Gleichgewicht und Harmonie ergänzten. Einige der mit dieser Theorie verbundenen Ansichten werden von den Curanderos in Mexiko noch heute berücksichtigt.

Die spirituelle Theorie. Die Spanier vertraten außerdem die Auffassung, daß Krankheiten etwas mit Ereignissen zu tun haben müßten, die mit Flüchen, dem *mal ojo,* also dem »bösen Blick«, der Bestrafung für Sünden und mit Magie in Verbindung zu bringen seien. Allgemein begriff man Krankheit als Auswirkung einer Besessenheit durch böse Geister, als Folge der Mißachtung göttlicher Gesetze.

Diese Art spiritueller Herangehensweise vor allem war es, deren Verbreitung die Spanier bei der Mehrheit der Bevölkerung aller eroberten Länder förderten. Der rational-wissenschaftliche Ansatz war für die machthabende Elite, wie etwa die spanischen Gouverneure, reiche Minen- und Haziendabesitzer »reserviert«.

Obgleich einige moderne Curanderos oder wenigstens die Autoren, die über sie schreiben, noch immer von Hexen und *brujería,* Schwarzer Magie, sprechen, möchte ich hier betonen, daß ich persönlich wenig oder gar keine Erfahrung mit diesen Dingen habe. Ich kenne keine *brujos* oder Hexenmeister, die das tun, wovon in so vielen Arbeiten die Rede ist. Ich habe noch nie jemanden kennengelernt, der etwa Friedhofserde mit Urin und Kot mischt und üble Verwünschungen zusammenstellt, um Menschen zu verfluchen. Doch auch als moderne Curandera erlebe ich es manchmal, daß Menschen zu mir kommen, weil sie das Gefühl haben, verhext oder mit einem Fluch beladen worden zu sein. Und manche von ihnen meinen, die Person, die sie verflucht hat, habe zu diesem Zweck einen Spezialisten aufgesucht.

Es gibt bestimmte Dinge, deren ich mir absolut sicher bin. Ich weiß, daß die negativen Gedanken, die wir einem Menschen schicken, diesem schaden und auf uns zurückfallen. Aus eigener Erfahrung weiß ich auch, daß es Curanderas gibt, die Geld von Klienten nehmen, manchmal Tausende von Dollar, und ihnen erklären, daß sie den vermeintlichen Fluch mit magischen Mitteln von ihnen nehmen werden. Meiner Meinung nach sind diese »Heiler« ebenso schlecht wie die sogenannten *brujos,* die solche Flüche angeblich ausgesprochen haben.

Ich meine, als Curandera bin ich dazu verpflichtet, Wissen zu vermitteln und die Menschen zu stärken.

Wir haben vielleicht keine Kontrolle über jene, die uns Übles wünschen, doch können wir durchaus Einfluß auf unsere eigene Seele und unseren eigenen Geist nehmen. Man kann an Suggestionen sterben, wenn sie einem nur genug Angst einflößen; genausogut aber kann man lernen, wie man seine Seele und seinen Geist zu stärken und damit sich selbst zu schützen vermag. Ich bringe meinen Klienten bei, um göttlichen Beistand zu bitten, Heilige, die ihnen etwas bedeuten, und die schützenden Geister ihrer Vorfahren anzurufen.

Einheimische medizinische Systeme und Curanderismo: Kinder der Eroberung

Einer der Gründe für die erstaunliche Wirksamkeit des Curanderismo ist meiner Meinung nach die Tatsache, daß sich diese Heilkunst weitgehend aus der unglaublichen Kraft entwickelte, die durch das Aufeinandertreffen von Europäern, Indios, Afrikanern und ihrer Nachkommen zustande kam. Es hatte der Entwicklung einer besseren Medizin bedurft, um den Schmerz und den unbeschreiblichen *susto,* den Seelenverlust, zu heilen, der aus der kulturellen Zerstörung, der Versklavung und der Vergewaltigung resultierte, die während der Eroberung von Nord- und Südamerika durch die Spanier stattfand. Ist es denn ein Wunder, daß *susto* und *envídia*, Neid, die beiden wichtigsten Krankheiten sind, gegen die der Curanderismo Heilverfahren entwickelt hat? Diese Leiden haben ihre Ursache in verinnerlichter Unterdrückung und im »Neid« auf die Macht der Unterdrücker.

Also eine Frau, deren Vorfahren Europäer, Maya, Zapoteken

und Azteken sind, bin ich das Ergebnis einer Rassenmischung, die ihren Ursprung in der spanischen Eroberung hat. Die ersten Mestizen, die der Vermischung von Spaniern und Indianern entstammten, waren heimatlos und hatten keinen definierten Platz in der Gesellschaft. Viele dieser Mischlingskinder wurden zurückgewiesen und verstoßen, als die Spanier zu ihren Familien nach Europa zurückkehrten oder in der Neuen Welt Frauen aus ihrer Heimat fanden. Für die Indios waren die Mestizen eine quälende Erinnerung an die Eroberung und an die scheinbare Unterlegenheit ihrer Kultur, Religion und Seele. Als später Sklaven aus Afrika in die Neue Welt gebracht wurden, da mußten sie das gleiche Leid und die gleiche Unterdrückung erdulden. Doch irgendwie haben wir Nachkommen dieser gemischtrassigen Verstoßenen überlebt, was zeigt, wie stark unser Geist ist. Wir haben unsere Heilverfahren miteinander ebenso geteilt wie unsere Krankheiten und unseren Schmerz.

Curanderismo ist das Vermächtnis unserer Vorfahren. Afrikaner und Indianer sind nicht vollständig geheilt, und wir leiden noch immer unter den Nachwirkungen der Herauslösung aus dem Stammesgefüge, unter Seelenverlust und Neid, doch im Curanderismo sind die Geheimnisse unserer alten Traditionen und unserer Heilkunst erhalten geblieben und haben sich fortentwickelt.

Geschenke der Azteken: die »Größte Medizin«

Die weitentwickelten Heilverfahren vieler amerikanischer Indianerstämme, darunter auch die der Maya, haben entscheidend zur Entwicklung des Curanderismo beigetragen. Doch hier möchte ich mich vor allem auf die Kultur beziehen, deren Lehrling ich die vergangenen vierzehn Jahre war: diejenige der Azteken. Zum Zeitpunkt der spanischen Eroberung war die von den Azteken in den Städten Texcoco und Tenochtitlán entwickelte Kunst, Medizin und Kultur niveauvoll und beeindruckend. Das Wort »Azteken« hat seinen Ursprung im Spanischen, bedeutet »Volk, das Technologien entwickelt« und spiegelt die Hochachtung der Konquistadoren vor dieser fortschrittlichen Zivilisation wider. Die Bevölkerungsgruppe selbst bezeichnete sich als die »Mexihka« (siehe Glossar). Die aztekische Zivilisation hatte eine großartige Architektur, Bildhauerkunst, Dichtkunst, eine Schrift, eine exakte Wissenschaft der Zeit, eine komplexe Religion und ein unglaubliches Wissen über Heilmittel und Kräuter hervorgebracht. Die aztekische Medizin war im höchsten Maße spirituell, und bei allen Behandlungsformen und Diagnosen wurden heilige Kräfte einbezogen.

Vielen Menschen ist keineswegs bewußt, daß die Azteken nach der spanischen Eroberung nicht einfach verschwunden sind, sondern auch heute noch überall in Mexiko leben, insbesondere in den zentralen Teilen des Landes und in der Hauptstadt Mexico City. Es gibt Hunderttausende, die noch immer ihre Traditionen bewahren. Zwar habe ich keine exakte Vorstellung davon, welche Art die aztekische Heilkunst und Philosophie zur Zeit der Eroberung war, doch konnte ich durch meine Lehrer Andres Segura und Ehekateotl Kuauhtlinxan einen tiefen Einblick in die Medizin gewinnen, die sie und ihre Vorfahren bewahrt haben.

Es gibt verschiedene Kategorien von Personen, die dafür verantwortlich sind, die Medizin und das Wissen des Stammes zu erhalten. Die erste ist die der *tlamatinime,* was soviel heißt wie »die, die Erde in ihrer Hand halten«. Bei diesem Personenkreis handelt es sich um spirituelle, wissende Männer und Wissenschaftler, die aus erster Hand über den Charakter oder das Wesen der Dinge Bescheid wissen. Sie fungieren als Heiler, Lehrer, Philosophen und geistige Führer. Sie zelebrieren Seelenrückführungen, indem sie ihren Patienten deren »Gesicht und Herz«, also ihre wahre Identität, zurückgeben.

Der *teixkitomantitl* – wörtlich bedeutet der Begriff »der den Stein aus dem Auge entfernt« – ist einem Augenarzt vergleichbar und auf die Behebung bestimmter Sehstörungen spezialisiert. Der *teixkitomantitl* kümmert sich auch um das spirituelle Sehvermögen und hilft seinen Patienten, die Fehler zu sehen, die sie in ihrer Beziehung zu den Familienmitgliedern und zur Gemeinschaft begangen haben.

Der *titzitl,* was »der Einzige« bedeutet, ist derjenige, zu dem ein Heilkundiger Sie schicken würde, wenn er selbst nicht erkennen kann, welche Krankheit Sie plagt und wie er Sie zu heilen vermag. Der *titzitl* ist ein Heiler mit großer praktischer Erfahrung und fast immer dazu in der Lage, die wirklich schwierigen Fälle zu kurieren.

Der *tepahtianikeh,* wörtlich: »Träger des Medizinsteins«, ist insofern unserem Allgemein- oder Hausarzt vergleichbar, als er sich nicht auf eine bestimmte Medizin spezialisiert hat, sondern sich um den allgemeinen Gesundheitszustand in der Gemeinschaft kümmert.

Hingegen ist der *tetzkowapanin,* das heißt soviel wie »der Identität schafft«, ein Spezialist, der emotionale Probleme behandelt wie etwa den Schmerz über den Verlust eines geliebten Menschen. Er arbeitet mit der Seele *(newatl)* und hilft Ihnen, Ihre wahre Identität zu begreifen.

Der *tepatiani* ist ein Arzt, der sich auf Massage spezialisiert hat. Der vollständige Name für seine Methode lautet *apapaxtli tlawayotl maihpahtli.* Wenn man diesen Ausdruck in seine Bestandteile zerlegt, dann kommt ein wunderbares Konzept zum Vorschein. Mein Lehrer Ehekateotl sagt, *apapaxtli* komme von *apapachar,* ein im Spanischen weitverbreiteter Ausdruck für »Liebe«, der aber auch »weich machen, besänftigen« bedeutet. *Tlawayotl* heißt, »was sich im Herzen des Volkes entwickelt«, und *maihpahtli* steht für »heilende Hände«. Die Vorstellung von der Tätigkeit des *tepatiani* lautet also insgesamt: »das mit den heilenden Händen besänftigen, was sich im Herzen des Volkes entwickelt«. Im neuzeitlichen Curanderismo wird der *tepatiani* nun als *sobador,* Masseur, bezeichnet.

Mein Lehrer Ehekateotl Kuauhtlinxan, dessen Vorname »Essenz der Atmosphäre« und dessen Nachname »Adlernest« bedeutet, ist ein *médico* und Lehrer des traditionellen Gesundheitssystems namens *Wewepahtli.* In seinem Volk ist er als der »Träger des Wortes« bekannt und zuständig für den Fortbestand der *Tetzkatlipoka*-Überlieferung, der »Tradition des schwarzen rauchigen Spiegels« (siehe Glossar). Diese repräsentiert einen der vier Quadranten des aztekischen Altars und ist eine der vier Kulturrichtungen, die sich damit auseinandersetzen, wie Menschen idealerweise in einer Gemeinschaft zusammenleben sollten. Die Lehren der Tradition des schwarzen rauchigen Spiegels werden in einem Generationensystem vom Vater zum Sohn, von der Mutter zur Tochter und vom Lehrer zum Lehrling weitergegeben. Ehekateotl ist dafür zuständig, zukünftigen Generationen die Zeremonien, Anweisungen und Kultur dieser Tradition zu vermitteln.

Ehekateotl zufolge verbinden sich in der *Wewepahtli* vier große Techniken. Die erste, die als *matzewallitztli* bezeichnet wird, bedeutet »verdienen«. Gute Gesundheit ist eine Wahl, die wir treffen, etwas, das wir uns verdienen müssen, indem wir gesunde Bräuche und Gewohnheiten praktizieren. Wir müssen lernen, wie wir uns richtig ausruhen und unseren Körper mit guter Nahrung versorgen können. Eine der wichtigsten Vorstellungen der aztekischen Medizin, die ich immer wieder auch bei meinen Patienten hervorhebe, verlangt, daß man selbst die Verantwortung für die eigene Gesundheit oder Krankheit übernimmt. Ehekateotl erzählt in diesem Zusammenhang gern die Geschichte eines Mannes, der sich wieder und wieder in die Hand schneidet, weil er achtlos ist. Er kann die besten Heiler der Welt aufsuchen, doch seine Hand wird nicht unversehrt bleiben, wenn er sich weiterhin vernachlässigt. Die Verantwortung für die eigene Krankheit zu übernehmen, falsche und schädliche Glaubenssysteme aufzugeben und sich über einen gesunden Lebensstil zu informieren sind wichtige Voraussetzungen für das Wohlbefinden, dessen Wertschätzung der Curanderismo von den Azteken übernommen hat.

Die zweite Technik heißt *pahtlitztli* und bezieht sich auf die Handhabung oder den Umgang mit allem, was als Medizin Verwendung findet, ob es sich dabei um Stoffe pflanzlichen, tierischen, mineralischen oder gasförmigen Ursprungs handelt. Folglich umfaßt dieser Bereich auch die Pflanzenkunde. Aztekische Heiler sind wunderbare Naturheilkundige. Sie haben mehr als dreihundert medizinische Heilkräuter in ihrer Verwendung dokumentiert, und mexikanische Kräuter gehören zu den weltweit wirkungsvollsten.

Das dritte Verfahren hat den Namen *apapaxtli tlawayotl maihpahtli* und umfaßt physikalische Therapien, Massage und Körperarbeit.

Die vierte medizinische Kategorie wird als *pahwawtztli* bezeichnet, womit auf das Instrumentarium der Heilung hingewiesen wird, auf natürliche Hilfsmittel wie Blumenbüschel oder Vogelfedern (sie finden etwa bei *limpias* Verwendung), Mineralien und von Menschen entwickelte Hilfsmittel wie *tematzkalli,* die heilige Schwitzhütte.

Die Essenz der vier Bewegungen

Das System, welches ich auch weiterhin bei Ehekateotl studiere, heißt *nawi ollin teotl,* die Essenz der vier Bewegungen. Die »Größte Medizin« *(Wewepahtli)* ist Bestandteil dieses *Nawi-ollin-teotl*-Systems, das eine überlieferte Formel der richtigen Proportionen enthält, mit deren Hilfe alle organischen Abläufe und Beziehungen innerhalb des menschlichen Körpers im Gleichgewicht gehalten werden – dazu gehören auch die Ernährung, die Verwendung von Heilkräutern, die Atmung, die Körperertüchtigung und die Selbsteinschätzung. Das System lehrt uns außerdem, wie wir zu uns selbst, unserem Lebenspartner, unserer Familie, unserer Gemeinschaft und zum Universum angemessene, ausgeglichene Beziehungen aufbauen können.

Als die Spanier die Namen der aztekischen Götter Quetzalcoatl, Huitzilopochtli, Coyolxauhqui und Coatlique in ihren Aufzeichnungen festhielten, da lag ihrem Tun ein großes Mißverständnis zugrunde. Für die Azteken, die nicht in dem Sinne an einen »Gott« glauben, wie wir dies tun, stehen diese Namen keineswegs für allmächtige, allwissende Wesen, sondern für abstrakte Energien und kosmische Kräfte. Für sie ist das Gleichgewicht und die Verlagerung sowohl von menschlichen wie auch von göttlichen Energien äußerst heilig, und ein Großteil ihrer spirituellen Praxis hängt mit dieser Vorstellung zusammen. Die universellen Kräfte und kosmischen Bewegungen werden symbolisch in vier Quadranten unterteilt, wobei *Omoteotl*, die Summe all dieser Energie, sich in der Mitte befindet. Oder aber man betrachtet diese Kräfte als philosophische Prinzipien, die der Energie des Universums zugrunde liegen.

Das Hauptziel der Azteken ist es, in Harmonie zu leben mit dem Universum, als dessen Bestandteil sie sich sehen. Sie stellen sich vor, das All bestehe aus einer unendlich großen Zahl von Energiekanälen, die sich an verschiedenen Stellen treffen und miteinander zu einem Netz verbinden. Wenn sich alles in der Balance befindet, dann existiert das, was sie als größtmögliches Gleichgewicht, als Äquilibrium bezeichnen.

So, wie Gleichgewicht für die universellen Energien wichtig ist, so hat es auch für den Menschen und seinen Lebensraum entscheidende Bedeutung. Durch jahrhundertelange Beobachtungen und Erprobungen haben die Azteken mathematische Formeln für die Schaffung des Äquilibriums im menschlichen, familiären, gemeinschaftlichen und spirituellen Bereich entwickelt. Diese Formel basiert auf dem Verhältnis von 52 Prozent, 26 Prozent, 13 Prozent und 9 Prozent, die zusammen 100 Prozent ergeben. So ist beispielsweise die menschliche Gesundheit nach Auffassung der Azteken zu 52 Prozent abhängig von richtiger Atmung, zu 26 Prozent von angemessenem Ruhen und Schlafen, zu 13 Prozent von einer vernünftigen Wasserversorgung und zu 9 Prozent von einer gesunden Ernährung. Dies zusammen ergibt ein hundertprozentiges Gleichgewicht, das es unseren Energien gestattet, sich auf die wirkungsvollste Weise durch den Körper zu bewegen.

Dieses System der Proportionen läßt sich auf alle Aspekte des Lebens anwenden. Eine ausgeglichene Ernährung würde nach den Azteken auf 52 Prozent Getreide, 26 Prozent Gemüse, 13 Prozent Obst und 9 Prozent tierischer Produkte beruhen. Damit wir uns gesunder Beziehungen erfreuen können, müssen wir entsprechend 52 Prozent unserer Energie in die Entwicklung unseres Selbst, 26 Prozent in unsere Familie, 13 Prozent in die Gemeinschaft und 9 Prozent in »das Universum« investieren.

Setzen wir uns das zum Ziel, was die Azteken als größtmögliches Äquilibrium bezeichnen, dann fließen 52 Prozent unserer Energie in die Aufrechterhaltung unserer Gesundheit, derjenigen der Familie, unserer Gemeinschaft und des Universums. Sind wir nicht gesund, dann können wir nichts weiter bewirken, als die Wahrung des bloßen Fortbestands anzustreben. 26 Prozent unserer Energie dienen der Bewahrung unserer Freiheit, damit wir ein freies, kreatives, produktives und zahlungsfähiges Volk mit einer intakten Kultur und lebendigen Traditionen sein können. 13 Prozent müssen wir für die Erlangung von Weisheit aufwenden, die idealerweise aus Lehrzeit und Studium, gefolgt von Jahren der Praxis und Entwicklung des Erlernten, resultiert. 9 Prozent unterstützen die Aufrechterhaltung unseres Bewußtseins, das uns letztlich dazu befähigt, anderen Menschen zu Diensten zu sein.

Wir Heiler verpflichten uns durch ein Versprechen dazu, all diese Schritte zu durchlaufen; dadurch entwickeln wir die *Energie*, die es uns erst möglich macht, anderen Menschen zu dienen. Doch dieses altüberlieferte, äußerst wohldurchdachte System kommt nicht nur Heilern, sondern jedermann zugute. Weise Menschen helfen den anderen auf ihrem Weg; sie sind ihnen zu Diensten, indem sie das Wissen weitergeben, das sie erworben haben. Das ist der Grund, warum in meiner Tradition den Ahnen und Ältesten, die mehr Erfahrung als wir Jüngeren haben, große Achtung entgegengebracht wird.

Die Vergangenheit nutzbar machen

Es war keine leichte Aufgabe, die Informationen über die aztekische Heilkunst zu erhalten, über die ich nun verfüge. Aus Büchern und wissenschaftlichen Forschungsberichten konnte ich nur wenig erfahren, und ein Großteil der Veröffentlichungen über die medizinischen Praktiken der Azteken, die aus der Zeit der spanischen Eroberung stammen, basieren auf Mythen oder Mißverständnissen. Und als ich anfing, den Curanderismo von meinen aztekischen Lehrern zu erlernen, stellte ich bald fest, daß sogar die aztekischen Wörter selbst, die die Klänge der Natur und das Ziel der Harmonie transportieren sollen, mißverstanden oder falsch übersetzt worden waren.

Viele moderne Wissenschaftler, die sich mit dem Curanderismo beschäftigen, beschreiben diese Medizin, als sei sie im Stillstand begriffen. Es ist keine Rede davon, daß sie sich ständig fortentwickelt und wächst. Die überwiegende Mehrheit der westlichen Mediziner lehnt diese Heilkunst als vorwissenschaftliche Quacksalberei ab. Ein Forscher behauptete sogar allen Ernstes und unverblümt, daß Curanderismo nur bei der Behandlung bestimmter Volkskrankheiten zur Anwendung komme, die »allein mexikanische Amerikaner befallen und Amerikaner europäischen Ursprungs nicht betreffen«... Andere Koryphäen vertreten die Auffassung, der Curanderismo sei nur deshalb noch in Gebrauch, weil er weniger koste als die westliche Medizin und weil arme mexikanische Amerikaner sich keine bessere Gesundheitsfürsorge leisten könnten. In meiner Praxis behandle ich jedoch Menschen jeglichen ethnischen Hintergrunds, Berufstätige und Arbeiter, die Reichen, Angehörige der Mittelklasse und Arme.

Das Bild des Curanderismo, das ich in diesem Buch präsentieren möchte, ist sehr viel weiter gefaßt und reicher als irgendeine der Definitionen, auf die ich in den Regalen der Bibliotheken gestoßen bin. Viele der alten Weisheitsbewahrer starben, ohne ihr Wissen weitergeben zu können, weil meine Generation und die meiner Eltern diesen alten Vorstellungen unter dem Druck der Assimilation den Rücken kehrten. Ich habe viele der noch lebenden alten Weisen aufgesucht, doch sie konnten mir nicht immer erklären, *warum* sie das tun, was sie tun. In der Regel erklärten sie mir, daß sie auf diese Weise heilen, weil es ihre Großmutter ebenso tat. Zum Beispiel frage ich Curanderas oft, warum sie ein Ei verwenden, wenn sie *limpias* vornehmen. Ich habe auf diese Frage bisher keine befriedigende Antwort erhalten. Deshalb weigerte ich mich viele Jahre lang, Eier in diesem Zusammenhang zu verwenden. Als ich mich schließlich dennoch dazu durchrang, es einmal mit einem Ei zu probieren, war ich von der Wirkung überrascht. In den vergangenen elf Jahren habe ich etwa zwei bis drei *limpias* pro Tag an vier oder fünf Tagen pro Woche durchgeführt. Wenn Sie all dies zusammenrechnen, dann kommen Sie auf Tausende *limpias*. In dieser Zeit erstaunte es mich immer wieder aufs neue, wie das Abreiben des Körpers eines Klienten mit einem Ei mir dabei half, seinen energetischen Zustand zu erfassen. Dieses Hilfsmittel ist für mich zu einem Zugang zur Seele meiner Patienten geworden, ohne daß ich die genauen Gründe dafür nennen könnte.

Jahrelang bezeichnete man die Volksheilkunde als »alternative« und schließlich als »komplementäre« Medizin. Ich schreibe dieses Buch, weil ich meine, daß die Zeit gekommen ist, um ernsthaft zu untersuchen, auf welche Weise die traditionelle Heilkunde die moderne Schulmedizin nicht nur ergänzt, sondern sie in vielerlei Hinsicht sogar übertrifft. Als psychiatrisch ausgebildete Heilerin mit einem Magisterabschluß und dreiundzwanzig Jahren Erfahrung mit Curanderismo fühle ich mich in zwei Welten zu Hause – sowohl in der traditionellen als auch in der modernen wissenschaftlichen. Ausgehend von diesem Standpunkt, möchte ich die Stärken und Schwächen beider Methoden ausloten.

In einer modernen Gesundheitseinrichtung kommt es nicht selten vor, daß man wochen-, wenn nicht monatelang auf einen Behandlungstermin warten muß, nur um den betreffenden Arzt dann lediglich eine Viertelstunde zu Gesicht zu bekommen. Diese Abfertigung läßt sich einfach nicht mit der liebevollen Fürsorge vergleichen, die man in der Regel von einem ganzheitlich praktizierenden Heilpraktiker oder einer Curandera erhält. Curanderas heißen Ihre Tränen willkommen, beschränken Ihre »Redezeit« nicht, berühren Ihren Körper auf liebevolle und achtsame Weise und entwickeln persönlich gestaltete Zeremonien, um Ihren Geist zu stärken und Ihnen zu helfen, den verlorengegangenen Teil Ihrer Seele wiederzufinden.

Viele Menschen sind heutzutage von der westlichen Medizin enttäuscht, weil sie das Gefühl haben, daß es ihr an Herz fehle. Was ich in diesem Buch zu bieten habe, ist eine andere Herangehensweise, eine, die lehrt, daß jeder Mensch bereits die »Größte Medizin« in seinem Inneren trägt. Wirkliche Heilung beruht immer auf der *Zusammenarbeit* von Patient und Heiler, wie es die zahlreichen Geschichten von Frauen und Männern zeigen, die in diesem Buch erzählt werden. Einem medizinischen System, das in weiten Teilen die Menschen immer noch darin bestärkt, ihre Verantwortung abzugeben, auf Fragen zu verzichten und den Behandlungen oder Verschreibungen eines Arztes blind zu vertrauen, das nichts oder wenig über vorbeugende Maßnahmen, eine sinnvolle Ernährung oder die Aufrechterhaltung der emotionalen Gesundheit vermittelt, fehlen die grundlegenden Lehrsätze der Gesundheits*fürsorge*.

Der Curanderismo lehrt, daß es nicht ausreicht, ein physisches Problem zu diagnostizieren, wie dies so viele moderne Ärzte tun, ohne dabei zugleich auch danach zu fragen, was im Herz und in der Seele des Patienten vorgeht. Jede Krankheit hat eine Geschichte, eine tieferliegende *Ursache*, und nur der Patient kann diese Geschichte erzählen. Ich habe viele Fälle erlebt, in denen ein Symptom, das mit modernen Methoden kuriert worden war, nach relativ kurzer Zeit zurückkam, weil sich niemand des Problems auf der *seelischen* Ebene angenommen hatte. Nur eine Gesundheitsfürsorge, die den *ganzen* Menschen behandelt, kann eine wirkungsvolle, vollständige Heilung bewirken.

Wahre Heilung muß tiefgreifend sein und braucht Zeit, um dauerhaft zu wirken. Die verletzte Seele wird immer, ganz unabhängig davon, welche äußerlichen Symptome »geheilt« werden, Wege finden, ihre Verletzung mit Hilfe anderer Symptome zum Ausdruck zu bringen. Und wirkliche Heilung kann nur dann erfolgen, wenn sie eine spirituelle Basis hat. In meiner Arbeit spielt es für mich keine Rolle, welchem Glaubenssystem meine Klienten angehören, von Bedeutung ist lediglich, daß sie wissen, wie sie göttliche Energie heranziehen können, um ihnen bei ihrer Heilung zu helfen. Wir sind spirituelle Wesen, und wir können kein wirkliches Wohlbefinden entwickeln, wenn wir dies nicht akzeptieren.

Die Geschichte dessen, wie die Schulmedizin zur einzigen offiziellen Medizin in Amerika und weiten Teilen der westlichen Welt wurde, ist lang und soll hier nicht erzählt werden. Einige der Europäer, die als erste in dieses Land einwanderten, kamen auf der Flucht vor der spanischen Inquisition, die Tausende traditionelle Heiler auf die Folterbank und/oder auf den Scheiterhaufen geschickt hatte. Vielleicht hatten diese Immigranten Ängste und Mißtrauen gegenüber der Volksheilkunde bereits verinnerlicht, als sie in die Neue Welt kamen. Viel Wissen ging in dieser Zeit verloren, und erst vor kurzem haben die Menschen begonnen, es wieder nutzbar zu machen. Ich mußte mich sprichwörtlich durch die Knochen meiner Vorfahren wühlen, um meine eigene Tradition »auszugraben«. Ich hoffe, dieses Buch ermutigt auch andere dazu, zu ihren eigenen Wurzeln zurückzugehen und die Medizin ihrer Vorfahren zu entdecken.

Ich habe den Curanderismo nicht erfunden. Ich bin nur das »Vehikel«, das ihn übermittelt. Ich »besetze« oder »erobere« auch nicht das Wesen meiner Patienten, ich versuche es vielmehr freizusetzen. Wirkliche Heilung kann man nicht erwarten, wenn man passiv bleibt und einfach einen Kräutertee und eine Pille von einem Heilpraktiker beziehungsweise Arzt entgegennimmt, ohne eine natürliche Lebensweise zu berücksichtigen. Es gibt wie gesagt eine Medizin, die im Inneren jedes einzelnen von uns aktiviert werden kann, und wir alle verfügen über das Potential, uns selbst und die globale Familie zu heilen.

Curanderismo ist nicht nur eine Heilkunst, sondern stellt eine vollständige Gesundheitskultur dar. Ziel dieser Kultur ist es, unter Berücksichtigung des kosmischen Geschehens, durch die Achtung der Naturgesetze, durch sinnvolle Bräuche, Traditionen, ausgewogene energetische und soziale Systeme ebenso wie durch unser eigenes intaktes biologisches System das Gleichgewicht zwischen dem Ich und der Natur wiederherzustellen. Krankheit wird im Curanderismo nicht als individuelles Problem betrachtet. Sie wird als Ungleichgewicht empfunden, wodurch ein Mensch in das Zentrum des Heilungsprozesses gerückt wird, der letztlich alle betroffenen Systeme und Gemeinschafts- oder Familienmitglieder zu »reinigen« und neu auszurichten vermag.

Die Verantwortung für die eigene Krankheit sollte im Bewußtsein jedes Menschen verankert sein, damit wir aufhören können, wie Bettler bei jenen aufzutreten, von denen wir meinen, daß sie über ein größeres Wissen verfügen. Ich hoffe die Leser durch die in diesem Buch dargestellten Geschichten »ganz normaler Leute« dazu zu inspirieren, die »Größte Medizin« in Besitz zu nehmen – für sich selbst, ihre Familie und alle Lebewesen in unserer globalen Gemeinschaft.

Ebenso möchte ich damit die Ältesten ehren, die dieses Wissen trotz Diskriminierung, Verfolgung und drohendem Tod am Leben erhielten.

E. A. und J. P.

Kapitel 1

Curanderismo: Gesundheitsfürsorge für Körper *und* Seele

Im Curanderismo werden Probleme behandelt, die von der westlichen Medizin als Krankheiten anerkannt sind, aber auch ebenso viele, die diese Anerkennung nicht erreicht haben. Ich konnte Personen mit Eßstörungen, Diabetes, Herzbeschwerden, Krebs, chronischen Rückenproblemen, Bluthochdruck und zahlreichen anderen Leiden therapieren, was ein Arzt auch tut. Darüber hinaus habe ich jedoch ebenso mit Menschen gearbeitet, die unter Schüchternheit, Gehemmtheit, an einem gebrochenen Herzen, einer Pechsträhne, dem Wunsch nach größerem Reichtum, Alpträumen, Neid, Einsamkeit, Wut, Ängsten, familiären Partner- und sexuellen Problemen, Unfruchtbarkeit, Partnerlosigkeit oder an dem Wunsch litten, den Partner verlassen zu wollen.

Manche Klienten kommen zu mir und erklären, es fehle ihnen an Ehrgeiz und sie wüßten nicht, wie sie die Energie aufbringen sollen, um in ihrem Beruf voranzukommen. Andere suchen mich auf, weil sie unter dem Streß zu großen Ehrgeizes fast zusammenbrechen. In meinem Behandlungsraum saßen Patienten, die mir erzählten, daß sie den Glauben an das Leben verloren hatten und ein Mittel gegen Hoffnungslosigkeit benötigten. Andere kommen mit Gesundheitsbeschwerden, von denen sie meinen, daß ihr Arzt sie nicht richtig behandelt. Indem sie eine Curandera aufsuchen, erkennen sie an, daß die wissenschaftliche Medizin sie nur ein bestimmes Stück weiterbringen kann und daß manche Krankheiten erst dann ausheilen können, wenn auch die Wunden des Herzens und der Seele behandelt werden.

Mehr und mehr Menschen bedienen sich heute der Dienste eines Arztes *und* einer Curandera gleichzeitig. In meinem Behandlungsraum treffe ich beispielsweise auf Personen, bei denen gastrointestinale Störungen, Diabetes, Bluthochdruck, Arthritis, ein chronisches Ermüdungssyndrom oder Migräne diagnostiziert wurden. Manche von ihnen kommen zu mir, weil sie gern eine ganzheitliche Herangehensweise bei der Behandlung ausprobieren möchten. Andere fühlen sich unwohl mit den Nebenwirkungen der eingenommenen Medikamente und wollen wissen, ob es für ihr spezielles Leiden geeignete alternative Therapien gibt, die auf der Anwendung von Kräutern basieren. Viele verstehen ihre Krankheiten nicht wirklich und beklagen sich darüber, daß ihre Ärzte sich nicht genug Zeit nähmen, um sie ins Bild zu setzen. Ich erkläre ihnen das Wesen ihres Leidens und wie es sich in ihrer individuellen Physiologie manifestiert. Ich verweise sie auf Artikel in Fachzeitschriften, Bücher und Seiten im Internet, die sich mit ihren Krankheiten beschäftigen, und lege ihnen dar, welche alternativen Behandlungsmöglichkeiten ihnen offenstehen.

Gelegentlich kommen Klienten zu mir, die ihre Krankheit nicht wahrhaben wollen und hoffen, daß eine Curandera an ihnen ein Leiden diagnostiziert, das sie besser akzeptieren können. Manche möchten wie gesagt auch daran glauben, daß das merkwürdige Verhalten und die ungewohnten Gedanken, die sie selbst oder die von ihnen geliebten Menschen hervorbringen, die Folge eines Fluchs sind. Ich bin auf zahlreiche Patienten gestoßen, an denen Schizophrenie festgestellt wurde und die eindeutig psychotisch sind, aber lieber glauben wollen, sie seien krank geworden, weil sie jemand verhext habe. Ich konnte vielen dieser Menschen helfen, ihre Krankheit zu akzeptieren und ihr Leben trotzdem kreativ zu leben.

Es ist immer eine Herausforderung und eine Quelle großer Befriedigung für mich, Möglichkeiten zu suchen und zu finden, um die physischen, emotionalen und spirituellen Bedürfnisse all dieser verschiedenen Personen zu erfüllen. Nicht jeder ist bereit, Zeit, Bildung und harte Arbeit zu akzeptieren, die investiert werden müssen, um ein ganzer, gesunder Mensch zu werden. Andererseits habe ich die Transformation Hunderter von Patienten miterlebt, die mit schwersten emotionalen und physischen Krankheiten zu mir kamen. Curanderos und Curanderas sehen es gern, wenn »Wunder« geschehen – doch wir und unsere Klienten müssen für diese Wunder viel Einsatz bieten und gemeinsam Wohlbefinden schaffen.

»Volks«krankheiten

Um ein wirkliches Verständnis des Curanderismo zu gewinnen, ist es erforderlich, auch einen Blick auf die Art zu werfen, wie diese Heilungsmethode Krankheiten kategorisiert. Bücher oder wissenschaftliche Studien über Curanderismo führen immer bestimmte »klassische« Krankheiten auf, also werden wir diese hier ebenfalls betrachten. Doch in den letzten Jahrzehnten hat der Curanderismo einige Änderungen durchlaufen. Wie jede andere Art von Gesundheitsfürsorge ist auch er in der modernen Welt nicht einfach auf seinem einmal erreichten Entwicklungsstand stehengeblieben. Manche Zustände wie *susto* (Seelenverlust) *envídia* (Neid) und *bilis* (Wut) werden noch immer von Curanderas behandelt. Andere Dienste wie etwa die der *partera,* der Hebamme, verlangt man in den USA seit dem Aufkommen von modernen Krankenhäusern und Geburtskliniken nur selten. Im ländlichen Mexiko und Guatemala hingegen holen *parteras* noch immer die Kinder auf die Welt und kümmern sich vor und nach der Niederkunft um die Mütter, nicht aber in den Orten nahe der mexikanisch-amerikanischen Grenze. Dennoch können wir auch anhand der langsam verschwindenden Spezialgebiete im Curanderismo noch immer etwas über die ganzheitliche Behandlung der gesamten Person an Körper und Seele lernen.

Curanderas behandeln physische Erkrankungen wie *bilis, empache* und *mal aire*, mentale Leiden wie *envídia, mal puesto, mal ojo* und *mala suerte* sowie spirituelle Störungen wie *susto* und *espanto*. Lassen Sie uns die Herangehensweisen in jeder dieser drei Kategorien näher betrachten.

Physische Krankheiten

Bilis, »Wut«, wird nach der Säftelehre verursacht durch die übermäßige Ausschüttung von Galle, die das Körpersystem eines Menschen überflutet, wenn er unter chronischer Wut leidet. Das ist ohne Zweifel eine Krankheit, von der in der heutigen Gesellschaft viele Menschen betroffen sind; und die westlichen Sprachen sind reich an Begriffen, die dieses Phänomen zu fassen versuchen. Der Zustand verursacht Verdauungsprobleme und vergiftet den Körper, insbesondere Leber, Magen und Därme. Eine Curandera heilt *bilis,* indem sie den Patienten durch Massage entspannt, und sie verschreibt beruhigende Kräutertees und -bäder. Im Curanderismo wird besonderer Wert darauf gelegt, daß der Patient lernt, wie gefährlich es ist, Wut und Angst zu unterdrücken. Ihm werden Möglichkeiten aufgezeigt, seine Wut zu kompensieren: sie auf gesunde Weise zum Ausdruck zu bringen.

Wut ist destruktiv, nicht nur für den Patienten selbst, sondern auch für seine Familie. Wenn ein Elternteil von Wut erfüllt ist, dann kann es sein, daß seine Kinder und sein Partner in der Folge an *susto,* Seelenverlust, erkranken. Wut kann außerdem zu Gewalt in der Familie und zu Kindesmißbrauch führen.

Als ich Kind war, litt meine Mutter unter entsetzlichen Anfällen von *bilis*. Aus Angst vor ihrer Wut versteckte ich mich jedesmal unter der hinteren Veranda, bis der Anfall vorüber war. Wenn mein Vater trank, gab sich meine Mutter Wutanfällen hin, und sie stritten sich fürchterlich. Ich erinnere mich daran, wie beängstigend es für meine Schwester und mich war, als wir eines Nachts von unserer Mutter während einer dieser Auseinandersetzungen aus dem Bett gerissen wurden. Wir mußten in ein Nachbarhaus gehen, bis der Kampf vorüber war. Ich haßte das Trinken meines Vaters und die Wut meiner Mutter, und ich kann persönlich beider destruktive Wirkung auf eine Familie bezeugen.

Später, ich war inzwischen selbst Mutter, ertappte ich mich dabei, wie ich eines Tages meinen eigenen Kindern mit Wut begegnete. Schlagartig erinnerte ich mich an das verängstigte kleine Kind, das ich gewesen war und das darauf gewartet hatte, daß die *bilis* der Mutter vorüberging. Diese Erinnerung bewog mich dazu, an meiner eigenen Wut zu arbeiten. Ich zog mich ins Badezimmer zurück und zählte bis zehn, wenn ich besondere Schwierigkeiten mit meinem Sohn Adrian hatte, der mit einem Gehirnschaden geboren und geistig zurückgeblieben war. Er selbst schien Wutanfälle regelrecht einzusetzen, um dafür zu sorgen, daß seine Bedürfnisse befriedigt wurden; und er schrie oft stundenlang, wenn er aus dem Gleichgewicht geraten war. Es gelang mir nicht, ihn zu beruhigen, und es fiel mir schwer, die eigene Wut unter Kontrolle zu halten, die dabei entstand. Ich war frustiert und fühlte mich unzulänglich. Schließlich suchte ich bei einem Heiler Hilfe, der eine Methode anwandte, die er als »Wutreduktion« bezeichnete. Er zeigte mir, wie ich meinen Sohn halten mußte, um eine positive Bindungserfahrung zu erleichtern und die *bilis* in uns beiden zu verringern. Die Arbeit mit diesem Heiler verbesserte nicht nur meine Beziehung zu meinem Sohn, sondern auch zu meinen übrigen Kindern. Ich reichte die Methode in meiner eigenen Arbeit als

Curandera erfolgreich weiter. Adrian ist inzwischen siebenundzwanzig Jahre alt, und wir haben eine enge und liebevolle Beziehung zueinander. Vor ein paar Monaten ist er zu Hause ausgezogen, hat nun einen Vollzeitarbeitsplatz und lebt eigenständig mit vier anderen jungen Männern zusammen.

Empacho steht für eine Verstopfung des Verdauungsapparats. Die Krankheit kann auf Überessen, Nahrungsmittelallergien, Laktoseintoleranz oder auf schwerverdauliche Speisen zurückzuführen sein. Curanderas verwenden diesen Begriff auch, um emotionale oder energetische Blockaden bildlich zum Ausdruck zu bringen.

Als Kind litt ich häufig unter *empacho*. Meine Mutter hatte mich davor gewarnt, rohen Tortillateig zu essen, aber da Kinder gern alles ausprobieren, mopste ich mir irgendwann einmal trotzdem was davon. Es kam, wie es kommen mußte, und ich erkrankte an *empacho*. Außerdem haßte ich es, daß ich jeden Morgen gezwungen wurde, Weizenbrei zu essen. Ich durfte nicht vom Tisch aufstehen, bevor ich nicht aufgegessen hatte. Das war für mich eine Qual; und es kam mehrmals vor, daß ich schließlich *empacho* hatte und mich erbrechen mußte – was meine Mutter wiederum wütend machte. Mein kleiner Magen schien zu wissen, daß Speisen, die zu essen wir gezwungen werden, nicht allzugut bei uns aufgehoben sind…

Ich war eines Tages dabei, als eine »Anglo«-Freundin einen Kuchen buk und dann den in der Schüssel verbliebenen Rest Teig mit einer Spachtel auskratzte und aß. Ich war entsetzt. »Hast du denn keine Angst, *empacho* zu bekommen?« wollte ich wissen. Sie wußte natürlich nicht, was ich meinte; und ich war überrascht zu hören, daß sie schon als kleines Kind rohen Teig gegessen und trotzdem nie Bauchschmerzen bekommen hatte.

Die Macht der Suggestion mag dafür verantwortlich sein, daß bestimmte Personen *empacho* bekommen, doch fast jeder hat irgendwann schon einmal unter diesem Zustand gelitten. *Empacho* kann Blähungen, Magenkrämpfe, Durchfall, Verstopfung, Appetitlosigkeit und Erbrechen verursachen. Die *sobadora* weiß, wie man den Bauch und den Lendenbereich massieren muß, um *empacho* aufzulösen, und verschreibt verschiedene Kräutertees wie etwa *yerba buena,* Pfefferminze, und *manzanilla,* Kamille, um die Reizung im Verdauungsapparat zu lindern. Wer die Krankheit *empacho* vermeiden will, muß darauf achten, wie der Körper auf die zugeführte Nahrung reagiert, insbesondere auf Zucker, Weißmehl, Fett, stark gewürzte Speisen, Schokolade und Kaffee. Manchmal kommt es vor, daß unser Körper die Speisen, die wir gern essen, nicht gut verträgt.

Bei co-abhängigen Menschen kommt es vor, daß sie *empacho* des Herzens entwickeln, weil sie »zu sehr lieben« (siehe unter dem Stichwort »Co-Abhängigkeit« im Glossar am Ende dieses Buches). Frauen sind besonders anfällig für diese Form des *empacho.* Wenn wir uns zu sehr in einem anderen Menschen verlieren, dann entwickelt sich eine Energieblockade, die uns daran hindert, emotional zu wachsen. Wir können auch *empacho* bekommen, wenn wir uns im Einflußbereich eines Menschen mit schädlicher Energie aufhalten. Eine weitverbreitete Redewendung lautet: *»Me tiene empachado.«* (»Er hat mich blockiert.«) Oder aber jemand leidet unter *empacho* der Seele. Beispielsweise hatte ich mir seit Jahren gewünscht, ein Buch über Curanderismo zu schreiben, doch bot sich mir hierzu weder die Gelegenheit, noch hatte ich genug Zeit dazu. Mein Verstand war so angefüllt mit Informationen, die freigesetzt werden mußten, daß ich unter einem spirituellen und emotionalen Stau litt, der meine Seelenenergie blockierte. Wenn ein Mensch von bestimmten Vorstellungen erfüllt ist, die er zum Ausdruck bringen muß, oder von etwas, das er erschaffen will, dann ist es unbedingt erforderlich, ein Ventil für diese Energie zu finden, oder aber *empacho* ist die Folge.

Mal aire, schlechte Luft, ist eine Krankheit, die sich mit Erkältungssymptomen, Ohrenschmerzen oder Gesichtslähmung manifestiert, und wird oft dadurch verursacht, daß man der Nachtluft zu lange ausgesetzt ist. Insbesondere Kinder sind für *mal aire* anfällig. Eine der traditionellen Methoden, diese Krankheit zu vermeiden, besteht darin, daß man Kinder fest in Decken einwickelt, bevor man sie hinaus in die kühle Luft trägt. Die Bräuche, welche die Kinder vor *mal aire* beschützen, gehen zurück bis in die Zeit vor der spanischen Eroberung Mexikos. Die alten Völker wußten also schon seit jeher, daß die Auskühlung den Körper anfälliger für Krankheiten macht. Diesen Stämmen war auch klar, daß Infektionen durch Bakterien in der Luft übertragen werden, auch wenn sie diesen winzigen Organismen einen anderen Namen gaben. Mein aztekischer Lehrer Ehekateotl erklärte mir: »Den Azteken war klar, daß kleinste Bakterien in der Luft Menschen krank machen können. Sie wußten nichts über Mikroben, also nannten sie diese Partikel Geister. Sie glaubten, daß diese ›Teilchen‹ Veränderungen durchlaufen und in den Körper eindringen, Menschen krank machen und Gesichtslähmung oder Erkältungen verursachen. Das liegt mehr als 475 Jahre zurück.« Ehekateotl erklärte mir, daß manche Gelehrte selbst heute noch mißverstehen, worüber die Azteken wirklich sprachen und sprechen: »Wir näherten uns Krankheiten auf eine ganzheitliche Weise, und wir hatten unsere eigenen Begriffe, unsere eigene Sprache, um Krankheiten zu erklären. Und die Sprache wurde falsch übersetzt. Die Menschen heute begreifen das nicht.« Wenn zum Beispiel Indianerfrauen Wiegenlieder für die spanischen Kinder sangen, die sie zu versorgen hatten, dann kamen darin die Worte *coco coco* vor, was die Spanier vollkommen mißverstanden. Im Spanischen bedeutet *coco* »Popanz, Kinderschreck«, in Nahuatl einfach »Schlaf ein«. Während also die Indianerfrauen sangen: »Schlaf, damit du dich ausruhst und nicht krank wirst«, hörten die Spanier etwa: »Der böse schwarze Mann wird dich holen, wenn du nicht schläfst.« Wer von einer Sprache in eine andere übersetzt, muß äußerst vorsichtig sein, denn dabei kann viel verlorengehen beziehungsweise verfälscht werden. Die aztekische Sprache ist weit stärker auf die rechte Gehirnhälfte ausgerichtet als das Spanische oder Englische: Sie ist weitaus bildhafter.

Der Brauch, Kinder vor *mal aire* zu bewahren, indem man sie in Decken einwickelt, war ursprünglich mehr als Schutz*metapher* denn als physische Vorbeugemaßnahme begriffen worden. Das Kind so einzuhüllen galt als Methode, es bildlich-symbolisch mit Liebe und Schutz zu umfangen. Ich wünschte, jemand hätte mir diese Zusammenhänge erklärt, als ich noch eine junge Frau war und versuchte, meine Kinder den Traditionen gemäß aufzuziehen, in denen auch ich aufgewachsen war. Mit siebzehn Jahren brachte ich mein erstes Kind Jamie zur Welt. Neun Monate später zogen wir nach Westberlin, um uns meinem Mann anzuschließen, der dort bei der Air Force stationiert war. Mein Mann hatte lange Dienstzeiten, so daß ich viel allein war.

Eines Tages stellte ich fest, daß Jamie hohes Fieber hatte. Ich gab ihm Aspirin für Kinder, doch es schien keine Wirkung zu zeigen. Er wollte nicht aus seinem Schläfchen aufwachen, und jedesmal, wenn ich ihn berührte, schien er heißer und heißer zu sein. Ich fühlte mich so jung, allein und machtlos. Wir lebten nicht auf dem Militärstützpunkt, und ich sprach kein Deutsch. Wieder und wieder versuchte ich, meinen Mann telefonisch zu erreichen, doch als Jamie aufwachte und plötzlich heftige Schüttelkrämpfe hatte, da konnte ich nicht mehr warten. Verzweifelt rief ich im Armeekrankenhaus an und wurde aufgefordert, meinen Sohn auf die Unfallstation zu bringen. Ich rief ein Taxi, wickelte mein Baby in eine Decke ein und bedeckte sein Gesicht, wie meine Mutter es mir gezeigt hatte, um *mal aire* vorzubeugen.

Als ich im Krankenhaus eintraf, warf der Arzt einen entsetzten Blick auf meinen eingewickelten Sohn und schrie mich an:

»Ihr Sohn ist glühend heiß vor Fieber. Er hatte eben Schüttelkrämpfe und muß abgekühlt werden. Wollen Sie ihn umbringen? Was ist nur los mit euch Leuten?« (Womit er die mexikanischen US-Bürger meinte.) Zutiefst beschämt, hatte ich das Gefühl, als Mutter völlig versagt zu haben. Ich haßte meine Kultur, da sie meinen Sohn fast umgebracht hätte, und schämte mich, weil ich an *mal aire,* an böse Geister glaubte, die meinem Kind schaden konnten. Es war jedoch nicht der alte Brauch des »Einwickelns«, mit dem etwas nicht stimmte, sondern mein Mißverständnis seines wirklichen Zwecks.

Später, als ich dann Leiterin der Entbindungs- und Kinderstation im R.-E.-Thomason-Krankenhaus in El Paso in Texas war, rief ich ein Schulungsprogramm für Mütter und Pflegepersonal ins Leben. Ich erklärte ihnen die wirkliche Bedeutung von *mal aire* und wie wichtig es ist, ein fieberndes Kind mit lauwarmem Wasser abzukühlen. Ich sagte ihnen, daß es besser sei, ein Kind nur leicht zu bekleiden, bis das Fieber abnimmt. Ich sprach zu meinen Kursteilnehmern ebenso, wie ich es heute bei Müttern tue, die meine Klienten sind: »Wir wickeln unsere Kinder in unsere Liebe und in unser Bedürfnis ein, sie zu beschützen.«

Psychische Störungen

Der Begriff »psychische Störung« oder »Geisteskrankheit« bedeutet für einen Curandero und eine Curandera etwas anderes als für einen typischen schulmedizinisch orientierten Arzt, da im Curanderismo der Geist niemals losgelöst vom Körper, den Gefühlen oder der Seele eines Menschen behandelt wird. Von meiner Arbeit in der Psychiatrie, wo ich viele Jahre lang mit seelisch Gestörten umging, weiß ich aus eigener Erfahrung, daß es genau diese Art ganzheitlicher Behandlung ist, die in unseren psychiatrischen Einrichtungen fehlt. Curanderas behandeln medizinisch diagnostizierte psychische Störungen, doch sie nehmen dabei immer Bezug auf das gesamte Wesen des Patienten. Als Curandera arbeite ich häufig mit seelisch Gestörten und helfe ihnen, mit ihren Medikamenten zurechtzukommen und emotional stabiler zu werden. Ich kläre ihre Familien darüber auf, was sie von solchen Krankheiten zu erwarten haben und wie sie handeln oder reagieren müssen, um das Leben für alle Beteiligten leichter zu machen.

Psychische Störungen können entweder die Folge schwerer Traumata oder eines chemischen Ungleichgewichts aufgrund genetischer und anderer Faktoren sein. Doch muß sich die betroffene Person ihrer Krankheit nicht zwangsläufig beugen. Sie braucht nicht der Verzweiflung anheimfallen und meinen, »ihr Leben sei vorüber«. Würde ein Diabetiker seine Medikamente nicht nehmen, seine Diät nicht einhalten und sein Körperübungsprogramm aufgeben, dann ginge es ihm ebenfalls schlechter. Gleiches gilt auch für psychisch Gestörte. Unglücklicherweise haben viele Patienten Schwierigkeiten mit den Nebenwirkungen ihrer psychotropen Medikamente und nehmen lieber Halluzinationen und Paranoia in Kauf, die auftreten können, wenn sie auf die Einnahme ihrer Medikamente verzichten.

Ehekateotl meint, daß wir genug Energie haben, um unsere Gefühle und unseren Verstand so gesund wie möglich zu halten, sofern wir nur die Kraft aufbringen, uns die Gesundheit unseres Körpers zu bewahren. Wenn es uns gelingt, den Geist und die Seele auch auf diese Weise zu stärken, dann ist es uns normalerweise möglich, in größerer Harmonie und im Gleichgewicht mit unseren Leiden zu leben, welcher Art sie auch sein mögen. Ich konnte viel von den schizophrenen und manisch-depressiven Menschen lernen, mit denen ich zusammengearbeitet habe. Viele von ihnen verfügen über ein großes Herz, einen robusten Körper, einen starken Geist und eine kräftige Seele. Sie reagieren positiv auf die spirituelle Reinigung und die Seelenrückführung, die ich mit ihnen durchführe. Gleiches gilt für die

Informationen, die ich ihnen vermittle. Am besten aber sprechen sie auf Mitgefühl an.

Emotionale Krankheiten

Envídia, Neid, wirkt sich auf zwei deutlich voneinander zu unterscheidende Arten aus. In der ersten steht der neidische Mensch im Mittelpunkt – die Person, die in ihrer Seele krank ist. In der zweiten geht es um den beneideten Menschen, der die Energie *empfängt,* die nicht die seine ist. Wenn jemand das Ziel von Neid ist, dann erkrankt der Betreffende an seinem *tonal,* Geist. Wie nimmt man solche negativen Energien auf? Wohl jeder erinnert sich an Situationen, in denen ihn jemand beneidete, und daran, wie schmerzhaft das war – Zeiten, in denen wir gehaßt wurden, weil wir einen neuen Job bekommen, einen Studienabschluß erreicht, eine liebevolle Beziehung gepflegt oder ein neues Auto gekauft hatten. Neid ist eine Energie, die im Gegensatz zur Liebe steht, und wenn jemand diese Energie in sich trägt, dann kann er sie allein durch seine Gegenwart, ohne ein Wort zu sagen, übertragen. Sogar Menschen, die wir lieben, Freunde und Familienmitglieder, können uns auf diese Weise schaden, ohne es zu wollen.

Neid ist die »Verdrehung des Herzens«, die wir spüren, wenn wir uns des Glücks eines anderen Menschen bewußt werden und es mit unserer eigenen Situation vergleichen. Doch läßt uns dieses Gefühl immer die Wahl, da es uns die Dinge deutlich zeigt, die unsere Seele ebenfalls begehrt. Wir können uns für Gefühle der Machtlosigkeit entscheiden, weil jemand das hat, was wir nicht haben, es dem Neid gestatten, unser Herz aufzuzehren, bis er sich zu einer zerstörerischen, lähmenden Kraft in unserem Leben entwickelt hat. Oder aber wir entscheiden uns, die Arbeit zu tun, die getan werden muß, um das zu erreichen, was unsere Neidgefühle ausgelöst hat. Manchmal heißt dies, daß wir noch einmal zur Schule gehen und hart für eine berufliche Beförderung arbeiten oder aber eine schlechte Beziehung aufgeben und eine gesündere suchen müssen. Wenn wir uns unsere Neidgefühle als Spiegel zunutze machen, dann haben wir die Möglichkeit, unsere Ziele bei der Arbeit, in der Ausbildung und in unserem Privatleben schneller zu erreichen.

Mal puesto, Fluch, wird von vielen Menschen in dem Teil der Welt, in dem ich lebe, für ein Mittel der Schwarzen Magie gehalten. Ich habe noch nie jemanden kennengelernt, der Schwarze Magie praktiziert, doch ich weiß, daß es Zeitgenossen gibt, die anderen aus Neid, Rachegefühlen oder Gier absichtlich schaden wollen. Und ebenso gibt es Personen, die davon profitieren, daß die Leute an *mal puesto* glauben. Ich habe Hunderte von Patienten behandelt, die sogenannten Curanderas viel Geld bezahlt hatten, damit sie sie von einem »Fluch« befreiten.

Scharlatane und solche »Heiler«, die die Methoden des Curanderismo nachahmen, haben herausgefunden, wie sie von den Ängsten der Menschen profitieren können. Viele von diesen Schwindlern behaupten, daß sie die Quelle eines Fluchs durch Tarotkarten, Trancezustände, Auralesungen, *limpias,* Astrologie, Spiritismus, Karten-, Handlesen oder durch übersinnliche Botschaften herausfinden könnten. Da sie sich unter anderem auch der Mittel bedienen, die kompetente Curanderas verwenden, ist es manchmal schwierig, den Quacksalber vom authentischen Heiler zu unterscheiden. Diese Hochstapler sind unmoralische, häufig aber schlaue Menschen, die sich darauf verstehen, Körpersprache zu »lesen«, und auf andere deshalb so wirken, als seien sie übersinnlich begabt. Sie verfügen über tiefgreifende Kenntnisse des menschlichen Verhaltens, und Leichtgläubige lassen sich leicht dazu verführen, ihnen zu vertrauen. Ihr Unternehmen floriert, weil es immer Menschen gibt, die die Verantwortung für das, was in ihrem Leben geschieht, nicht selbst übernehmen wollen und statt dessen nach einer äußeren Ursache suchen, der sie die Schuld für ihr Unglück zuweisen können.

Kürzlich lernte ich eine ältere Frau namens Anna kennen, die einer »Curandera« die Ersparnisse ihres ganzen Lebens in Höhe von zehntausend Dollar gegeben hatte, damit diese sie von einem Fluch befreite. Ihre Geschichte machte mich sehr traurig. Bei ihrer sechsunddreißigjährigen Tochter war paranoide Schizophrenie diagnostiziert worden, sie weigerte sich jedoch, ihre Medikamente einzunehmen. Annas Tochter vernachlässigte ihre kleinen Kinder und ließ das Essen stehen, weil sie glaubte, die Speisen seien vergiftet. Anna, die verzweifelt war und die Erziehung ihrer kleinen Enkelkinder nicht bewältigte, hatte von einer Frau gehört, die psychische Störungen heilen konnte. Diese angebliche Heilerin las in Tarotkarten und erklärte ihr, daß ihre Tochter vom eigenen Vater verhext worden wäre. Sie könne den Fluch fortnehmen, aber sie müsse hierzu nach Mexiko fahren, um die erforderlichen Hilfsmittel einzukaufen. Da es sich um ein sehr kompliziertes Heilmittel handele, seien die Zutaten ebenfalls sehr teuer.

Meine arme Klientin nahm nicht an der »Heilungszeremonie« teil, doch holte sie ihre Ersparnisse von der Bank und bezahlte das horrende Honorar der Hochstaplerin, ohne ihrem Mann etwas davon zu sagen. Die Behauptung der »Curandera«, daß der Vater die eigene Tochter verflucht habe, hatte Anna sehr verwirrt, sie regelrecht aus der Fassung gebracht; sie dachte zeitweilig sogar darüber nach, ihre seit fünfundvierzig Jahren bestehende Ehe zu beenden.

Als sich die versprochene Heilung nicht einstellte und sich der Gesundheitszustand ihrer Tochter nicht besserte, brachte Anna sie zu mir. Für mich war es offensichtlich, daß ihre Tochter unter einem chronischen Zustand litt und dringend ihre Medikamente einnehmen mußte. Die Verweigerung der Einnahme war der Grund für ihr gewalttätiges Verhalten gegenüber ihren Kindern.

Anna wird ihre Ersparnisse niemals zurückerhalten, doch war es ihr möglich, die Krankheit ihrer Tochter zu akzeptieren. Ich führte mit ihrer Tochter eine *plática* und eine *limpia* durch und erklärte ihr, warum ich nicht daran glaubte, daß sie verflucht worden war. Ich unterstützte außerdem die Tochter darin, ihre Krankheit zu akzeptieren und nach alternativen Behandlungsformen zu suchen. Sie entschloß sich dann doch noch, ihre Medikamente zu nehmen. Inzwischen geht es ihr besser. Annas Beziehung zu ihrer Tochter und die zu ihrem Mann haben sich ebenfalls eingerenkt; und sie hat begriffen, daß man Heilern, die große Summen Geldes für ihre »Dienste« verlangen, nicht immer vertrauen kann.

Ich treffe wie gesagt auf zahlreiche Menschen, die davon überzeugt sind, daß sie verflucht wurden, in Wirklichkeit aber unter psychischen Störungen leiden. In solchen Fällen sind mir meine Ausbildung und meine praktische Erfahrung in den psychiatrischen Abteilungen von Krankenhäusern bisher immer sehr zugute gekommen. Auch wenn es mir nicht möglich ist, Patienten von Störungen wie paranoider Schizophrenie zu heilen, so kann ich doch dazu beitragen, daß sie ein glücklicheres Leben führen. Beispielsweise muß man Menschen, die unter dieser Krankheit leiden, beibringen, über ihre Ängste zu sprechen. Schon wenn jemand auf eine Weise zu ihnen »guten Morgen« sagt, die sie als falsch empfinden, dann kann sie dies aus dem Gleichgewicht bringen und Ängste auslösen. Ich ermuntere sie dazu, in einem solchen Fall ihre Befürchtungen zum Ausdruck zu bringen, indem sie die betreffende Person beispielsweise fragen: »Bist du heute morgen böse auf mich?« Es gibt ihnen ein Gefühl von Sicherheit, wenn sie dann etwa hören: »Nein, ich habe nur sehr viel zu tun und bin daher ein bißchen geistesabwesend.« Darüber hinaus vermittle ich Menschen mit psychischen Störungen an Selbsthilfegruppen, ermutige sie, dem Bedürfnis, sich von anderen zurückzuziehen, nicht nachzugeben. Und ich verweise sie an Ärzte, wenn ich der Meinung bin, daß ihnen eine medikamentöse Behandlung oder ein befristeter Aufenthalt im Krankenhaus guttun würde. Da psychische und emotionale Störungen sich immer auch auf die Familien der Betroffenen auswirken, versuche ich den Angehörigen der Kranken zu vermitteln, wie sie helfen können.

Häufig unterstütze ich psychisch Kranke darin, ihre Schamgefühle, die mit psychischen Störungen oder der Einnahme psychotropischer Medikamente einhergehen, abzubauen, indem ich Dinge zu ihnen sage wie: »Schizophrenie ist eine genetisch bedingte Krankheit. Sie haben nichts falsch gemacht, und es ist nicht Ihre ›Schuld‹.« Oder: »Medikamente einzunehmen ist nichts, wofür Sie sich schämen müssen. Es gibt viele Menschen, die über lange Zeit Tabletten nehmen. Für Diabetiker zum Beispiel ist es unverzichtbar, jeden Tag Insulin zu spritzen.« Die Befreiung von solchen Schamgefühlen ist für die Betroffenen eine wichtige Voraussetzung, um mit psychischen Krankheiten besser leben zu können.

Am wichtigsten aber scheint mir, daß ich in psychisch Kranken und ihren Familien die spirituelle Kraft wecke, die sie benötigen, um mit den Umständen ihrer Krankheit zurechtzukommen. Wer spirituelle Kräfte entwickelt, vermag neue Türen für sich zu öffnen.

Ich habe persönliche Erfahrungen mit Scharlatanen gemacht, die Experten darin sind, in den Menschen Ängste zu nähren und sie um ihre Ersparnisse zu bringen. Vor einigen Jahren hörte ich, daß in Juárez, Mexiko, eine mächtige Curandera praktizierte. Meine Schwester Irma und ich entschlossen uns, sie zu überprüfen, und ich präsentierte der Frau ein wirkliches Problem, mit dem ich mich damals herumschlug.

Sie begann, indem sie mich scharf anblickte und sagte: »Aha, du bist also eine Heilerin!« Ich war beeindruckt, und sie hatte meine ungeteilte Aufmerksamkeit. Sie sah sich die Familienbilder an, die ich hatte mitbringen sollen, und traf ein paar allgemeine Aussagen, von denen einige Wahrheiten enthielten. Dann führte sie mich in einen anderen Raum und vollzog an mir eine *limpia* mit einem Ei. Als sie fertig war, gab sie das Ei ihrer Assistentin, die hinter mir stand. Die Assistentin ließ das Ei in ein mit Wasser gefülltes Glas fallen und reichte es wieder der Curandera. In dem Glas befand sich außer dem Ei eine kleine tote Eidechse, und das Gesicht der Curandera nahm einen schockierten Ausdruck an. Ich habe Tausende *limpias* mit Eiern durchgeführt und nie etwas anderes in dem Glas gesehen als das Ei. Als mir klar wurde, daß ich hier darauf vorbereitet wurde, später abkassiert zu werden, verlor ich sofort das Vertrauen in die Heilerin.

Nun kommt er, dachte ich, der Haken. »Vor vielen Generationen hat ein neidischer und rachsüchtiger Mensch deine Familie verhext«, erklärte mir die »Curandera«. »Deine Familie hatte seither unter Krankheiten und Unglück zu leiden, weil diese Person deine Familie für viele Generationen verflucht hat. Deine Familie wird niemals zum Glück finden, wenn dieser Fluch nicht von ihr genommen wird.«

»Was wird das kosten?« fragte ich und versuchte dabei ein unschuldiges Gesicht zu machen.

»Viertausend Dollar«, lautete ihre Antwort. Irma und ich dankten ihr und sagten, daß wir uns wieder bei ihr melden würden. »Warte nicht zu lange damit«, warnte die vermeintliche Heilerin noch. Wir gingen in Irmas Haus und vollzogen jeder am anderen eine *limpia,* um uns von der schlechten Energie dieser Hochstaplerin zu reinigen.

Viele angesehene Curanderas weigern sich, *mal puesto* zu behandeln, weil sie fürchten, sich damit einen Ruf als *brujas,* Hexen, zu erwerben. Ich selbst behandle *mal puesto,* doch stelle ich dabei unmißverständlich klar, daß ich nicht an die Wirksamkeit von Flüchen glaube.

Es sind keineswegs nur Patienten meines eigenen Kulturkreises, die zu mir kommen, weil sie meinen, verhext worden zu sein. Gelegentlich konsultieren mich sogar Leute in gehobener beruflicher Stellung wie Ärzte und Rechtsanwälte, stottern und schleichen um den heißen Brei herum: »Äh, glauben Sie wirklich, daß es so etwas wie ... Ich meine, haben Sie es je mit Menschen zu tun gehabt, die ... Also, glauben Sie, daß man, äh, mit einem Fluch belegt werden kann?« In solchen Fällen entkräfte ich ihre Vermutungen und unterstütze sie darin, zu verstehen, was sich in ihrem Leben tatsächlich ereignet; und ich ermuntere sie, die Verantwortung für ihre Probleme zu übernehmen. Wenn man die Kontrolle über sein Leben verloren hat oder unter einer Pechsträhne leidet, dann kann man leicht glauben, daß man von jemandem verflucht worden ist. In einer solchen Situation müssen wir unsere Beziehungen, unsere Einstellungen und unsere emotionale wie spirituelle Gesundheit überprüfen.

Eines Tages kam eine Frau zu mir und beklagte sich, daß ihr zweiundzwanzigjähriger Sohn verflucht worden sei, denn er war von der Schule geflogen und konnte keinen Arbeitsplatz halten. Wenn er sich zu Hause aufhielt, dann war er teilnahmslos und verschlief den ganzen Tag. Die Mutter erklärte mir, daß sie annahm, seine Exfreundin habe ihn mit einem Fluch belegt. Als ich eine *plática* mit dem Sohn durchführte, fand ich schnell heraus, daß er jede Nacht bis morgens um drei soff und kiffte, folglich am nächsten Tag zu müde war, um irgend etwas Vernünftiges mit sich anzufangen. Er hatte sich selbst mit einem Fluch belegt!

Wenn ich meine Patienten behandle, dann ist es mir wichtig, sie über den wirklichen Hintergrund dessen aufzuklären, was sie für Zauberei halten. Ich erachte es als meine Aufgabe, sie zu stärken und anzuleiten, damit sie zu Gleichgewicht und Harmonie zurückfinden. Viele vermeintliche Schicksalsschläge sind nämlich die Folgen unseres eigenen Handelns oder einfach normaler Bestandteil des alltäglichen Auf und Ab: Unser Auto gibt den Geist auf, ein achtloser Fahrer fährt zu dicht auf und verursacht einen Unfall, unsere Kinder haben ihre Probleme, und wir vergessen, unsere Rechnungen zu bezahlen. Wir essen die falschen Nahrungsmittel und trinken zuviel Alkohol, wir arbeiten zu hart und gönnen uns zuwenig Ruhe. Wir versuchen, mit unseren Nachbarn mitzuhalten, und entwickeln Neid auf ihren Besitz. Wir haben negative Gedanken in bezug auf bestimmte Menschen und werden von Rachsucht erfaßt. Wir wollen mit unserem »Ex« abrechnen und stellen fest, daß wir ihm oder ihr Niederlagen und Krankheiten an den Hals wünschen oder daß er oder sie dick und häßlich werden soll. Wir fühlen uns einsam und verzweifelt, weil wir in keiner festen Beziehung eingebunden sind…

Ich sage meinen Klienten immer sinngemäß: »Übernehmen Sie die Verantwortung für Ihre Gesundheit und die Gesundheit Ihrer Familie. Hören Sie auf, Ihre Verantwortlichkeit zu leugnen, und unternehmen Sie etwas gegen Ihre ungesunden Gewohnheiten. Sie selbst sind der Architekt Ihres Lebens. Geben sie die Macht über Ihr Leben nicht aus den Händen. Gott verfügt über sehr viel mehr Macht als irgendein Mensch oder eine ›Hexe‹. Gott bestraft Sie nicht. Investieren Sie Ihre Energie in die Entwicklung Ihrer Seele und Ihres Geistes. Wenn Ihr Geist gesund ist, dann gibt es nichts, was Ihrer Seele etwas anhaben kann.«

Mal ojo, auch *mal de ojo,* ist eine der am häufigsten mißverstandenen Krankheiten im Curanderismo. Wissenschaftler, die Artikel über den Curanderismo schreiben, oder Verfasser von Anleitungen für medizinisches Personal, das Angehörigen »ethnischer Minderheiten« besser helfen soll, führen Volkskrankheiten oft in einfachen Listen auf, die fehlerhaft und oberflächlich sind. Zum Beispiel wurde *mal ojo* als »böser Blick« übersetzt. Eine zutreffendere Bezeichnung würde lauten: »Krankheit, die entsteht, wenn man zu sehr ›angestarrt‹ wird«. Schließlich bedeutet das spanische Wort *mal* in diesem Zusammenhang »Krankheit« (Substantiv) und nicht »böse« (Adjektiv). Das Märchen, daß sich mit *mal ojo* etwas Schlechtes oder

Übernatürliches verbindet, sorgt verständlicherweise dafür, daß sich die Menschen mit dem Begriff unwohl fühlen. Sie fürchten sich vor dem »Supernaturalen« und unterscheiden diese Energie in »böse« und »göttlich«. Ich halte nichts davon, das »Übernatürliche« von uns selbst oder dem »Natürlichen« zu trennen. Wir wissen sehr wenig über unser Potential als Mensch. Für mich steht das Übernatürliche etwa für den »tierischen« Impuls wie beispielsweise die Sexualität in uns allen, der sich mit dem Unbewußten, dem Unbekannten, dem Übermenschlichen *und* dem Göttlichen, dem Gott in uns, verbindet. Wir alle haben schon von Menschen gehört, die in Zeiten der Not Übernatürliches vollbringen, aber wir wissen auch, daß manche Zeitgenossen größtes Übel anrichten können. Das Übernatürliche hat nichts »Unnatürliches«.

Einige Forscher, die sich mit dem Curanderismo beschäftigen, interpretieren ihre Informationen auf der Basis ihrer eigenen theoretischen Voreingenommenheit und nicht auf der Grundlage der vielseitigen und ganzheitlichen Vorstellungen, welche die Chicanokultur Krankheit und Wohlergehen zugrunde legt. Ein Wissenschaftler etwa schreibt über *mal ojo:* »Der ›böse Blick‹, ist eine Krankheit, für die alle Kinder und Erwachsenen mit ›dünnem Blut‹ anfällig sind. Man geht davon aus, daß das Blut elektrisch durch den stärkeren Blick einer Person, die den Betroffenen bewundernd oder begehrlich ansieht, ohne ihn jedoch zu berühren, erhitzt wird. Die ›Erhitzung‹ des Blutes bewirkt die am häufigsten berichteten Symptome von *ojo,* Fieber und Erbrechen.«

Wenn ich eine Krankenschwester oder ein Arzt wäre, die oder der in dieser wissenschaftlichen Zeitschrift zum ersten Mal etwas über den Curanderismo läse, dann würde ich mich sehr über eine Kultur wundern, die solchen Stuß glaubt. *Mal ojo* ist vielmehr eine universelle Krankheit, die überall auf der Welt vorkommt. Das Wissen um diese Krankheit kommt in all den Amuletten und Talismanen zum Ausdruck, welche die

Menschen überall benutzen, um sich und ihre kleinen Kinder symbolisch vor unerwünschten Energien zu schützen. Manche Talismane wirken reflektierend und schicken diese Energien zurück an ihren Absender, so etwa die blauen Perlen, die im östlichen Mittelmeerraum als Schutztalismane verwendet werden. Andere sehen aus wie das exotische Auge eines Tieres. In der hispanischen Kultur sind die Talismane namens *ojo de vendado,* Hirschauge, noch immer weit verbreitet. In Italien legen Eltern ihrem Baby einen kleinen Talisman, eine *figa,* um den Hals, um es vor unerwünschter Aufmerksamkeit zu schützen, und jüdische Kinder und Erwachsene tragen ein *hamesh,* einen Talisman, der den fünf Fingern einer Hand ähnelt. Frauen in Indien umranden ihre Augen mit einem schwarzen Strich, um nicht nur sich selbst, sondern auch andere vor unerwünschten Energien zu schützen, die ihnen nicht gehören.

In der hispanischen Kultur ist *mal ojo* der Name für eine Krankheit, die eintritt, wenn einem sehr kleinen Kind oder Baby zuviel Aufmerksamkeit gewidmet wird. Fragen Sie nur eine Mutter, was geschieht, wenn sie sich mit ihrem Kind in eine Gesellschaft begibt, in der viele wohlmeinende Leute es anstarren, bewundern und große Umstände um es machen. Dieses Kind wird aus dem Gleichgewicht gerissen und ruhelos, griesgrämig nach Hause gehen, Schwierigkeiten mit dem Einschlafen haben und sich vielleicht sogar erbrechen oder ein wenig Temperatur entwickeln.

Mal ojo hat einen energetischen Aspekt, der dem Energieaustausch ähnelt, welcher stattfindet, wenn ein Mensch einen anderen beneidet. Babys *spüren,* wenn jemand sie zu lange anstarrt, ihnen zuviel ungewollte Aufmerksamkeit schenkt, sie betatscht und überstimuliert. Erwachsene verfügen über ein sehr viel intensiveres und in sich geschlosseneres Energiefeld als ein Baby oder kleines Kind, das noch »neu« auf der Welt ist. Daher wird es in meiner Kultur als weitverbreitete Höflichkeit betrachtet, ein Kind oder Baby, das zu lange angestarrt wird, zu berühren und damit das aufgedrängte Band zu zerschneiden, um auf diese Weise *mal ojo* zu verhindern. Weil wir sie nicht verletzen wollen, starren wir hübsche Kinder nicht an, auch wenn alle Menschen Schönheit bewundern und das Verlangen haben, sie zu berühren und festzuhalten.

Mein aztekischer Freund Tzenwaxolokuauhtli, den seine Freunde »Tzen« nennen, erzählte mir, daß er ein Kind, das er ansieht, immer auch berührt. Für ihn gilt dies als höflich und natürlich, doch ist er sich darüber im klaren, daß Eltern, die mit ihm nicht die gleichen kulturellen Normen teilen – etwa wenn er sich in den USA aufhält – dies als aufdringlich und anstößig empfinden könnten. Tzen erklärte mir, die Vibrationen, die wir einem bewunderten Kind schicken, würden verändert, wenn wir es zugleich berührten. »Unsere Augen schicken immer Energie dorthin, wohin wir blicken.« Der Blick eines Erwachsenen vibriert auf eine Weise, die nicht mit der feinstofflichen Energie eines Kindes harmoniert, da das Kind dem Blick nicht auf der gleichen Frequenz begegnen kann. »Indem wir ein Kind berühren, spüren wir seine Energie, wir nehmen die Schönheit dieses Kindes wahr, und das Bedürfnis, diese Schönheit zu berühren, wird erfüllt.«

Ich behandle nicht oft Kinder mit dieser Krankheit, doch wenn ich es tue, dann möchte ich natürlich, daß es von Nutzen ist. Falls ein Vater oder eine Mutter glaubt, sein oder ihr Kind leide unter *mal ojo,* dann kenne ich die klassische Behandlungsweise, doch ich halte auch Ausschau nach ernsteren Symptomen. Stelle ich fest, daß das Kind von irgendeiner körperlichen Krankheit betroffen ist, dann überweise ich die Eltern mit ihm an einen Arzt. Viele Väter und Mütter wissen bereits, daß sie *mal ojo* verhindern oder behandeln können, indem sie ein Ei über die Haut ihres Kind reiben und dabei Gebete sprechen oder indem sie ihm einen Talisman beziehungsweise ein Amulett umhängen. *Mal (de) ojo* ist eine Krankheit, die nur kurze Zeit andauert und gut auf solcherart Behandlung reagiert.

Mala suerte, Unglück, Pech, wird als emotionale Krankheit betrachtet, weil der Curanderismo davon ausgeht, daß sich die Energien und Erwartungen, die wir in das Leben investieren, direkt darauf auswirken, was uns zustößt. Wenn wir uns erst einmal in ein Netz aus mangelnder Selbstachtung, Besorgnis und Gefühlen der Hilflosigkeit verstrickt haben, geraten wir leicht in einen Teufelskreis des »Pechs«.

Eva, eine meiner Klientinnen, war vor mehreren Monaten in einen Autounfall verwickelt, bei dem ein Fahrer eine rote Ampel übersehen hatte und ihr in die Fahrerseite fuhr. Ihr Bein war gebrochen, und sie konnte drei Wochen nicht zur Arbeit gehen. Da sie gerade erst eine neue Stelle angetreten und kein Anrecht auf Lohnfortzahlung im Krankheitsfall hatte, machte sie sich Sorgen, wie sie ihren Lebensunterhalt sichern sollte. Einen Monat später kam sie eines Abends nach Hause und stellte fest, daß in ihr Haus eingebrochen worden war. Die Einbrecher hatten den Fernseher, den Videorecorder und ihren Schmuck mitgenommen. Sie hatte keine Hausratsversicherung abgeschlossen, folglich machte sie sich noch mehr Sorgen und begann, unter Schlafstörungen zu leiden. Aus dem Schlaf, in den sie nach langem, quälendem Wachliegen gefallen war, erwachte sie häufig durch Alpträume, in denen Leute sie verfolgten und ihr weh tun wollten. Weil sie nicht schlafen konnte, wurde sie depressiv, teilnahmslos, reizbar und trennte sich nach einer Weile von ihrem Freund. Deprimierter als jemals zuvor, fing sie an zu trinken. Sie konsultierte nach einer gewissen Zeit ihren Arzt, um sich helfen zu lassen; der verschrieb ihr jedoch lediglich ein Antidepressivum, welches dafür verantwortlich war, daß sie sich nun den ganzen Tag über schläfrig fühlte.

Als Eva mich schließlich aufsuchte, befand sie sich in einer verzweifelten Situation. Sie wollte wissen, was sie nur getan hätte, um ein solches Pech zu verdienen. Ich führte mit ihr eine Serie von drei *limpias* durch, in denen sie die Energie freisetzte, die ihr nicht gehörte, die Energie von Angst, Besorgnis und Verzweiflung, die sie seit ihrem Unfall mit sich herumtrug. Manche Menschen würden diese Energie als »negativ« bezeichnen, aber ich nenne sie nur die »Energie, die uns nicht gehört«. Am häufigsten nehmen wir Energie auf, die uns nicht gehört, wenn wir uns schlecht fühlen oder verletzbar sind. Evas gebrochenes Bein war auf einen Unfall zurückzuführen, und wir können Unfälle nicht verhindern. Ihre Sorge über die Bezahlung ihrer Rechnungen war natürlich, aber wir alle wissen, daß Besorgnis allein nichts zur Bezahlung der Rechnungen beiträgt. Die Versicherung des anderen Fahrers hätte Eva ihren Lohnausfall ersetzt, doch sie war zu abgelenkt, um ihre Möglichkeiten genau zu überprüfen. Da sie geistesabwesend war, vergaß sie, ihr Haus zu verschließen, und ließ es für die Einbrecher offenstehen …

In Wirklichkeit litt Eva unter einer Kombination aus *susto* und Pech. Der Autounfall und der Einbruch in ihr Haus waren beängstigende Ereignisse, die zu einem »Seelenverlust« geführt hatten. Dieser Zustand läßt eine Aura entstehen, die anfällig für weiteres Pech macht. Eva litt unter Ängsten, war angespannt, wütend, und sie ließ diese Gefühle an ihrem Freund aus – ihrer einzigen emotionalen Stütze. Außerdem war sie einsam, also »behandelte« sie sich selbst mit Alkohol. Wir alle wissen, daß dies die Dinge nur noch schlimmer macht. Und die »magischen Pillen«, die der Arzt ihr verschrieb, halfen ihr natürlich auch nicht; sie sorgten lediglich dafür, daß sie sich noch schlechter fühlte.

Die *limpias* und *pláticas,* die ich mit Eva durchführte, veränderten die Vibrationen ihres Energiekörpers und ihrer Aura, und sie fing langsam an, sich wieder selbst zu spüren. Sie ließ ihr »Pech« los und nahm außerdem wichtige Veränderungen in ihrem Leben vor. Sie entwickelte ihr Bewußtsein und ihre Kraft, und es gelang ihr glücklicherweise, dem Teufelskreis der Pechsträhne ein Ende zu setzen, indem sie direkt bis an die Quelle ihrer Probleme vordrang. Sie hörte auf zu trinken, versöhnte sich mit ihrem Freund, erwirkte eine Abfindung von der Versicherung, mit der sie ihre Rechnungen bezahlen konnte, und kehrte an ihren Arbeitsplatz zurück. Sie brachte ihre Gefühle ins Gleichgewicht und lernte eine wichtige Lektion, die ihr über ihre nächste »Pechsträhne« hinweghelfen wird.

Ich meine, es ist gut, daß Eva vom Wert des Curanderismo überzeugt war; und ich hoffe, daß es immer Curanderas geben wird, die *mala suerte* behandeln. Wenn wir Ereignisse in unserer Umgebung als Pech interpretieren, dann verändern wir unsere feinenergetische Vibration. Unsere Umwelt wirft diese Energiefrequenz auf uns zurück, das Pech entwickelt ein Eigenleben und wird zur Pechsträhne. Daran ist nichts Geheimnisvolles. Es handelt sich vielmehr um etwas, was jeder verstehen kann, wenn man nur bereit ist, vorurteilsfrei auf die eigenen Erfahrungen mit sogenanntem Pech zurückzublicken.

Spirituelle Krankheiten

Susto, Seelenverlust. Der Curanderismo lehrt, daß Menschen physische, emotionale, mentale und spirituelle Wesen sind. Wenn sich alle Aspekte einer Person in Harmonie mit dem inneren Selbst und dem Universum befinden, dann ist die Seele intakt. Das spirituelle Selbst, die Aura, die uns umgibt, ist Traumata am wenigsten geschützt ausgeliefert. Durch unsere Ernährung, Gewohnheiten und Vorstellungen erzeugen wir eine Aura, die stark ist oder schwach und voller Löcher.

Ein beängstigendes oder traumatisches Ereignis kann zu Seelenverlust führen, ein Zustand, in dem wir uns nicht richtig anwesend fühlen und nicht wirklich wir selbst sind. Wir haben das Gefühl, daß »etwas fehlt«, weil unser Geist, die energetische Aura, die uns umgibt, verletzt worden ist. Sie kann entweder rasch heilen oder aber lange Zeit verletzt bleiben – das hängt davon ab, was wir tun, um Hilfe zu suchen, oder wie wir uns selbst helfen.

Gemäß aztekischer Vorstellungen muß man, um eine intakte Seele zu haben, 52 Prozent der eigenen Energie in die Erhaltung des physischen Körpers, »investieren« (siehe auch Seite 46). Dieser Prozentsatz wird für »unbedingt erforderlich« gehalten, um das Leben grundsätzlich aufrechtzuerhalten. Wenn unser Körper gesund ist, dann verfügen wir über die Energie, um all unsere Gefühle wirklich zu spüren und mit ihnen auf gesunde Weise fertig zu werden. 26 Prozent unserer Energie müssen darauf ausgerichtet werden, unsere Emotionen in ihrer ganzen Bandbreite zu spüren und mit ihnen ausgewogen umzugehen. Diese Kategorie bezeichnen wir als »notwendig«. Die 13 Prozent unserer Energie, die wir benötigen, um unseren Verstand bei Gesundheit zu halten, klassifizieren wir als »wünschenswert«, womit wir schließlich bei den letzten 9 Prozent unserer Energie angelangt sind, die dann aufgebracht werden müssen, um uns unsere geistige Gesundheit zu bewahren, so daß es uns »ausgezeichnet« geht. Wenn die vier Bereiche in diesem Verhältnis zueinander stehen, dann haben wir nach aztekischer Auffassung eine gesunde Seele, die auf einem gesunden Körper, einem gesunden Verstand, gesunden Gefühlen und einem gesunden Geist basiert.

Traumata sind in unserem Leben unvermeidlich, doch die Art und Weise, wie wir uns von Schocks und Unglück erholen, hat entscheidend etwas damit zu tun, wie wir die Gesundheit unserer Seele aufrechterhalten. Wir wollen den Genesungsprozeß zweier Frauen, die vergewaltigt wurden, miteinander vergleichen. Eine von ihnen hatte eine starke, gut geschützte Seele, die andere nicht.

Alicia ist eine dreißigjährige Frau, die das Glück hatte, physisch, mental, emotional und spirituell gesund zu sein. Eines Nachts wurde sie davon wach, daß ein Mann in ihr Haus eindrang. Er fesselte und vergewaltigte sie. Als sie zu mir kam, um sich behandeln zu lassen, litt sie unter *susto*. Sie hatte nicht nur einen Schock, war traumatisiert, traurig, wütend und fühlte sich unglaublich geschändet, durch das Ereignis war auch ihre spirituelle Aura verletzt worden. Alles, woran sie vor der Vergewaltigung geglaubt hatte, war in Frage gestellt, und sie befand sich in einem Zustand emotionaler und spiritueller Lähmung.

Bevor Alicia wieder ein normales Leben führen konnte, mußte sie ihren Alltag und ihre Gewohnheiten im ganzen neu bewerten. Sie benötigte therapeutische Beratung, mußte sich von einem Arzt physisch durchchecken und ihren Seelenverlust behandeln lassen. Für ihre eigene Beruhigung hätte es sogar notwendig werden können, in ein sichereres Stadtviertel zu ziehen. Doch weil Alicia ein gutes Gespür für den Zustand ihrer Seele vor der Vergewaltigung hatte (für ihr physisches, emotionales, mentales und spirituelles Selbst), wird der wahre Kern ihrer selbst heilen und wieder ganz werden. Sie wird ein anderer Mensch sein, denn Vergewaltigung ist eine enorme Verletzung der Seele, aber diese wird ganz aus der Erfahrung hervorgehen: Ihre Seele wird dazu in der Lage sein, sich zu regenerieren.

Nun lassen Sie uns die andere Klientin namens Vicky betrachten. Vicky ist ebenfalls dreißig Jahre alt, doch sie war als fünfjähriges Kind Opfer eines Inzests gewesen – eine Tatsache, über die sie niemals mit irgend jemandem gesprochen hatte. Sie litt mehrfach unter Nierenentzündungen, ihre Ernährung bestand aus einer hohen Zucker- und Fettaufnahme, und sie ließ häufig Mahlzeiten aus. Sie hatte einen zu hohen Blutdruck, und sie brachte nicht die Energie auf, Sport zu treiben, was ihr schlechtes Körperbild noch verstärkte. Vicky wurde von extremen Gefühlen hin und her gerissen. An manchen Tagen haßte sie sich selbst, an anderen fühlte sie sich ihren Mitmenschen überlegen und kapselte sich ab. Sie verfügte über keine starke spirituelle Basis und hatte das Gefühl, daß Gott sie bestrafe, weil sie »schlecht« sei. Mit anderen Worten, ein Großteil ihrer Energie floß in die Aufrechterhaltung ihres kranken Körpers, und es war sehr wenig Kraft übrig, um ihren Verstand und ihre

Gefühle im Gleichgewicht zu halten, von ihrem Geist ganz zu schweigen.

Nachdem sie als Erwachsene vergewaltigt worden war, litt Vicky ebenfalls unter Seelenverlust, doch ihre spirituelle Aura war bereits zutiefst traumatisiert – und keineswegs nur von der Vergewaltigung. Ihr Energiekörper hatte viele Angriffe einstecken müssen: den sexuellen Mißbrauch in ihrer Kindheit und ihre schlechte körperliche Verfassung, die sich auf ihre Gefühle, ihren Verstand und ihren Geist ausgewirkt hatten. Als Vicky und ich mit ihrer Behandlung begannen, da stand eine Seelenrückführung *an allerletzter Stelle* der Maßnahmen, die ich mit ihr plante. Als erstes mußte ich sie anleiten, sich selbst in allen Teilen zu heilen und zu stärken. Verzweifelt dringend mußte sie das Fundament ihrer selbst erneuern und ihre Energie aufbauen, um später überhaupt in Berührung mit ihrer Seele kommen zu können – mit der Essenz des Menschen, der sie wirklich ist. Vicky wußte nicht, wer sie war, bevor sie vergewaltigt wurde, und nun schien sie vollkommen verloren.

Wir alle haben in unserem Leben den einen oder anderen *susto* erlebt. Einige von uns mußten sicher mehrere Seelenverluste hinnehmen, die Veränderungen, Blockaden oder regelrechte »Löcher« im Energiekörper verursachten. Wenn wir Wut, Schock, das Gefühl, mißbraucht worden zu sein, und Angst nicht angemessen zum Ausdruck bringen, dann bleiben diese Emotionen in uns verschlossen und machen uns auf Dauer krank. Wenn unser Geist, die Aura, die uns umgibt, stark ist, dann wird unsere heilige Seele – unsere Essenz, die Wurzel und der Kern dessen, was wir wirklich sind – von den Prüfungen und Kümmernissen des Alltags gewöhnlich nicht allzu tief berührt werden. Eine Möglichkeit, die Bedeutung eines gesunden Geistes besser zu verstehen, besteht darin, sich ihn bildlich als die Haut einer Frucht vorzustellen. Wenn die Haut der Frucht intakt ist, dann schützt sie die Frucht vor Bakterien und Schaden. Ist die Haut aber schwach und durchlöchert, dann entstehen bald die braunen Stellen der Fäulnis und breiten sich in der ganzen Frucht aus.

Espanto bezeichnet traditionell die Angst, die der Anblick eines Geistes auslöst. Dem Buch *Folk Healer. The Mexican-American Tradition of Curanderismo* (1984) von Dr. Eliseo Torres zufolge kann *espanto* auftreten, wenn jemand abrupt aus dem Schlaf gerissen wird. Da der Geist zu diesem Zeitpunkt den Körper »verlassen« haben kann, um in Träumen zu wandeln, ist er möglicherweise nicht nah genug, um so schnell in den Körper zurückzukehren. Zu den Ursachen von *espanto* gehören ein plötzliches Aus-dem-Schlaf-gerissen-Werden durch einen Einbrecher, eine Katastrophe wie etwa ein Feuer oder eine Überschwemmung, das Herausfallen aus dem Bett und Alpträume. Dr. Torres erklärt, daß *espanto* ernster sein kann als *susto,* da der Geist beim *susto* den Körper zwar vorübergehend verläßt, sich jedoch nicht weit entfernt. Er kann durch eine Seelenrückführung dazu gebracht werden, in den Körper zurückzukehren. In meinem Kulturkreis verwenden wir diesen Begriff, wenn uns jemand überrascht. *¡Me espantaste!* »Du hast mich erschreckt!«

Es gibt die Vorstellung, daß der Geist eines verstorbenen Familienmitglieds, der am *Día de los Muertos,* Allerseelen, nicht ausreichend geehrt wird, zurückkehren und den Nachfahren heimsuchen kann. Der *Día de los Muertos* ist eine sehr wichtige Tradition. An jedem 2. November werden die Toten dadurch geehrt, daß Familien einen Altar aufbauen und ihn mit Blumen (meist Tagetes), Fotos der Verstorbenen, ihren bevorzugten Speisen, Getränken, Zigaretten und mit Kerzen schmücken. Die Leute glauben, daß die Gerüche dieser Lieblingsgerichte und -getränke den Geist eines Verstorbenen zurück in diese Welt führen, um seine Verwandten zu besuchen und sie daran zu erinnern, daß Leben und Tod natürliche Bestandteile des Lebenszyklus sind. *Ofrendas,* Altäre und die darauf ausgebreiteten Gaben, werden häufig auch direkt auf den Friedhöfen errichtet. Der *Día de los Muertos* ist in Mexiko und in anderen lateinamerikanischen Ländern ein offizieller Feiertag. Ich habe Friedhöfe in Mexiko gesehen, die voller Familien waren, welche für ihre Toten Speisen zubereiteten und Kreuze aus Blumen für die Grabsteine flochten, während die Kinder zwischen den Ruhestätten der Toten spielten. *Mariachis* singen Lieder und erinnern die Zuhörer daran, daß unser Leben hier von kurzer Dauer ist.

Ich behandle nur selten *espanto*. Ab und an kommt jemand zu mir, der sich darüber beklagt, daß er Geister bei sich zu Hause sieht oder spürt und sich fragt, ob es in seinem Haus vielleicht spuken könnte. In einer solchen Situation nehme ich eine Haussegnung vor, um die feinenergetische Schwingung des Gebäudes positiv zu verändern. Wenn sich jemand scheiden läßt oder die Beziehung mit einem Partner beendet, dann nehme ich ebenfalls eine Haussegnung vor, da sich ein metaphorischer Tod ereignet hat: der Tod einer zwischenmenschlichen Beziehung. Der »Geist« des Partners wird sich sonst in dem Haus einrichten und die zurückgebliebene Person »verfolgen«.

Bevor ich eine solche Haussegnung vornehme, fordere ich den Klienten auf, eine gründliche Säuberung seines Heims vorzunehmen, alle Erinnerungsstücke, die Schmerzen verursachen, fortzupacken, die Möbel umzustellen und mögliche leere Wände zu bedecken. Mit anderen Worten, ich ermuntere ihn dazu, sich sein Haus, sein Herz, seine Seele und seinen Geist zurückzuerobern. Ich rate außerdem dazu, daß sich die betreffende Person einem *luto* unterwirft, einer einjährigen Übergangszeit der Heilung und Trauer, während deren sie darauf verzichtet, sich bereits wieder mit jemand anderem einzulassen.

Vielleicht liegt die wahre Bedeutung von *espanto* darin, daß er uns lehrt, uns um die Dinge zu kümmern, die wir noch nicht zum Abschluß gebracht haben. Möglicherweise suchen Geister uns auf, um uns zu bitten, daß wir ihnen dabei helfen, Erforderliches zu Ende zu bringen, damit sie in Frieden ruhen können. Wenn ich Klienten behandle, dann träume ich oft von ihren verstorbenen geliebten Mitmenschen. Sehr häufig nimmt der Traum die Form an, daß der Verstorbene mich bittet, ihm oder seiner Familie eine *limpia* zu bereiten, weil der Hingeschiedene noch einen »endgültigen Abschluß« hier auf Erden braucht. Wir sollten keine Angst vor »Geistern« haben. Sie überbringen eine wichtige Botschaft an die Lebenden.

Wenn wir nicht von derartigen Geistern heimgesucht werden wollen, dann sollten wir den Toten den Respekt zollen, den wir ihnen schuldig sind. Wer im Gebet die Worte sagt: »Möge er in Frieden ruhen«, der spricht sie auch für die Lebenden aus. Wir müssen uns um unsere nicht zum Abschluß gebrachten Angelegenheiten kümmern, denn sonst kommen sie immer wieder auf uns zurück und verfolgen uns.

Curanderas und ihre Spezialgebiete

Etwas über die verschiedenen Arten von Curanderas beziehungweise Curanderos oder über ihre Spezialgebiete zu sagen ist nicht so einfach, wie man annehmen könnte. Auch wenn wissenschaftliche Beiträge und moderne Bücher Curanderismo in klar voneinander zu unterscheidende Bereiche trennen – so funktioniert diese Heilkunst in der Praxis nicht! Trotzdem werde ich, um einen Anfang zu machen, über einige Standarddefinitionen der »Arten« von Curanderas sprechen. Ich möchte jedoch ausdrücklich darauf hinweisen, daß Curanderas in der Praxis meist mehr als eine dieser Kategorien einsetzen und häufig – abhängig von ihrem persönlichen Stil, ihrer Ausbildung und Erfahrung – die jeweiligen Verfahrenstechniken auf unorthodoxe oder individuelle Weise modifizieren.

Hierbero, ein Naturheilkundiger. Nicht alle Curanderos sind Kräutersammler oder Naturheilkundige, doch die Mehrheit von ihnen wird auf die eine oder andere Weise Kräuter zum Einsatz bringen, sei es als Mittel gegen eine bestimmte Krankheit oder in einem Reinigungsritual wie bei *limpias* und in der Schwitzhütte. Heute gibt es weltweit mehr als elftausend katalogisierte Heilkräuter. Die meisten Curanderos sind der Meinung, daß es am besten ist, die Kräuter zu verwenden, die in ihrer Gegend wachsen, da sie frisch gepflückt die größte Wirkung enfalten. Als ich einst in Chalma, einer Stadt zwei Autostunden südlich von Mexico-City entfernt, an Durchfall erkrankte, da zog mein Lehrer, *maestro* Andres Segura, nicht etwa ein Kraut aus seinem Medizinbeutel, sondern ging hinaus, um dort, wo wir waren, also vor Ort eines zu pflücken.

Jede Kultur hat ihre eigenen Sitten, wenn es um die Verwendung von Kräutern geht, doch die meisten meinen, daß der Heiler irgendeine spirituelle Verbindung mit der Pflanze haben muß, die er benutzt. Bei dem letzten Kongreß für traditionelle Medizin in Guatemala, den ich besuchte, sagte Aurelio Diaz, ein Medizinmann der Lakota, das folgende über eine gute Beziehung zu Heilpflanzen: »Wenn du bescheiden bist, kann schon *eine Pflanze* dir helfen, Menschen zu heilen. Die erste Medizin, die ich erhalten habe, heilt alles: Peyote. Da ich gereist bin, habe ich nun sieben Heilmittel.« In vielen Kulturen glaubt man, daß nur die Kräuter verwendet werden dürfen, die im Traum oder in einer Vision zu uns gekommen sind und auf diese Weise eine Allianz mit uns bilden. Martín Prechtel, ein Schamane der Tzutujil-Maya in Guatemala, kennt die Heileigenschaften von mehr als sechshundert Pflanzen, verwendet jedoch nur etwa die sechzig, von denen er geträumt hat. Ich bin zwar keine Kräuterkundige, doch baue ich selbst die Kräuter an, die ich in *limpias* und Ritualen verwende: *ruda* (Raute), *romero* (Rosmarin) und auch *salvia* (Salbei). In Mexiko sind neben *ruda* und *romero* ebenso *pirul* (Peruanischer Pfefferbaum) und *albacar* (Kleine Nelkenbasilie) sehr beliebt. Ich könnte für meine *limpias* andere Pflanzen verwenden, doch ich nutze *ruda* und *romero,* weil diese Pflanzen dort wachsen, wo ich wohne. Ich fahre mit Kräuterbüscheln, in denen manchmal auch Blumen enthalten sind, über den Körper des Klienten, um ihn von Trauer zu befreien und von Gefühlen, die ihm »nicht gehören«. Eine *limpia* mit einem Büschel frischer Kräuter oder Blumen zu erhalten ist das reinste Vergnügen.

Kräuter werden außerdem in Schwitzhütten als Gaben für die Geister verwendet und um zur Heilung und Reinigung der Teilnehmer beizutragen. In den Schwitzhütten in den südwestlichen Vereinigten Staaten verwendet man traditionell *salvia,* Tabak, Lavendel, Zeder und Wacholder. In Mexiko greift man für dieses Ritual zu *romero, ruda* und einer aromatischen Pflanze mit kleinen weißen Blüten namens »Santa Maria«. Bei *limpias* in der Schwitzhütte werden die Klienten für gewöhnlich mit *pirul* behandelt, denn es verfügt über kosmische Energie und harmonisiert den Körper.

Ein Kräuterkundiger pflückt die Heilpflanzen nicht gedankenlos, sondern empfindet alle Gewächse als heilig und hält immer irgendeine Art Opfergabe für den Geist der Pflanze bereit, die er erntet – Maismehl, Tabak oder ein Gebet. Heiler bringen diese Opfergaben dar, weil sie wissen, daß es immer zu einem energetischen Austausch zwischen den Kräutern und den Menschen kommt, die sie einsetzen, da Pflanzen ebenso lebendig sind wie wir. Sie können uns vieles lehren. Wie Aurelio Diaz uns auf dem Kongreß erinnerte: »Über das Wissen unserer Ahnen zu sprechen heißt, den Stimmen der Pflanzen, der Adler, des Windes, der Träume und Visionen zuzuhören.«

Sobadora. Alle Curanderas haben bestimmte Mittel, denen sie den Vorzug geben, auch wenn sie vielleicht viele verwenden, abhängig davon, welches jeweils die beste Wirkung zeigt. Das Werkzeug der *sobadora* ist die Massage. Alle Menschen sind abhängig von vertraulichen Berührungen, und es hat sich inzwischen sogar in vielen Krankenpflegeschulen durchgesetzt, auch Kurse über das Heilen mit den Händen anzubieten, damit die Absolventen erfahren, wie sie ihre Patienten entspannen und beruhigen können, wenn diese Schmerzen erleiden oder einfach ein Gefühl der Sicherheit benötigen. Curanderas verwenden die Massage allerdings nicht nur, um die Muskulatur zu lockern, sondern auch, um die Seele zu animieren, also um physischen *und* emotionalen Schmerz hervorzuholen und zu heilen. Sie setzen sie ein, um Krankheiten wie *empacho* und *susto* zu behandeln.

Wenn eine Klientin von Ängsten geplagt ist, dann nutze ich die Massage als Mittel, um sie von ihrer Furcht zu befreien, bevor ich irgendwelche anderen Maßnahmen bei ihr ergreife. Arbeite ich mit älteren Menschen, dann setze ich fast immer die Massage ein, da sie in westlichen Kulturen meist regelrecht nach Berührung »hungern«.

In der folgenden Geschichte, die mir mein aztekischer Lehrer Ehekateotl erzählte, der von seiner Mutter das Massieren gelernt hatte, kann man die Dynamik erkennen, die hinter der Massage steht, der heilenden Berührung durch liebende Hände. Als »Ehe« fünf Jahre alt war, da lief er gern mit nackten Füßen in den Regen hinaus, um sich naß regnen zu lassen. Das führte zu einer chronischen Halsentzündung, die rheumatisches Fieber und schließlich eine bleibende Schwäche seines Körpers von der Taille abwärts nach sich zog. Seiner Mutter gelang es dennoch, ihn zu heilen, indem sie an ihm eine Massagetechnik namens *apapaxtli tlawayotl maihpahtli* zur Anwendung brachte, die sie von »Ehes« Vater gelernt hatte (siehe auch Seite 42).

»Die gesegneten Hände meiner Mutter massierten mich vom Kopf bis zu den Füßen, berührten die Gelenke und Sehnen, Muskeln und Knochen, brachten meinen ganzen Körper in Bewegung und verursachten mir damit große Schmerzen. Als ich weinte, weil mir mein Körper so weh tat, ließ sie sich nicht beirren, sondern massierte mich weiterhin drei Monate lang dreimal täglich, bis ich wieder laufen konnte. Westliche Ärzte hatten meinen Eltern erklärt, daß ich niemals wieder würde gehen können, nun aber sind meine Beine dank der Fürsorge meiner Mutter und des Wissens meines Vaters der stärkste Teil meines Körpers. – Ich wurde so oft massiert, daß ich diese Therapieform dabei selbst erlernte. Doch in Wahrheit sind es nicht meine Hände, die massieren, sondern sie sind lediglich die Fortsetzung der Hände meiner Mutter und der Kenntnisse meines Vaters.«

Für mich ist Massage ein Heil- und Diagnosemittel, aber auch ein Weg, um meine Patienten dabei zu unterstützen, daß sie sich mehr öffnen und ihre Geschichte wahrhaftiger erzählen. Eines Tages wurde ich von einem Mann aufgesucht, der mir berichtete, er leide unter den ungünstigen Auswirkungen von *envídia* seitens seiner Verwandten, die in Mexiko lebten. Ich war überzeugt, daß dies keinesfalls die ganze Story sein konnte, doch gelang es mir nicht, diesem Mann mehr zu entlocken. Er war sehr arm und litt unter einem bronchialen Infekt, dennoch war er zu stolz, um seine physische und emotionale Schwäche einzugestehen. Ich wollte weitere Informationen über seine Probleme erhalten und entschloß mich dazu, zunächst einmal seine physisch und emotional angespannte Verteidigungshaltung durch Massage zu lockern. Da er nach Feierabend direkt zu mir gekommen war und noch seine Arbeitskleidung trug, entschuldigte er sich dafür, daß er nicht so sauber war, wie er es seiner Meinung nach hätte sein sollen, doch ich konnte ihn beruhigen. Ich zog ihm seine Arbeitsschuhe aus und fing an, seine Füße zu massieren. Auf diese Weise nahm ich über die Reflexzonen Kontakt zu allen Bereichen seines Organismus auf, entspannte ihn und tröstete seinen Körper, der nach Berührung hungerte, da die Frau des Mannes ihn erst vor kurzem verlassen hatte. Während ich arbeitete, öffnete er sich mehr und mehr, erzählte mir wichtige Episoden aus seiner Geschichte, bis ich schließlich feststellen konnte, was ihn wirklich bekümmerte.

Massage ist nicht nur die geschickte, heilsame physische Manipulation von Muskeln, um Schmerzen und Streß aufzulösen. Durch die Hände eines Curandero oder einer Curandera, der/die etwas von den emotionalen, spirituellen und intuitiven Elementen der Masssage versteht, kann sie zu einem Mittel werden, das die Psyche des Patienten weiter öffnet. Eine Curandera, welche die liebevolle Berührung der Massage gibt, fühlt sich von keinem Körper abgestoßen, egal, welche Größe, welches Gewicht oder welches Alter er hat – alle sind als Tempel des Geistes gleichermaßen heilig.

Im Curanderismo wird das Wissen um die Massage und ihre Techniken traditionell liebevoll von den Eltern an die Kinder weitergereicht. Dieses Weitergeben von Wissen durch die Familie ist in modernen Zeiten infolge der Notwendigkeit, sich einer westlichen Lebensweise anzupassen, unterbrochen worden. Doch hoffe ich sehr, daß wir immer mehr dazu fähig sein werden, diese Art der Schulung für uns zurückzugewinnen, damit das Wissen lebenslanger Heilarbeit nicht verlorengeht. Das ist der Grund, warum ich zum gegenwärtigen Zeitpunkt in meinem Leben angefangen habe, Lehrlinge auszubilden. Ich versuchte es einmal mit den folgenden Worten auszudrücken, was das Empfangen dieser Art Wissen für mich bedeutet: »Du hast mir deinen Samen durch Generationen mir vorausgegangener Großmütter geschickt, und dieser Same ist eingebettet im Schoß meiner unsterblichen Seele.«

Partera. Eine Curandera, die die Rolle der Hebamme und darüber hinaus auch die Vor- und Nachsorge bei der Geburt übernimmt. Traditionell waren *parteras* vielbeschäftigte Frauen, die mithalfen, Tausende Babys auf die Welt zu bringen. Eine *partera,* die kürzlich im mexikanischen Fernsehen vorgestellt wurde, erzählte von ihrer langen und produktiven beruflichen

Laufbahn. Sie hatte ihre Ausbildung zur *partera* mit dreizehn Jahren begonnen und sich mit neunundachtzig zur Ruhe gesetzt. In dieser Zeit hatte sie zwanzigtausend Babys, darunter fünfundzwanzig Zwillingspaaren und zweimal sogar Drillingen, dabei geholfen, auf die Welt zu kommen.

Parteras leisten Frauen zahlreiche nützliche Dienste, und es gibt vieles, was moderne Hebammen, Krankenschwestern und Ärzte von diesen traditionellen Praktiken lernen könnten. Ich habe mir so manche Geburtsklinik angesehen, die bemerkenswert war, doch würde ich die Vertreter der gegenwärtigen offiziellen Gesundheitsfürsorge gern dazu ermutigen, sich auch ein Bild davon zu machen, wie *parteras* früher die Seele und die Gefühle der werdenden Mutter unterstützten. Wenn ich medizinisches Personal zum Beispiel dazu bringen könnte, sich nur eine Frage zu stellen, dann würde sie lauten: »Was kann ich in meiner Arbeit verbessern, um die spirituellen Vorstellungen der Mutter besser zu würdigen?«

In der alten Zeit waren *parteras* das Sprachrohr von Frauen und ihren Bedürfnissen. Sie waren Zeremonienmeisterinnen, die für die Sicherheit der Mutter und deren Kind beteten, Kerzen auf ihrem Altar für sie anzündeten und das Kind tauften, sobald es geboren war, um dem möglichen Tod des Kindes zuvorzukommen. Wenn ein Kind tot oder mißgestaltet geboren wurde, dann zeigten sie es der Mutter nicht, weil sie verhindern wollten, daß die Frau sich fürchtete, weitere Kinder zu bekommen. Sie erklärten der Mutter, warum das Kind mißgestaltet war, damit diese keine Schuldgefühle entwickelte. Die *parteras* sagten zum Beispiel: »Dieses Kind ist wegen der Sonnenfinsternis gestorben. Es war nicht deine Schuld.«

Solche Anweisungen, daß etwa eine schwangere Frau beispielsweise während einer Sonnen- oder Mondfinsternis nicht ins Freie gehen soll, hören sich für moderne Menschen befremdend an. Wenn ich Vorträge vor Frauen oder Angehörigen medizinischer Berufe halte, werde ich oft gefragt, warum *parteras* ihren Klientinnen raten, während einer Sonnenfinsternis nicht ins Freie zu gehen. Ich gebe immer zu, daß ich zwar einerseits die endgültige Antwort hierauf nicht weiß, sage aber, ich sei andererseits auch nicht bereit, die Anweisung als Aberglauben abzutun, weil so viele Kulturen überall auf der Welt diesen Rat erteilen. Es ist durchaus möglich, daß es irgendeine wissenschaftliche Basis hierfür gibt, die wir nur noch nicht entdeckt haben. Einmal, in einem Augenblick humorvoller Inspiration, fragte ich die Frauen während eines Vortrags: »Wie viele Frauen im Publikum sind schwanger?« Mehrere von ihnen hoben die Hände. Dann wollte ich wissen: »Und wie viele von euch würden sich während einer Sonnen- oder Mondfinsternis ins Freie begeben?« Keine einzige hob ihre Hand. Die Frauen in dieser Gruppe jedenfalls zogen es vor, »auf Nummer Sicher zu gehen«!

Für mich selbst ist es mit am bedeutsamsten, daß *parteras* einem Kind ein tieferes Gefühl der Zugehörigkeit und Anbindung gaben. Früher einmal nahmen Hebammen die Nabelschnur mit nach draußen und gruben sie unter einem Baum ein, damit das Kind immer wissen würde, daß es mit der Erde verbunden war und einen eigenen Baum mit einer besonderen Bedeutung für sich haben würde. Eine moderne Hebamme würde kaum einsehen, welchen Sinn dies haben könnte. Doch ich bin der Meinung, daß es wichtig ist, Rituale zu entwickeln, die dazu beitragen, daß Kinder sich einer Gemeinschaft zugehörig und Mütter sich spirituell und emotional aufgehoben fühlen. Das ist das Vermächtnis, das die *partera* für moderne Hebammen, Ärzte und Krankenschwestern bereithält.

Consejera. Die Ratgeberin. Obgleich alle Curanderas sich in ihrer Arbeit *pláticas,* der Gespräche »von Herz zu Herz«, bedienen, sind *consejeras* darauf spezialisiert, Klienten in allen Dingen zu beraten, über die diese vielleicht sprechen möchten: Schüchternheit, Beziehungen und Eheprobleme, Schwierigkeiten mit den Kindern, Gesundheitsprobleme, die Angst, verhext worden zu sein, Probleme am Arbeitsplatz, Neid, Trauer und Verlust und so fort. Curanderas sind aus vielerlei Gründen hervorragende Ratgeber. In einer Welt, in der ein herkömmlicher Arzt einem Patienten kaum mehr als ein paar Minuten einräumt, um seine Frage »Wie fühlen Sie sich?« überhaupt zu beantworten, geben *consejeras* ihren Klienten so viel Zeit, wie diese brauchen. *Consejeras* stehen auch zu Tageszeiten zur Verfügung, an denen berufstätige Menschen sie problemlos aufsuchen können. Für gewöhnlich arbeitet die *consejera* bei sich zu Hause und wird dafür sorgen, daß Sie sich erst mal hinsetzen, es sich bequem machen, und sie wird Ihnen eine beruhigende Tasse Tee einschenken. Sie werden eine gute *consejera* niemals dabei ertappen, daß sie Sie unterbricht oder auf die Uhr schaut, während Sie versuchen, ihr etwas über sich zu erzählen.

Obwohl *consejeras* ähnliche Hilfestellungen bieten wie Psychotherapeuten, ist es dennoch nicht wirklich zutreffend, sie als solche zu bezeichnen. Ein moderner Psychotherapeut verfügt über ein abgeschlossenes Psychologie– oder Medizinstudium, hat im Anschluß eine spezialisierte psychotherapeutische Ausbildung gemacht, die einer bestimmten Schule wie etwa der von Alfred Adler, Sigmund Freud oder C. G. Jung folgt, an deren Regeln und Grundgerüst er sich in seiner Beratungstätigkeit überwiegend hält. Zum Beispiel wird ein nach Carl R. Rogers ausgebildeter Therapeut mit seinem Klienten kein Gespräch im üblichen Sinne führen, sondern vielmehr jede Aussage des Klienten auf diesen zurückspiegeln, indem er etwa fragt: »Was halten *Sie* von der Angelegenheit?« Modernen Therapeuten wird beigebracht, daß es selten ratsam ist, sich emotional zu tief auf ihre Patienten einzulassen oder ihnen direkt etwas zu raten. Wie bei Ärzten auch ist das Verhalten von Psychotherapeuten ihren Klienten gegenüber gelegentlich von ihrer Angst geprägt, ein Verfahren wegen Kurpfuscherei angehängt zu bekommen.

Obwohl ich nicht ausschließlich *consejera* bin, gehören *pláti-*

cas und die Beratung ohne Zweifel zu meinen wichtigsten Heilungsmodalitäten. Die vielen Jahre, die ich in der Psychiatrie arbeitete und in denen ich oft mir unangemessen und engstirnig erscheinenden Behandlungsrichtlinien und -protokollen folgen mußte, haben mich mit nachhaltiger Wertschätzung für die kreative und flexible Herangehensweise der *consejera* erfüllt. Insbesondere erinnere ich mich an die Zeit, die ich am Neuropsychiatrischen Institut an der Universität of California in Los Angeles zugebracht habe. Ich arbeitete mit emotional gestörten Kindern im Alter zwischen sieben und elf Jahren. Obwohl dies das beste Krankenhaus war, in dem ich je beschäftigt war, und meine Position dort ein hohes Ansehen genoß, frustrierten mich dennoch oft die Behandlungsrichtlinien, denen wir strikt folgen mußten. Zum Beispiel war es uns nicht gestattet, »negatives Verhalten zu verstärken«, ganz egal, was das Kind gesagt oder getan hatte. Dies führte für alle Therapeuten und Krankenschwestern zum Teil zu emotional äußerst schwierigen Situationen. Einige der Kinder, die wir behandelten, waren psychotisch. Andere kamen aus Familien, in denen verbale und physische Grenzüberschreitungen an der Tagesordnung waren, und sie waren ähnliche Lösungsstrategien gewohnt. Als mich bei einer Gelegenheit ein Kind bespuckte und als »dreckige Mexikanerin« beschimpfte, war ich gezwungen, dies wortlos hinzunehmen, durfte meinen Zorn nicht zeigen oder das Kind belehren, weil dies als »Verstärkung negativen Verhaltens« gewertet wurde ... Andererseits fand ich nur wenige Gelegenheiten, zwischen denen zudem noch große Zeiträume lagen, um positives Verhalten zu verstärken. Wieder und wieder dachte ich: »Ich verstehe das einfach nicht. Es funktioniert nicht.« Ich sah nicht ein, wie diese Regelungen den Kindern hätten nutzen können, denn in der wirklichen Welt ist die Erwartung unrealistisch, daß negatives Verhalten keine Konsequenzen nach sich zieht. Für meine Begriffe führte dies nur dazu, daß das Personal seine Gefühle herunterschlucken mußte und daß die Kinder sich wirklichkeitsfremde Umgangsformen angewöhnten.

Schließlich hatte ich es eines Tages mit einem Jungen zu tun, der mir andauernd seinen Mittelfinger zeigte und jedesmal »Fuck you!« sagte, wenn ich von ihm verlangte, daß er sich für die Schule fertigmachte. Nachdem ich ihn aufgefordert hatte: »Also gut, ich bin in drei Minuten zurück, sei dann bitte fertig«, schleuderte er mir ein besonders aggressives »Fuck you!« entgegen und machte, begleitet von einer gewalttätigen Geste, einen Satz auf mich zu. Weil mir nichts Positives mehr einfiel, was ich zu dem Kind hätte sagen können, blickte ich auf seine Füße und erwiderte: »Siehst du, den ersten Schritt nach vorn hast du schon getan.« Später im Aufenthaltsraum des Klinikpersonals erzählte ich die Geschichte meinen Kollegen und stellte fest: »Also gut, ich habe etwas Positives gefunden, um es ihm zu sagen. Aber was habe ich damit erreicht?«

Anders als ein Psychotherapeut muß sich die *consejera* keinem Programm unterwerfen, das festlegt, was sie nicht sagen oder tun darf. Sie folgt ihrem Herzen, ihrer Intuition und der göttlichen Führung. Aus diesem Grund steht es *consejeras* häufiger als ihren westlichen geschulten Kollegen frei, einem Klienten mitteilsam und interaktiv zu begegnen. Die Technik, deren sich die *consejera* dabei bedient, heißt *desahogar,* womit zum Ausdruck kommt, daß der Klient so lange spricht, bis er *alles* losgelassen hat, was sich in seinem Körper, seiner Seele und seinem Herzen angestaut hatte. Während dieses Prozesses ist das Herz der *consejera* ebenso stark beteiligt. Wie Aurelio es formulierte, der Lakota-Medizinmann, der auf dem zwölften Kongreß für traditionelle Medizin das Wort ergriffen hatte: »*Corazón cura corazón.*« Herz heilt Herz.

Wenn ein Patient während einer Sitzung mit einem Psychotherapeuten in Tränen ausbricht, dann tut er dies für gewöhnlich, während er dabei allein auf seinem Stuhl sitzt. Eine *consejera* hingegen fürchtet sich nicht davor, Sie an sich zu drücken oder Sie an ihrer Schulter weinen zu lassen. Sie hat keine Angst vor der heilenden Macht der Berührung. Sie singt Ihnen vielleicht ein Wiegenlied oder chantet für Sie, während sie dazu sanft ihre Trommel schlägt, oder führt Sie an ihren Altar, um dort mit Ihnen zu beten. Eines ist jedoch klar: Sie wird Ihnen helfen, daß Sie sich besser fühlen.

Gefühlsausbrüche anderer Art verursachen der *consejera* ebenfalls keine Berührungsängste. Wie viele Menschen würde es Erleichterung verschaffen, wenn sie in den Behandlungsräumen ihres Therapeuten schreien dürften? Doch die Sprechstundenhilfe könnte es hören oder der Patient, der im Wartezimmer sitzt, oder jemand in der Nachbarwohnung … Als ich meine Garage in einen Behandlungsraum umwandelte, achtete ich besonders auf den Schallschutz, um meinen Patienten den Freiraum zu gewähren, den sie für den Ausdruck ihrer schmerzhaftesten Gefühle brauchen. Viele Menschen leben mit der Qual eines Kummers oder Schmerzes, den sie seit Jahren in sich zurückhalten.

Die Menschen erzählen der *consejera* außerdem Dinge, die vor einem westlichen Therapeuten auszusprechen sie vielleicht nicht wagen würden, weil sie ihnen zu seltsam, beängstigend oder bizarr vorkommen. Wenn ein Klient einer *consejera* anvertraut, daß er Stimmen hört oder fürchtet, von jemandem psychisch mit *envídia* angegriffen oder mit einem Fluch belegt zu werden, dann urteilt die *consejera* nicht. Sie steckt Sie nicht in eine Zwangsjacke und liefert Sie in die geschlossene Anstalt ein, wenn Sie ihr Ihre schrecklichsten Gedanken erzählen. Sie stopft Sie auch nicht mit Psychopharmaka voll, die aus Ihnen wieder einen »normalen« Menschen machen sollen. Sondern sie versucht, Ihnen *wirklich* zu helfen.

Ein weiterer Unterschied zwischen einem modernen Therapeuten und *consejeras* ist die Art, wie sie Ihre persönliche Geschichte aufzeichnen. Ein Therapeut oder ein Psychiater verbringt vielleicht zwei oder drei Sitzungen damit, die Krankengeschichte eines Patienten festzuhalten. Dabei sind jedoch die

Fragen, die während einer solchen Beurteilung gestellt werden, und die Parameter seines theoretischen medizinischen Hintergrunds beschränkt. Eine *consejera* bringt mehr Kreativität in ihre Fragen ein. Es ist ihr nicht verboten, etwas über das spirituelle Glaubenssystem des Patienten in Erfahrung zu bringen oder über den Zustand seiner Seele. Auch die sozialen Alltagsbelange, die einen Menschen quälen können, läßt sie nicht unberücksichtigt. Eine *consejera* könnte etwa fragen: »Haben Sie Geldprobleme? Wie kommen Ihre Kinder in der Schule klar? Haben Sie Schwierigkeiten mit Ihren Schwiegereltern?« Im weiteren Verlauf der Behandlung könnten Ihre Fragen lauten: »Welcher Art ist das Werte- oder Glaubenssystem, an dem Sie sich orientieren? Haben irgendwelche dieser Vorstellungen für Sie ihre Gültigkeit verloren? Wenn ja, würden Sie dann einige von ihnen aufgeben wollen?«

Ich bediene mich häufig dieser Art kreativer Befragung, meiner Intuition und meines Einfühlungsvermögens, wenn ich mit neuen Klienten arbeite. Einmal kam eine Frau zu mir, die über Gesundheitsprobleme klagte. Sie war bei zahlreichen Ärzten gewesen, doch keiner von ihnen war dazu in der Lage gewesen, ihr zu helfen. Ich habe festgestellt, daß viele der Frauen, die zu mir kommen, sich mit unverarbeiteten Gefühlen in Zusammenhang mit einer Abtreibung quälen. Also machte ich es mir zur Gewohnheit, weibliche Klienten bei ihrem ersten Besuch bei mir zu fragen, ob sie jemals eine Abtreibung haben vornehmen lassen. Da ich spürte, daß diese Frau wegen irgend etwas in tiefer Trauer war, stellte ich ihr die Frage, und sie begann sofort zu weinen. Sie offenbarte mir, sie sei vor mehreren Monaten zu einem Medium gegangen, das ihr mitgeteilt habe, das Kind, mit dem sie schwanger war, würde entstellt zur Welt kommen. Das Medium habe sie gedrängt, eine Abtreibung vornehmen zu lassen. Von Panik ergriffen, hatte die Frau zugestimmt. Von dem Zeitpunkt an erfüllte sie ob dieser Entscheidung tiefes Entsetzen und große Trauer.

Ich vereinbarte einen Termin mit ihr, um eine *limpia* vorzunehmen. Als sie wieder zu mir kam, erklärte sie, dies sei der Tag gewesen, an dem ihr Kind hätte zur Welt kommen sollen. Indem ich mich der Kreativität der *consejera* bediente, machte ich das Datum zu einem Bestandteil unserer Zeremonie. Ich spürte, daß die Frau trauerte, weil sie sich das, was sie getan hatte, nicht vergeben konnte. Also legte ich meine Hände auf ihren Bauch und erklärte ihr, daß sie symbolisch eine Geburt durchlaufen müsse, um das Kind endgültig loszulassen. In Augenblicken wie jenem damals kann ich spüren, wie göttliche Führung mich überflutet und mein Handeln dirigiert. Ich hieß die Frau sich auf meinem Massagetisch niederlegen, stellte ihre Beine in der Geburtsstellung auf und fing an, ihren Bauch zu massieren, während ich sie durch einen vollständigen Geburtsprozeß führte. Ich forderte sie auf, sich an den Augenblick der Empfängnis zu erinnern, zu spüren, wie das Kind Monat um Monat in ihrem Schoß wuchs, um dann schließlich das Kind durch den Geburtskanal in die Welt zu drücken. Ich bat sie, ihm einen Namen und ein Geschlecht zu geben und es dann loszulassen. Als die Frau weinte und zu der Puppe, die mitzubringen ich sie gebeten hatte, auf Wiedersehen sagte, da war sie schließlich dazu in der Lage, die schwere Last abzustreifen, von der sie sich so lange hatte niederdrücken lassen, und in einen Entwicklungsprozeß einzutreten, der sowohl heilend als auch befreiend war.

In der Zeit, da ich in der Psychiatrie arbeitete, fühlte ich mich oft vom Aufnehmen der jeweiligen Krankengeschichten gelangweilt. Als Curandera hingegen sehe ich jeder Patientengeschichte voller Interesse entgegen. Während ich zuhöre, wie meine Patienten mir ihr Herz öffnen, frage ich mich: »Wohin wird diese Geschichte führen, und wie wird göttliche Energie sich manifestieren, wenn der Patient und ich gemeinsam seine Heilung bewirken?« Was ich in meiner früheren Tätigkeit als eintönig und frustrierend empfunden habe, hat sich in eine aufregende Reise voller Geheimnis, Kreativität und vibrierender Heilung verwandelt.

Espiritualista. Das Trancemedium. Curanderos, die *espiritualistas* sind, gibt es in den Vereinigten Staaten nicht mehr oft, auch wenn die meisten Curanderos gelegentlich einmal das Gefühl haben, als Kanal für bestimmte Energien zu dienen oder Informationen aus dem spirituellen Reich zu empfangen. Dem zufolge, was Robert T. Trotter und Juan Antonio Chavira in ihrem Buch *Curanderismo: Mexican American Folk Healing* (University of Georgia Press 1997) über die Arbeit der *espiritualista* schreiben, »geht es dabei um den Glauben an Geistwesen, die auf einer anderen Ebene existieren, jedoch daran interessiert sind, regelmäßig Kontakt mit unserer Welt aufzunehmen. Der Curandero lernt, zu einem Verbindungsglied, zu einer Leitung zwischen dieser und jener anderen Welt zu werden. Im Mittelpunkt der spirituellen Bewegung mexikanischer Bevölkerungsgruppen stehen die Aktivitäten spiritueller Zentren, die von Trancemedien besetzt sind. Medialität ist die Fähigkeit, in Kommunikation mit der spirituellen Welt zu treten.«

In Mexiko gibt es eine große Gruppe von *espiritualistas,* die sich selbst als *Fidencistas* bezeichnen und den berühmtesten Curandero aller Zeiten channeln: Niño Fidencio, einen Heiler, der von vielen als Volksheiliger erachtet wird. Dr. Eliseo Torres zufolge ist Fidencio 1898 im Staat Guanajuato, Mexiko, geboren worden. Im Alter von acht Jahren begann er, Heilungen vorzunehmen, und setzte dies fort bis zu seinem Tod (1938). Da er ein fröhlicher Mann mit kindlichem Gemüt war (er hatte sich durch seine Art den Spitznamen El Niño, das Kind, erworben), verschrieb er den vielen Menschen, die ihn um Rat ersuchten, häufig Lachen, Essen und Fröhlichkeit. Wenn ihm etwas geschenkt wurde, dann nutzte El Niño die Gelegenheit, es mit anderen zu teilen und so den Pilgern, die ihn aufsuchten, das ansonsten bedrückende Leben etwas zu erleichtern. Häufig heuerte er Musiker an und ermunterte jedermann zu tanzen – auch Körperbehinderte und Arthritiskranke. Er war so berühmt für seine Heilkunst, daß selbst heute noch, über sechzig Jahre nach seinem Tod, zweimal jährlich Zigtausende Menschen von überall aus den Vereinigten Staaten und Mexiko an seine Wirkstätte nach Espinazo pilgern, um ihm zu huldigen. Die *Fidencistas* kleiden sich in weiße Hemden mit roten Halstüchern. Es heißt, daß sie im wahrsten Sinne des Wortes seinen Geist annehmen und, solange sie in Trance sind, tatsächlich zu El Niño werden.

Wenn ich mich in Trance begebe, während ich mit einem Klienten arbeite, dann mache ich mich nicht zum »Vehikel« für eine bestimmte Wesenheit, ich habe jedoch oft das Gefühl, als ob Wissen durch mich hindurchfließt, das direkt von Gott kommt. Diese göttliche Energie teilt mir mit, was sich sagen oder tun muß, um eine Öffnung zu bewirken, durch welche die Heilung stattfinden kann. Ich beginne meine Rituale immer, indem ich diese göttliche Energie bitte, bei mir und meinem Patienten zu sein.

Als ich mich kürzlich in Durango, Mexiko, aufhielt, da suchte ich Hermano José auf, der einen sehr alten indianischen Geist channelt. Er nahm meine Hand und fiel sofort in Trance. In diesem Zustand sagte er mir zahlreiche zutreffende Dinge über mich, unter anderem: »Es gibt viele Menschen, die neidisch auf dich sind, und es gibt außerdem Leute, die nicht zu dir kommen, um sich heilen zu lassen, sondern um dich zu beobachten.« Da er ein traditioneller Curandero war, begann er die Sitzung, indem er mit einem Ei über meinen Körper fuhr und dann einige traditionelle Gebete chanterte. Er führte mich in einen angrenzenden Raum mit Zementfußboden, goß Alkohol auf den Boden und entfachte ein großes Feuer. Dann nahm er je ein Bündel *ruda* und *romero,* führte sie im Uhrzeigersinn durch das Feuer und dann über meinen Körper, um mir eine *limpia* zu verabreichen. Er forderte mich auf, all meine Negativität loszulassen und dem Feuer zu übergeben. Dann verschrieb er mir bestimmte Bäder und machte zwei Kerzen für mich fertig, in deren Wachs er meinen Namen ritzte. Zuletzt gab er mir zu meinem Schutz ein Amulett. Wie viele traditionelle Curanderos empfängt Hermano José täglich zahlreiche, manchmal bis zu sechzig Menschen.

Huesero. Einem Chiropraktiker vergleichbar. Der *huesero* ist ein Curandero, der vor allem die Wirbelsäule und Gelenke einrenkt. Durch das Aufkommen moderner Medizin ist die Art Curandero fast vollkommen verschwunden.

Der Curandero *total*. Bei ihm handelt es sich um einen Heiler, der alle vier Ebenen der Heilkunst einsetzt. Mein aztekischer Lehrer Ehekateotl bezeichnet sie folgendermaßen: Unterweisung, Körperarbeit, Medizin und heilige Werkzeuge. Hierbei handelt es sich um wahrhaft ganzheitliche Heilkunst, denn alle vier Techniken beziehen Seele und Geist des Heilers wie seines Patienten mit ein. Für »Ehe« ist das vorrangige und wichtigste Mittel einer Curandera ihr Wissen und die Wissensvermittlung. Ihre Patienten darin zu unterweisen, Verantwortung für ihre Gesundheit zu übernehmen, ist die bedeutendste Botschaft, die sie weiterreichen kann. Zu den gesunden Gewohnheiten und Bräuchen, die sie vermittelt, gehören richtiges Atmen, angemessenes Ruhen, Trinken und Essen. *Pláticas* mit der Curandera sind ein fester Bestandteil ihrer Unterweisungen.

Die zweite Ebene der Behandlung beinhaltet die Körperarbeit. Dabei kann es um »Handauflegen«, *sobadas, apapaxtli,* Rolfing oder einfach um mitfühlende Berührung gehen. Der Körper ist eine Tür zur Seele und zum Geist. Der Körper lügt nicht.

Die dritte Ebene ist »die Medizin«, wozu Pflanzen, Mineralien, Tiere und die Gase gerechnet werden, die sie entstehen lassen, und ihre sachgerechte Handhabung.

Die letzte Ebene umfaßt das, was »Ehe« als das »Handwerkszeug« bezeichnet. Bei diesen heiligen Hilfsmitteln kann es sich um Federn, Kristalle, Blumen und Zweige von Pflanzen wie etwa von *romero* handeln, mit denen man über den Körper eines Patienten streicht, um während einer *limpia* unerwünschte Energien zu entfernen. Zu diesem Werkzeug zählen aber auch vom Menschen erdachte Instrumente wie Stethoskope, Röntgen- oder Ultraschallgeräte sowie Klangkörper wie Trommeln und andere Musikinstrumente.

Ehekateotl ist ein *Curandero total*. Er und all meine *compadres* und *comadres* aus seinem Schulungszentrum Centro de Desarrollo Cultural Tetzkatlipoka Kalpulli sind meine Lehrer und Geistesverwandten. In meiner eigenen Lehrzeit versuche ich derzeit mehr über Kräuterkunde und Massage zu lernen. Vielleicht werde ich eines Tages ebenfalls eine *Curandera total* sein. Noch lerne ich.

Als mich Ehekateotl 1997 in New Mexico besuchte, da riet er mir, meinen *sahumador*, das Räucherfaß, einzupacken und ihn meinem früheren Lehrer Andres Segura zurückzugeben. Ich hatte nicht auf Segura gehört, und »Ehe« meinte, ich sollte ihm dieses Hilfsmittel mit einer Entschuldigung zurückgeben. Ich wußte, daß er recht hatte. Maestro Segura hatte mich gebeten, meinen *sahumador* nicht aus meinem Behandlungszimmer herauszutragen, und ich hatte seine Bitte aus Unwissenheit und Ignoranz mißachtet.

Wohlwissend, daß ich dieses wichtige Werkzeug würde zurückgeben müssen, durchlitt ich mehrere Tage lang eine tiefe Trauer. Während dieser Zeit war »Ehe« freundlich zu mir und verhalf mir zu einem tiefen Verständnis der Heilkunst, die er lehrte. Er wollte von mir wissen: »Wenn du deinen *sahumador* nicht verwenden kannst, um dein Kopalharz zu verbrennen, welche anderen Hilfsmittel stehen dir dann zur Verfügung?«

»Ich habe mein Ei, meine Adlerfeder und meinen *romero*«,

erwiderte ich traurig. Ich fühlte mich so verloren ohne meinen *sahumador.*

»Wenn du deine Adlerfeder, dein Ei und deinen *romero* nicht hättest?«

»Dann hätte ich noch meine Hände«, sagte ich.

»Und wenn dir auch deine Hände fehlten?« bohrte er weiter.

Ich drang tiefer ein. »Dann hätte ich noch mein Herz«, flüsterte ich.

»Nun weißt du, daß die Hilfsmittel, an die wir uns so sehr gewöhnen, nicht so wichtig sind wie unser Herz«, stellte er fest.

Ich verstand, was er mir sagen wollte, und ein Gefühl des Friedens breitete sich in mir aus. Mir wurde klar, daß in den mehr als zwanzig Jahren, in denen ich diese Heilweise praktiziert habe, mein Mitgefühl, meine Seele und der aufrichtige Wunsch, von Nutzen zu sein, alles waren, was ich je brauchte.

Ein paar Tage später luden mich »Ehe« und Tzen in meinen Behandlungsraum ein. Dort forderten sie mich auf, mich ihnen in einer Zeremonie anzuschließen, in deren Verlauf sie mir meinen neuen *sahumador* überreichen wollten. Was für eine tiefgreifende und liebevolle Art, um die wahre Bedeutung der Arbeit als Curandera zu vermitteln!

Es gibt viele kreative Arten, Krankheit und Gesundheit zu sehen, ebenso wie auch zahlreiche kreative Herangehensweisen existieren, um Leiden zu heilen oder zu lindern. In der westlichen Medizin werden Heilbehandlungen allzuoft in wissenschaftliche Fachsprache und Geheimniskrämerei gehüllt. Wie können wir die Verantwortung für unsere Gesundheit übernehmen, wenn unsere Heiler sich hinter medizinischem Kauderwelsch verbergen, auf Podeste steigen und sich hinter sprachlichen Barrieren verschanzen, um uns daran zu hindern, daß wir unsere Krankheit verstehen? Ich wünschte mir, daß mehr Heiler und Mediziner ihre Verantwortung akzeptierten, die Menschen zu unterweisen, damit ihre Patienten das ihnen innewohnende Heilungspotential entdecken können. Jeder

Mensch »hat Medizin in sich« – wir alle haben die Fähigkeit, uns selbst zu heilen –, und jede Krankheit ist individuell. Ich hoffe, daß zukünftig alle Heiler den Menschen helfen werden, die Medizin zu finden, die richtig für sie ist, und ihnen nicht das aufdrängen, was sie für richtig halten.

Kapitel 2

Doctora Corazón: Die Ausbildung einer Curandera

Als ich ein kleines Mädchen war und in El Paso, Texas, aufwuchs, da liebten meine Mutter und ich es, der täglich von Mexiko ausgestrahlten Radiosendung »Doctora Corazón«, »Ärztin von Herzen«, zuzuhören. Dabei handelte es sich um eine Radioshow, bei der Zuhörer anrufen und der *doctora* ihre Probleme schildern konnten. Den Menschen, die anriefen, um ihre Schwierigkeiten mit den Kindern, mit Einsamkeit, gebrochenen Herzen oder Eheprobleme und romantische Konflikte zu schildern, gab die *doctora* gute Ratschläge. Wenn ich all diese Leiden hörte, öffnete sich mein kleines Herz vor Mitgefühl. Die Probleme schienen mir unüberwindlich, und ich hörte mit Erstaunen, daß die *doctora* immer mir ganz unglaublich erscheinende Lösungen parat hatte.

Menschen, die über Curanderismo sprechen, zeigen sich gern davon überzeugt, daß Heiler fleißig zu lernen haben; doch müssen diese auch mit dem *don,* der »heiligen Gabe«, geboren werden. Ebenso wie Musiker schon in ihrer frühen Kindheit das Klavier bearbeiten und auf Töpfe und Pfannen schlagen und junge zukünftige Tierärzte bereits als Heranwachsende kranke Tiere retten und alle Kreaturen in der Nachbarschaft verarzten, so sehnen sich auch begabte Heiler in einem sehr jungen Alter danach, den Schmerz und das Leid, das sie umgibt, zu lindern. Während meine Faszination für den therapeutischen Zauber der »Doctora Corazón« weiter wuchs, fing ich an, mich darin zu üben – ähnlich wie Lucy von den Peanuts, die mit einem Schild ankündigte, daß der »Psychologe« da ist –, die Nachbarskinder zu »beraten«. Für sie war die *consejera* immer anwesend.

Wenn eines der Kinder Hilfe brauchte, dann war ich zur Stelle, bereit, Lösungen anzubieten, ob sie sie nun wollten oder nicht, und manchmal auf groteske Weise mit Erfolg. Als ich zum Beispiel vierzehn Jahre alt war, da hatte ich einen Freund namens Sammy, der drei oder vier Jahre älter war als ich und furchtbar unter Akne litt. Er vertraute mir mehrfach an, wie traurig er darüber war, daß wegen seines Pickelgesichts kein Mädchen mit ihm ausgehen wolle. Sammy tat mir sehr leid, und daher erzählte ich ihm, ich hätte einmal davon gehört, daß eine sexuelle Beziehung ein gutes Heilmittel gegen Akne sei. Einen Monat später kam Sammy wütend zu mir zurück. Er war meinem Rat gefolgt und über die Grenze nach Juárez in Mexiko gegangen, wo er mit einer Prostituierten geschlafen und sich schlimm mit Syphilis angesteckt hatte. Deshalb mußte er sich nun einer umfassenden und schmerzhaften Penicillinbehandlung unterziehen. Ungefähr eine Woche später war seine Akne auf wundersame Weise verschwunden. Mir war das damals natürlich nicht klar, aber ich hatte ihm versehentlich die »richtige« Richtung gewiesen, da Antibiotika zu den wenigen Mitteln gehören, die bei akuter Akne Wirkung zeigen. Trotz gelegentlicher Fehltritte wie diesem vertrauten mir die Kinder in der Nachbarschaft dennoch und kamen auch weiterhin zu mir, um sich Rat zu holen.

Außerdem entwickelte ich schon früh eine Zuneigung zu den Mysterien von Zeremonien und Ritualen. Als »Nachbarschaftspriesterin« plante ich komplizierte Hochzeitszeremonien für den Samstagnachmittag; ich entschied, wer die Braut und der Bräutigam, wer die Brautjungfern, Blumenmädchen und Platzanweiser sein würden; und wer im Chor den Hochzeitsmarsch mitsingen würde, während die Hochzeitsgesellschaft durch den Mittelgang schritt. Alles mußte perfekt sein, und ich durchstöberte den Schrank meiner Mutter nach Brauchbarem, stiebitzte oder erbettelte, was immer ich konnte, um für die Rolle richtig angezogen zu sein. Weil es in unserem Wohnblock keine Blumen gab, fand ich rasch heraus, welche Señoras in der Nachbarschaft die schönsten Blüten zogen, und gab den anderen Kindern Anweisungen, wo sie die benötigten Blumen stehlen sollten.

Während ich den anderen Kindern in der Nachbarschaft als Mutter, Beraterin und Priesterin diente, hatte ich nicht immer das Gefühl, zu Hause selbst genug von der Art Liebe zu bekommen, die ich brauchte. Als zweites Mädchen in einer Familie mit sechs Mädchen und einem Jungen und als äußerst sensibles und bedürftiges Kind erhielt ich nur selten so viel Aufmerksamkeit, wie ich sie mir von meinen Eltern wünschte. Meine Mutter, eine stolze, wunderschöne und nervöse Frau, die in Mexiko in eine Familie der Oberschicht hineingeboren worden war, haßte die Armut und die Beschimpfungen, die ihr Mann, mein Vater, ihr zumutete, wenn er von einer seiner Sauftouren zurückkam. Sie mochte es nicht, wenn ich und meine fünf Schwestern mit den Nachbarskindern spielten, weil sie sie als »Bauernlümmel« empfand. Dafür mußten wir Martinez-Mädchen uns mit Steinen bewerfen lassen, weil die übrigen Kinder uns für eingebildet hielten.

Meine Mutter war in Anspruch genommen von dem täglichen Kampf, einerseits den Schein zu wahren und andererseits mit der harten Wirklichkeit der Armut fertig zu werden. Es gelang ihr dennoch irgendwie, all ihre sechs Töchter in Privatschulen zu schicken und uns wunderschöne Kleider zu nähen, die ihren Erwartungen im Hinblick darauf, wie ihre Kinder gekleidet sein sollten, entsprachen. Doch im Laufe der Jahre forderte die beständige Anstrengung, aus eins plus eins zehn zu machen, ihren Zoll vom Geist meiner Mutter.

Mein Vater, ein hochgewachsener, gutaussehender, im höchsten Maße intelligenter Mann, hatte ebenfalls mit seinen ganz privaten Dämonen zu kämpfen. Er hatte weder Geld noch Gelegenheit gehabt, um sich seinen Traum von einem Ingenieurstudium erfüllen zu können, und statt dessen mehr als dreißig Jahre lang als Mechaniker auf dem örtlichen Militärstützpunkt gearbeitet, wo er sich dadurch gedemütigt fühlte, daß er weiße Männer den ganzen Tag lang mit »Sir« anreden mußte. Mein Vater versuchte mit seinem unerfüllten Traum zurechtzukommen, indem er sich regelmäßig auf Sauftouren begab. Durch mein angeborenes Einfühlungsvermögen konnte ich genau vorhersagen, an welchem Zahltag mein Vater betrunken nach Hause kommen würde. Jeden Freitag fragten mich meine Schwestern ängstlich, in welchem Zustand unser Vater wohl sein würde, wenn er durch die Tür käme, und ich beantwortete ihre Frage auf der Basis dessen, was mein Bauch mir sagte. Wenn Papa getrunken hatte, dann tat mir mein Bauch weh, und uns allen stand ein schwieriger Abend bevor.

Weil ich so sensibel auf den Aufruhr und das Unglück, die gelegentlich unser Zuhause prägten, reagierte, wurde ich zu einem dünnen und kränklichen Kind, dessen Spitzname Huecitos, »kleine Knochen«, war. Meine Mutter, die sich Sorgen wegen meiner schlechten Gesundheit und meinen ständigen Bauchschmerzen machte, verfügte über einen reichen Vorrat an Heilmitteln, *remedios,* mit deren Hilfe sie versuchte, mich aufzupäppeln und mein Wohlbefinden zu steigern. In vielerlei Hinsicht war meine Mutter in idealer Weise dazu geeignet, eine Tochter aufzuziehen, die dereinst Curandera werden sollte. Obwohl sie manchmal der Verzweiflung nah war ob eines Kindes, das sich so kränklich zeigte und derart viel Aufmerksamkeit verlangte, lernte ich doch durch die Pflege, die ich von meiner Mutter erfuhr, eine Menge über das Heilen, so daß sich zwischen ihr und mir allein schon durch die vielen Tees, die sie mir so gewissenhaft verabreichte, ein besonderes Band entwickelte. So erhielt ich *yerba buena* wegen meines Magens und *manza-*

nilla, damit ich besser schlief. Ich ließ mich nicht gern von meiner Mutter berühren, weil sie mich so oft schlug und ich deshalb das Gefühl hatte, ihrer Berührung nicht vertrauen zu können, doch sie zeigte mir, wie ich selbst meinen Bauch massieren konnte, wenn ich *empacho* hatte. Meine Mutter wußte auch, wie leichtere Fälle von *susto* bei uns Kindern zu behandeln waren, und gab uns Zuckerwasser zu trinken, wenn wir etwas Beunruhigendes gesehen hatten. Einmal, als ich miterleben mußte, wie ein Hund von einem Auto überfahren wurde, rannte ich weinend ins Haus. Meine Mutter löste einen Teelöffel Zucker in einem Glas Wasser auf und brachte mich dazu, es auszutrinken. Jeder, der in der Gesundheitsfürsorge tätig ist, weiß, daß man einen leichten Schock am besten mit Dextrose, einer Zuckerform, behandelt.

Meine Mutter ließ häufig eine der örtlichen Curanderas kommen, wenn einem ihrer Kinder etwas zugestoßen war, das sie nicht selbst zu heilen vermochte. Als meine älteste Schwester Irma, die ein sehr hübsches Kind war, aufgrund der ständigen Aufmerksamkeit, die sie von Fremden erhielt, unter wiederkehrenden Anfällen von *mal ojo* litt, da bat meine Mutter eine Curandera, eine Zeremonie für sie abzuhalten. Ich hatte, wenn dies geschah, immer entsetzliche Anfälle von Neid und beklagte mich bei meiner Mutter über all die Aufmerksamkeit, die meine Schwester erhielt. »Bin ich nicht hübsch genug, um *mal ojo* zu bekommen?« fragte ich sie dann.

»Sei nicht neidisch!« sollte meine Mutter dann jedesmal ärgerlich zu dieser Tochter sagen, die ständig versuchte, ihre Aufmerksamkeit auf sich zu ziehen. Es ist nicht überraschend, daß ich mich deshalb schrecklich fühlte, war ich doch im Innersten verzweifelt darüber, daß ich nicht so hübsch aussah, nicht so gut und nicht so talentiert wie meine bewundernswerte und vielgeliebte Schwester war – insbesondere ging es mir auch deshalb schlecht, weil niemand Anstrengungen unternahm, mich mit einer Zeremonie von meiner *envídia* zu kurieren.

Ich wuchs auf in einem *barrio,* einem Vorort von El Paso, wo meine Familie in einem *presidio* wohnte, einem langen, blockartigen Gebäude, das ein wenig wie eine Kaserne aussah und in dem fünfzehn bis zwanzig Familien untergebracht waren. Jede Wohnung hatte drei Räume – ein Wohnzimmer, ein Schlafzimmer sowie eine Küche – und eine kleine Veranda, die in den Hinterhof und zur Gemeinschaftstoilette führte. Der Hinterhof war ein breiter Sandstreifen, auf dem weder Bäume, Gras noch Blumen wuchsen.

Da ich ein sehr sinneorientiertes kleines Mädchen war, liebte ich es, mit bloßen Füßen durch den Sand zu laufen und in Pfützen zu springen, und hatte überhaupt viel Freude an allem, was mich naß und schmutzig machte. Wenn es regnete, dann rannte ich durch all die kleinen »Seen«, die sich in unserer Straße gebildet hatten, fühlte mich dabei unglaublich heiter und unbekümmert und wurde durch mein Tun auf unbeschreibliche Weise dreckig. Schmutz störte mich nicht, denn ich war in die Erde verliebt. Manchmal mischte ich Erde und Wasser, um Schlamm herzustellen, rieb mich überall damit ein und genoß es, in den herrlichen Duft eingehüllt zu sein. Sobald es dunkel wurde, forderte mich meine Mutter auf, ins Haus zu kommen. Zufrieden ob des behaglich-schläfrigen Gefühls, das sich meiner bemächtigte, wenn ich den ganzen Abend im Dreck gespielt hatte, wollte ich nichts, als einfach ins Bett zu schlüpfen. Unglücklicherweise zwang mich meine Mutter in die Badewanne, damit ich sauber war, bevor ich ins Bett ging. Sie schlug mich oft, weil ich die Laken schmutzig gemacht hatte; und meine Schwester, die das Bett mit mir teilte, hatte ebenfalls kein Verständnis für meine Vorlieben. Doch waren meine Demütigungen damit noch längst nicht beendet. »*Mójate la mollera*«, würde meine Mutter aus der Küche rufen. »Mach deinen Kopf naß.« Ich tat, was sie verlangte, doch empfand ich dies als Beleidigung meines jungen Geistes, und ich war Abend für Abend, wenn ich ins Bett ging, wütend auf sie.

In der Wüste, die unser Zuhause umgab, wuchsen viele wohlriechende Pflanzen wie etwa der Kreosotbusch, der nach dem Regen einen scharfen kieferähnlichen Duft freisetzte. Bei solchen Gelegenheiten, wenn meine Sinne bis zum Rand mit den spirituellen Wohlgerüchen der Wüste angefüllt waren, berauschte sich meine junge Seele, und ich mußte am Ende des Tages gegen meinen Widerstand regelrecht ins Haus gezerrt werden. Das ärgerte meine Mutter, die wohl überhaupt nicht erkannte, daß sich eigentlich ihre eigene mitteilsame, romantische und dramatische Seele in der ihrer Tochter widerspiegelte.

Getreu meinem Nahuatl-Namen Xochitl, welcher »Blume« bedeutet, der mir aber erst später im Leben verliehen werden würde, liebte ich Blumen; und da ich immer wußte, wo in der Nachbarschaft die schönsten Exemplare blühten, machten meine Schwestern mich am Muttertag zur offiziellen Blumendiebin. Ich brachte viele Stunden damit zu, mit dem Rücken auf der warmen Erde zu liegen und in den weiten Tages- oder Nachthimmel von El Paso zu blicken, wo sich wunderbare Sonnenauf- und -untergänge vor der Kulisse der umliegenden Berge ereigneten. Es war, als ob ich aufgrund des Mangels an elterlicher Liebe und Aufmerksamkeit die ganze Natur zu meiner Mutter gemacht hätte.

Eine Curandera, insbesondere eine solche, die Seelenrückführungen zelebriert, weiß, welche Bedeutung Namen haben. Ist der wahre Name eines Menschen nicht bekannt, dann wird es schwer oder gar unmöglich sein, den Teil der Seele zurückzuholen, der abwesend ist. Die Seele ist fest an unseren Namen gebunden. Geboren als Ada Elena Martinez (Ada war auch der Vorname meiner Mutter), »verlor« ich meinen Vornamen, als ich in den Kindergarten der Guardian Angel School kam. Dort anglisierten die Nonnen die Aussprache meines Vornamens Ada, und die Kinder riefen mich »Aida«. Es war außerdem ein merkwürdiges Gefühl, nicht mehr Elena oder Elenita genannt zu werden, wie man mich zu Hause rief.

Im Alter von elf Jahren verlor ich meinen zweiten Vornamen. Eines Nachts wurde ich sehr krank und erwachte am nächsten Morgen im Kreiskrankenhaus. Schwer an Hepatitis erkrankt, nahm ich meine Umgebung kaum wahr, während mir zugleich die Geräusche und Gerüche des Krankenhauses sowie das Zerren und Herumstechen an meinem Körper entsetzliche Angst einjagten. Ich war zum ersten Mal von zu Hause fort, und die Krankenschwestern und Ärzte auf der siebten Etage, die liebevoll und fröhlich waren, wurden zu meiner neuen Familie. Ich nehme an, daß mein Wunsch, Krankenschwester zu werden, wenigstens zum Teil auf das Mitgefühl und die Bestätigung, die sie mir gaben, zurückzuführen war. Sie tauschten meinen Namen gegen Helen aus, weil sie ihn leichter aussprechen konnten, und ermutigten mich, große Mengen Milch zu trinken, um meine Leber zu kräftigen.

Weil ich aber unter einer Laktoseunverträglichkeit litt, bewirkte die Milch nur, daß ich mich noch schlechter fühlte. Eines Abends, als meine Mutter mich besuchte, wurde mir so schlecht, daß ich mich entsetzlich erbrach und die Milch wie ein Projektil aus mir herausschoß. Ich hatte furchtbare Angst, daß meine Mutter wütend auf mich sein würde, doch sie war es nicht. Sie wurde so sanft und aufmerksam, daß ich fürchtete, sterben zu müssen. Und ich vermutete, sie sei nur deshalb so geduldig mit mir, obwohl ich diese unglaubliche Schweinerei auf ihrer Kleidung, dem Bett und dem Boden verteilt hatte. Diese Situation war für mich der Anlaß, mit meinem kindlichen Verstand darüber nachzudenken, daß mein Tod als Preis für die Zuwendung der Mutter dann doch zu hoch und daß es eh nicht mehr sicher war, überhaupt eine Mutter zu haben. Von diesem Zeitpunkt an, so entschied ich, würde ich vollkommen selbständig sein müssen, wenn ich überleben wollte. Ich verlangte von meiner Familie, mich ab sofort Helen zu nennen, und diesen Namen behielt ich die nächsten siebenundzwanzig Jahre bei, bis ich meine Identität von neuem beanspruchte.

In meinem Wunsch, mich einem Zuhause zu entziehen, dessen Turbulenz in einem für mich unerträglichen Maß zunahm, heiratete ich sehr früh, mit sechzehn Jahren. Mein erstes Kind Jamie wurde geboren, als ich siebzehn war, und ich brachte die nächsten anderthalb Jahrzehnte damit zu, meinen Kindern all das zu geben, von dem ich meinte, daß es mir gefehlt hatte. Da meine Familie meine Kraft immer mehr beanspruchte, war ich gezwungen, viele Jahre lang die Faszination hintanzustellen, die alles auf mich ausübte, was etwas mit Heilen zu tun hatte. Doch selbst wenn mein Leben nicht so bewegt gewesen wäre, ist es unwahrscheinlich, daß es mir je in den Sinn gekommen wäre, mich eingehend mit Curanderismo zu beschäftigen. Denn von den vierziger bis in die siebziger Jahre standen Chicanos unter einem unglaublichen Druck, sich dem Mainstream der amerikanischen Kultur anzupassen, und Dinge wie Curanderismo wurden einfach als passé und altmodisch erachtet. Auch mich riß dieser Strom mit.

Als ich Anfang Zwanzig war, erhielt mein Talent für das Heilen ein wenig Förderung. Nachdem ich begonnen hatte, als Sprechstundenhilfe in einer Praxis für drei Gynäkologen zu arbeiten, bewog mich mein Wissensdurst, den Ärzten und Rose Tarin, die dort als Krankenschwester arbeitete, viele medizinische Fragen zu stellen. Als ich lernte, Diagramme richtig zu interpretieren und medizinische Verfahrensweisen zu verstehen, sagte Rose zu mir, ich verfügte über eine natürliche Begabung für das Heilen und würde eine großartige Krankenschwester abgeben. Ohne sich darüber im klaren zu sein, machte sie mir, einer jungen Frau, die nicht einmal einen High-School-Abschluß hatte, eines der größten Geschenke, das ich jemals erhalten würde: Ich verdanke ihr den Glauben an mich selbst und an die Wichtigkeit dessen, was ich liebe. Sechs Jahre später machte ich meinen Abschluß an der Abendschule und begann ein vierjähriges Studium an der University of Texas in El Paso, wo ich meinen Bachelor in Krankenpflege absolvierte.

Tragischerweise beging meine Mutter, drei Wochen bevor ich mein Abschlußzeugnis in Händen hielt, mit einer Überdosis Antidepressiva Selbstmord. Das war niederschmetternd für mich, denn ich hatte mir mehr als alles auf der Welt gewünscht, daß sie meine Abschlußfeier miterleben würde. Sie war so stolz auf meine Entscheidung gewesen, den Schulabschluß nachzumachen und das College zu besuchen, und hatte sich bei all ihren Freundinnen gebrüstet, daß ihre Tochter studierte, um Ärztin zu werden. Als ich sie verbesserte und sagte: »Mama, ich bin nicht an der medizinischen Fakultät, ich lerne Krankenpflege«, da hatte sie geantwortet: »Na und, was macht das schon für einen Unterschied?« Der Tag meiner Abschlußfeier hätte das Ereignis sein sollen, welches mich rehabilitiert, das für alle Zeiten bewiesen hätte: Das wilde und schwierige Kind, wie ich es einmal gewesen war, ist zu einer Frau herangewachsen, die nun endlich »gut genug« war. Tatsächlich aber erwies sich dieser Tag als einer der schrecklichsten meines Lebens. 1976 erhielt ich mein Abschlußzeugnis als Krankenschwester und 1981 meinen Magister in Krankenpflege.

Es ist komisch, aber es war ausgerechnet mein Wunsch, mich durch einen ordentlichen Berufsabschluß anzupassen, der mich dazu veranlaßte, mich näher für die Heilkunst meiner indianischen Vorfahren zu engagieren. Während meines ersten Jahres auf der Krankenpflegeschule (1972) bat mich eine meiner Lehrerinnen, einen Vortrag über Curanderismo vorzubereiten. Damals war es gerade modern, sich für ganzheitliche Krankenpflege und für althergebrachte Vorstellungen in der Gesundheitsfürsorge zu interessieren. Da ich eine der wenigen Chicanas in dem Kurs war, ging die Ausbilderin einfach davon aus, daß ich aufstehen, all die Volkskrankheiten und ihre Heilweisen herunterrasseln und damit der Klasse eine rasche Einführung in den Curanderismo geben können würde.

Mir hingegen bereitete die Aufforderung eine Menge Selbstzweifel und Sorgen. Ich hatte mich so sehr angestrengt, um mich zu assimilieren, und war die erste in meiner Familie gewesen, die einen Collegeabschluß gemacht hatte. Voller großer Pläne und Träume für meine Zukunft, wollte ich nichts als meinen Akzent verlieren und wie alle anderen Berufstätigen im amerikanischen Mainstream sein. Als mich die Lehrerin aufforderte, über Curanderismo zu sprechen, fühlte ich mich beschämt, beleidigt und war durcheinander. »Was war es nur, das sie in mir sah?« fragte ich mich. Vermutete sie bei mir Unwissenheit, oder meinte sie in mir die »abergläubische« Art der Menschen meiner Herkunft zu erkennen? Im Laufe der Jahre war ich dazu übergegangen, den Curanderismo mit allem zu assoziieren, was primitiv und rückständig war.

Da es für mich keinen Ausweg aus dieser peinlichen Situation gab, ging ich mit der Zielsetzung in die Bibliothek, ein paar Artikel zu lesen und der Klasse irgend etwas zu erzählen. Statt dessen geschah jedoch Tiefgreifendes mit mir: In der ruhigen, wissenschaftlichen Atmosphäre zwischen all den Büchern stieß ich auf greifbare Beweise für die Liebe meiner Mutter und ihre Bemühungen, sich gut um ihre eigensinnige Tochter zu kümmern. Ich las: »*Mal aire* (schlechte Luft) ist eine Krankheit, die sich durch Erkältungssymptome, Ohrenschmerzen oder Gesichtslähmung manifestiert. Ihr kann vorgebeugt werden, indem man nach Eintreten der Dunkelheit den Aufenthalt im Freien meidet, Babys durch Einwickeln vor der Nachtluft schützt und, falls der Körper naß geworden ist, ein Gleichgewicht schafft, indem man auch den Scheitel benetzt. *Mal aire* kommt von der Einwirkung durch die Abendluft.«

Als ich diese kurze, glanzlose Beschreibung von *mal aire* in einem Buch las, fühlte ich mich mit einem Mal wie magisch zurückversetzt in meine Kindheit. Ich hörte, wie meine Mutter mir zurief: »Mójate la mollera.« – »Mach deinen Kopf naß.« Zwischen den Zeilen dieser trockenen, wissenschaftlichen Beschreibung fing ich an, meine eigenen Erinnerungen zu entdecken, die Geschichte dessen, wie sehr meine Mutter sich um meine Gesundheit bemüht hatte. Plötzlich überfiel mich die Erinnerung daran, wie ich als kleines Mädchen abends im Dreck gespielt, mich mit den anderen Kindern auf dem Boden gewälzt und den Duft der Erde geliebt hatte. Ich hörte, wie meine Mutter mir in Fünf-Minuten-Intervallen zurief: »Es ist fast Zeit, ins Haus zu kommen«, und dann schließlich darauf beharrte, daß ich kam, weil es anfing, dunkel zu werden. Als meine Mutter mich aufgefordert hatte zu baden, wollte ich mich nicht waschen, den wunderbaren Duft der Erde von meinem Körper nicht abspülen. Also versuchte ich es mit einem Kompromiß: »Kann ich mir nicht nur die Füße waschen?« Und meine Mutter würde antworten: »Also gut, aber mach auch deinen Kopf naß.«

Nachdem ich die »wissenschaftliche« Erklärung gelesen hatte, wie das Benetzen des Scheitels, als Hände und Füße bereits naß waren, den Körper darin unterstützte, das homöostatische Temperaturgleichgewicht aufrechtzuerhalten, da erkannte ich mit einem Schlag, wie sehr meine Mutter mich dennoch geliebt haben mußte. Obwohl das Kind Elenita Abend um Abend wütend ins Bett gegangen war, weil ihre Mutter darauf bestanden hatte, daß sie sich wusch und Wasser auf ihren Kopf gab, begriff die erwachsene Elena schließlich, daß ihre Mutter über ihre Gesundheit gewacht und sie vor *mal aire* beschützt hatte.

Als ich die Seiten mit anderen Beschreibungen der Krankheiten durchblätterte, die zu heilen Curanderismo sich zur Aufgabe macht, wurde ich von Erinnerungen überflutet, mit denen ich seit Jahren nicht mehr in Berührung gekommen war. Bei der Lektüre der kurzen Beschreibung von *susto* fiel mir ein, daß meine Mutter für mich und meine Schwestern Zucker in Wasser auflöste, als wir einmal etwas Aufregendes hatten mit ansehen müssen. Ich erinnerte mich, wie die hübsche Irma wegen all der Leute, die sie bewunderten, *mal ojo* bekam und wie die kleine Elenita von *envídia* gequält wurde. Ich war traurig um des Mädchens willen, das niemand hübsch fand und für deren Herz, das vor Neid schmerzte, keine eigene Zeremonie abgehalten wurde. Hier war meine Kultur in Schwarzweiß auf den Blättern eines Buches, doch weil ich sie gelebt hatte, erstanden all diese Dinge lebendig und pulsierend aus den Seiten auf. Etwas in mir geriet in Bewegung und erwachte zum Leben.

Ich hielt in jener Woche meinen Vortrag vor der Klasse, aber ich kam auch zu dem Schluß, daß der Curanderismo meiner Kindheit von Wert war und es verdiente, sich weiter mit ihm zu beschäftigen. Da alle Schwesternschülerinnen Befragungen von Patienten vornehmen mußten und da sich damals die Aufmerksamkeit stark auf eine ganzheitliche Krankenpflege richtete, befand ich, daß wohl nichts daran auszusetzen war, wenn ich in dem Krankenhaus meine eigene Feldforschung in Sachen Curanderismo betrieb. Ich stellte Patienten auch weiterhin die üblichen Fragen über ihren jeweiligen physischen, psychischen, emotionalen und sozioökonomischen Zustand; aber darüber hinaus wollte ich nun auch noch etwas über ihren kulturellen Hintergrund in Erfahrung bringen. Wenn sich zum Beispiel jemand unter wirklich traumatischen Umständen ein Bein gebrochen hatte, dann wollte ich etwa von ihm wissen, ob er meine, unter *susto* zu leiden.

Als ich anfing, solcherart Fragen und Antworten in meine Berichte einzubringen, da waren die meisten meiner Ausbilder glücklich über diese Informationen, da sie damit ihr kulturelles Wissen ebenfalls erweitern konnten. Ein Lehrer jedoch forderte mich in klaren Worten dazu auf, mich nicht so sehr auf »all dieses Ethno-Zeug« zu konzentrieren. Ich war niedergeschlagen. Wie so oft hörte ich nur das negative Feedback und machte mir Sorgen, ob ich das, was meine Lehrer mir in ihren Kursen beibrachten, auch wirklich aufnahm. Ich stellte meinen Patienten weiterhin Fragen über Curanderismo, doch ich konzentrierte mich mehr auf die »offiziellen« Untersuchungen und schrieb meine Berichte auf die verlangte Weise.

Dieser eine Lehrer vermochte es jedoch nicht, dem wachsenden Trend in den medizinischen Berufen hin zu kulturübergreifender Krankenpflege Einhalt zu gebieten. Als mein Wissen über Curanderismo langsam wuchs, wurde ich von Krankenhäusern und anderen Organisationen aufgefordert, dort kurze Einführungen zu dem Thema zu geben. Solche Bitten um Vorträge hatte es sogar schon gegeben, als ich noch Schwesternschülerin war. Nachdem ich meinen Abschluß in der Tasche hatte, kamen sie sogar noch häufiger. Als ich mir die in den Bibliotheken vorhandene Literatur zum Thema erschöpfend erschlossen hatte, fing ich an, Curanderos und Curanderas in El Paso und jenseits der Grenze in Juárez, Mexiko, aufzusuchen, um in Erfahrung zu bringen, was ich von ihnen lernen könnte. Anfangs sagte ich mir, daß ich nur meine Forschungstätigkeit ausweitete, doch in Wahrheit befand ich mich bereits selbst auf dem Weg der Heilung, den ich später als Reise zur Heilung meiner eigenen Wunden bezeichnen würde. Langsam wurde mir das unglaublich große Maß an Schmerz bewußt, das ich in meinem Leben heilen mußte: den Schmerz über den Tod meiner Mutter, über die Alkoholkrankheit meines Vaters, über die zahlreichen Leiden, die ich als Kind hinnehmen mußte, über eine furchtbare Nahtodeserfahrung, bei der ich im Alter von fünfzehn Jahren beinahe ertrunken war, über mein Gefühl, nicht hübsch genug zu sein, und über den Neid auf meine schöne Schwester. Außerdem wurde mir klar, daß einige meiner größten Narben auf den Rassismus zurückzuführen waren, den ich als Opfer erdulden mußte, und auf das ablehnende Verhalten, mit dem oftmals andere Menschen meiner Herkunft begegneten. Viele Türen waren mir im wörtlichen und im übertragenen Sinne vor der Nase zugeschlagen worden, weil ich eine Chicana war. Einmal, als mein Mann und ich eine Wohnung in San Angelo, Texas, suchten, vertrieb uns die Vermieterin mit dem Satz: »Wir vergeben keine Wohnungen an Mexikaner!« Diese schreckliche Erfahrung war ein tiefer Schlag für mich, vor allem weil ich damals erst siebzehn war und mein Mann gerade seinen Wehrdienst bei der amerikanischen Air Force ableistete. Was als Suche nach weiteren Informationen begonnen hatte, entwickelte sich rasch zu einer Reise der Heilung und Selbsttransformation. Damals wußte ich es noch nicht, aber der *desarrollo,* die Ausbildung, zur Curandera würde mich zwingen, als verletzte Heilerin meine eigene Ganzheitlichkeit zu suchen.

Es war nicht schwierig, Curanderos und Curanderas zu finden, um von ihnen zu lernen. Obwohl etliche Chicanos in den Vereinigten Staaten versuchten, sich zu assimilieren, und »das ganze Zeug« am liebsten vergessen wollten, war der Curanderismo in Mexiko noch immer von vibrierender Lebendigkeit. Ich fuhr in dieses Land, um etwas über Curanderismo in Erfahrung zu bringen, weil seine Wurzeln dort lagen und die Kultur noch intakt war. In Juárez ging ich zum *mercado,* dem Geschäft, in dem mit Kräutern, Blumen, bestimmten heilenden Seifen, mit Kerzen und Heiligenfiguren gehandelt wurde. Ich lernte von den Heilern, die ich dort bei der Arbeit antraf, indem ich ihnen von meinen Problemen erzählte und mir die Fragen anhörte, die sie stellten, die Kenntnisse und die Geschichten, die sie mit mir teilten. Bald wurde mir klar, daß sie keineswegs unwissende, ungebildete Leute waren, sondern Menschen, die ein tiefes therapeutisches Verständnis des menschlichen Verhaltens hatten und über die Energien des Körpers, über Heilkräuter und die Geheimnisse menschlicher Erfahrung Bescheid wußten. In vielen Fällen war ich überrascht von der tiefgreifenden Subtilität der Ratschläge, die ich erhielt. Zum Beispiel legte mir eine Curandera nahe, nachdem sie mir eine *limpia* verabreicht hatte, auch mein Haus einer spirituellen Reinigung zu unterziehen. Damals arbeitete ich bereits in der Psychiatrie; ohne mir darüber im klaren zu sein, hatte ich die Energie von Qual und Leid meiner Patienten mit nach Hause gebracht. Die Curandera erklärte mir, wie ich mein Haus reinigen sollte: indem ich Holzkohle in einem Kohlenbecken entzündete und es in die Ecken jedes Zimmers tragen und dabei ein besonderes Gebet sprechen sollte.

Unglücklicherweise ging das meiner Familie dann doch ein bißchen zu weit. Sie hatten mir bei der Beschäftigung mit diesem »merkwürdigen Zeug« bisher geduldig meinen Willen gelassen. Doch während ich die Reinigungszeremonie des Hauses zelebrierte, in der einen Hand das Kohlenbecken, in der anderen die Liste mit Gebeten, bekam mein Sohn Jamie einen Lachanfall und sagte: »Mama, nun bist du aber wirklich übergeschnappt.« Weil ich bei Freunden und Familienmitgliedern nur Spott, Kopfschütteln und Erstaunen erntete, wenn ich versuchte, ihnen etwas von den neu entdeckten Zeremonien und Praktiken zu erzählen, kam ich zu dem Schluß, daß ich mit größerer Umsicht vorgehen mußte. Trotz alledem war ich jedoch nicht bereit, mein Lernen aufzugeben. Was die Curanderos mir sagten, erschien mir durch und durch nachvollziehbar. Wenn es nutzte, den Körper von unerwünschten Energien zu reinigen, um bei guter Gesundheit zu bleiben, warum sollte es dann nicht ebenso sinnvoll sein, unerwünschte Energien aus der Wohnung zu entfernen, um sie zu einem sicheren und förderlichen Ort zu machen?

Während meiner Forschungen begriff ich rasch, daß es wie in allen Berufen auch unter den Curanderos solche gab, die nur an dem Geld interessiert waren, das sie verzweifelten und gutgläubigen Leuten aus der Nase ziehen konnten. Als ich begann, mehr und mehr Unterschiede wahrzunehmen, stellte ich fest, daß ich mich mehr zu den Curanderos hingezogen fühlte, die mich in die Zeremonien einbezogen, welche Teil der Behandlung waren. Ich fing an, mich von denen fernzuhalten, die Katastrophen und zukünftige Ereignisse vorhersagten. Obwohl ich davon überzeugt bin, daß einige von ihnen wirklich in die Zukunft blicken können, glaubte ich doch zugleich auch, es nutze den Menschen am meisten, wenn wir ihnen bei der selbständigen Lösung ihrer Probleme helfen, statt ihnen Antworten in Form von vorauswissendem Rat zu geben.

Bei einer meiner stärksten Erfahrungen in dieser Zeit ging es um eine Seelenrückführung. Bei dieser Gelegenheit erzählte ich einer Curandera, wie ich im Alter von fünfzehn Jahren in Acapulco fast ertrunken war. Die Heilerin erklärte mir, die Leere und Furcht, die in mir aufstiegen, wenn ich an diese Erfahrung dachte, seien ein Symptom für einen schweren Fall von *susto*. Indem sie mich zu ihrem wunderschönen Altar führte, erklärte sie mir, daß sie Gott bitten würde, anwesend zu sein. Er solle ihr dabei helfen, den Teil meiner Seele zurückzubringen, der in jenen Augenblicken im Meer verblieben war, als ich mich tief im Wasser befunden hatte und sicher gewesen war, sterben zu müssen. Sie verabreichte mir eine *limpia* mit einem Büschel Kräuter und fegte meinen Körper mit einem kleinen Besen aus weichen Gräsern ab. Dann blies sie ihren Atem auf meinen Scheitel und legte ihren Mund an mein Ohr, um leise meinen Namen zu rufen. Sie rief nicht »Helen«, sondern »Elenita«, die liebevolle Verkleinerungsform meines wirklichen Namens. »Elenita, Elenita, *regresa«,* sagte sie, was »komm zurück« bedeutet. Nach dieser Erfahrung fühlte ich mich von Frieden erfüllt und spürte wirklich, daß etwas in mir geheilt war. Ich wußte, ich brauchte und wollte mehr davon. Bald schon waren mir die örtlichen Curanderos nicht mehr genug, und ich drang in das Innere Mexikos vor.

Obwohl mich dieser neue Weg zu einem glücklicheren Menschen machte, war meine Familie sehr besorgt wegen der zahlreichen Veränderungen, die sie an mir wahrnahm. Mein Vater entstammte einer Generation, die das Urteil der dominierenden weißen Kultur verinnerlicht hatte, nämlich daß Curanderismo rückständig und primitiv war. Nun erlebte er mit, wie seine Tochter, seine Hoffnung, das erste Mitglied der Familie, das es zu einem Collegeabschluß gebracht und seinen eigenen Traum von Erfolg wahr gemacht hatte, zu seinen heimischen Wurzeln zurückkehrte, und das beunruhigte ihn. Bei einer Gelegenheit fragte er mich: »*Mijita,* warum willst du Indianerin werden?«

»Weil ich Indianerin bin«, antwortete ich.

»Aber du hast auch französisches und spanisches Blut in dir.«

»Das weiß ich. Doch ich will meine Wurzeln ehren.«

Meine Kinder standen dieser Wendung in meinem Leben gleichermaßen verständnislos gegenüber. Von dem Augenblick an, da ich die Schule verlassen hatte, um zu heiraten, bis zu dem Zeitpunkt, da meine ältesten Kinder in der Pubertät waren, hatte ich ihnen mein ganzes Leben gewidmet. Das Leben, das ich ihnen bot, war sehr beständig gewesen, und ich hatte hart gearbeitet, um eine sehr traditionelle Chicanafrau und -mutter zu sein. Ich hatte sie jeden Sonntag zur Messe mitgenommen, Feiertage und Geburtstage mit traditionellen Speisen für die ganze Familie und unsere Freunde gefeiert und sie in ihre jeweiligen Kindergärten und Schulen chauffiert. Selbst als ich bereits für meinen Schulabschluß büffelte und zur Abendschule ging, räumte ich meinen Kindern immer den ersten Platz ein.

Dann auf einmal unternahm ich Reisen nach Mexiko, kleidete mich in traditionelle Gewänder und machte merkwürdige Dinge wie rituelle Hausreinigungen. Alles veränderte sich noch weiter, als ich mich 1977 vom Vater meiner Kinder scheiden ließ. Zu dieser Zeit waren meine älteren Kinder Jamie und Sondie fünfzehn und dreizehn, die Zwillinge Abel und Adrian waren sechs. Dem Hausmädchen mußte gekündigt werden, und das Haus wie ein Großteil unseres materiellen Besitzes verkauften wir, um die Rechnungen zu bezahlen, als unser Haushalt zwischen meinem Mann und mir aufgeteilt wurde. Die Kinder waren wütend, daß sie ihr großes Haus und ihr gutes Leben verloren hatten. El Paso ist ein recht konservativer Ort, in dem Erfolg mit materiellem Besitz und dem Fortzug aus den *barrios* gleichgesetzt wird. Die Kinder sagten zu mir: »Mama, warum bist du so merkwürdig? Warum kannst du nicht einfach so sein wie all die anderen Mütter?« Mir war bewußt, daß ich den Mythos von der perfekten Mutter und Ehefrau geschluckt hatte, aber er erwies sich für mich als unverdaulich. Meine Seele sehnte sich verzweifelt danach, sich selbst zu finden, und ich hatte das Gefühl, verkümmern und sterben zu müssen, wenn ich zu meinem alten Leben zurückkehrte. Die älteren Kinder entschieden sich, bei ihrem Vater zu bleiben, und die Zwillinge, die mich von klein auf zu Zeremonien begleitet hatten, blieben bei mir.

Als ich mich weiter ins Innere Mexikos vorwagte, stieß ich nicht nur auf mehr Curanderos, von denen ich lernen konnte, nach und nach entdeckte ich auch meine Wurzeln, meine Kultur und meine Seele. Die Vorfahren meiner Mutter waren Maya und Spanier gewesen. Ihre Eltern hatten noch ihre Stammessprache gesprochen und waren ursprünglich von Mérida auf der Halbinsel Yucatán aus in die Vereinigten Staaten eingewandert. Mein Vater war in San Juan del Rio Durango, im nördlichen Mexiko, geboren worden, und zu seinen Vorfahren zählten Zapoteken, Azteken und Europäer. Ich war also eine Mestizin und wußte fast nichts über die Geschichte meiner Vorfahren. Diese Geschichte war uns in der Schule nicht beigebracht worden, und auch meine Eltern hatten mir nichts davon mitgeteilt, weil sie zu sehr damit beschäftigt waren, sich zu assimilieren und zu überleben. Mir kamen Geschichten über die Eroberung zu Ohren, nicht aus der Sicht der Europäer, sondern der meiner eigenen Leute. Eine sehr wichtige Geschichte, die mir erzählt wurde, war jene über Maliche, die aztekische Adlige, die die Geliebte des Forschungsreisenden und Eroberers Hernán Cortés war und dann von ihm verlassen wurde, als er nach Spanien zurückkehrte. Ihre Kinder waren die ersten Mestizen und machten sie zur mythischen Mutter meiner Rasse. Dieses Wissen war für mich zugleich traurig und freudig, da es mir all den Schmerz bewußt machte, den die Mestizen sowohl durch die Europäer als auch durch die einheimischen Stämme hatten erfahren müssen. Viele von ihnen waren die Frucht einer Vergewaltigung, und sie wurden wahrhaftig zu einem Volk, das zwischen beiden Rassen stand und dort versuchte, einen Platz für sich zu finden.

Damals fing ich an, in zwei Welten gleichzeitig zu leben. Von Montag bis Freitag kletterte ich die Erfolgsleiter in der Berufswelt hinauf, arbeitete mich von der Position als Krankenschwester zur Oberschwester und dann zur Leiterin des gesamten Krankenpflegepersonals an einem örtlichen Krankenhaus empor. Ich setzte mich in der dominanten, weißen, Englisch sprechenden Kultur durch, füllte die mir zugewiesene Rolle aus und wurde zu einer musterhaften Mitarbeiterin der Gesundheitsfürsorge. Doch inzwischen nahm ich auch jede Gelegenheit an Feiertagen, Wochenenden und im Urlaub wahr, um mich meiner westlichen Kleidung zu entledigen und mich statt dessen in *huaraches* und *huipiles* zu kleiden. Ich machte mich auf den Weg nach Mexiko, band mir das rote rituelle Stirnband um den Kopf und lebte mit den Curanderos.

Schließlich erzeugte die Spannung, die das Hinundherwechseln zwischen zwei so verschiedenen und diametral entgegengesetzten, sich widersprechenden Wirklichkeiten mit sich bringt, eine kulturelle Krise. Ich war mir nicht mehr sicher, wer ich eigentlich war: eine moderne Chicana, eine berufstätige Frau, die auf ihrem Gebiet großen Erfolg hatte – oder eine Mestizin, die zu ihren Wurzeln zurückkehrte und nun Curanderismo lernte? Wie paßten all diese Teile meiner Identität zusammen?

Eines war sicher: Je mehr mein Wissen über Curanderismo wuchs, desto unzufriedener machten mich all die Dinge, die ich in dem Krankenhaus allenthalben geschehen sah. Einmal, ich war noch Ausbildungskrankenschwester der Psychiatrie, versuchte ich meine Besorgnis angesichts der Entscheidung eines Psychiaters zu äußern, der die Behandlung einer dreiundzwanzigjährigen Manisch-Depressiven mit Elektroschocks angeordnet hatte. Der Arzt schenkte weder den Hilferufen der Patientin Beachtung, noch meinem intuitiven Gefühl, daß sich »etwas

Schlimmes« ereignen würde. Er wollte nur klinische, rationale Fakten hören. An dem Tag, für den die Behandlung der Patientin angesetzt war, kam ich in ihr Zimmer. Sie sah mich mit Augen voller *susto* an und flehte mich an einzugreifen. Ich fühlte mich machtlos. Meine Befürchtungen bewahrheiteten sich, denn die Frau starb an einer Überdosis des Anästhetikums, das für ihre Behandlung eingesetzt worden war. Ihre Hilferufe verhallten ungehört, weil für Intuition in einem Krankenhaus kein Raum ist.

Dann hatte ich einen Patienten, einen neunzehnjährigen Jugendlichen, dessen Psychiater ihm angedroht hatte, er würde ihm einen Schlauch durch die Nase in seinen Magen schieben lassen, um ihn zwangszuernähren, wenn er sich weiter weigerte zu essen. Der junge Mann war psychotisch und erklärte immer wieder, daß »Stimmen« ihm sagten, er solle nichts essen. Als ich ihm das Tablett mit seinem Mittagessen brachte, flehte er mich an: »Bitte zwingen Sie mich nicht, das zu essen. Etwas Schreckliches wird sonst geschehen.« Auch hier sagte mir meine Intuition, daß eine Intervention des Krankenhauses bei diesem Patienten falsch sein würde, doch der Arzt bestand darauf. Der junge Mann wurde zwangsernährt, und zwei Stunden später fand man ihn tot auf. Er hatte sich aufgehängt – mit zusammengeknoteten Laken, die er an der Duschkabine befestigt hatte.

Ich erkannte immer deutlicher, daß viele der sogenannten psychisch gestörten Patienten, die in die psychiatrische Klinik eingewiesen worden waren, in Wahrheit unter schwerem Seelenverlust litten und daß keine der dort angewandten Behandlungen ihnen wirklich half. Ich kam mir vor, als blickte ich auf eine Drehtür, durch die Patienten hereinkamen, behandelt und entlassen wurden, nur um bei der nächsten Drehung wieder vor mir zu stehen.

Ich sehnte mich danach, mehr Zeit in Mexiko zu verbringen und dort eine Heilkunst zu erlernen, die mir vernünftig erschien und bleibende Ergebnisse zeigte. Doch ich klammerte mich noch immer an die Vorstellung, daß ich an meiner Karriere festhalten mußte. Schließlich kam ich zu dem Entschluß, daß ich, wenn ich schon im normalen Medizinbetrieb bleiben sollte, es wenigstens im besten Krankenhaus tun müsse, das ich finden konnte. Ich bewarb mich um eine Stelle an dem angesehenen Neuropsychiatrischen Institut an der University of California in Los Angeles, wurde angenommen, packte meine Besitztümer zusammen und zog mit meinen zwei Kindern dorthin. Eine der ersten und besten Entscheidungen, die ich dort traf, war es, meinen verlorenen Namen zurückzuholen. Da mich in Los Angeles niemand kannte, entschloß ich mich, wieder Elena zu werden.

Ich fühlte mich äußerst isoliert, als ich in Los Angeles lebte. Eingeschlossen in der überfüllten, lauten Stadt, vermißte ich die Berge von El Paso und hatte das Gefühl, meine Verbindung zur Natur zu verlieren. Zum ersten Mal in meinem Leben war es mir nicht möglich, einfach die texanische Grenze zu überqueren und problemlos nach Mexiko zu fahren. Obgleich außer mir natürlich noch andere Chicanos in Los Angeles lebten, waren nur wenige von ihnen in dem exklusiven Viertel zu Hause, in dem ich eine Wohnung gemietet hatte, und noch weniger von ihnen arbeiteten auf der Ebene, die ich im Institut erreicht hatte. Manche meiner Kollegen gaben tatsächlich sogar offen zu, daß sie sich unwohl fühlten, mit oder unter einer Chicana zu arbeiten, und ließen sich gedankenlos zu grausamen Bemerkungen hinreißen. Während einer Anamnese, die ich leitete, bekannte sich eine Mitarbeiterin öffentlich dazu, daß sie Schwierigkeiten habe, Anweisungen von mir entgegenzunehmen, da die einzigen Mexikaner, mit denen sie zu tun hatte, ihre Hausmädchen waren.

Positiv war, daß ich bei der Arbeit mit den bedauernswerten, physisch und emotional mißhandelten Kindern in dem Institut wertvolle Erfahrungen und kostbares Wissen sammelte. Ich lernte mehr über die Wirkung von Medikamenten, fand heraus, was wirkte und was nicht. Außerdem lernte ich auch zahlreiche mitfühlende Heiler unter den Krankenschwestern, Ärzten und anderen Mitarbeitern kennen. Diese Menschen bestätigten meine Überzeugung, daß liebevolle Zuwendung meist die beste Medizin ist, die man bieten kann.

Trotz all des Nützlichen, das ich an dem Institut lernte, kam ich schließlich zu der Entscheidung, daß es an der Zeit war, einschneidende Veränderungen in meinem Leben vorzunehmen. Dort, wie in all den anderen Krankenhäusern, in denen ich bisher gearbeitet hatte, war wenig Raum für Zeremonien, *pláticas* und Adlerfedern, gleich, wie gern ich auch mein Wissen über den Curanderismo eingebracht hätte. Ich erkannte, daß das moderne medizinische Modell, dem ich mich unterwerfen mußte, so viel dessen ausschloß, was einen Menschen ausmacht – die Seele, die spirituellen Erfahrungen des Klienten, die Komplexität menschlicher Erfahrungen und die Notwendigkeit einer persönlich gestalteten Behandlung. Die Erkenntnis, daß ich das, was ich als Heilerin suchte, nie und nimmer in einem psychiatrischen Krankenhaus finden würde, egal, wie gut es auch sein mochte, war der Anlaß, daß ich mich ganz und gar aus dem offiziellen medizinischen Betrieb verabschiedete. Inzwischen hatte meine Erfahrung mich deutlich gelehrt, daß die Techniken des Curanderismo oft dort Erfolge zeitigten, wo die westliche Medizin versagte – und noch gründlicher und tiefer wirkten, wo die Schulmedizin Erfolg hatte.

Die Fragen, die ich als nächste beantworten mußte, lauteten: »Wohin will ich jetzt gehen, und was will ich nun tun?« Ich fand, daß ich nicht einfach nach El Paso zurückkehren konnte, denn ich hatte dort meine Brücken hinter mir abgebrochen. Ich hatte es bis auf die Titelseite der örtlichen Zeitung mit der Schlagzeile »Krankenschwester hat Erfolg« gebracht, und in dem Artikel hieß es sogar, daß ich an meiner Promotion arbeitete (ein Mißverständnis). Meine Freunde hatten Partys oder *despedidas* gegeben, um mich gebührend zu verabschieden. Nachdem ich ein Jahr fort gewesen war, fühlte ich mich mit dem Gedanken unwohl, nach Hause zurückzukehren. Es kam mir vor wie ein Rückwärtsgehen und nicht wie der Fortschritt, den ich mir wünschte.

Als ich an die Zeit dachte, die ich in New Mexiko verbracht hatte, kam ich zu dem Schluß, daß ich meine Begabung leichter dort einbringen können würde, wo traditionelle Heiler noch respektiert wurden. Auf meinen Reisen, die ich in dieser Gegend unternommen hatte, um Zeremonien mit ortsansässigen Indianern abzuhalten, hatte ich mich in den Geist der Landschaft verliebt. Hier veränderten sich der Himmel und die Berge, während das Licht auf ihnen spielte, unablässig von Augenblick zu Augenblick; Ocker-, Rot- und Brauntöne und alle Schattierungen von Schwarz waren die Farben der *mesas*, der Tafelberge; da waren der Duft und die wilde Offenheit der Wüste, in der es vor Tieren und Vögeln nur so wimmelte; die Bäche, die durch die Canyons in den Bergen schäumten oder sich ihren Weg meandernd vorbei an heißen Quellen suchten. Kurz: Ich bewarb mich um eine Position als Direktorin des Zentrums für Vergewaltigungsopfer und wurde angenommen.

Nach einem Jahr der Isolation in Los Angeles war ich froh, die Stadt hinter mir gelassen zu haben und mich wieder in den kulturellen Rahmen eingliedern zu können, in dem ich mich wohl fühlte. Zu diesem Zeitpunkt hatte ich auch meinen Namen Elena wieder in meiner Seele heimisch gemacht. Nachdem ich mich erst einmal niedergelassen hatte und mich in meinen langen Röcken und *huaraches* wieder entspannen konnte, fing ich an, mehr Zeremonien mit den ortsansässigen Menschen von New Mexiko zu machen und tiefer in meine spirituelle Praxis einzudringen. Ich nahm zum Beispiel die »langen Tänze« auf, bei denen für die Wintersonnenwende die ganze Nacht und für die Sommersonnenwende den ganzen Tag getanzt wurde. Ich ging außerdem zu örtlichen Schwitzhütten und nahm an Zeremonien mit der Friedenspfeife teil.

An den Zeremonien mit den amerikanischen Indianern beteiligt zu sein, fühlte sich äußerst befriedigend für mich an, doch wurde mir bald klar, daß ich mich in Wahrheit nach der Zugehörigkeit zu meinem eigenen Stamm sehnte. Chicanos in den Vereinigten Staaten verfügen über eine gewisse kulturelle Geschlossenheit, doch haben sie ihr Stammeszugehörigkeitsgefühl verloren. Ich fragte mich, ob es wohl möglich sein würde, nach Mexiko zurückzukehren und dort einen Stamm zu finden, von dem ich abstammte und an dessen Traditionen ich anknüpfen konnte. Bald darauf hörte ich von einem mächtigen Curandero namens *maestro* Andres Segura, der bereit war, Chicanos in seinen Stamm aufzunehmen, um ihnen seine Traditionen zu vermitteln. *Maestro* Segura war ein *jefe* (Häuptling) in der *danza azteca*, einer wichtigen zeremoniellen Tradition, die seit Hunderten von Jahren von den Eltern an die Kinder weitergereicht wurde. Damals war mir klar, daß ich Führung brauchte, einen Ort, an dem sich mein Geist daheim fühlen konnte, und dies hörte sich wie eine Antwort auf meine Gebete an. Es gab eine Gruppe von Chicanos in New Mexiko, die die gleichen Erfahrungen machten, wie auch ich sie hatte, und sich ebenfalls danach sehnten, zu ihren Wurzeln zurückzukehren. Nachdem ich an einer ihrer Zeremonien teilgenommen hatte, luden sie mich in einen Gesprächskreis ein, und ich brachte meine Absicht zum Ausdruck. Als sie wissen wollten, welche Gründe ich denn dafür hatte, mich ihrem Stamm anschließen zu wollen, erzählte ich, wie sich mein Lebensweg bisher entwickelt hatte. Sie erklärten mir, was eine Aufnahme in ihren Stamm mit sich bringen würde, daß ich dann Verpflichtungen hätte, denen ich nachkommen müßte, daß ich an Zeremonien in Mexiko würde teilnehmen müssen, wie etwa an der Zeremonie am 12. Dezember für die Jungfrau von Guadalupe, die für die Azteken eine alte Göttin ist. Auch in Mexiko würde ich bestimmte

Pflichten haben, wie etwa die Teilnahme an der Zeremonie am *Día de los Muertos.* Ich bereitete mein *vestuario,* meine heilige Kleidung für die Zeremonie, und meinen Federkopfschmuck vor und begleitete sie bei ihrer nächsten Fahrt nach Mexiko.

Dort lernte ich in den frühen achtziger Jahren Andres Segura kennen. Segura war einer der Bewahrer des Stammeswissens, der von seinem Ältestenrat gebeten worden war, regelmäßige Fahrten als Lehrer und Abgesandter in die Vereinigten Staaten zu unternehmen. Diese Ältesten leiteten ihr Herkommen aus einer Tradition von Bewahrern ab, die seit Jahrhunderten die Überlieferung der *Mexihka,* der Azteken, aufrechterhalten hatten. Als einer der Bewahrer der *concheros,* der aztekischen Tänze, diente Segura als Brücke zwischen den verschiedenen Indianerstämmen. Obwohl er bei unserer ersten Begegnung bereits die Mitte seiner Sechziger erreicht hatte, erstaunte es mich, wie kraftvoll er noch war. Etwa eins sechzig groß, hatte er sehr langes, schwarzes, wallendes Haar und einen Körper, der fest und stark schien. Seine Gegenwart war so kraftvoll, daß sie schon fast einschüchternd wirkte, und seine unglaublich dunklen Augen schienen mich mühelos zu durchschauen. Da er sich all der Dinge, die sich um ihn her ereigneten, völlig bewußt war, achtete er sorgsam darauf, daß alles korrekt ablief. Einmal, als die Gruppe *alabanzas* sang, eine Art Sprechgesang, machte ich nicht mit, weil ich die Worte nicht kannte. Da kam er zu mir und forderte mich auf: »Sing mit. Du lernst die Worte, indem du einfach deinen Mund öffnest und singst.« Als ich ihm erklärte, daß mich meine Stimme (die den Ton nicht trifft) verlegen machte, sagte er: »Wir sind Menschen. Menschen singen.« Er half mir, meine Stimme zu öffnen und mutig zu sein. Ausflüchte tolerierte er nicht.

Als ich mit seinem Stamm zu meiner ersten Zeremonie aufbrach, einem Frühlingsritual, bei dem die *danzantes* die gefrorene Erde symbolisch aufbrechen, damit sich neues Wachstum entwickeln kann, nahmen wir nichts Modernes an den heiligen

Ort mit. Statt eines Campingkochers hatten wir zum Kochen Kohlenbecken bei uns. Die Vorbereitungen für den Tanz waren eine unvergeßliche Erfahrung. Diese besondere *danza* dauerte einen ganzen Tag, der ein *velación,* eine Nachtwache, vorauszugehen hatte. Die ganze Nacht ist erforderlich, um Verstand, Seele und Geist auf den Tanz vorzubereiten.

Sich gemeinsam mit den übrigen Tänzern anzuziehen war ebenfalls ein wunderbares Erlebnis. Ich hatte meine heilige Kleidung und meinen *pemacho,* heiligen Kopfschmuck, vorbereitet und die *danzas* von meinen *compadres* in New Mexico erlernt. Ich erinnere mich, daß ich mich anzog – all die großartigen Farben –, beobachtete, wie die Männer und Frauen ihren wunderschönen Kopfschmuck anlegten – der Klang der Rasseln und der *oyoyotes,* der Muscheln an ihren Fußknöcheln. Ich dachte: »Oh, hier ist mein Volk, und wir ziehen gemeinsam aus, um eine Zeremonie abzuhalten.« Als wir gemeinsam zum Klang der *chonchas* losgingen, war es, als sei meine Seele, die bisher außerhalb von mir geschwebt war, nun plötzlich in meinen Körper zurückgekehrt. Ich fühlte mich, als sei ich schließlich heimgekommen. Die Luft war erfüllt vom Duft des Kopalharzes; und der Klang, den vierzig Menschen erzeugen, die gemeinsam im gleichen Rhythmus gingen, im Gleichtakt ihre *oyoyotes* und Rasseln schüttelten, gab mir das Gefühl zu fliegen. *Danza* ist sehr mächtig, und Klang und Vibration sind ebenfalls äußerst mächtig. Mein Herz jubelte ob des Wissens, daß es hier eine Tradition gab, die lebendig, intakt und so war, wie sie es vor fünfhundert Jahren zu Zeiten der Eroberung gewesen war. Nicht ein einziger Tanzschritt wurde seither verändert.

Mestro Segura sagte gewöhnlich: »Leben ist *danza, danza* ist Leben. Ihr tanzt so, wie das Universum tanzt.« Es ist wunderbar, loszuziehen und die ganze Nacht lang zu tanzen, all die Hindernisse beiseite zu schieben und sich einfach gut zu fühlen, doch heiliger Tanz hat noch etwas soviel Machtvolleres. Man braucht Jahre, um die Tänze zu erlernen, folglich beherrschte ich sie keineswegs, doch wenn Sie mit einer Gruppe von vierzig Menschen tanzen, die die Schritte genauestens kennen, dann werden Sie einfach von ihrer Energie getragen, und als nächstes wissen Sie nur noch, daß Sie die richtigen Schritte machen. *Maestro* Segura hat oft zu mir gesagt: »Deine Füße, dein Geist, dein Herz, dein ganzes Sein kennt die Schritte. Vielleicht kennt dein Verstand sie nicht, doch ein Teil von dir weiß genau, was zu tun ist. Laß los. Es ist in deinem genetischen Gedächtnis verankert; all das ist bereits in dir. Denkt außerdem daran, daß ihr nicht einfach Männer und Frauen seid, ihr seid Krieger, die tanzen, um die Tradition zu bewahren.« Bei den *danzantes* ist es in Wahrheit gar nicht der einzelne, der die Schritte macht, es ist die Gemeinschaft. Man muß sein irdisches Selbst aufgeben und mit seinem »Quantenselbst« tanzen.

Für mein Leben gern sah ich den Ältesten beim Tanzen zu, jenen, die in die *danza* hineingeboren waren. Es überraschte mich, wieviel Kraft sie hatten und wie sie mit den Jüngeren mithalten konnten. Sie sprangen vielleicht nicht so oft hoch in die Luft, aber sie waren dennoch starke Tänzer. Und anders als in der westlichen Tradition waren die Kinder in der Zeremonie nicht an den Rand gedrängt. Sie schliefen friedlich in der Kreismitte, fühlten sich geborgen durch den Rhythmus der Trommel, deren Klang wie der eines großen Herzens war.

Außerdem beeindruckte mich der Gemeinschaftssinn, den ich hier antraf. Als die Tänzer gingen, um Lebensmittel für die Zeremonie einzukaufen, leistete jeder einen Beitrag, selbst die Ärmsten unter uns. Ich fühlte mich tief berührt von der Bescheidenheit der Gemeinschaft, von der Offenheit im Gesicht und im Herzen jedes Mitglieds. Sie gaben mir ein Gefühl, als sei ich ein schon lange vermißter Verwandter. Sie vermittelten mir die Gewißheit der Zugehörigkeit und der Mitgliedschaft zu ihrer Familie.

Und das i-Tüpfelchen war, daß *maestro* Andres Segura auch

noch ein mächtiger Curandero war, der diese Heilkunst nicht nur zum Teil, sondern ganz und gar beherrschte. Während der *Danza*-Zeremonien, die tagelang andauerten, war das Lager immer voller Kinder, und Segura brachte mir bei, wie ich bei ihnen unter Verwendung von Kräutern und verschiedenen Massagetechniken Ohrenschmerzen, Koliken, Durchfall und *empacho* behandeln konnte. Er war sehr kenntnisreich, wenn es um Kräuterkunde ging, und wies immerzu auf bestimmte Gewächse und ihre Zubereitung hin, zeigte mir, wie jene, die vor Ort wuchsen, zu sammeln und zu verwenden seien. Er arbeitete an Kindern und Erwachsenen, indem er durch Druck, Massagen und eine chinesische Technik, die im Westen »Moxibustion« genannt wird, auf bestimmte Punkte einwirkte. Bei der Moxibustion hielt er ein langes, schmales Rohr über einen oder mehrere der Druckpunkte des Körpers, »erwärmte« mit einer Flamme das andere Ende des Rohrs und somit auch direkt den jeweiligen Druckpunkt. *Maestro* Segura war in Mexico City, wo er lebte, sehr bekannt, und seine Patienten suchten ihn wegen zahlreicher Leiden auf. Außerdem hielt er überall in Mexiko und in den Vereinigten Staaten Vorträge über die Kosmologie der Azteken. Er war der erste *Curandero total,* den ich kennenlernte.

Maestro Segura half mir, die Beratungstechnik für meine Arbeit in den Vereinigten Staaten zu verbessern. Als ich ihm von einigen der Frauen erzählte, die mich im Zentrum für Vergewaltigungsopfer aufsuchten, machte er Vorschläge, wie ich sie gegen *susto* behandeln könnte. Bei einer dieser Methoden mußte ein tiefes Loch ausgehoben und die Frau so bis zum Hals darin begraben werden, daß sie nach Norden blickte, damit die Erde ihren Schmerz aufnehmen, ihr Energie geben und sie heilen würde. Ich wurde traurig angesichts des Wissens, daß ich dies mit meinen Klientinnen nicht würde durchführen können, da die Vorschriften mich zu einer bestimmten Form der Behandlung verpflichteten. Segura wies mich außerdem darauf hin, daß die Brüste einer vergewaltigten Frau, die ihre sexuelle Beziehung zum Partner wiederaufnehmen will, äußerst empfindlich auf Berührungen reagierten. Er riet mir, den betreffenden Ehemann darüber in Kenntnis zu setzen, daß er mit solchen Berührungen anfangs sehr vorsichtig sein müsse, da seine Partnerin Zeit brauche, um sich damit wieder wohl zu fühlen. Später fragte ich bei einigen Frauen im Zentrum nach, ob sie dies ebenso empfänden, und sie stimmten zu. Viele sagten sogar, daß sie es seit der Vergewaltigung ihrem Partner nicht mehr hatten gestatten können, ihre Brüste überhaupt zu berühren.

Die Erfahrungen, die ich in Mexiko machte, waren nicht immer wunderbar. Es gab zahlreiche Gelegenheiten, bei denen ich mich verloren und unzulänglich fühlte, hungrig und frustriert war oder einfach nur fror. Bei Zeremonien, die die ganze Nacht lang andauerten, mußte ich oft vollständig ohne Schlaf und Nahrung auskommen, und immer wieder erkrankte ich an Durchfall oder Parasiten. Ein Ereignis, das sich aus meinen übrigen Erinnerungen besonders hervorhebt, hing zusammen mit einer fünftägigen Zeremonie an einem heiligen Ort südlich von Mexico City. Ich hatte zahlreiche Pflichten. Ich mußte nicht nur mit den anderen Frauen von Sonnenauf- bis -untergang tanzen, sondern auch Frühstück und Abendmahlzeit für die ganze Gruppe zubereiten. Da ich die Schülerin von *maestro* Segura war, hatte ich mich außerdem noch um die kranken Kinder zu kümmern, wozu ich Kräuter sammeln, zubereiten und mir weitere Massagetechniken aneignen mußte.

Die Gruppe hatte ihre Lager beim Friedhof errichtet, und das Zelt, in dem ich schlafen sollte, war mit dreißig Erwachsenen und Kindern voll belegt. Mehr Platz, als ich für meinen Schlafsack brauchte, stand mir nicht zur Verfügung. In der dritten Nacht erwachte ich und mußte feststellen, daß ich mich beschmutzt hatte. Das war in meiner Vorstellung das Schlimmste, was mir passieren konnte – mein furchtbarster Alptraum. Alle anderen schliefen. Da mir übel war, ging ich nach draußen, wo es leicht, aber stetig regnete, und wanderte umher, ohne zu wissen, was ich tun sollte. In der Dunkelheit sah ich riesige Ratten. Von entsetzlicher Angst ergriffen und mit dem Gefühl, schrecklich allein zu sein, übergab ich mich heftig und erlitt zugleich eine Durchfallattacke. Ich wußte nicht, was ich tun sollte, und schämte mich entsetzlich für meinen Zustand. Ich fragte mich andauernd, was ich da draußen mitten im Nirgendwo eigentlich tat, wo ich doch zu Hause in New Mexico sicher in meinem Bett liegen konnte.

Plötzlich tauchte *maestro* Segura aus der Dunkelheit auf und fragte mich, was ich da draußen tat. Ich erklärte ihm, daß mir schlecht war und daß ich mich beschmutzt hatte. Ich fing an zu weinen und fühlte mich wie ein dreijähriges Kind. Er war sehr streng mit mir und sagte: »Was ist los mit dir?«

Erst glaubte ich, er wolle wissen, was mir fehlte, und ich antwortete ihm: »Nun, ich habe Bauchschmerzen und habe mich eben erbrochen.«

»Nein«, entgegnete er, »was ist los mit *dir?*«

Ich wußte nicht, was ich sagen sollte, so sehr schämte ich mich. Und dann meinte er: »Deine Gemeinschaft, deine Familie, ist in diesem Zelt. Die meisten von uns sind Heiler. Hattest du denn vor, die ganze Nacht wie ein Idiot hier herumzuwandern? Warum hast du niemanden um Hilfe gebeten?« In diesem Augenblick erkannte ich, daß es mir gar nicht eingefallen war, um Hilfe zu bitten, weil ich es so sehr gewohnt war, mich um mich selbst zu kümmern. Dieses Muster hatte seinen Ursprung in der Kindheit, als ich von meinen Eltern nicht immer richtig versorgt worden war und lernen mußte, mich selbst zu bemuttern. In den darauffolgenden Jahren hatte es mich sehr stolz gemacht, daß ich so unabhängig war. Nun wurde mir mit einem Schlag klar, daß ich gar nicht wußte, wie es sich anfühlt, Mitglied einer Gemeinschaft zu sein.

Maestro Segura nahm meine beiden Arme und behandelte meine Unterarme mit Akupressur. Als er dies tat, brach ich erneut in Tränen aus. Es war so, als wüßte er genau, wo er mich berühren mußte, damit ich meinen Schmerz loslassen konnte. Dann führte er mich zurück ins Zelt, weckte eine der Frauen auf, und gemeinsam halfen sie mir, saubere Sachen anzuziehen. Als ich mich besser fühlte, vollzogen sie beide die Heilung an mir, wozu auch gehörte, daß sie die Druckpunkte an meinen Unterarmen, Knöcheln und Knien mit Moxibustion behandelten. *Maestro* Segura konnte streng sein, aber auch sehr liebevoll. Er ist einer meiner größten Lehrer gewesen.

Am nächsten Tag befreite er mich von meinen Pflichten und erklärte mir, wie ich die Tees gegen meinen Durchfall bereiten mußte. Ich blieb mit den Müttern, die kleine Kinder hatten, im Lager zurück und dachte über die Tatsache nach, daß ich etwas Wichtiges gelernt hatte. Ich lernte es auf eine sehr schmerzhafte Weise, aber ich erkannte auch, daß dies vielleicht die einzige Art war, wie ich solche Dinge in meinem Leben überhaupt hatte lernen *können.*

Bei einer anderen Gelegenheit hatten eine Freundin und ich uns entschlossen, an der Zeremonie für die Jungfrau von Guadalupe teilzunehmen und den ganzen Weg von Albuquerque bis nach Mexico City mit dem Auto zurückzulegen. Als wir in einem kleinen Ort in Nordmexiko eine Pause auf dem *zócalo* machten, schiß mir ein Vogel mitten auf den Kopf. Ich wandte mich bedäppert meiner Freundin zu und sagte halb im Scherz: »Hoffentlich ist das kein böses Omen.« Wenn ich gewußt hätte, was mir bevorstand!

Als wir den Ort erreichten, an dem die Zeremonie stattfinden sollte, teilte mir *maestro* Segura mit, daß ich *La Malinche,* sein Gegenüber, sein sollte, die Frau, die während der gesamten Zeremonie das Feuer zu behüten hat. Entsetzt erkannte ich, daß ich mich auf eine so komplexe Verantwortung nicht ausreichend vorbereitet fühlte. Und so sollte es sich auch tatsächlich erweisen. Ich hatte große Schwierigkeiten damit, das Feuer am Leben zu erhalten, das während der gesamten, zwei Tage andauernden Zeremonie nicht verlöschen durfte, und ich verbrannte mir mehrmals die Finger. Tagsüber tanzten wir mit einem anderen Stamm, hielten dann die ganze Nacht über Wache und tanzten am nächsten Tag bei der Basilika, einer alten spanischen Kirche, die auf einem heiligen Platz der Azteken errichtet worden war. Ich hatte zahlreiche Fehler gemacht, und jedesmal zeigten mir *maestro* Seguras durchdringende Augen, daß er nicht zufrieden mit mir war. Ich konnte es kaum erwarten, bis alles vorüber sein würde. Wieder einmal fragte ich mich: »Was tue ich eigentlich hier, wo ich doch in New Mexico bequem und in Sicherheit leben könnte?«

Nach einer achtundfünfzigstündigen Zeremonie, die mich bis an den Rand der Erschöpfung geführt hatte, war die Gruppe gerade dabei, zum Abschluß zu kommen. Als sie das Ritual für die fünf Himmelsrichtungen machten, kam einer der *compadres* mit seinem Mantel zu dicht an die Kerze, die Bestandteil des heiligen Altars war. Als er sich drehte, wäre beinahe eine der Quasten seines Gewands in die Flamme geraten. Ich beugte mich rasch vor und schob die Kerze beiseite.

Ebenso rasch gebot der *maestro* der Zeremonie Einhalt und fuhr mich maßlos wütend und mit durchdringendem Blick an: »Warum hast du die Kerze bewegt?«

»*Maestro*«, verteidigte ich mich, »der Mantel des *compadre* war im Begriff, Feuer zu fangen.«

»Ein dreijähriges Kind hat mehr Verstand als du. Weißt du nicht, daß es deine Aufgabe ist, das Licht zu schützen? Das Licht darf niemals bewegt werden.«

Ich war so erschöpft und verwirrt, daß ich die Beherrschung verlor und meinen Lehrer zornig anblickte. Als er dies sah, sagte er zu mir: »Keiner zwingt dich, hier zu sein. Wenn es dir nicht gefällt, dann kannst du sofort gehen.«

Für mich war das ein Augenblick der Wahrheit. In mir gab es einen Teil, der sehr stark war und genau das tun wollte: fortlaufen. Ich mußte mich innerhalb von Sekunden entscheiden und entschloß mich zu bleiben. Ich senkte meine Augen, um die Vibration der Energie, die ich ihm schickte, zu verändern, und sagte: »Es tut mir leid. Bitte vergib mir, *maestro.*«

Als wir die Zeremonie beendet hatten, forderte er mich auf zu warten, bis er zu mir käme. Er ließ mich eine geschlagene Stunde lang auf dem Tanzplatz stehen, was mir wie eine Ewigkeit vorkam; und ich weinte die ganze Zeit, während japanische und deutsche Touristen die Gelegenheit nutzten, um Fotos zu machen von mir, wie ich nun dastand in meinen heiligen Gewändern mit meinem *sahumador* im Arm und tränennassen Wangen. Dies war einer der düstersten Augenlicke in meinem Leben.

Am nächsten Tag, als wir gemeinsam beim Frühstück saßen, fragte ich *maestro* Segura, warum er mich so angebrüllt habe. Ich hatte die ganze Nacht geweint, bis meine Augen fast zugeschwollen waren. Er antwortete: »Du hattest eine sehr wichtige Aufgabe, nämlich das Licht für uns alle am Brennen zu halten. Unsere Zeremonie ist keine folkloristische Tanzvorführung. Wir tanzen, um die Tradition zu bewahren. Du hättest den *compadre* beiseite schieben können, statt das Licht zu bewegen. Jemand hätte sich um ihn gekümmert. Du mußt dir das größere Bild vor Augen halten.« Dann sah er mich an und wollte wissen: »Wirst du jemals wieder die Kerze beiseite schieben?«

Ich sagte: »Nein.«

»Dann habe ich meine Aufgabe erfüllt.«

Von diesem Tag an bewegte ich niemals wieder das Licht. Wenn meine Klienten kommen, um mit mir eine Zeremonie abzuhalten, und ihre Kerzen auf meinen Altar stellen, dann verschiebe ich diese nie. So schwer es mir auch fiel, die Lektion zu lernen, ich erkannte doch, daß ich mich immer um die Bedürfnisse anderer Menschen gekümmert hatte, ohne dabei an das größere Bild zu denken. Nun hatte ich gelernt, es doch zu tun. Etwas in mir war in Bewegung geraten, und ich begriff besser, was Co-Abhängigkeit (siehe Glossar) eigentlich ist.

Ein paar Monate später durchlebte ich eine weitere entscheidende Veränderung. Im Anschluß an eine Zeremonie, während deren der Stamm den ganzen Tag lang getanzt hatte, versammelten sich alle, um gemeinsam zu essen. Einer der mexikanischen Indianer wandte sich mir zu und wollte wissen: »Was hast du hier eigentlich zu suchen? Warum versuchst du, eine Indianerin zu sein? Du bist doch nur ein Halbblut – und ein Yankee obendrein.«

Für mich fühlte sich das so an, als hätte er mir einen Eimer eiskalten Wassers ins Gesicht gegossen. Ich sah ihn schockiert an und erwiderte: »Was? Ich ein Yankee?«

Er konsistierte: »Ja, du kommst doch aus den Staaten. Da drüben hast du doch alles, was du brauchst. Die meisten von euch sprechen doch noch nicht einmal Spanisch.«

An dieser Stelle faßte ich den Entschluß, ihm mein Herz zu öffnen und ihm zu erzählen, wie es wirklich dort war, woher ich kam. »Ich bin kein Yankee. Ich bin eine Chicana«, erklärte ich. »Ich bin stolz auf meine indianischen Wurzeln, und ich bin stolz, hier zu sein. In den Staaten beschimpfen sie uns als illegale Einwanderer und Mexikaner und sagen uns, daß wir dorthin zurückkehren sollen, woher wir gekommen sind, weil wir in Amerika nichts zu suchen hätten. Wir sprechen unsere Sprache nicht, weil sie uns gestohlen wurde. In der Kindheit schlugen uns die Eltern und die Lehrer, wenn wir Spanisch sprachen. Die Vertreter der weißen Kultur haben uns ständig wissen lassen, daß wir in ihren Augen minderwertig sind. Und nun sagst du zu mir, ich sei ein Yankee. Wohin also gehöre ich?«

Wir führten schließlich ein langes Gespräch, in dem ich ihn über Chicanos aufklärte und über ihre Sehnsucht, Verbindung mit Mexiko und ihren kulturellen Wurzeln aufzunehmen. Ich sagte ihm, ich wolle in Mexiko sein und hätte jedes Recht, mich hier aufzuhalten. Es sei nicht meine Schuld, daß ich ein Halbblut bin. Wir erreichten einen wunderbaren Punkt des Einverständnisses, und er dankte mir schließlich sogar dafür, daß ich ihm von meiner Misere in den Staaten erzählt hatte. Er war immer der Meinung gewesen, für uns sei das Leben leichter, und wußte nicht, daß Chicanos in den USA diskriminiert werden. Er hatte angenommen, es fehle uns einfach an der Bereitschaft, unsere eigenen Traditionen zu lernen.

Dieses Gespräch bezeichnete eine weitere entscheidende Wandlung in meinem Bewußtsein. Ich erkannte so richtig intensiv, daß ich weder Indianerin noch Weiße europäischer Abstammung war, sondern eine Mestizin. Das ist mein Schicksal, das war mir »zugestoßen«. Und mir wurde gleichzeitig klar, daß ich stolz darauf sein wollte, wer ich war, auf *alle* Teile meiner selbst.

Für mich bedeutete diese Erkenntnis eine wichtige Seelenrückführung. Endlich wußte ich, wer ich war. Und indem ich von diesem Punkt ausging, veränderte ich mich langsam. Es war nicht erforderlich, andauernd zurück nach Mexiko zu rasen oder ständig *huipiles* zu tragen. Ich begriff, daß meine indianische Identität nur *ein* Teil von mir war. Ich war eine Chicana, geboren und aufgewachsen in den Vereinigten Staaten, ausgestattet mit zwei Sprachen und zwei Kulturen, und ich war sehr dankbar für all die vielen Chancen, die sich dadurch vor mir ausgebreitet hatten. Obwohl ich nach wie vor meine indianische Kleidung trug, brachte ich hinfort mehr Abwechslung in meine Garderobe. Ich wählte die übliche Arbeitskleidung, wenn ich zu meinem Arbeitsplatz fuhr, kam heim, zog mein Kostüm aus und wechselte zu einem langen Rock und *huipiles*. Außerdem fing ich an, mehr Gedichte und zweisprachige Stücke zu schreiben; auf diese Weise nahm ich meine Herkunft als Mestizin in Anspruch. Ich begriff, daß mein Volk eine Brücke ist. Mestizen können in beiden Welten leben. Ich mußte nicht mehr das Gefühl haben, daß ich nirgendwo daheim war, denn ich hatte ja ein Zuhause. Meine Seele mußte nicht in unterschiedliche Richtungen abheben. Sie konnte in mir »drinbleiben«, nun, da ich herausgefunden hatte, wie großartig es war, Mestizin zu sein. Ich schämte mich nicht mehr länger wegen meiner Herkunft, hatte nicht mehr das Gefühl, einer Rasse von Bastarden anzugehören.

Meine Familie konnte nicht anders, sie mußte die grundlegenden Veränderungen an mir bemerken. Einmal, als ich meine Kinder in El Paso besuchte, trat ich in einem äußerst schicken Kostüm bei ihnen ein. Mein Sohn Abel starrte mich überrascht an und fragte: »Bist du jetzt keine Indianerin mehr?« Er meinte es vollkommen ernst. Es hörte sich an, als wollte er sagen: »Und was bist du jetzt, Mama?« Obschon ich wußte, daß viele jung verheiratete Frauen irgendwann einmal ihren eigenen Prozeß des Erwachsenwerdens zu Ende bringen müssen, entwickelte ich dennoch Schuldgefühle: Mir war immer klar, daß all die dramatischen Übergänge, die ich auf meiner Reise durchlaufen hatte, für meine Kinder äußerst schwierig gewesen sein müssen. Dem Bedürfnis, die eigene Identität zu erforschen, kann man schwer treu bleiben, wenn man als Frau sehr früh eigene Kinder bekommen hat und nicht die Gelegenheit fand, festzustellen, wer man wirklich ist.

Im Rückblick auf meine Erfahrungen in den vergangenen Jahrzehnten stellte ich eindeutig fest, daß alles ganz anders gekommen wäre, hätte ich nur eine Großmutter oder Mutter gehabt, die mich den Curanderismo gelehrt und auch sonst entsprechend angeleitet hätte. Statt dessen mußte ich, ein unbeschriebenes Blatt, nach Mexiko zurückkehren. Dort erwarb ich mir eine Menge Erfahrungen und Fertigkeiten, die ich zuvor nicht beherrschte – und keineswegs nur solche, die etwas mit Curanderismo zu tun hatten. Einmal beispielsweise, als ich den anderen Frauen bei der Zubereitung unserer Mahlzeit half, war es meine Aufgabe, die Mohrrüben zu putzen. Ich schälte sie, bis sie glänzten und sauber waren, und schnitt dann noch ein großes Stück vom oberen Ende ab. Als eine der Frauen dies sah, sagte sie: »Weißt du, wir sind hier nicht in den Vereinigten Staaten, und wir schmeißen nicht so viel weg, wie ihr es tut. Sieh doch den Berg Essen an, den du da wegwerfen willst. Wir sind zu arm, um hier irgend etwas zu verschwenden.«

Erfahrungen wie diese hatten dafür gesorgt, daß ich mich unzulänglich und beschämt fühlte, und mir die Frage aufgedrängt, was ich denn eigentlich hier tat. Vielmals hing ich der Phantasie nach, daß ich nach Hause nach New Mexico kommen, ins Einkaufszentrum gehen, mir all die Dinge kaufen, mir ein üppiges Mahl zubereiten und ein langes heißes Bad mit großen Mengen Wassers nehmen würde. Ich fühlte mich wie Scarlett O'Hara, sehnte mich danach, da rauszukommen und niemals wieder hungrig zu sein. Manchmal war es einfach zuviel, und ich hatte das Gefühl, ich könne es nicht eine Minute länger ertragen, an all die Annehmlichkeiten erinnert zu werden, die ich hatte und die vielen Menschen in Mexico auf ewig versagt blieben. Bei den *compadres*, mit denen ich an den Zeremonien teilnahm, handelte es sich keineswegs um eine vorübergehende Entbehrung. Für die meisten von ihnen war dies eine alltägliche Erfahrung. Ich hatte oft keine Kraft, noch mehr Armut mit anzusehen, ausgemergelte Mütter mit ihren Kindern, die in den Straßen von Mexico City bettelten. Ich wollte keine ausgestreckten Hände mehr sehen müssen. Ich wollte einfach nur zu meinem »bequemen« Job zurückkehren, meine Strumpfhosen, meine Pumps und meine Seidenblusen anziehen. In solchen Augenblicken fragte ich mich, warum ich das Ganze überhaupt mitmachte.

Als ich jedoch über die vergangenen zwanzig Jahre meines Lebens reflektierte, wurde mir bewußt, daß all die Erfahrungen, die ich in Mexiko und in den Staaten hatte über mich ergehen lassen müssen, erforderlich waren für meine Ausbildung als Curandera – die Arbeit in Arztpraxen und Krankenhäusern, der Besuch bei Curanderos, die mir so vieles beibrachten, das Lernen von meinen Lehrern in Mexiko. Endlich hatte ich das Gefühl, meine Ausbildung so weit vorangetrieben zu haben, daß ich das Gelernte sinnvoll würde in die Praxis umsetzen können.

Meine Arbeit in den Arztpraxen hatte mir klargemacht, daß meine natürliche Neugier und Intuition mir eindeutig den Weg zur Krankenpflege wiesen. Dort hatte ich Bestätigung und Anerkennung erhalten durch die Krankenschwestern, die mich ermutigten, wieder zur Schule zu gehen und eine Ausbildung zu machen. Am Krankenhaus in Los Angeles, wo ich physisch, sexuell und emotional mißhandelte Kinder betreute, erfuhr ich etwas über den Schaden, den wir unseren Kleinsten zuzufügen in der Lage sind. Und wie schlimm dies sie schädigen kann. Die Herzen dieser Kinder waren so zerbrochen, doch so jung sie auch sein mochten – und nach all der Mißhandlung, die sie hatten einstecken müssen –, es überraschte mich, wie stark ihr Geist immer noch war. Oftmals fand sich eines dieser Kinder auf meinem Schoß wieder, oder ich flocht einem der Mädchen die Haare. Diese Augenblicke hatten eine größere therapeutische Wirkung als irgendeine der medizinischen Prozeduren. Manchmal vergaßen die Kinder auch, daß ich da war, fanden sich einfach in einer Gruppe zusammen und sprachen unbefangen miteinander. Aus diesen Erfahrungen lernte ich, daß es oft besser sein kann, den Kindern einfach zuzuhören, statt sie allein in ein Zimmer zu führen und sie mit dem Klemmbrett in der Hand zu befragen.

In den psychiatrischen Einrichtungen, in denen ich arbeitete, erfuhr ich etwas über eine Vielzahl unterschiedlicher Behandlungsmodalitäten, was funktionierte und was keine Wirkung zeigte. Bei der Behandlung mit Elektroschocks und Psychopharmaka konnte ich keine großen Fortschritte erkennen. Als sinnvoll erlebte ich Gespräche von Herz zu Herz, eine gesunde Ernährung und Kunsttherapie. Manchmal erschien es mir hilfreich, auf die kleinen Dinge zu achten, etwa wie meinen Chicanopatienten die vertrauten Gerichte wie Reis und Bohnen fehlten. Es bedurfte keines großen Einsatzes, um den Diätassistenten dazu zu ermutigen, sich diese Präferenzen stärker bewußtzumachen und die Patienten mit den Speisen zu versorgen, die sie als vertraut und tröstlich empfanden.

Nun war ich bereit, das anzuwenden, was ich gelernt hatte. Ich zog mich offiziell von den *danzas* zurück und fing an, darüber nachzudenken, welches wohl die nächsten Schritte in meiner Zukunft als Heilerin sein könnten.

Kapitel 3

Werkzeuge und Zeremonien einer Curandera

Ich hatte gehofft, daß alles anders sein würde, als ich meine Arbeit im Zentrum für Vergewaltigungsopfer in Albuquerque aufnahm. Doch der Versuch, zugleich Curandera und psychiatrische Beraterin zu sein, erwies sich als schwierig. Die Mitarbeiter fühlten sich nicht wohl damit, als ich meine Adlerfeder, mein Kopalharz und meinen *sahumador* einbringen wollte, weil sie meinten, ich zwinge unseren Klienten meine religiösen Vorstellungen auf. Ich wurde auch kritisiert, als ich in meinem Büro einen kleinen Altar einrichtete. Am meisten überraschte mich die Reaktion meiner beiden Chicanakollegen und meiner afroamerikanischen Mitarbeiter, von denen ich angenommen hatte, daß sie den Wunsch, meiner Herkunft gerecht zu werden, unterstützen würden. Sie erklärten mir, ich müßte, wenn ich denn meine Religion im Behandlungszimmer zulassen wollte, *allen* Religionen dort Raum geben. Diese Auffassung war zwar vielleicht politisch korrekt, aber sie machte es sehr schwer, überhaupt eine Religion auf erfolgreiche Weise einzubringen.

Ich wußte aus Erfahrung, daß viele der Techniken, die ich von *maestro* Segura gelernt hatte, äußerst wirkungsvoll sein konnten – etwa das Eingraben eines Vergewaltigungsopfers in der Erde, um die Frau in ihrem neuerlichen Erdungsprozeß zu unterstützen. Doch auch hier hatten meine Mitarbeiter entweder Angst, oder sie fühlten sich mit einer solchen Vorstellung unwohl. Für sie waren derartige Herangehensweisen einfach zu unorthodox. Dennoch erwiesen sie sich die wenigen Male, da ich beispielsweise diese Technik bei vergewaltigten Frauen anwenden konnte, als deren Heilung äußerst förderlich. Ich grub die Frau bis zum Hals in der Erde ein. Dann blieb ich die ganze Zeit hindurch bei ihr, schützte sie vor möglichen Verletzungen, vertrieb die Insekten aus ihrem Gesicht und beruhigte sie, sobald sie Angstgefühle entwickelte. Wenn ein Mensch auf derart gravierende Weise traumatisiert worden ist, dann wirkt es reinigend, einige Stunden lang von Erde umfangen zu werden, und macht es ihm möglich, seine Schwere dieser Erde zu überlassen.

Bei anderen Gelegenheiten gelang es mir, im Zentrum unbemerkt Aspekte des Curanderismo einzubringen, die zu den Parametern der etablierten Behandlungsmodalitäten zu passen schienen. Zum damaligen Zeitpunkt benutzten die Ärzte und Psychotherapeuten beispielsweise anatomisch exakte Puppen als Anschauungsmaterial für Kinder. Da es mir nicht reichte, wenn meine Klienten ein rein intellektuelles Verständnis von der Seele hatten, sondern weil ich wollte, daß sie eine wirkliche Transformation erfahren konnten, kamen mir eben diese Puppen gerade recht. Während meiner Sitzungen verwendete ich sie, um symbolisch den Teil der Seele aufzuzeigen, der bei einer Vergewaltigung oder einem Mißbrauch in der Kindheit verlorengegangen war. Ich forderte die Klientin auf, eine Puppe zu kaufen oder herzustellen, von der sie meinte, daß sie diesen verlorenen Teil ihrer selbst symbolisiere. Im Rahmen einer improvisierten Seelenrückführung würde ich dann die Puppe in meinem Büro verstecken und eine Zeremonie entwickeln, in der die Frau nach dem verlorenen oder verletzten Teil ihrer selbst suchen, ihn finden und in ihr Wesen reintegrieren würde.

Es berührte mich tief, wie diese kleine Zeremonie meine Patienten beeinflußte, insbesondere die Inzestopfer. Die Interaktion mit den Puppen wirkte sich deshalb außerordentlich heilsam auf sie aus, weil sie ihnen die Gelegenheit gab, ihr Trauma auf tiefe physische, emotionale und psychische Weise noch einmal zu durchleben und zu heilen. Wenn sie die versteckte Puppe schließlich fanden, hielten sie diese in den Armen, als sei sie wirklich ein Teil ihrer selbst, drückten sie an ihre Brust und küßten sie. In Wahrheit brachten sie, wenn sie dies taten, ihre Liebe zu sich selbst zum Ausdruck. Sie würden mit der Puppe sprechen, ihrem »Seelenfragment«, und ihr erzählen, daß sie keine Schuld an all den schrecklichen Dingen hatte, die ihr zugestoßen waren, daß es nicht an ihr lag. Viele Vergewaltigungsopfer geben sich nämlich selbst die Schuld. Sie glauben häufig, daß sie, wenn sie nur nicht zu dieser bestimmten Bar gegangen wären, nicht dieses besondere sexy Outfit getragen oder nicht mit diesem Mann getanzt hätten, daß sie dann nicht vergewaltigt worden wären. Jetzt endlich konnten diese Frauen aufhören, sich für das furchtbare Unrecht, das ihnen angetan worden war, auch noch selbst zu bestrafen.

Obwohl es mir gelang, einige wenige Aspekte des Curanderismo in meine Arbeit einzubringen, mußte ich letztlich einsehen, daß die mir auferlegten Grenzen bei der Einbeziehung des Heiligen die Tiefe der Heilarbeit, die ich eigentlich hätte leisten können, doch erheblich einschränkten. Für eine Curandera ist es undenkbar, nicht die göttliche Energie um Hilfe anzurufen, bevor sie mit der Heilarbeit beginnt. Göttliche Energie stellt den eigentlichen Eckstein und das Fundament meiner Heilarbeit dar. Es hatte für mich nie eine Rolle gespielt, welcher Art Glaubenssystem ein Klient angehörte. Ob sie nun Christen, Buddhisten, Pantheisten, Azteken oder Juden waren, in der Regel fiel mir etwas ein, was für sie von Bedeutung war. Und ich glaubte nie, ich sei diejenige, die die Heilung bewirkte – es ist göttliche Energie, die sowohl durch mich als auch durch den Klienten fließt.

Sehr nervös, doch überzeugt davon, das Richtige zu tun, reichte ich schließlich im Zentrum meine Kündigung ein, um in Vollzeit als Curandera zu arbeiten. Zum ersten Mal in meinem Leben verfügte ich nicht mehr über ein regelmäßiges Einkommen oder über Vorzüge wie eine Krankenversicherung. Ich ließ mir meine Rente auszahlen und kaufte mir in Rio Rancho ein Haus mit einem beseelenden Blick auf die Sandiaberge. Dann wandelte ich die Garage in einen Behandlungsraum um und richtete ihn so behaglich wie irgend möglich ein. Ich legte dicke Teppiche aus, machte den Raum schalldicht, baute einen Altar, eine Massageliege, ein bequemes Sofa, auf denen ich meine *pláticas* abhalten konnte, und einen Schrank auf, in dem ich meine Unterlagen, Trommeln, Rasseln, Puppen, Kerzen und andere Objekte unterbringen konnte, die ich in meinen Zeremonien verwendete. Nun mußte ich nur noch Werbebroschüren verteilen. Ich hatte keine Ahnung, ob irgend jemand diese Psychotherapeutin aufsuchen wollen würde, die Curanderismo in ihre Arbeit eingebaut hatte, aber ich wollte es versuchen. Meine Seele verlangte nichts Geringeres von mir.

Die Reaktion war besser als alles, was ich mir hätte erhoffen können. Ich war erstaunt, welche Art Menschen durch die Tür meines Behandlungszimmers traten. Reiche, Arme, Menschen aus Mexiko, aus den Pueblos, die keinen eigenen Medizinmann hatten, *viejitas,* Großmütter, die so glücklich darüber waren, daß sie jemanden gefunden hatten, der sie einer *limpia* unterzog. Ich wurde von Beschäftigten im Gesundheitsdienst jeder Art aufgesucht – von Krankenschwestern, graduierten Psychologen und sogar von einigen Ärzten. Die Klienten schätzten die Wirksamkeit der Therapie und erzählten Freunden und Familienmitgliedern davon. Schon bald kamen Patienten aus ganz New Mexiko zu mir.

Zahlreiche von ihnen ermutigten mich und ließen mich ihre Wertschätzung spüren, und das bedeutete sehr viel für mich. Eine *viejita,* der ich eine *limpia* bereitete, bekam dabei eine Gänsehaut. Sie segnete mich und sagte: »Ich weiß, daß du Gottes Werk verrichtest; denn wenn man eine Gänsehaut bekommt, dann ist das ein Beweis dafür, daß Gottes Geist in den Körper eingedrungen ist.« Viele Chicanos, die der Generation meiner Eltern angehörten, erzählten mir, sie seien mit Heilern aufgewachsen, die die gleichen Zeremonien vollzogen, wie ich es tat. Obwohl sie sich aus dem einen oder anderen Grund vom Curanderismo zurückgezogen hatten, waren sie glücklich darüber, wieder einen Vertreter dieser Art Heilkunst gefunden zu haben. Sie sagten beispielsweise: »Du bist authentisch, du machst gute Arbeit.« Wenn ich solche Worte zu hören bekam, dann glaubte ich, daß es sich gelohnt hatte, die Sicherheit eines festen Arbeitsplatzes aufzugeben.

Manchmal suchten mich sehr traditionell orentierte Personen aus den Reservaten auf. Ich erinnere mich insbesondere an eine achtzig- oder neunzigjährige Navajofrau. Es war ihr nicht gelungen, einen Medizinmann aufzutreiben, und jemand hatte ihr von mir erzählt. Also bat sie einen ihrer Enkelsöhne, sie zu mir zu fahren. Sie trug ihre ganze traditionelle Kleidung, einen langen Rock, eine Samtbluse und einen silberbeschlagenen, türkisbesetzten Gürtel. Sie war sehr zufrieden mit ihrer Behandlung und bestätigte mich mit den Worten: »Ich habe mich so sehr zu Hause gefühlt. Wenn du eine Räucherung durchführst, dann machst du es fast genauso wie wir.« Ich hatte ihr eine *limpia* bereitet, die von ihren Leuten als »Räucherung« bezeichnet wurde. Für mich war es eine solche Ehre, sie behandeln zu dürfen, daß ich nichts verlangen mochte, als sie mich fragte, was sie mir schuldete. Doch die Frau bestand darauf. Sie faltete ihr weißes Taschentuch auseinander, entnahm ihm einen Fünf-Dollar-Schein und sagte: »Das ist für dich.« Ich legte den Geldschein auf meinen Altar und beließ ihn dort für viele Wochen, weil ich mich so sehr gesegnet fühlte. Ich glaube, daß er mir viel Glück brachte.

Eines der Dinge, über die ich mir zu Beginn meiner Arbeit hatte Gedanken machen müssen, war die Bezahlung. Viele sind der Meinung, daß Curanderas gar nichts verlangen dürften, weil der Arbeit eine heilige Berufung zugrunde liegt. Tatsächlich versuchte ich am Anfang, ausschließlich von Spenden zu leben, doch es funktionierte einfach nicht. Ein Klient würde mir von seinem Kokaingebrauch erzählen, der ihn dreihundertdreißig Dollar am Tag kostete, und mir am Ende einer Sitzung, die anderthalb Stunden gedauert hatte, zehn, fünfzehn oder zwanzig Dollar geben. Das zeigte mir den Wert, den die Menschen der Heilung beimaßen …

Nachdem ich in Hinblick auf dieses Thema lange, lange mit mir gerungen hatte, entschloß ich mich, das Standardhonorar eines Psychotherapeuten zu verlangen, dabei aber flexibel zu bleiben. Ich weise niemals jemanden ab, der wirklich meine Hilfe braucht, und bin auch zum Tauschhandel bereit. Aber mir ist ebenso klar, daß ich meine Hypothek nicht mit Hühnern abzahlen kann. In der alten Zeit kümmerte sich die Gemeinschaft um alle Bedürfnisse der Curanderos und Curanderas. Die Dorfbewohner versorgten sie mit Nahrungsmitteln – Hühnern, Eiern, frischem Rind- und Hirschfleisch –, mit Feuerholz und mit Kleidung, damit sie etwas zum Anziehen hatten. Ich kann noch immer Überreste dieses Brauchs bei einigen meiner Klienten erkennen. Obwohl sie das übliche Honorar bezahlen, bringen sie mir in der Erntezeit doch auch noch Gemüse aus ihren Gärten, Chilis von den berühmten Feldern in Soccoro und Äpfel aus Mexiko mit.

Eine nordamerikanische Indianerin, die mehrere Behandlungen benötigte und sich das Honorar nicht leisten konnte, baute mir eine wunderschöne Frühstücksbar, die mit hervorragenden handgemachten Kacheln geschmückt ist, auf denen indianische Legenden dargestellt sind. Diese Theke ist zu einem Ort in meinem Haus geworden, an dem sich die Menschen gern versammeln, weil sie die Energie lieben, die von ihm ausgeht.

Manchmal kann es unerwartete und sogar komische Auswirkungen haben, wenn man sich auf Tauschgeschäfte einläßt. Ein Mann Anfang Dreißig kam eines Tages vorbei und wollte mich sehen. Seine Frau hatte ihn gerade verlassen, er war depressiv und stand nun vor der Aufgabe, seine beiden Kinder allein großzuziehen. Er brauchte verzweifelt Hilfe, hatte jedoch kein Geld. Zum damaligen Zeitpunkt befand sich mein Hinterhof noch in einem schlechten Zustand, also einigte ich mich mit ihm, daß er ihn von Unkraut befreien und herrichten würde. Als er an jenem Nachmittag wiederkam, brachte er sein Einjähriges und sein Dreijähriges mit sich und bat mich, auf die Kinder aufzupassen, während er arbeitete. Ich mußte die Windeln wechseln, die Kinder füttern und das übelgelaunte Baby trösten, das gerade eine Schreiphase durchmachte. Inzwischen rannte das kleine Mädchen umher, verlangte ständig Kekse und brachte das Haus in Unordnung. Ich stand mit dem Baby auf der Hüfte an der Hintertür, sah dem Mann bei der Arbeit zu und fragte mich: »Ist das nun ein gutes oder ein schlechtes Geschäft ...?« Schließlich kam ich jedoch zu dem Schluß, daß es in Ordnung war, weil dieser Mann dafür sorgen mußte und wollte, daß es ihm besserging. Er war wirklich willens, seine Trauer zu überwinden.

Wenn der Brunnen austrocknet

Als ich meine Praxis als Curandera entwickelte, lernte ich, daß auch eine Heilerin Heilung braucht. Irgendwie glauben wir, daß Sozialarbeiter, Krankenschwestern, Ärzte, Psychologen und Chiropraktiker sich selbst heilen könnten. Das trifft aber keineswegs zu. Menschen, die in der Gesundheitsfürsorge beschäftigt sind, brauchen Hilfe von außen ebenso wie jeder andere auch. Mit der Zeit sind manche dazu übergegangen, mich als »Heilerin der Heiler« zu bezeichnen, weil ich viele Workshops abhalte, in denen ich Berufskollegen beibringe, wie sie sich um sich selbst kümmern können; mir werden zahlreiche Klienten dieser Art überwiesen.

Viele Ärzte, Krankenschwestern und Psychiater, die in Krankenhäusern und anderen Einrichtungen der Gesundheitsfürsorge arbeiten, nehmen die Traurigkeit und Schwere der Menschen auf, die sie behandeln. Ich werde oft von Therapeuten angerufen und zum Beispiel gefragt, wie sie Spiritualität in ihre Arbeit einbringen oder wie sie Raum schaffen können, um sich nach den unglaublich traurigen Erfahrungen, die sie mit den Kranken machen, selbst zu heilen. Streß und Überarbeitung spielen bei diesem Personenkreis eine zentrale Rolle. Viele Krankenschwestern berichten mir etwa sinngemäß: »Ich habe nie Zeit für mich selbst. Es bleibt nicht mal Zeit übrig, damit ich in Ruhe essen oder ohne Hektik zur Toilette gehen kann. Ich muß mich um so viele Patienten und so viele Krisenfälle kümmern, daß ich am Ende des Tages häufig keine Zeit gefunden habe, etwas zu mir zu nehmen.«

Meine Tochter Sondie, eine Kinderkrankenschwester, ist ein typischer Fall. Wenn in ihrer Schicht ein Kind stirbt, dann muß sie es baden und der Mutter dabei helfen, sich von ihm zu verabschieden. In ihrem Krankenhaus steht ein Raum mit einem Schaukelstuhl zur Verfügung, in dem die Mutter mit ihrem toten Kind im Arm sitzen und sich verabschieden kann, und es wird ihr dabei so viel Zeit gelassen, wie sie braucht. Eines Abends rief meine Tochter mich an und sagte: »Ach, Mutter, ich bin so traurig. Eine Frau hat heute ihr einjähriges Kind verloren, und sie wollte es noch stundenlang in den Armen halten. Das Personal hatte jedoch vor, es nach einer gewissen Zeit in die Leichenhalle zu bringen, und ich mußte um ihretwillen eingreifen. Ich bin so müde, was kann ich bloß tun?«

Es tötet ihre Seele, wenn nicht auch Ärzten und Krankenschwestern die Zeit gelassen wird, damit sie angemessen trauern und ihre Trauer loslassen können; doch unsere Krankenhäuser und übrigen medizinischen Einrichtungen sind üblicherweise nicht auf so etwas eingerichtet. Statt dessen wird von Menschen, die im Gesundheitsdienst tätig sind, meist erwartet, daß sie »sachlich-objektiv« bleiben und weitermachen.

Das ständige Geben und die erwartete Selbstaufopferung der Heiler, ohne daß etwas unternommen wird, ihre Quelle wieder aufzufüllen, macht das Burnout-Syndrom in dieser Berufsgruppe zu einem häufigen Problem. Die im Gesundheitswesen Beschäftigten haben oft »einen schrecklichen Tag«, müssen zusehen, wie all diese Menschen leiden und sterben; und dann, am Ende ihrer Schicht, wird von ihnen erwartet, daß sie sich hinsetzen und ruhig ihre Protokolle schreiben. Verzweifelt gern würden sie *jetzt gleich* nach Hause eilen, um sich von ihrer Familie trösten zu lassen, aber das geht in der Regel nicht.

Es ist wichtig, daß Heiler lernen, wie sie sich um sich selbst kümmern können. Bekomme ich zum Beispiel eine schlechte Nachricht, dann reinige ich mich mit dem Rauch von Salbei oder Kopalharz. Außerdem reinige ich auch mein Haus oft und lasse insbesondere meinem Behandlungszimmer eine regelmäßige spirituelle Läuterung zugute kommen. Ich vollziehe zwischen zwei Behandlungsterminen immer eine *limpia* an mir selbst. Dies oder etwas Ähnliches können Angehörige der medizinischen Berufe, die ohne Pause von einem Patienten zum nächsten hetzen, aber kaum verwirklichen. In meinen Vorträgen rate ich deshalb Ärzten, Krankenschwestern und Psychotherapeuten, die negative Energie, die sie im Tagesverlauf anhäufen, regelmäßig loszulassen, auch wenn sie in der Praxis zwischen den Terminen nicht mehr Zeit haben als für einen tiefen befreienden Atemzug. Da sie mit soviel Schmerz und Leid in Berührung kommen, laufen sie sonst Gefahr, etwas von dieser Energie auf den nächsten Patienten zu übertragen. Wenn sie nur ein paar Augenblicke Zeit haben, könnten sie vielleicht eine kurze, stille Meditation durchführen oder ein leises Gebet sprechen. Um diese Energie von ihrem Zuhause und ihrer Familie fernzuhalten, könnten sie beispielsweise einen kleinen Altar aufbauen mit Objekten und Bildern, die ihnen etwas bedeuten, und davor eine Räucherzeremonie veranstalten, bevor sie am Ende des Tages von der Arbeit nach Hause fahren.

Ich bitte auch andere Curanderas, mir *limpias* zu geben. Meine Freunde Flordemayo und Bernadette, mein Lehrer Ehekateotl, meine Schwester Irma und meine Lehrlinge, sie alle verabreichen mir *limpias*. Regelmäßig suche ich einen klaren Bach auf, wasche meine Adlerfeder und danke dem Großen Geist für meine Werkzeuge. Ich reinige meinen *sahumador* mit Erde und danke Mutter Erde. Ich tue selbst, was ich predige, und ich empfinde das als äußerst wertvoll, um mich gesund und meine Energie für den nächsten Patienten klar und rein zu halten.

Werkzeuge und Zeremonien

Altäre

Als ich mein Behandlungszimmer erstmals einrichtete, da machte ich den Anfang mit meinem Altar; denn ein Curandero braucht einen Altar, weil dieser als Konzentrationspunkt für das Heilige dient. Nachdem ich Hunderte physisch oder emotional verletzter Menschen an meinen Altar geführt habe, weiß ich, wie wahr dies ist. Für mich ist er die symbolische Quelle der göttlichen Energie, die durch mich hindurchfließt, mir Kraft und einen Einblick in die Probleme der Menschen gibt. Das allererste, was ich beim Besuch eines neuen Patienten tue, ist, ihn an den Altar zu führen, an dem wir dann gemeinsam beten, um den Gott, wie er ihn sich vorstellt, zu bitten, die Heilung zu unterstützen.

Traditionell ist der Altar eines Curandero nach Osten ausgerichtet, also dem Sonnenaufgang, dem Ort des Neubeginns zugewandt. Obgleich es der Überlieferung zufolge bestimmte vorgeschriebene Gegenstände gibt, die man darauflegt, wie etwa Darstellungen der vier Elemente, spiegelt doch ein jeder die einzigartige Persönlichkeit desjenigen wider, der ihn eingerichtet hat. Mit der beeindruckendste Teil meines Altars ist das Triptychon dahinter, welches mein Freund George Chacon für mich gestaltet hat. Auf jedem seiner drei Teile ist ein Aspekt weiblicher Energie abgebildet, und jedes dieser Bilder ist für meine Arbeit von tiefgreifender Bedeutung.

Auf der linken Leinwand ist Coyolxauhqui dargestellt, eine aztekische Göttin, die einmal mit der Erde assoziiert wurde, nun aber mit dem Himmel in Verbindung gebracht wird. Für die Azteken repräsentiert sie den Mond. In der Legende heißt es, daß der Mond gemeinsam mit seinen vierhundert Brüdern, den Sternen, einen Kampf mit dem großen Krieger Huitzilopochtli, der Sonne, anzettelte, um Gleichgewicht und Harmonie im Kosmos zu erneuern. Dieser Kampf wurde auf dem Hügel der Schlange ausgetragen, wo Huitzilopochtli Coyolxauhqui tötete und in fünf Stücke zerteilte. Coyolxauhqui war hinfort Bestandteil der Sternbilder. Ihr verdanken wir es, daß wir uns heute an dem Gleichgewicht von Tag und Nacht erfreuen können. Sie ist die Kraft, die in dem Raum zwischen Himmel und Erde wohnt und alles ins Gleichgewicht bringt, was sich zwischen diesen beiden Orten ereignet. Mit ihrer linken Hand überträgt sie die im Herzen des Himmels geborene göttliche Energie auf die Menschen.

Wenn ich meine Klienten, insbesondere Frauen, vor den Altar führe, dann weise ich auf Coyolxauhqui und sage: »Siehst du, sie ist fragmentiert, so wie wir uns oft fühlen. Sie steht für die Dualität, für Licht und Dunkel, die wir alle in uns tragen.«

Für mich symbolisiert Coyolxauhqui die Vorstellung, daß alle Frauen mehr als einen Aspekt in ihrem Wesen führen. Eine Frau hat viele Namen, kann zahlreiche Rollen spielen und fühlt sich oft so, als geschähen viele verschiedene Dinge gleichzeitig in ihrem Inneren. Wir sind keine einfachen Wesen, wir sind komplex. Doch diese Göttin vermag all unsere Dualitäten unter Kontrolle zu halten, egal, wie schwer es uns auch fällt, sie miteinander zu versöhnen. Sie kann uns helfen, all unsere Paradoxa anzunehmen.

Als Schwangere ist Coyolxauhqui ein Symbol der Kreativität. Alle Frauen sind lebendige Verkörperungen der schöpferischen Kraft, und jede weiß über die Transformationen der Mutterschaft Bescheid, ob wir nun Kindern aus Fleisch und Blut das Leben schenken oder Kinder des Herzens gebären: Kunst, Musik, Tanz, Malerei oder Bücher. Wenn wir unsere ganz persönlichen Schlachten schlagen, dann fühlen wir alle mitunter die *descoyuntada* der Göttin – »Verrenkung« und Erschöpfung. Doch sie lehrt uns auch, daß wir transformiert daraus hervorgehen, wenn wir den Geburtsvorgang dessen, was immer wir auch zur Welt bringen müssen, durchstehen.

Als Göttin, die für den Kampf gerüstet ist, lehrt sie Frauen, wie schön es sein kann, die eigene innere Kriegerin wiederzugewinnen. Ihre weiteren Namen lauten: die die Maske der Klapperschlange trägt, die himmlische Tänzerin, universelle Mutter, Mutter der Dualitäten und Mutter, die im Dunkeln leuchtet. Hieraus habe ich für mich fünf Namen abgeleitet: Tochter der Dualitäten, wütendes mißhandeltes Kleinmädchen-Ich, zweiköpfiges Schlangen-Ich, meine unheimliche Energie und Frau, die im Dunkeln leuchtet. Wir trennen diese Aspekte immer von unserem Selbst: Verstand, Körper, unsere Gefühle, den Geist und die Seele. Auch wenn es zutrifft, daß jeder dieser Gesichtspunkte über einen eigenen Kern verfügt, so sind sie in Wahrheit doch alle eins. Coyolxauhquis Wesen als die Mutter der Dualität kommt in vielen Dingen zum Ausdruck: Göttin, die zugleich im Mond und in den Sternbildern wohnt, Tag und Nacht, männlich und weiblich, Krieg und Frieden, Schöpfung und Geben, Geburt und Opfer, der zyklische Kampf der Nacht mit dem Tag und des Tages mit der Nacht. Wir alle tragen diese Energien in uns, und Coyolxauhqui lehrt uns, sie anzuerkennen, zu heilen und ins Gleichgewicht zu bringen.

Die mittlere Leinwand meines Altarbilds zeigt die Jungfrau von Guadalupe. Für mich steht sie für zwei Welten, die zusammenfinden, für das Ringen meines Volkes, der Mestizen, darum, christliche und indianische Glaubensvorstellungen zu einem zu verschmelzen. Außerdem ist sie für mich das Symbol der Vereinigung von Himmel und Erde, die Jungfrau Maria, weibliche Energie, die Vermittlerin, die die Bitten meiner Klienten direkt zu Gott bringen kann. Zugleich gilt sie auch als Tonantzin, die aztekische Erdgöttin, die uns daran erinnert, daß wir ein Teil der Erde sind und uns um sie kümmern sollten. Die Jungfrau von Guadalupe trägt in der Taille einen Strick. Für die Indianer bedeutet dies, daß sie schwanger ist. Dieser Umstand erinnert uns auf wunderbare Weise an die Existenz von Neuanfängen, an das Hervorbringen neuer Möglichkeiten.

Auf der rechten Leinwand meines Triptychons ist der Neumond dargestellt, da er einen guten Zeitpunkt symbolisiert, um mit der eigenen Heilung zu beginnen. Immer wenn Sie in Ihrem Leben eine Wiedergeburt anstreben, sich dazu entschlossen haben, Veränderungen einzuleiten, sollten Sie eine Zeremonie während des Neumonds abhalten. Darüber hinaus symbolisiert der Mond ebenfalls weibliche Energien und erfüllt, wie die Jungfrau, eine Vermittlerfunktion.

Auf dem Altar selbst habe ich mehrere Darstellungen, die für jene Energien und Kräfte stehen, die ich bei der Heilarbeit um Hilfe anrufe. So wie die weibliche Energie auf dem Altarbild dargestellt ist, so verfüge ich auch über Darstellungen, die für die männliche Energie stehen. Zu den wichtigsten zählt Jesus als Säugling und ein Kreuz, welches seinen Tod symbolisiert. Für mich war er einer der größten Propheten, die je auf dieser Welt wandelten. Er lebte unter uns als armer Mann, litt so wie wir und starb am Kreuz für uns. Ich sage meinen Klienten immer, daß wir – gleich, welche Vorstellung von Gott wir auch haben – nicht sinnlos leiden sollen. Leiden ist ein Bestandteil des Lebens, doch wie alles andere befindet es sich im Fluß, erfaßt uns und läßt uns auch wieder los. Es ist nicht dazu bestimmt, ständig in unserer Seele zu wohnen. Menschen sterben,

Katastrophen ereignen sich, Krankheiten verursachen Traurigkeit, doch wenn wir das akzeptieren, was wir nicht ändern können, und dann weitergehen, sind wir imstande, unnötiges Leiden loszulassen.

Ein weiteres wichtiges Bild auf meinem Altar ist ein aztekischer Krieger, der eine Adlerfeder in der Hand hält. Mehrere ältere Curanderos haben darauf hingewiesen, daß sie diesen Krieger neben mir haben stehen sehen; er ist unbedingt einer meiner spirituellen Beschützer und Führer.

Ich habe eine kleine Statue des Chacmool, eines Regengottes der Maya. Ich erwarb meinen Chacmool in der präkolumbischen Maya-Ruinenanlage in Chichén Itzá, als ich mich das erste Mal auf der Halbinsel Yucatán aufhielt. Für mich symbolisiert er meine Mayaherkunft. Er liegt mit angezogenen Knien, erhobenem und nach rechts gewandtem Kopf auf dem Rücken und stützt sich mit den Ellbogen ab, wobei er mit den Händen eine ovale (Opfer)schale auf seinem Bauch festhält, die genau die richtige Größe für das Ei hat, das ich bei meinen *limpias* verwende. Wenn ich nach dem Ei greife, dann sehe ich jedesmal das Gesicht des Regengottes und weiß, daß er die Energie des Eies transformiert hat.

Da ich auf meinem Altar keine Darstellung der Sonne habe, eines in meiner Kultur sehr bedeutsamen männlichen Symbols, beginne ich meine Zeremonien immer im Osten, dem Ort der aufgehenden Sonne.

Ich habe stets frische Blumen auf meinem Altar, weil sie positive Energien anziehen und ein Teil der Erde sind. Pflanzen und frische Schnittblumen, die wir in unserem Zuhause und insbesondere im Schlafzimmer, wo wir schlafen und uns erholen, aufstellen, führen uns Heilenergie zu.

Auf dem Altar jedes Curanderos finden sich Gegenstände, welche die vier Elemente darstellen: Erde, Wasser, Luft und Feuer. Diese Elemente lehren uns, wie wir Gifte und schädliche Gefühle aus unserem Körper entlassen und wie wir uns reinigen und erden können. Auf meinem Altar symbolisieren Steine, Kristalle, Kopalharz und Holzkohle die Erde. Unser Globus ist ein Organismus wie unser Körper und muß Nahrung aufnehmen und Gifte ausscheiden ebenso wie wir. Ich erkläre meinen Klienten, daß wir den Schöpfer bitten müssen, uns von den Giften angesammelter negativer Energien ebenso zu reinigen, wie wir unseren Körper auch durch Urin und Stuhlgang von Abfallstoffen befreien. Wenn wir dies tun, dann kehren wir an den angemessenen und ausgeglichenen Ort in uns selbst zurück. Die Erde lehrt uns, wie wir ihr unsere Schwere überlassen, uns in ihrem Schwerpunkt verwurzeln und spirituell nähren können.

Ich habe immer ein mit Wasser gefülltes Gefäß auf meinem Altar, um mich und meine Klienten daran zu erinnern, daß die Meere und Flüsse in unserem Inneren ebenso präsent sind wie außerhalb von uns – das Gesamtwasser eines Erwachsenen beträgt bis zu 60 Prozent seines Körpergewichts und ist damit Hauptbestandteil unseres Körpers. Flüssigkeiten nähren jede einzelne unserer Zellen: Die Arterien transportieren mit Sauerstoff versetztes Blut zu unseren Herzen, und unsere Venen tragen das um Sauerstoff verminderte Blut wieder fort. Wir bitten unseren Schöpfer um klare innere Ozeane, die uns Nahrung bringen und Gifte abtransportieren. Weil unsere Gefühle »wässerig« sind, erinnert uns dieses Element auch daran, daß wir unsere Emotionen frei fließen lassen sollten. Wie Babys, die in einem Augenblick schreien und im nächsten lächeln und gurgeln, sollten auch wir uns nicht zu sehr an unseren Gefühlen festklammern.

Luft oder der Wind wird auf meinem Altar durch die Adlerfeder symbolisiert. Der Mensch kann nicht mehr als etwa drei oder vier Minuten leben, ohne zu atmen. Wenn wir einatmen, dann saugen sich unsere Lungen voll mit lebenerhaltendem Sauerstoff, und wenn wir ausatmen, dann stoßen wir das Abfallgas Kohlendioxid aus. In der Vorstellung meiner Tradition verbindet uns der Wind mit dem Himmel und symbolisiert unseren aufwärtsgerichteten Wunsch, uns mit Gott zu verbinden, mit der Lebenskraft dieses riesigen Universums, das wir als unser Zuhause bezeichnen.

Die brennende Kerze auf meinem Altar und der Rauch des Kopalharzes, das ich bei den Zeremonien verbrenne, repräsentieren das Element Feuer. Menschen tragen »Feuer« in sich, weil ihre Körper Hitze und Energie erzeugen müssen, um Leben aufrechtzuerhalten, um die Nahrung, die wir aufnehmen, zu verbrennen, was wiederum die Zellen mit Energie versorgt. Unser Körper brennt vor Fieber, wenn wir uns von einer Krankheit reinigen, und wir fühlen uns von einer angenehmen Hitze durchströmt, wenn wir Leidenschaft spüren und uns dem Liebesspiel hingeben. Wir können Feuer nutzen, um zu zerstören, oder aber dazu, um Wärme, Heilung und Zuneigung zu schaffen. Die zerstörerischen Feuer des Zorns vermögen alles zu vernichten, was auf unserem Weg liegt, doch wenn wir den Schöpfer bitten, uns dabei zu helfen, das Feuer zum Schmelzen unseres kleinlichen Egos und unserer destruktiven Muster zu nutzen, dann kann es zu einer großartigen reinigenden Kraft werden.

Heilige und Kerzen

Die Kerzen, die ich verwende, sind von jener Art, wie sie viele Menschen katholischen Glaubens verwenden: weiße und farbige Kerzen mit aufgeklebten Heiligenbildern, die man in Geschäften für Devotionalien kaufen kann. Die Heiligen fungieren als Vermittler zwischen dem Betenden und Gott. Wenn ich bereit bin, eine Zeremonie abzuhalten, die ihren Höhepunkt in einer *limpia* oder in einer Seelenrückführung findet, fordere ich meine Klienten immer auf, abhängig von ihrem Problem eine Kerze mit einem bestimmten Heiligen mitzubringen, die wir anzünden und auf den Altar stellen. In der hispanischen Tradition glauben wir, daß jeder Heilige einmal ein Mensch war und etwas ganz Entscheidendes bei seinem Aufenthalt auf Erden lernte. Aus diesem Grund hat jeder Heilige ein besonderes Geschenk für uns. Zum Beispiel können wir den heiligen Antonius um Hilfe anflehen, wenn wir etwas verloren haben. Dabei kann es sich um alles mögliche handeln, vom verlorenen Lieblingsohrring bis zur eigenen Seele. Wenn ich Seelenrückführungen durchführe, dann fordere ich die Betreffenden oft auf, Kerzen mit der Abbildung des heiligen Antonius darauf mitzubringen. Der heilige Martin von Caballero wird angerufen, wenn jemand Arbeit finden muß oder Hilfe bei seinem Unternehmen braucht. Dieser Heilige sitzt in der Abbildung auf einem Pferd und trägt ein Schwert. Ihm zu Füßen befindet sich der Mensch, den er rettet. Santo Niño de Atoche, der kindliche Jesus, ziert die Kerze, die man abbrennt, wenn man für die Heilung eines Kindes betet oder Schwierigkeiten mit Kindern hat. La Vírgen de Guadalupe, die Schutzpatronin Mexikos, ist eine der beliebtesten Kerzen, die man hier häufig auf den Altären zu sehen bekommt. Da sie überall auf der Welt geliebt und geachtet wird, nimmt man an, daß sie Gott am nächsten steht. Weil sie eine Frau ist, symbolisiert sie die Fähigkeit, die Dinge aus der weiblichen Perspektive zu sehen. Und ihr wird ein besonderes Verständnis für die grundlegenden Probleme der Menschheit zugesprochen. Wenn jemand eine große Gunst erbitten will, rate ich ihm, El Sagrado Corazón de Jesús mitzubringen, eine Kerze mit der Abbildung des heiligen Herzen Jesu. Ich mache meine katholischen Klienten immer darauf aufmerksam, daß der »wichtigste Mann« Jesus ist und daß sie sich in wirklich dringenden Fällen auch direkt an ihn wenden sollen.

Es gibt für alles und jeden einen Heiligen. Sankt Judas beispielsweise ist einer, der im vergangenen Jahr in meinem Leben eine wichtige Rolle spielte. Manchmal als der »Heilige der unmöglichen Anlässe« bezeichnet, ist er derjenige, an den man sich wenden muß, wenn man dringend ein Wunder braucht.

Die meisten Menschen scheuen sich, diese Art Hilfe zu erbitten, doch manchmal müssen wir uns einfach eingestehen, daß nur ein Wunder uns noch retten kann und unsere einzige Hoffnung ist. Ich bin niemand, der häufig darum bittet, aber ich erinnere mich noch gut an eine Zeit, da ich wirklich eines brauchte. Einmal, als ich unter der Dusche stand, fühlte ich ein hartes Gewächs auf der Rückseite meines Beines. Als ich es einer Ärztin zeigte, meinte sie, das sei nur die Muskulatur, die ich da ertaste. Wenige Monate später ging ich wieder zu ihr, weil das Gewächs größer und größer wurde, außerdem spürte ich nun auch ein Kribbeln im Bein. Das war der Beginn einer für mich sehr furchteinflößenden Zeit. Meine Ärztin überwies mich an vier andere, die alle einen krebsartigen Tumor diagnostizierten. Der letzte war ein Onkologe, der eine Kernspintomographie vorschlug, ein sehr teures Verfahren. Obwohl ich damals nicht krankenversichert war, stimmte ich der Prozedur zu, weil ich eine sichere Diagnose wollte. Danach erklärte mir der Arzt, daß es so aussehe, als hätte ich eine sehr gefährliche Krebsart namens Lymphosarkom und daß ich in zwei Tagen ins Krankenhaus kommen müsse, um eine Biopsie machen zu lassen. Er sagte außerdem, ich solle mich auf eine mögliche Chemotherapie oder eine Amputation vorbereiten.

Während dieser zwei Tage, in denen ich meine Angelegenheiten in Ordnung brachte, war ich außer mir vor Angst. Was noch schlimmer war, ich hatte das Gefühl, daß meine muskulösen und gut geformten Beine, die ich immer als mein größtes Kapital empfunden hatte, mich betrogen. In der Nacht bevor ich ins Krankenhaus ging, zündete ich eine Sankt-Judas-Kerze an und bat Gott um ein Wunder. Ich erklärte Ihm, daß ich nur sehr selten für mich um ein Wunder bat, weil ich meistens damit beschäftigt war, als Vermittler zwischen meinen Klienten und Ihm zu dienen, daß ich jedoch diesmal ganz dringend eines für mich selbst brauche. Ich sagte Ihm, ich wolle keinen Krebs, keine Chemotherapie und nicht, daß mein Bein amputiert wird.

Am darauffolgenden Tag fand die Biopsie statt, und der Tumor erwies sich als ungefährlicher Knoten, der tief in den Muskel eingebettet war und Druck auf den Ischiasnerv ausübte.

Ich glaube, daß Gott und der heilige Judas mir mein Wunder geschenkt haben. Ich war selbst dazu in der Lage, die Ergebnisse meiner Kernspintomographie zu interpretieren, und was ich sah, wies eindeutig auf einen bösartigen Tumor hin. Fünf Ärzte kamen zu dem gleichen Schluß und waren sich sicher, daß ich Krebs hatte. Wir sollten häufiger um Wunder bitten.

Pláticas

An einem durchschnittlichen Tag habe ich genug Kraft, um drei oder vier Patienten für ein, zwei oder drei Stunden ohne Unterbrechung zu sehen. Es gibt Heiler, die von sich behaupten, täglich sechzig Klienten zu empfangen, aber sie arbeiten dann mit jedem nur zehn bis fünfzehn Minuten. Mir selbst ist es lieber, die Zeit und Kraft dafür aufzuwenden, um mit einigen wenigen Klienten intensiv zu arbeiten, als mit vielen von ihnen nur kurz. Damit will ich nicht sagen, daß es keine Tage gäbe, an denen ich aus Mitgefühl mehr Leute vorgelassen habe, als ich verkraften kann. Doch wenn ich mich auf diese Weise überanstrenge, dann muß ich dafür immer einen Preis zahlen. Kümmere ich mich nicht genug um mich selbst und kann ich nicht ausreichend Ruhe zwischen den einzelnen Terminen bekommen, dann fange ich an, mich spirituell müde und aufgezehrt zu fühlen. Mein eigenes Licht beginnt zu verlöschen. In meinen Workshops und in meiner Praxis rate ich den Heilern deshalb stets dazu, immer nur so viele Patienten anzunehmen, wie sie wirklich bewältigen können.

Ich empfange wie gesagt alle nur denkbaren Arten von Menschen mit allen nur vorstellbaren Bedürfnissen, und ich passe meine Behandlungen jedem einzelnen individuell an – was ich, nie wirklich tun durfte, als ich noch in der modernen medizinischen Welt arbeitete. Manchmal mache ich Traumarbeit, Kunsttherapie oder Trancereisen mit meinen Patienten. Gelegentlich bauen wir das Psychodrama ein, das Durchspielen des Problems, die Herstellung von Masken oder sogar Verkleidungsspiele, damit der Patient oder die Patientin mit dem weiblichen beziehungsweise männlichen Teil seiner/ihrer selbst in Verbindung treten kann, den er oder sie bisher unbeachtet gelassen hat. Dann wieder führen wir eine Psychotherapie in Kombination mit einer *limpia* durch. Das alles hängt von den Bedürfnissen des Klienten ab. Wenn ein Inzestopfer zu mir kommt, das noch nie therapeutisch gearbeitet hat, dann sind die Bedürfnisse einer solchen Person andere als die einer Frau, die gerade die Beziehung zu ihrem Freund abgebrochen hat und eine Zeremonie braucht, die ihr das Loslassen leichter macht. Mit jenen, die länger an einem Problem arbeiten müssen, praktiziere ich für gewöhnlich mehrere *pláticas, limpias* und Seelenrückführungen.

Pláticas gehören zu den wichtigsten Werkzeugen in meiner Praxis. Es wäre nicht wirklich zutreffend, dieses Wort mit »Psychotherapie« zu übersetzen. Eine *plática* ist ein tiefes Gespräch »von Herz zu Herz«, das so lange fortgesetzt wird – Stunden, Wochen, oder sogar Monate –, bis alles gesagt wurde. Abhängig von dem emotionalen Zustand, in dem sich der Klient befindet, halte ich meist eine ganze Serie von *pláticas* und *limpias* ab. Die Zahl der *limpias,* die ich empfehle, folgt einer alten Tradition; es sind meist drei, sechs oder neun. Obwohl ich all meine Lehrer gefragt habe, warum wir auf diese Zahlen festgelegt sind, und jeder von ihnen irgendwelche Gründe anführen konnte, wird es in Wahrheit eben einfach so gemacht.

Ich suche bei der Heilung und Transformation das Tempo, das sich für den Klienten am angenehmsten anfühlt. Bei manchen Menschen kann ich deutlich wahrnehmen, daß ihre Seelen sich ängstigen und ich mir Zeit dabei lassen muß, sie beim

Abnehmen ihrer schützenden Maske zu unterstützen. Andere, die zu mir kommen, haben bereits unglaublich viel an sich selbst gearbeitet. Sie brauchen nur eine *plática* und eine *limpia*, und schon sind sie wieder auf dem richtigen Weg. Für solche Menschen ist unsere gemeinsame Arbeit wie ein spirituelles, emotionales und physisches Stimmen – eine vorbeugende Medizin, die dafür sorgt, daß sie sich ihre Kraft bewahren, damit die sich ansammelnde Traurigkeit und der Streß sie nicht langsam überrollen und sie krank machen. Sie lassen sich vielleicht einmal behandeln und kommen dann erst zwei oder drei Monate später wieder. Ich erinnere mich beispielsweise an eine Frau, die in einen Autounfall verwickelt gewesen war, der ihr ein leichtes Schleudertrauma eingebracht hatte. Sie erklärte mir: »Ich habe einen leichten *susto*, aber ich will nicht, daß er sich weiter aufbaut, und daher möchte ich mich jetzt darum kümmern.« Wenn wir im wesentlichen gesund sind, dann wissen wir, wann wir einen kleinen Schubs brauchen, um auf dem richtigen Weg zu bleiben.

Manche Patienten entwickeln so viel Begeisterung für ihre Heilung, daß sie am liebsten mitten in ihr Problem hineinspringen und alles auf einmal erledigen wollen, bevor sie noch wirklich bereit dazu sind. Da fällt mir eine Frau ein, die in einem teuren Kostüm zu mir kam und sich selbst als »die Problemlöserin schlechthin« bezeichnete. Sie wollte an einem wichtigen Problem arbeiten: Ihr Vater hatte sie seinerzeit mißbraucht. Deswegen plante sie nun, mich zweimal die Woche aufzusuchen. Ich erklärte ihr, daß ich ausgebucht sei und sie jetzt nicht mit einplanen könne. Als sie mich anflehte, hatte ich jedoch Mitleid mit ihr und brachte sie dennoch in meinem Zeitplan unter. Drei Tage später, an dem Nachmittag, für den wir uns verabredet hatten, wartete ich auf sie, aber sie kam nicht. Eine Viertelstunde vor Ablauf der eingeplanten Zeit traf sie schließlich ein. Sie sagte: »Sie werden es nicht glauben, aber ich habe mich verfahren.«

»Wie können Sie sich verfahren haben?« fragte ich. »Sie waren doch erst vor drei Tagen hier.«

»Ich fuhr den Freeway entlang und wußte plötzlich nicht mehr, wo ich war. Ich war der Meinung, an der Ausfahrt vorbeigefahren zu sein, also drehte ich um und fuhr zurück. Dann war ich plötzlich wieder in Santa Fe. Ich weiß nicht, wie das passieren konnte.«

Es blieb keine Zeit für ihre *limpia*, denn ich hatte im Anschluß einen anderen Klienten. Doch mir war klar, daß die Erfahrung dennoch wertvoll für sie war. Ich erklärte ihr: »Machen Sie sich keine Sorgen. Sie hatten es eilig, mit der Behandlung anzufangen, aber Ihre Seele war noch nicht soweit. Also hat Ihre Seele dafür gesorgt, daß Sie sich verfahren. Sie müssen das akzeptieren.« Sie machte ein verwirrtes Gesicht, mußte dann jedoch zugeben, daß ich recht hatte. Sie erklärte sich bereit, das Tempo etwas herunterzuschrauben, und versprach, ihrer Heilung die Zeit einzuräumen, die sie brauchte.

In der aztekischen Tradition sind *pláticas* der Bereich, in dem eine Curandera nicht nur die Geschichte des Klienten erfährt, sondern auch die Gelegenheit hat, ihm Wissen zu vermitteln. Die Curandera findet heraus, welche Gewohnheiten und Vorstellungen zur Krankheit des Patienten beitragen könnten, und hilft ihm dann, festzustellen, was davon er aufgeben oder verändern muß. Wenn ich eine *plática* durchführe, dann sind meine fünf Sinne und meine Intuition vollkommen auf die Geschichte konzentriert, die ich da zu hören bekomme. Es ist so, als würden die Bewegungen, die mein Stift beim Aufschreiben Worte auf Papier macht, zu einem Übertragungsmedium für die Energie, die der Klient freisetzt. Ich teile denen, die mich aufsuchen, immer vorher mit, daß ich auf dieser tiefen Ebene Verbindung zu ihnen aufnehmen muß. Weil mein Herz offen und mein Geist empfänglich ist, kann ich die mentalen, physischen und emotionalen Vibrationen des Patienten empfangen.

Für mich ist die energetische Vibration, die ein Mensch aussendet, wenn er seine Geschichte erzählt, ebenso wichtig oder sogar noch wichtiger als die erzählte Geschichte. Einmal, als ich mich in einem Hotel in Mexico City aufhielt, bat mich der Besitzer, ob ich nicht bei einem seiner Zimmermädchen eine *limpia* vornehmen könne, da alle übrigen den Eindruck hätten, daß sie unter *envídia* leide. Er erklärte mir, diese Frau habe Wutausbrüche und versetze seine übrigen Mitarbeiter in helle Aufregung. Ich hatte einen sehr lieben Geist in dieser Frau wahrgenommen und war überrascht, daß ihr Chef sie als so jähzornig und wütend beschrieb. Als ich dann mit ihrer Behandlung begann, stellte ich fest, daß viele Faktoren zu ihren Ausbrüchen beitrugen. Einige waren physischer Natur. Sie hörte ständig ein Klingeln im Ohr, das sie nachts nicht schlafen ließ. Außerdem hatte sie Knoten in ihrer rechten Brust. Ich erklärte ihr, sie müsse zum Arzt gehen, um eine Mammographie durchführen zu lassen. Ebenso wichtig sei es, sagte ich ihr, daß sie ihr Ohr untersuchen ließe. Sie litt unter Schlafentzug, was die Hauptursache für ihre Anfälle war.

Einer der aufschlußreichsten Augenblicke war der, als sie mir während der *plática* sagte, sie glaube, kein Zuhause zu haben. Da sie nie geheiratet hatte, wohnte sie die zurückliegenden fünfunddreißig Jahre in dem Hotel, in dem sie auch arbeitete, und kehrte nur gelegentlich in das Haus ihres Vaters zurück. Als ich sie aufforderte, die Worte »Ich habe kein Zuhause« mehrmals zu wiederholen, tat sie dies, ohne nach außen hin ihre Gefühle zu zeigen. Doch die Trauer, die auf der energetischen Ebene aus ihr herausfloß, war verheerend. Ich hatte nicht die Möglichkeit, ihr ein Zuhause zu geben, doch göttliche Energie kam mir zu Hilfe und zeigte mir, was sie unterstützen würde. Ich erklärte ihr, daß ihr wahres Zuhause in ihrem Herzen und daß ihr Körper ihr Tempel sei. Ich konnte ihr vermitteln, daß es unendlich viel besser als ein Haus aus Stein oder Holz sei, wenn es uns gelänge, unser Zuhause in uns selbst zu finden. Ich bat sie noch einmal eindringlich, zum Arzt zu gehen und damit etwas für ihre physische Gesundheit zu tun. Dann bereitete ich ihr eine *limpia* mit Blumen. Sie umarmte mich, segnete mich und dankte mir für meine Hilfe.

Eine praktische Spiritualität

Etwas über die spirituellen Vorstellungen meiner Klienten herauszufinden ist ein wichtiger Bestandteil der *plática.* Wenn ich sie über alle Aspekte ihres Lebens befrage und ihre vollständige Krankengeschichte aufschreibe, dann frage ich sie immer auch, ob sie an Gott oder eine höhere Macht glauben. Es spielt für mich überhaupt keine Rolle, welche Form dieser Glaube annimmt oder ob jemand jeden Sonntag zur Kirche geht oder nicht. Wichtig ist nur, daß sie an etwas glauben, was größer ist als sie selbst. Bezeichnet sich ein Klient als Atheist, dann ist es fast immer unmöglich für uns zusammenzuarbeiten, da Spiritualität im Zentrum meiner Heilarbeit steht.

Anders verhält sich die Sache, wenn er oder sie so stark verletzt wurde, daß keine Kraft mehr übrig ist, um an Gott zu glauben. Manche Menschen haben in der Kindheit so viele traumatische Erfahrungen durchgemacht, daß es scheint, als müßten sie die Schmerzen, das Leid und die Traurigkeit einer ganzen Generation tragen. Als Kinder haben solche Menschen oft verzweifelt zu Gott gebetet, damit Er sie errette, doch hatten sie nie den Eindruck, daß Er ihnen wirklich helfe. Eine meiner Klientinnen, die als Kind sexuell mißbraucht worden war, versuchte jede Nacht mit Jesus einen Handel abzuschließen. »Wenn du dafür sorgst, daß das aufhört, dann verspreche ich dir, ein braves Mädchen zu sein. Ich werde meiner Mutter auch mehr helfen.« Doch Jesus errettete sie nicht. Zwar wollte sie gern an eine höhere Macht glauben, doch war sie zu niedergeschlagen, um auch nur zu hoffen, daß Gott sie hören würde.

Wenn ich anfange, mit jemandem zu arbeiten, dann muß ich

herausfinden, ob er oder sie genug Kraft hat, um an irgend etwas zu glauben. Ist dies nicht der Fall, wünscht sich die Person jedoch, sie könnte an etwas glauben, dann dient dies für mich als Ausgangspunkt, um ihr zu helfen, irgendeine Art Glaubenssystem neu auszubilden. Ich habe einmal mit einer Frau gearbeitet, die nach den Prinzipien der Mormonenkirche aufgezogen worden war. Sie haßte Gott, weil ihr Vater, der in der Kirchenhierarchie eine wichtige Position bekleidete, sie sexuell mißbraucht hatte. Viele Frauen haben mir erzählt, daß sie von ihren Männern physisch, sexuell oder emotional mißhandelt wurden. Wenn sie dann bei ihrem Priester Hilfe suchten, war sie ihnen verweigert worden. Manche Priester hatten ihnen lediglich geraten, ihren Männern zu vergeben oder sich gegen die Übergriffe zu stählen. Die meisten dieser Frauen fühlen sich nach solchen Ratschlägen noch schuldiger und wertloser als zuvor. Es kommt auch immer wieder vor, daß ein Priester sich selbst sexuellen Mißbrauchs schuldig macht. Die Menschen nennen gute Gründe, den organisierten Religionen mißtrauisch zu begegnen; und in meiner Praxis haben die Patienten oft hart daran zu arbeiten, ihren Glauben an Gott, das Universum, die Große Göttin oder irgendein anderes für sie bedeutsames Glaubenssystem wieder aufzubauen.

Außerdem halte ich es für wichtig festzustellen, ob sie sich mit meinen spirituellen Vorstellungen wohl fühlen. Bei ihrem ersten Besuch führe ich die Klienten wie gesagt immer zu meinem Altar und erkläre ihnen, was meine Symbole und Heiligen zu bedeuten haben. Weil die Menschen, die mich aufsuchen, oft ganz unterschiedlichen Religionen und spirituellen Philosophien folgen, halte ich dies für wichtig. Wenn sich jemand mit meinen religiösen Vorstellungen nicht wohl fühlt, was nur selten vorkommt, dann arbeiten wir nicht miteinander. Es muß wirkliche Ehrlichkeit zwischen uns geben. Sollte es erforderlich sein, ihre Bedenken hinsichtlich meines spirituellen Glaubenssystems für die Dauer einer ganzen *plática* zu besprechen, dann tun wir das auch. Ich möchte keinesfalls den Eindruck vermitteln, daß meine Klienten so glauben müssen, wie ich es tue. Ich möchte, um es noch einmal zu sagen, lediglich herausfinden, ob sie überhaupt ein Glaubenssystem haben und meines so weit akzeptieren können, um mit mir zusammenzuarbeiten.

Manchmal kommen Menschen in einer Stimmung zu mir, in der sie einfach nur spirituell überleben wollen. Sie versuchen an Gott zu glauben, doch sie müssen alles zurückweisen, was ihnen unauthentisch, frömmlerisch oder auch nur geziert vorkommt. Aus diesem Grund fühlen sie sich von der nüchternen, praktischen Art des Curanderismo angesprochen. Eine Frau namens Sara schrieb mir nach ihrer ersten *limpia:* »Ich erinnere mich nicht an vieles von dem, was Du gesagt hast, doch mein Körper hat es aufgesogen. Manchmal habe ich versucht zu beten, aber das Lieber-Gott-Blabla oder Zen-Achtsamkeit kamen mir einfach zu weit entfernt und vielleicht zu ›sauber‹ vor für meine gegenwärtigen Umstände. Ich mag die Art, wie Du gebetet hast, sie kam mir nüchtern und ›schmutzig‹ vor, wenn Du weißt, was ich meine.«

Ich sehe Curanderismo in der Mitte. Die Curandera ist nicht wie ein moderner Priester oder Arzt und im Hinblick auf Spiritualität und Heilen ausstaffiert mit engstirnigen Vorschriften darüber, was erlaubt ist und was nicht. Im Behandlungsraum der Curandera kann »nüchternes und ›schmutziges‹« Heilen gut stattfinden. Stellen Sie sich eine Frau mit vier Kindern vor, die einen Weg sucht, um keine weiteren zu empfangen, weil sie einfach am Ende ihrer Kräfte ist. Als gute Katholikin geht sie zuerst zu ihrem Priester, der selbst keine Kinder hat und nicht in der Position ist, um sie zu verstehen. Sie erklärt ihm: »Ich bin erschöpft. Ich bin am Ende meiner Weisheit. Mein Mann und ich streiten uns darüber. Was soll ich tun?« Der Priester wird ihr klarmachen, daß Gott die Verwendung von Verhütungsmitteln verbietet und daß sie sich Gottes Willen unterwerfen muß. Dann geht sie zu ihrem Arzt, um sich von ihm helfen zu lassen. Er gibt ihr womöglich den wenig hilfreichen Rat: »Was ist denn los mit Ihnen? Sie können doch nicht jedes Jahr ein Kind bekommen. Sie werden sich selbst vollkommen aufarbeiten. Sie haben weder genug Kraft noch die Mittel, um so vielen Kindern im Hinblick auf Zuwendung und Ausbildung gerecht zu werden.«

Wohin soll die Frau in diesem Dilemma also gehen, um wirkliche Hilfe zu erhalten? Es war schon immer die Aufgabe der Curandera, sich um die Mitte zwischen diesen beiden Polen zu kümmern und mit praktischem, handfestem Rat zu dienen – mit etwas, das das Leben besser macht. Die Curandera kann der Frau Kräuter geben, die eine Schwangerschaft verhindern. Sie kann sie aufklären, damit sie bewußter mit ihrem Zyklus und ihrem Körper umgeht. Sie kann den Ehemann einladen, damit er und seine Frau einen Weg finden, um ihre religiösen Vorstellungen mit ihrem Alltag in Einklang zu bringen. Die Curandera weiß, daß das Leben nicht nur schwarz oder weiß ist. Eine gute Curandera kann uns dabei helfen, die Mitte zu finden in einer Kultur, in der Ausgewogenheit, Realitätsbewußtsein und gesunde Kompromisse nicht immer Bestandteil des medizinischen und sozialen Systems sind, in der Ärzte oft klinisch-unpersönlich reagieren und Priester predigen, daß die Empfängnisverhütung direkt in die Hölle führt.

Die Bühne für Vertrauen und Offenheit bereiten

Für viele Menschen gibt es ein Tabu im Hinblick darauf, was sie ihrem Arzt, Priester oder Psychotherapeuten anvertrauen können, weil sie fürchten, eingeordnet und mit einem Etikett versehen zu werden. Eine Curandera fällt kein Urteil über ihre Klienten und zwängt sie auch nicht in exakt geordnete Diagnosekategorien. Aus diesem Grund fällt es vielen Patienten leichter, einer Curandera Dinge zu erzählen, von denen sie niemals zuvor zu irgend jemandem sonst gesprochen haben.

Der wichtigste Bestandteil der *plática* ist Vertrauen. Es kommt dabei zu einem Austausch zwischen meinem Herzen und dem meines Klienten. Während ich mir seine Geschichten anhöre, finde ich mich rasch in einem veränderten Bewußtseinszustand wieder. Ich trage dabei immer meine traditionelle Kleidung, um mich auch rein äußerlich von einem modernen Therapeuten oder dem Arzt mit weißem Kittel abzuheben. Die friedliche energetische Ausstrahlung meines Behandlungsraumes, die brennenden Kerzen, der Duft des Räucherwerks und die Bilder der Götter und Göttinnen auf meinem Altar machen es den Menschen leichter, zu verstehen, daß sie sich in einem heiligen Raum befinden, in dem sie ohne Vorbehalte ihr Herz ausschütten können (*desahogar*). Das Wort *desahogar* bedeutet wörtlich, sich zu »ent-ertrinken«. Gemeint ist damit eine Art des offenen Sprechens, die *empacho* und die Blockade des Hals-Chakras auflöst, damit giftige Emotionen abfließen können. Wenn Patienten zu angespannt sind oder zuviel Angst haben, ihre Geschichte zu erzählen, dann breche ich die *plática* ab und verabreiche ihnen eine Massage. Manchmal ist es Patienten in diesem entspannten Zustand leichter möglich, die Dinge zu sagen, die sie sagen müssen.

Eine *plática* muß keineswegs zwangsläufig in meinem Behandlungsraum oder überhaupt an irgendeinem bestimmten Ort stattfinden. Es ist nicht immer leicht, sich einem Fremden anzuvertrauen, und manchmal spüre ich intuitiv, daß sich ein Klient wohler fühlt, wenn er mir seine Geschichte im Freien erzählen kann. Ich hatte großartige »Sitzungen« mit Klienten, mit denen ich in der Wüste spazierenging oder in meinem Patio mit Blick auf die Sandiaberge saß. Mich in einer friedlichen natürlichen Umgebung aufzuhalten hilft mir häufig, Hinweise auf ihre Probleme zu finden, und unterstützt sie dabei, sich an Einzelheiten zu erinnern. Gelegentlich nehme ich Klienten mit hinauf in die Berge und sitze mit ihnen an einem Bach – wenn es das ist, was die Dinge zum Fließen bringt.

Es geschieht nicht selten, daß jemand zu mir kommt, der zu wissen meint, worin sein Problem bestehe, nur um festzustellen, daß er die Angelegenheit doch noch nicht ganz durchdacht hat. Zum Beispiel könnte mir jemand sagen: »Ich bin hier, weil ich eine Beziehung zum Abschluß bringen möchte«, doch kann dieser Mensch so sehr von Haß, Bitterkeit und Rachegelüsten erfüllt sein, daß er für einen solchen abschließenden Schritt gar nicht vorbereitet ist. Es reicht nicht aus, mit unserem Haß und unserer Bitterkeit einfach bei Gott Zuflucht zu suchen. Wir müssen aufrichtig um Hilfe bitten, um wirklich vergeben und loslassen zu können. Wenn der Zeitpunkt gekommen ist, um die Zeremonie zu vollziehen, in der ich die Geschichte der betreffenden Person zu Gott bringe, ist es entscheidend, daß wir beide uns über ihren Standpunkt im klaren sind, darüber, wie sie sich verändern und was sie wirklich tun will. *Pláticas* tragen zur Klärung dieser Dinge bei.

Einmal habe ich mit einer Frau gearbeitet, die behauptete, eine zu Ende gegangene Beziehung loslassen zu wollen, die jedoch ihren Exfreund dauernd verfolgte und seiner neuen Freundin scheußliche Briefe schrieb. Während unserer *pláticas* sagte sie, sie liebe diesen Mann noch immer. Ich antwortete, ihr Verhalten zeige, daß sie durch Haß und nicht durch Liebe an ihm festhalte, damit mache sie sich sowohl emotional als auch körperlich krank. Als ich sie fragte, ob sie bereit sei, loszulassen, erwiderte sie: »Ich dachte, ich komme hierher und Sie machen eine einfache Zeremonie, um all diese Dinge von mir fortzunehmen.« Ich entgegnete: »Nein, Sie müssen schon selbst bereit sein, etwas dafür zu tun.« Ich erklärte ihr, daß wahres Loslassen die Vergebung alles Vergangenen und das Anerkennen all der guten Dinge, die wir gelernt haben, bedeute. Um dies tun zu können, sei es jedoch zunächst einmal erforderlich, sich einzugestehen, daß jede einzelne Person in unserer Vergangenheit unser Lehrer war.

Wenn jemand über seinen »Ex« nachgrübelt, ihn immer wieder anruft und alle paar Tage beschimpft, dann könnte er beten: »Gott, bitte hilf mir, all diese Gefühle loszulassen, die mich krank machen.« Ich erkläre meinen Klienten immer wieder, daß Heilung dort beginnt, wo die Akzeptanz dessen, was ist, stattfindet. Manchmal können wir bestimmte Gefühle nicht sogleich loslassen, weil wir Zeit brauchen, um sie durchzuarbeiten. Deshalb frage ich immer: »Wie lange ist die Trennung her?« Es hat keinen Sinn, an einem zarten Keim zu zerren, damit er schneller wächst. Zu trauern braucht Kraft, und wir müssen unserem Trauerprozeß die Energie zugestehen, die er benötigt. In der Chicanotradition glauben wir, daß einem Verlust *luto,* vier Jahreszeiten des Trauerns, folgen muß, damit wir all die Gefühle zum Ausdruck bringen können, die mit dieser Trauer einhergehen. Für manche Menschen mag ein Jahr zu lang sein, weil es tatsächlich in ihrem Wesen liegt, die Trauerarbeit schon vorher zum Abschluß zu bringen. Andere brauchen die vollen zwölf Monate, müssen sich all der gemeinsam verbrachten Weihnachtsfeste erinnern, wie sie die Jahreszeiten miteinander geteilt haben, der gemeinsamen Unternehmungen gedenken und des aufgebauten Lebens. Wenn eine Partnerschaft natürlich nur zwei Monate bestand, dann wäre eine solche Konsequenz übertrieben. Hat eine Ehe aber zwanzig Jahre fortgedauert, dann ist es eine andere Sache.

Manchmal müssen wir auch die Tatsache akzeptieren, daß unser Kummer nie vollkommen vergehen wird. Einmal habe ich mit einer Frau gearbeitet, die vom Schmerz über den Selbstmord ihres zweiundzwanzigjährigen Sohnes befreit werden wollte. Ein Arzt hatte ihr schon Antidepressiva verschrieben, doch ich erklärte ihr, daß diese Medikamente bei Depressionen eingesetzt werden, nicht aber gegen Trauer helfen. Durch unsere *pláticas* hatte ich bereits erfahren, daß sie vor dem Tod des Sohnes in einer guten Verfassung gewesen war. Sie habe eine glückliche Ehe geführt und sei zufrieden gewesen. Nun fühle sie sich untröstlich traurig. Ich erklärte ihr, daß es normal sei, wie sie empfand; denn der Verlust eines Kindes ist eine niederschmetternde Erfahrung. Sie mußte erkennen, daß sie sich nach einer gewissen Zeit sicher besser fühlen, doch auf einer bestimmten Ebene die Verletzung mit ins Grab nehmen würde.

Nachdem wir mehrere Wochen lang miteinander gearbeitet hatten, erlebte diese Frau einen Traum. Darin tauchte ihr Sohn auf und erklärte ihr, daß er sich betrunken, einen Streit mit seiner Freundin begonnen und sich dann aus einem Impuls heraus umgebracht habe. Er sagte, es tue ihm leid, sie so verletzt zu haben. Die Mutter erklärte mir, daß dieser Traum sie tröste, sie sehne sich jedoch immer noch nach der Berührung ihres Sohnes, nach seinem Lächeln… Nichts würde ihn jemals zurückbringen können.

Manchmal erfüllen mich die Ausmaße des Schmerzes und des Leids meiner Klienten mit ehrfürchtiger Scheu. In einigen Fällen muß ich einfach akzeptieren, daß mir Grenzen gesetzt sind: Ich kann nicht alles reparieren, und es ist dann in Ordnung, etwas »unrepariert« zu lassen. Es wird immer schwierig sein, den tiefgreifenden Schmerz zu besänftigen, den Menschen durch den Verlust ihrer Kinder erleiden. Ich erinnere mich beispielsweise an einen Mann, der nach dem Tod seiner beiden Söhne zu mir kam. Sie waren beide in den Zwanzigern gewesen und im Abstand von einem Jahr in Verkehrsunfällen ums Leben gekommen. Der Mann war italienischer Abstammung. Weil es in seiner Kultur so wichtig ist, den Namen und das Erbe an die Söhne weiterzugeben, trauerte er nicht nur um seine Kinder, sondern auch wegen der Tatsache, daß seine Familie in der männlichen Linie nun mit ihm aussterben würde. Für ihn war dieser zweite Verlust ebenso groß wie der erste. Als die Zeit kam, die Zeremonie für seine Seelenrückführung abzuhalten, da brachte er die Asche seiner beiden Söhne mit und erklärte mir, daß er sie niemals aus den Händen geben würde. Sie waren alles, was er von seinem Samen noch hatte.

Ich habe eine unglaubliche spirituelle Kraft in manchen der

Menschen erkannt, die zu mir gekommen sind. Gerade diese Patienten waren gelegentlich meine größten Lehrer. Insbesondere denke ich dabei an eine ältere Frau, die mich im Zentrum für Vergewaltigungsopfer aufsuchte. Obwohl sie äußerst religiös war, konnte ich Gott bei der Therapie nicht hinzuziehen, da es sich bei dem Zentrum um eine weltliche Einrichtung handelte. Die Frau war brutal vergewaltigt worden, vaginal und rektal – und, um ehrlich zu sein, ich war von ihrem Fall so überwältigt, daß ich kaum wußte, wo ich anfangen sollte. Um zunächst einmal irgendeine Art Verhältnis zueinander aufzubauen, begannen wir mit einer *plática*. Ich fragte sie, wo sie geboren sei, und erkundigte mich nach ihrer Kindheit. Sie erzählte mir von all den Tieren, mit denen sie aufgewachsen war. Plötzlich teilte ich ihr meiner Intuition folgend mit, daß mein Kater an diesem Morgen gestorben war und wie traurig mich das gemacht hatte. In der Regel dürfen Psychotherapeuten ihre eigene Geschichte nicht einbringen, doch in diesem Augenblick fühlte es sich irgendwie richtig an. Die Frau war sehr mitfühlend und fragte mich, ob sich gerade irgend etwas Schlimmes in meiner Familie ereigne. Ich erklärte ihr, daß ich mich mitten in dem Trennungsprozeß von meinem Freund befände. Mein Kater sei fortgegangen, um in der Nachbarschaft umherzustreifen. Er sei bisher immer zurückgekommen, nicht aber an diesem Morgen. Wir fanden ihn ein paar Häuser entfernt, wo ihn ein Auto überfahren hatte.

Sie sagte: »Aha, ich weiß, was geschehen ist. Haustiere lieben uns von ganzem Herzen. Sie spüren alles, was in uns abläuft. Ihr Kater hat sein Leben für Sie geopfert. Damit Ihnen nichts Schlimmes zustoßen möge, hat Ihr Kater ein Ereignis ins Zentrum Ihrer Aufmerksamkeit gerückt, über das Sie und Ihr Freund gemeinsam trauern können.« Mir wurde bewußt, daß sie recht hatte. Mein Freund und ich mußten sehr über den Tod unseres Katers Chaco weinen, den wir gemeinsam im Chaco Canyon gefunden und unglaublich liebgewonnen hatten. In einem sehr wirklichen Sinn symbolisierte Chaco den Tod unserer Beziehung. Während wir noch um ihn trauerten, konnten wir auch mit der Trauer über das Ende unserer Beziehung beginnen.

Ich war erstaunt. Hier war diese Frau, der ich helfen sollte, sich von einem schrecklichen Trauma zu erholen, und nun half sie mir. Daß ich ihr meine Geschichte erzählte, knüpfte jedoch ein starkes Band zwischen uns. Sie fing an, sich zu öffnen, und ausgehend von den Geschichten, die sie mir darüber erzählte, wie sie aufgewachsen war, half ich ihr, Lösungen für das zu finden, was sie augenblicklich durchlitt.

Für sie war nicht die Vergewaltigung selbst das, was sie als das Schlimmste empfand, sondern die Tatsache, daß man sie aus ihrer Gemeinschaft herausgeholt hatte. Nach dem Ereignis packte die Tochter der Frau die Sachen ihrer Mutter und brachte sie in einem freien Zimmer in ihrem Haus unter. Was die Frau aber wirklich brauchte, um sich zu erholen, war die Rückkehr in ihre eigene kleine Wohnung und in ihre Gemeinschaft. Doch ihre Familie war anderer Meinung darüber gewesen, was gut und richtig für sie sei. Ich machte mich zum Fürsprecher meiner Klientin und konnte ihre Familie davon überzeugen, sie in ihr eigenes Zuhause zurückkehren zu lassen.

Auch meine medizinische Ausbildung erwies sich in der Situation als nützlich. Ich bat die Tochter, die Mutter zu einem Arzt zu bringen, damit der ihren Blutdruck und ihren Blutzuckergehalt überprüfen könne; doch sie sagte: »Aber wir waren doch erst vor einem Monat mit ihr beim Arzt.« Ich konnte ihr erklären, daß sich diese Werte nach einer traumatischen Erfahrung erheblich verändern können. Und tatsächlich, sowohl der Blutdruck als auch der Zuckerspiegel der Frau waren gefährlich hoch.

Die *pláticas* und *limpias*, die ich mit meinen Klienten durchführe, sind Prozesse, die jeder von ihnen in seinem ganz persönlichen Tempo verarbeitet. Nach jeder Sitzung sehe ich, wie sich die Schichten des Traumas – *susto,* Krankheit und die Projektionen – langsam wie die Schichten einer Zwiebel abschälen. Mehr und mehr von der Energie, die ihnen nicht gehört, fällt von ihnen ab, und Schutzschichten bauen sich auf. Probleme werden durchschaubar, und spirituelle Kraft entsteht von neuem. Schließlich erreichen wir das ruhige, geerdete Zentrum ihrer selbst. Ich bemühe mich immer, die Energien, die wir untersuchen, nicht als »gut« oder »schlecht« zu kennzeichnen, weil ich eigentlich nicht daran glaube, daß es etwas wie gute oder schlechte Energien überhaupt gibt. Ich sage zu meinen Klienten: »Ich werde Ihnen jetzt helfen, sich von den Energien zu befreien, die Ihnen nicht gehören. Ich will Sie darin unterstützen, wieder Sie selbst zu werden.« Wenn dennoch hier und da von »schlechten« oder »negativen« Energien die Rede ist, sind ebendiese »unerwünschten« Energien gemeint.

Ritual: Die Zeremonie der fünf Himmelsrichtungen

Sobald jemand eine Serie von *pláticas* durchlaufen hat und sich darüber im klaren ist, was er von Gott erbitten will, sind wir bereit, seine Gebete vor den Altar zu tragen, um dort die sogenannte Zeremonie der fünf Himmelsrichtungen abzuhalten. Der Klient will vielleicht um den Verlust eines Menschen, eines Tieres oder einer Sache trauern oder sich von einer Beziehung verabschieden, die ihr Ende erreicht hat; oder er will Verbindung aufnehmen mit einem verlorenen Teil seiner selbst. Ich lege meinen Klienten nahe, drei Tage vor der Zeremonie bestimmten Ernährungsrichtlinien zu folgen – kein Fleisch und kein Alkohol, nur gute Nahrungsmittel von der Erde, frisches Gemüse und Obst. Die Beschränkung auf diese Lebensmittel verändert die Energie des Klienten und erleichtert unsere Zusammenarbeit. Ich sage den Betreffenden immer, daß sie sich darauf vorbereiten sollen, Geist aufzunehmen, und deshalb nicht so viel Energie darauf verwenden dürfen, um Eiweiß zu verdauen.

Ich fordere sie außerdem auf, symbolische Gegenstände mitzubringen, mit denen wir auf dem Boden meines Behandlungsraums die vier Himmelsrichtungen des heiligen Raums markieren wollen. Manchmal lasse ich den Klienten auch etwas in der imaginären fünften Himmelsrichtung (der Mitte) plazieren. Bei diesen Gegenständen kann es sich um Bilder der Person selbst, ihrer Ahnen oder von etwas handeln, die sie verloren hat; um Bilder und Erinnerungsgegenstände aus einem Urlaub, den der Betreffende mit dem Partner gemacht hat; um eine oder mehrere Puppen, die einen Aspekt des in der Kindheit verlorenen Teils seiner Seele symbolisieren. Manche Klienten entwickeln bei dieser Aufgabe eine recht große Kreativität. Eine Patientin, die eine Allergie gegen fast alle Nahrungsmittel entwickelt hatte, brachte ein Menü, bestehend aus mehreren Gängen, mit, darunter auch ihren Lieblingsnachtisch. Sie hatte es sich zum Ziel gesetzt, entweder gesund zu werden, um all diese Speisen wieder essen zu können, oder aber sich endgültig von ihnen zu verabschieden, wenn dies denn ihr Schicksal sein sollte. Ich stellte die Speisen im Osten, der Himmelsrichtung von Geheimnis und Neubeginn, auf einem wunderschönen Platzdeckchen auf und ergänzte sie um die üblichen Utensilien sowie um eine hübsche Stoffserviette.

Manche Klienten haben auch Kleidungsstücke mitgebracht, die sie als Kind getragen hatten. Eine Frau zeigte mir ihr strahlendgelbes Sommerkleidchen, das sie als Dreijährige trug. Als sie »sah«, wie klein sie war, als sie zum ersten Mal sexuell mißbraucht wurde, konnte sie sich selbst vergeben. (Inzestopfer fühlen sich meist mitschuldig.) Eine andere Frau schaffte ihr Hochzeitskleid herbei, weil sie sich von ihrer fünfundzwanzigjährigen Ehe verabschieden wollte. Zu den anderen Gegenständen, die den Weg in mein Behandlungszimmer fanden, gehören Kinderschuhe, Spieluhren, die Asche von verstorbenen geliebten Menschen, Bilder oder selbstgefertigte Töpferarbeiten. Eine Frau, die ihre beiden erwachsenen Kinder verloren hatte, formte einen Engel aus Ton, der zwei Herzen in den Händen hält. Eine andere kam mit einer großen Schachtel voller benutzter Papiertaschentücher! Sie hatte all die Taschentücher aufgehoben, die sie verbrauchte, als sie über die durch einen Vertrauensbruch beendete Beziehung weinte. Wir verbrannten die Tücher als Bestandteil der Zeremonie, weil sie La Llorona, die »Weinende Frau«, loslassen wollte.

Wenn meine Klienten selbst nicht genug Gegenstände mitbringen oder das Gefühl haben, daß etwas fehlt, so finden sie bei mir Schubladen voller Dinge, die in der Zeremonie verwendet werden können. Ich sage jedem, er solle eine Kerze mitbringen, die irgendwie das symbolisiert, worum er bitten will. Die Kerze steht außerdem für die Verbindung zwischen Materie (das Wachs) und Geist (die Flamme).

Als Beispiel will ich eine Klientin namens Sandra erwähnen, die versuchte, nach dem Tod eines geliebten Verwandten Schmerz, Trauer und Verlust durchzuarbeiten. Wir begannen unsere Arbeit, indem wir den Himmelsrichtungen unsere Achtung erwiesen. Folglich forderte ich sie auf, für jede Himmelsrichtung eine symbolische Form – zum Beispiel ein Herz, ein Dreieck, ein Quadrat, eine Hand, eine Blume und so fort – aus Maismehl oder aus etwas anderem zu bilden, was sich für sie richtig anfühlte. Danach bat ich sie, die Dinge, die sie für jede Himmelsrichtung mitgebracht hatte, in die Mitte der von ihr angefertigten Formen zu stellen. Ich sage meinen Klienten, daß wir die Richtungen immer mit Opfergaben beschenken, weil diese symbolischen Speisen für die Welt des Geistes die Ahnen dazu ermuntert, uns zu helfen, und wir ihnen dadurch außerdem Achtung und Respekt erweisen. Es ist so ähnlich, als besuchten wir gute Freunde und brächten ihnen ein Geschenk mit. Der Vorgang sorgt außerdem für einen Energieaustausch:

Wir bieten ihnen ein Geschenk an, und wir bitten um ihre Hilfe.

Als erstes stellte Sandra Gegenstände in den Westen, der für sterbende Dinge steht, die in neues Leben verwandelt werden können. Dann legte sie welche in den Norden, das ist der Ort, der die Weisheit der Ahnen symbolisiert. Diese Himmelsrichtung versinnbildlicht alles, was wir von vorausgegangenen Generationen ererbt haben, die Weisheit, die in unseren »Knochen« und in unserem genetischen Code eingebettet ist. Ich rate meinen Klienten gern, im Norden Bilder oder Symbole ihrer Vorfahren zu plazieren. Der Süden repräsentiert den Teil von uns, der jung, neugierig und intuitiv ist. Unserer Seele wohnt nicht selten ein kleines Kind inne, das zahlreiche *sustos* erlitten hat. Sie enthält den Abdruck unserer selbst in den verschiedenen Altersstufen, in denen wir traumatische Erfahrungen gemacht und in unserer Entwicklung steckengeblieben sind. Es kann sein, daß wir ein Dreijähriges in uns tragen, das sexuell mißbraucht wurde, ein Sechsjähriges, das man geschlagen hat, ein Zwölfjähriges, das in einen Verkehrsunfall verwickelt war – und so fort. Doch ich bitte meine Klienten auch, Bilder mitzubringen, die sie an glücklichere Zeiten erinnern, ein fröhliches Kindergesicht, das die Unschuld oder das breite Lächeln verkörpert, das sie in sich tragen, aber vergessen haben. Sandra legte Fotos von sich in unterschiedlichen Altersstufen in den Süden, der den Teil unserer selbst verkörpert, welcher das Leben immer als etwas vollkommen Neues betrachtet. Die fünfte Himmelsrichtung ist der Ort, den wir erreichen, nachdem wir unsere Gebete zu den anderen vier Richtungen gesprochen haben. Sie wird durch die Mitte symbolisiert.

Nach der Plazierung der Gegenstände beginne ich die Zeremonie der fünf Himmelsrichtungen immer im Osten, dem Ort des neu heranbrechenden Morgens und der Neuanfänge. Der Osten erinnert uns daran, daß wir, egal, wie schlecht ein Tag, ein Jahrzehnt oder eine Kindheit auch gewesen sein mag, in der

Regel immer heilen und das Leben neu anfangen können. Der Osten symbolisiert aber auch das Geheimnis. Er läßt uns daran denken, daß wir tatsächlich gar nicht wirklich wissen können, was vor uns liegt. Mit dieser Erkenntnis sind unendlich viele Möglichkeiten verbunden. Der Mensch versucht immer vorauszuplanen, doch unsere Pläne sind eine Illusion, weil wir über das wichtigste Detail, das Eintreten unseres Todes, nicht Bescheid wissen. Sogar viele Menschen, die über ihr Leben die »Kontrolle« gewinnen wollen, indem sie sich das Leben nehmen, müssen nach einem gescheiterten Versuch feststellen, daß sie noch da sind; oder jemand, der aus dem fünften Stock gesprungen ist, muß erkennen, daß er damit nicht sein Leben beendet, sondern sich zum Querschnittsgelähmten gemacht hat. Wenn wir uns auch noch soviel für die vor uns liegenden Jahre vorgenommen haben, kann es geschehen, daß wir innerhalb der nächsten halben Stunde sterben. Also erinnere ich meine Klienten daran, ihren Blick auf die Schönheit des Ostens zu richten und das Leben zu feiern, da wir nie wissen können, wie lange wir dieses kostbare Geschenk noch unser nennen dürfen. Weil die Farbe Weiß den Neubeginn symbolisiert, plazierte Sandra dort eine weiße Kerze, weiße Blumen, ein Amulett und mehrere Fotos, auf denen fröhliche Kleinkinder abgebildet waren.

Der ganze Sinn, die Himmelsrichtungen zu markieren und dort entsprechende Gegenstände abzulegen, besteht darin, die Geschichte des Klienten zu erzählen. Das, was er mitbringt, um es den Richtungen zuzuordnen, sagt mir immer, wie ernst er es mit seiner Heilung meint. Wenn er seine Vorbereitungen und seine Kerze vergißt, dann weiß ich, daß er noch nicht bereit ist für die Zeremonie. In einem solchen Fall schlage ich freundlich vor, noch eine *plática* anzuberaumen, damit er weiter über seine Geschichte nachdenken kann.

Als Sandra all ihre Gegenstände in den entsprechenden Himmelsrichtungen aufgebaut hatte, entzündete ich meinen *sahumadòr* und verbrannte darin Kopalharz. Auf dem Altar stand schon frisches Wasser bereit, in das hinein ich dann das Ei brechen würde, nachdem ich es bei der *limpia* über ihren Körper geführt hätte. Ich gab ihr ein wenig Maismehl und geleitete sie in meinen Hinterhof, wo ich sie aufforderte, meinem *romero* das Maismehl anzubieten und ihn um Erlaubnis zu bitten, damit sie einen Zweig für ihre *limpia* würde nehmen dürfen. Der Weg, der von meinem Behandlungsraum zu dem *romero* führte, stellte eine bedeutsame »Reise« dar. Als wir ihn gemeinsam beschritten, rochen wir den Duft der Pflanzen in der Wüste, sahen die Sandiaberge, atmeten die frische Luft ein und fühlten uns der Erde nahe. Manchmal fangen Klienten an zu weinen, wenn sie diesen Weg entlanggehen. Ich habe all diese Schönheit in meinen Garten geholt, weil manche der Männer und Frauen, die zu mir kommen, in ihrem eigenen Leben so wenig Schönes zu Gesicht bekamen.

Dann waren wir soweit, um uns mit unseren Gebeten an die fünf Himmelsrichtungen zu wenden. Für diese Zeremonie gibt es keine zeitlichen Beschränkungen. Sie dauert so lange, wie sie dauern muß. Ich bat Sandra, den *Romero*-Zweig und ihre Kerze in die Hand zu nehmen. Bevor sie zu beten anfing, versicherte ich ihr, daß alles, was sie sagen würde, all ihre Tränen und Worte in diese Kerze eingingen. Nach Abschluß der ganzen Zeremonie wollten wir die Kerze auf meinen Altar stellen, wo sie sieben Tage bleiben und von mir bewacht werden sollte. Ich würde aufpassen, wie sie verbrannte, und für Sandra auf sie achtgeben. Jedesmal wenn mein Blick auf die Kerze fiele, würde ich an die Zeremonie denken und an die Absichten, die sich für Sandra mit ihr verbunden hatten, und ich wolle auch weiter für sie beten.

Wir begannen im Osten, wo Sandra ihre Absichten formulierte. Ich forderte sie auf, sich durch die Zeremonie auf die Weise an Gott zu wenden, mit der sie sich am wohlsten fühlte. Ich sprach meine alten Gebete aus präkolumbischer Zeit und rief die göttliche Energie an. An diesem Punkt in der Zeremonie folge ich nicht mehr länger einem präzisen Ritual; ich stelle mich nach Gottes Willen als Kanal für die Energie zur Verfügung und trage dazu bei, daß der Klient etwas Wichtiges über sich lernt. Was immer auch geschieht, jeder einzelne Schritt hat seinen Ursprung direkt in meinem Herzen und trägt für die Person, mit der ich arbeite, eine sehr spezielle Bedeutung. Obwohl die Lektionen, die jede Himmelsrichtung erteilt, folgerichtig sind, läuft die Zeremonie doch nie bei zwei Personen gleich ab; sie hat jedesmal eine sehr individuelle Note.

Der Osten lehrt uns, daß wir es durch die dunkle Nacht geschafft haben, uns nun auf die Energie der aufgehenden Sonne einstimmen und dankbar sein können, daß wir noch da sind. Im Osten dankte ich Gott für mein Leben, für das meiner Familie, für das der Klientin an meiner Seite und für das ihrer Familie. Ich dankte Ihm für die Geheimnisse des Lebens. Ich erklärte Sandra, daß Wunder geschehen können, wenn wir es uns zur Gewohnheit machen, Gott für jeden neuen Tag in unserem Leben zu danken.

Als ich das Gefühl hatte, mit meinem Gebet im Osten fertig zu sein, forderte ich Sandra auf, ihre eigenen Gebete so aus dem Herzen heraus zu sprechen, als stehe Gott direkt vor ihr. Wenn ich zu einem solchen Zeitpunkt während der Zeremonie merke, daß ein Klient die innere Verbindung zu seinem Gebet verliert, dann führe ich ihn zurück, indem ich etwa vorschlage, er solle seine Aufmerksamkeit auf die Jungfrau oder den Jesus auf meinem Altar konzentrieren. Während dieser heiligen Zeremonie für sich selbst zu beten kann eine unglaublich mächtige Erfahrung sein. Oft waren die Menschen so weit von ihrer Spiritualität und von Gott entfernt, daß sie sich nun überwältigt fühlten. Wenn sie dann das Heilige erneut berühren, brechen sie manchmal in Tränen aus oder sinken zu Boden, so ergriffen sind sie. Manche haben im Osten viel, andere wenig zu sagen, doch ich leite sie immer so an, daß sie von ihrem »Herzen« und nicht vom »Kopf« aus sprechen. All unsere Gebete werden laut gesprochen.

Als Sandra mit ihren Gebeten im Osten zum Ende gekommen war, gingen wir weiter zum Westen, der Himmelsrichtung der untergehenden Sonne. Mit diesem Ort umzugehen fällt vielen Klienten am schwersten, weil er den »Friedhof« ihres Glaubenssystems, geliebter Menschen und ihrer Beziehungen darstellt. Es ist nicht leicht für sie, das anzusehen, was loszulassen sie sich entschieden haben: die Ehe, die Bilder, den geliebten Vater oder die geliebte Mutter, die Karriere oder das Kind, das erwachsen geworden ist und das Nest verlassen hat. Ich rate meinen Klienten immer, Gott um Hilfe zu bitten, damit sie ihre Trauergefühle, ihr kleinliches Ego, ihre Aufgeblasenheit, Selbstmitleid, Angst und Haß besser loslassen können. Oft helfe ich dabei, diese Gefühle freizusetzen, indem ich mit meinen Händen ihren Energiekörper bearbeite.

Da ich weiß, wie mächtig der Westen ist, lade ich den Klienten gelegentlich einfach ein, sich mit mir auf den Boden zu setzen. Denn mir ist klar, daß wir hier Zeit brauchen. Ich nahm ein Foto von Sandras »Ex« in die Hand. »Erzähl mir, was du von ihm gelernt hast. Sag mir, was du an ihm mochtest«, schlug ich vor. Auf diese Weise ermöglichte ich es ihr, den Verlust dieser Beziehung umfassend zu betrauern, all die schöne Zeit, die sie miteinander verbracht hatten, das gemeinsame Aufziehen der Kinder, den wunderbaren Urlaub auf Hawaii, die guten und die traurigen Dinge, die sie miteinander geteilt haben. Manchmal fühlt sich ein Klient im Westen auf einmal von Gefühlen des Leids oder des Zorns ergriffen, und ich ermutige ihn dazu, diese Emotionen – so lang und so laut er will – zum Ausdruck zu bringen. »*Aiii,* er hat mich betrogen, er hat mich verlassen, das verdammte Arschloch, aber ich kann ihn trotzdem nicht loslassen!« schrie Sandra weinend.

Als all ihre Gefühle und ihre Traurigkeit schließlich zum Vorschein gekommen waren, gab ich Sandra die Gelegenheit, auf Wiedersehen zu sagen. Wenn es ihr möglich sei, so ermutigte ich sie, solle sie sich mit Liebe und nicht mit Wut verabschieden. Denn ich bin davon überzeugt, daß wir nur auf diese Weise jemanden oder etwas wirklich hinter uns lassen können. Sandra gelang es schließlich zu sagen: »Auf Wiedersehen, ich liebe dich, und ich wünsche dir alles Gute. Ich wünsche dir, daß deine liebsten Träume wahr werden.« Wenn das Loslassen so erfolgt, dann ist es wirklich heilsam.

Dann gingen wir zum Norden weiter. Im Norden treffen wir auf unsere Symbole der Vergangenheit, auf unsere Relikte und Ahnen. Die meisten Menschen macht der Norden sehr emotional, sie rufen nach einer Großmutter oder einem anderen Vorfahren, der sie geliebt und umsorgt hat. Ich rief Sandras *abuelitas* und *abuelitos,* ihre Großmütter und Großväter, herbei, ermunterte Sandra, zu ihren Ahnen zu sprechen und sich der Vergangenheit zu erinnern. Diese Himmelsrichtung ist kraftvoll, weil viele von uns Großeltern hatten, die uns im übertragenen oder im wahrhaftigen Sinne das Leben retteten. Wenn der Westen der Ort ist, an dem so viel Trauer, Wut, Mitleid und Aufgeblasenheit zum Vorschein kommen, dann ist der Norden die Himmelsrichtung, in der die meisten Menschen Hoffnung finden. Der Norden hatte für mich immer eine ganz besondere Bedeutung, so sehr, daß in einem Traum einmal meine Ahnen zu mir kamen und sagten: »*Mijita,* du fühlst dich im Norden zu wohl. Du kommst immer wieder zu uns, und du bleibst zu lange an diesem Ort. Du sollst wissen, daß wir immer bei dir sind und daß du uns nicht so oft anrufen mußt. Wende dich auch den anderen Himmelsrichtungen zu und sieh, was du dort lernen kannst.«

Im Norden dürfen wir wieder zu kleinen Kindern werden. Ich fühlte mich körperlich in Sandras Energie ein, um sie zu transportieren und in Bewegung zu bringen. Ich erklärte ihr, wie ich dabei vorging, daß jeder lernen kann, dies für sich selbst zu tun, weil wir alle in uns die Fähigkeit haben, diese Energie »anzuzapfen« und uns selbst zu heilen.

Im Süden begegnen wir all den kleinen Kindern in uns, die

verletzt wurden und die wir verloren haben. Hier erinnerte ich mich an die Geschichten, die Sandra mir erzählt hatte, und ich sprach mit ihr darüber. Ich wollte von ihr wissen, ob sie irgendeinen Kosenamen habe oder eine liebevolle Verkleinerungsform eines Namens, den sie mochte. Ich habe festgestellt, daß viele Klienten ihren offiziellen Vornamen deswegen nicht mögen, weil die Eltern ihn benutzten, wenn sie mit ihren Kindern schimpften. Mein erster Vorname ist Ada, der Name, den auch meine Mutter trägt. Wegen der Auseinandersetzungen mit ihr hatte ich immer Schwierigkeiten mit diesem Namen. Ich mußte mich erst mit ihm aussöhnen. Als ich herausfand, daß Ada auf spanisch »Fee« heißt (*hada*), wurde ich einen Großteil des Schmerzes los, den mir mein Name bis zu diesem Zeitpunkt verursacht hatte. Viele Menschen machen ähnliche Erfahrungen.

Sandra sagte mir, ihre Großeltern hätten sie immer »kleine Sandi« genannt, also rief ich für diese sehr liebevoll: »Sandi, kleine Sandi, komm zurück, mein Liebling, komm zurück, meine Kleine. Du mußt dich nicht mehr verstecken, komm zurück, komm!« Wie ich es immer tue, wenn ich die Seele rufe, verwendete ich auch hier verschiedene Tonhöhen, unterschiedliche Intensitäten und Stimmlagen.

Weil das Erwachsenenleben voller Streß und Entscheidungen ist, deren Auswirkungen nicht immer die besten waren, ist es mitunter schwierig, diese verlorenen kindlichen Anteile zur Rückkehr zu bewegen. Wenn dieser Fall eintritt, dann helfe ich dem Klienten, Kompromisse mit sich selbst zu schließen. Ich sagte also zu Sandras kindlichem Anteil: »Ich weiß, daß Sandra bisher zuviel Zeit in die Arbeit investierte, aber sie hat versprochen, sich in Zukunft besser um sich selbst zu kümmern. Sie wird nicht mehr so hart arbeiten, und sie wird gut zu dir sein und dich an Orte bringen, an denen du dich entspannen und Spaß haben kannst.«

Auf unserem Weg durch die fünf Himmelsrichtungen beginnen meine Klienten häufig an bestimmten Stellen zu weinen. Durch die *pláticas,* die ich zuvor mit ihnen durchgeführt hatte, war es mir möglich, viele vertrauliche Einzelheiten ihres Lebens zu erfahren. Diese Informationen kann ich ihnen nun klar und deutlich zurückspiegeln und ihnen dabei helfen, die selbsterrichteten emotionalen Barrieren zu überwinden. Als Sandra an der Reihe war, ihre Gebete in allen vier Himmelsrichtungen zu sagen, da zog sich ihre Energie aus dem Kopf zurück und verlagerte sich in ihr Herz. Damit war es ihr möglich, sich wirklich an die Energie ihrer vernachlässigten Seele anzubinden. An dieser Stelle erlebe ich es oft mit, daß meine Klienten auf eine unglaubliche Weise mit den verlorenen Teilen ihrer selbst zu kommunizieren beginnen. Sie machen ihren Seelen Versprechungen, trösten sie und sichern ihnen zu, sich hinfort besser um diese zu kümmern. Manchmal kommt es jedoch auch zu keinerlei Beziehungsaufnahme. Die Art von Energie, welche die Klienten einsetzen, wenn sie mit bestimmten Aspekten ihrer selbst sprechen, ist für mich ein äußerst wichtiger Hinweis darauf, wo sich ihre Seele befindet. Ich verwende diese Zeremonie häufig als Vorbereitung auf die Seelenrückführung.

Die fünfte Himmelsrichtung, bei der wir eintreffen, wenn sich der Kreis schließt und wir die anderen vier durchlaufen haben, symbolisiert Gemeinschaft. Sie erinnert uns daran, daß wir keine Insel im Nichts sind und daß wir einander brauchen. Der Kreis hat Platz für alle Dinge, solche, die wir kennen, und andere, die wir nicht kennen, für all unsere Widersprüche. Ich erinnerte Sandra daran, daß die fünfte Himmelsrichtung das Universum symbolisiert und daß wir ein kleiner Planet sind, der in einem Kosmos voller Galaxien durch den Raum wirbelt. Herkunft, Alter, Hautfarbe, Geschlechtszugehörigkeit – nichts von alledem ist wirklich von Bedeutung. All dies gehört in den Kreis, in dem wir eins und miteinander verbunden sind. Der Kreis lehrt uns, das größere Bild zu sehen. Er ist immer in Bewegung und in einer Entwicklung begriffen.

Nachdem ich mit Sandra die Himmelsrichtungen durchlaufen hatte, die ihr gesamtes Leben symbolisieren, setzte ich ihre Kerze, die nun die Energie ihrer Absichten enthielt und außerdem all ihre Tränen und Gebete, auf meinen Altar und zündete sie an. Sobald sie angezündet ist, bewege ich sie nicht mehr. Dann fing ich an zu beten und machte den Anfang mit einem alten präkolumbischen Ritual, in dessen Verlauf ich die Energien Gottes herbeirufe. Dieses Gebet, welches »das Lichtgebet« heißt, ist ein Geheimnis, und ich kann es hier nicht wiedergeben. Wenn ich damit zu Ende bin, ist das Ritual abgeschlossen.

An diesem Punkt fordere ich meine Klienten immer auf, sich auf den Massagetisch zu legen. Ich führte Sandra hinüber und half ihr vorsichtig, sich niederzulassen und eine bequeme Haltung einzunehmen. Sie hatte recht viel weinen müssen, also holte ich ihr Papiertaschentücher und einen feuchten Waschlappen. Ich hatte das Gefühl, ein wenig beruhigende Musik könnte Sandra helfen, also legte ich eine entsprechende CD in meinen Player und stellte ihn an. Ich half Sandra, ihre Atmung zu entspannen, Arme und Hände zu öffnen und sich insgesamt in einen offenen, empfänglichen Zustand zu versetzen. Dann verabreichte ich ihr eine *limpia* und rieb ihren ganzen Körper, vorn und hinten, vom Kopf bis hinunter zu ihren Zehen, mit einem Ei ab.

Während der *limpia* nahm ich Sandras Energie wahr, schätzte ihren emotionalen Zustand ein und stellte fest, wo sich die Blockaden in ihrem Energiekörper befanden. Nachdem ich mit dem Ei fertig war, zerbrach ich es und ließ es in ein mit Wasser gefülltes Glas gleiten, um es zu »lesen«. Im wesentlichen beurteile ich bei diesem Vorgang die Beziehung des Eigelbs, welches das Individuum selbst symbolisiert, zum Eiweiß, das für die Energie steht, die nicht zu dem Klienten gehört und die er eben in der Zeremonie der fünf Himmelsrichtungen freigesetzt hat.

Dann benutzte ich meine Adlerfeder, um Sandra vom Kopf

bis zu den Zehen zu kämmen und ihr zu helfen, blockierte spirituelle Energie und die mentale Energie loszulassen, von der sie sich befreien muß, etwa von verkopften Vorstellungen, falschen Überzeugungen, bohrenden oder zwanghaften Gedanken – und eben allem anderen, was sie von ihrem Geist trennt. Die Anwendung der Adlerfeder sorgt dafür, daß all die verkrusteten Energien aufgebrochen werden. Für gewöhnlich stelle ich mir dabei vor, daß ich diese Energien mit meiner Feder entweder in den Himmel oder in die Erde zurückschicke. Himmel und Erde wissen, wie sie unseren energetischen »Abfall« umwandeln müssen, wir wissen es nicht.

Außerdem bürstete ich Sandras Körper mit dem *romero*. Die *Romero*-Pflanze hat einen sehr starken Duft, ist äußerst durchdringend, rein und erdig. Sie eignet sich ausgezeichnet, um uns zu erden. *Romero* ist ein weiteres Hilfsmittel, mit dem ich Energien aufsammle, die dem betreffenden Klienten nicht gehören. Als ich Sandra diese *limpia* verabreicht hatte, »stopfte« ich ihre Aura mit meinen Händen in ihr »fest«. Inzwischen war sie sehr entspannt und befand sich in einem veränderten Bewußtseinszustand. Ich bat sie, wenigstens noch zehn bis fünfzehn Minuten liegenzubleiben. Ich rate meinen Klienten immer, im Anschluß an die Zeremonie der fünf Himmelsrichtungen nach Hause zu gehen und etwas Schönes für sich zu tun – ein Bad zu nehmen, sanfte Musik zu hören oder einen Spaziergang in der Natur zu machen. Es ist wichtig, daß sie sich mit Dingen beschäftigen, die ihre Erdung und Entspannung aufrechterhalten. So wird es ihnen ermöglicht, sich dieses spirituelle Gefühl zu bewahren und es auf ihre Umgebung zu übertragen.

Es ist nun über ein Jahrzehnt her, daß ich das Zentrum für Vergewaltigungsopfer verlassen und mich als Curandera »geoutet« habe. Inzwischen empfinde ich es als Kompliment, wenn man mich als »merkwürdig« oder »anders« bezeichnet. In meinem bisherigen Werdegang als Heilerin habe ich an Tausenden von *pláticas, limpias* und Seelenrückführungen teilgenommen.

Da ich bei Menschen aus allen Bereichen des Lebens miterleben konnte, wie sie sich selbst geheilt haben, sind mein Herz und meine Intuition gewachsen. Wo andere Hoffnungslosigkeit sehen, erkenne ich Wunder. Ich weiß genau, wie verzweifelt und verrückt die Leute werden und wie sehr sie aus dem Gleichgewicht geraten können, aber ich weiß auch, auf welch unglaubliche Weise ein Mensch seine Krankheit oder psychische Verletzung zu transzendieren vermag.

Curanderismo hat mir die Freiheit und den heiligen Raum geschenkt, um meinem Weg als Heilerin Ehre widerfahren zu lassen und um all meine Erfahrungen nutzbringend einzusetzen. Er hat mir außerdem die Möglichkeit gegeben, jedem meiner Klienten als im höchsten Maß kreative, emotionale, spirituelle und einzigartige Seele Achtung entgegenzubringen. Wenn wir unsere Verletzungen Gott überantworten, dann finden wir die spirituelle Kraft, um unser Leben zu leben und unser Schicksal zu akzeptieren. Sobald uns klar wird, daß unsere Seele und unser spirituelles Leben ebensoviel Aufmerksamkeit benötigen wie unser Körper, Verstand und unsere Gefühle, dann können wir das höchstmögliche Gleichgewicht erfahren. Wir werden wieder ganz. Ich habe gelernt, meine Seele zu achten, indem ich mein wahres Selbst nicht leugne. Es war meine Berufung, die mich nach der medizinischen Ausbildung zur Curandera werden ließ. Nun bin ich für viele Seelen, die vom Weg abgekommen sind, außerdem auch noch eine *partera.*

Kapitel 4

Die weinende Seele

Wenn ich in Büchern und Artikeln von Soziologen und Anthropologen über Curanderismo lese, dann finde ich bei den meisten von ihnen die Beschreibung von *susto* als »Volkskrankheit«, unter der nur bestimmte ethnische Gruppen litten. Als ob nicht jeder Mensch eine Seele hätte! Der Grund für meine Abkehr von den etablierten Einrichtungen lag denn auch vor allem darin, daß die westliche Medizin in der Diagnose und Behandlung von Krankheit Seele und Geist nicht genügend berücksichtigt. Doch solange die Bedürfnisse der Seele nicht angegangen werden, ist das, was man für Körper, Geist und Emotionen tun kann, beschränkt.

Als ich an der University of California in Los Angeles mit sexuell mißbrauchten Kindern arbeitete, war die Belegschaft glücklich darüber, wenn ich Vorträge über Curanderismo hielt. Wollte ich jedoch ein Ritual zelebrieren oder Spiritualität in die Behandlung eines Patienten einbringen, dann wurde mir dies glatt verweigert. Einmal arbeitete ich mit einem achtjährigen Mädchen mexikanischer Herkunft, das von einem Nachbarn sexuell mißbraucht worden war. Das Kind wechselte zwischen Phasen unkontrollierbarer Wut und eines nahezu katatonischen Zustands, in dem es einfach nur in einer Ecke saß und sich weigerte, mit irgend jemandem zu sprechen, hin und her. Als ich eine Besprechung mit den Eltern hatte, fragten sie mich, ob es möglich sei, mit dem Mädchen eine Seelenrückführung durchzuführen. In ihrer Diagnose waren sie nämlich zu dem Schluß gekommen, daß ihr Kind unter *susto* litt, was natürlich zutraf. Die Diagnose des Krankenhauses lautete »posttraumatisches Streßsyndrom«. Als ich an die Ärzte des Krankenhauses mit der Bitte herantrat, eine Seelenrückführung als Bestandteil der Behandlung durchführen zu dürfen, lehnten sie dies ab und bezeichneten mein Vorhaben als »unbekanntes medizinisches Verfahren, das die Situation des Patienten verschlechtern könnte«. Sie hatten die Befürchtung, daß die Seelenrückführung die »Psychose verschlimmern würde«. Diese Art Situation habe ich wieder und wieder immer dann erlebt, wenn ich in einer schulmedizinischen Einrichtung auf spiritueller oder seelischer Basis eingreifen wollte.

Nur dreimal während meiner ganzen Zeit in diesen Institutionen haben Ärzte mich tatsächlich holen lassen, um spirituell zu intervenieren. In jedem der Fälle akzeptierten die Ärzte meine Hilfe nur, weil sie wußten, daß ich sowohl in Curanderismo als auch in westlicher Medizin ausgebildet war. Einmal wurde ich konsultiert, um einen Mann im Gefängnis von Santa Fe zu beurteilen, der unkontrollierbare gewaltsame Ausbrüche hatte. Dem Gefängnispsychiater hatte er erklärt, daß er *embrujado,* verhext, sei, und der Arzt wollte der kulturellen Herkunft des Insassen gerecht werden. Als Curandera mit psychiatrischer Ausbildung war ich offensichtlich die ideale Person, um ein Gespräch mit ihm zu führen. Wie erwartet stellte sich jedoch heraus, daß der Mann nicht verflucht worden war, sondern unter paranoider Schizophrenie litt. Ich hörte mir seine Probleme an und verabreichte ihm dann eine *limpia.*

Ich bin immer der Auffassung gewesen, daß Ärzte und Curanderos in der Zusammenarbeit ausgezeichnet voneinander profitieren könnten. Meine medizinische Ausbildung hat mich ohne Zweifel im Erkennen der Anzeichen für organische Erkrankungen geschult. Wenn ich feststelle, daß Klienten einen verdächtigen Ausschlag, einen Knoten in der Brust haben oder ein Verdacht auf Bluthochdruck besteht, dann rate ich ihnen immer, möglichst bald ihren Arzt aufzusuchen. Ich überweise viele meiner Klienten außerdem an Ärzte, um umfassende medizinische Gesundheitschecks und Laboruntersuchungen vornehmen zu lassen. Wenn jemand bereits bei einem Arzt in Behandlung ist, dann rufe ich diesen an und bespreche mich mit ihm.

Doch es kommt vor, daß ein Arzt seinem Patienten nicht helfen kann, weil westliche medizinische Praktiken die Seele und den Geist meist außen vor lassen. Je weiter die medizinische Wissenschaft ins zwanzigste Jahrhundert vorgestoßen ist, desto mehr nahm ihre Aufsplitterung in voneinander getrennte Bereiche zu: Obwohl auch hier die Erkenntnisse der Psychosomatik mehr und mehr Verbreitung finden, scheint der Körper noch immer zum Arzt zu »gehen«, der Verstand zum Psychiater und die Seele und der Geist in die Kirche. Ich bin zutiefst davon überzeugt, daß es falsch ist, den Menschen auf diese Weise zu segmentieren. Wenn wir wirkliches und anhaltendes Wohlbefinden erreichen wollen, dann dürfen wir die Seele nicht vor dem Krankenhaus oder dem Behandlungszimmer des Arztes »stehenlassen«.

Selbst wenn sich jemand »nur« ein Bein bricht, muß nicht allein der Bruch des Knochens behandelt werden, sondern auch der *susto*, der damit einhergeht. Wenn der Körper in seiner Bewegungsfreiheit durch ein gebrochenes Bein eingeschränkt ist, dann sehnt sich der Geist nach Mobilität, um all die Dinge zu tun, an die er gewöhnt ist. Selbstverständliches und Alltägliches wie das Gehen und Anziehen werden auf einmal zu herausfordernden Aufgaben. Es kommt sogar vor, daß die Betroffenen dann starke Gefühle von Machtlosigkeit entwickeln, weil sie nun bei der Verrichtung intimer Tätigkeiten auf die Hilfe des Partners, eines Familienmitglieds oder Freundes angewiesen sind. Sie müssen mit Gefühlen der Unfähigkeit und Angst fertig werden und mit ihren Sorgen etwa darüber, daß sie nun in der Firma fehlen oder an einem anderen Platz, wo sie gebraucht werden. Nicht selten kommt noch die Frage hinzu, wie die Patienten die Krankenhausrechnungen bezahlen sollen, wenn sie nicht ausreichend versichert sind. Abhängig von der Schwere des Bruches denkt der Betroffene darüber nach, wie gut sein Bein wieder funktionieren wird, nachdem der Gips nur erst einmal abgenommen wurde, und wie lange er braucht, um wieder richtig gehen zu können. Alle Elemente der Persönlichkeit sind aus dem Gleichgewicht geraten. Das Bein in Gips zu packen und dem Patienten zu versichern: »Das war's. Alles wird gut« ist einfach nicht genug. Dadurch kann sich die Not ihrer Seele nicht verringern, und auch der Schmerz des emotionalen Aufruhrs wird nicht weniger.

Das Wesen des Geistes

Viele Menschen wissen nicht, was denn eigentlich der Unterschied zwischen dem Geist und der Seele ist. Nach unserer Tradition ist der Geist im wesentlichen die Hülle, die die Seele vor Schaden schützt. Wenn der Geist einigermaßen gesund ist, dann trifft dies auch auf die Seele zu. Wie aber erhalten wir unseren Geist bei guter Gesundheit? In der Lehre, die mir meine aztekischen Lehrer vermittelt haben, ist der Geist der Bestandteil unserer selbst, der die Gesamtsumme unserer Ernährungsgewohnheiten darstellt, ob sie nun gut oder schlecht sind; er ist die Energie, die unsere Gefühle herstellen, ob sie sich nun im Gleichgewicht befinden oder nicht; und er ist die Kraft, die unsere Gedanken erzeugt. Der Geist ist außerdem die Summe unserer Bildung und unserer Zielsetzungen sowie der Teil unseres Wesens, der uns mit dem »Großen Geist« verbindet. Ein starker Geist wirkt als Puffer für äußere Negativeinflüsse, ebenso wie die Haut beziehungsweise Schale einer

Frucht diese vor dem Schlechtwerden oder vor bestimmten Insekten schützt.

Der Zustand unseres Geistes wirkt sich auch auf unsere sozialen Beziehungen aus; er spielt eine entscheidende Rolle dabei, ob andere Menschen sich uns in Liebe zuwenden oder sich von uns abgestoßen fühlen. Ein Geist, der mit Energien überfrachtet ist, die ihm nicht gehören, wird träge, schwer und wenig wünschenswert. Wenn wir ungesunde Gewohnheiten kultivieren oder in unangenehmen vergangenen Ereignissen steckenbleiben, dann kann unser Geist sprichwörtlich modrig werden und austrocknen. Andere Menschen begeben sich nicht gern in den Einflußbereich solcher Energien. Wenn der Geist leicht, gesund und ausgeglichen ist, in einer Frequenz vibriert, die in jener des universellen Geistes widerhallt, dann zieht er andere Menschen an und inspiriert sie dazu, sich seiner Energie und seinem Licht zu nähern. Die Art und Weise, wie wir uns um unseren Geist kümmern, und die Entscheidungen, die wir bewußt oder unbewußt für unser Leben treffen, bestimmen auch, ob wir eine gesunde Beziehung zu uns selbst, zu unserer Familie, zu unserer Gemeinschaft und zu allem Lebendigen haben.

Ein aztekisches Gebet, das für mich von großer Bedeutung ist, endet mit den Worten: »... auf daß wir alle Licht, Frieden, Liebe, Bewußtsein und Harmonie erlangen mögen!« Die Gesamtsumme dieser fünf Elemente – die alle miteinander im Gleichgewicht sind – ist es, was die Azteken als »fünfte Himmelsrichtung« bezeichnen. Die Erlangung von Harmonie ist eine entscheidende Voraussetzung für einen starken und ganzheitlichen Geist. Die erste »Zutat« für die Herstellung dieser Harmonie ist die Liebe zum eigenen Selbst – zum *ganzen* eigenen Selbst. Wenn wir lernen, auch unseren Schatten zu lieben, also den Teil von uns, den wir verurteilen und kritisieren, dann können wir auch lernen, alles andere Lebendige zu lieben. Und wenn wir uns in Harmonie mit uns selbst befinden, dann können wir sogar zu den Bakterien in unserem Körper eine harmonische Beziehung haben und damit unsere physische Gesundheit fördern.

Da die Seele dynamisch ist und sich entwickelt, benötigt sie die Energie eines intakten Geistes, um sie dazu anzutreiben, daß sie ihr volles Potential ausschöpft. Um den Geist zu heilen, ihn bei Kräften zu halten und um Harmonie zu erreichen, müssen wir daran arbeiten, völlig bewußt zu werden. Das bedeutet, daß wir die vollständige Verantwortung für unsere Gedanken und Handlungen übernehmen und daran arbeiten, unsere Wunden zu heilen, damit wir uns an uns selbst erinnern und die großen Zusammenhänge erkennen können. Diese Dinge sind es, die für die Entstehung eines leichten Geistes sorgen, der einfacher seinen Weg zum göttlichen Geist findet, weil er Gottes Licht zu *sehen* vermag und von ihm angezogen wird.

Mit beiden Beinen fest auf dem Boden stehen

Ob unsere Seele sich von traumatischen Ereignissen erholen kann oder nicht, hat sehr viel damit zu tun, ob unser Geist auf gesunde, Schutz bietende Weise funktioniert. Wenn der Geist stark ist, dann können wir schwierige Situationen mit einem gewissen Maß an Würde überwinden, Härten überstehen, und wir lassen uns nicht so leicht unterkriegen.

Wie wahr dies ist, läßt sich an den Lebensgeschichten zweier Männer demonstrieren, die ich behandelt habe und die beide sehr stark dadurch verwundet worden waren, daß es ihnen nicht gegönnt war, aufrecht zu stehen und ihren Weg durchs Leben auf starken Beinen zu gehen. In den achtziger Jahren, lange bevor ich als »Full-time-Curandera« zu arbeiten begann, lernte ich einen beeindruckenden Mann namens Ruben und seine Frau Rosa kennen. Dieses Paar hatte sich auf der High-School kennengelernt und sehr ineinander verliebt. Ruben war ein gutaussehender Chicano, extravertiert, und Rosa eine dunklere, attraktive Chicana, für die ihre beiden Kinder alles waren. Ruben hatte seine Einberufung nach Vietnam kurz nach seinem High-School-Abschluß erhalten, und die beiden heirateten, kurz bevor er ins Kampfgebiet verschifft wurde.

Ich lernte das Paar kennen, als ich die Stationsleiterin der psychiatrischen Abteilung in einem Lehrkrankenhaus war. Wir hatten dort ein Zimmer, dessen besonderes Merkmal eine Theke war, die bis zur Brusthöhe reichte, und Ruben hatte Spaß daran, mir einen Schock zu versetzen, indem er sich »aufrecht davor aufbaute«, wenn er seine Schmerzmedikamente holte. Der Grund, warum mich dies aufschrecken ließ – mein Büro befand sich unmittelbar hinter dem Stationszimmer –, war die Tatsache, daß er dort unmöglich stehen konnte. Seine beiden Beine waren über den Knien amputiert! Er hatte sie in Vietnam verloren, als er mehrere seiner Kameraden zu retten versuchte. Es bereitete Ruben unglaubliche Freude, sich mit seinem kraftvollen Oberkörper so an der Theke abzustützen, daß es von meiner Position aus so aussah, als stehe er dort ganz normal auf seinen Beinen.

Ruben haßte den Rollstuhl, aber vor allem haßte er seinen versehrten Körper. Vor dem Verlust der Beine, der ihm mit der Ehrenmedaille des Kongresses honoriert wurde, maß er mehr als eins achtzig und war ein Athlet. Er hatte gern Rugby und Basketball gespielt und es insbesondere genossen, barfuß auf den Sandstränden an der kalifornischen Küste entlangzulaufen, an denen er und Rosa aufgewachsen waren. Er war ein beliebter, gutaussehender Mann mit einem großen Herzen, doch sein Kriegserlebnis hatte einen Tribut von seinem Geist gefordert: Er entwickelte eine Abhängigkeit von Schmerzmitteln, Alkohol und Pot und versuchte zweimal, sich das Leben zu nehmen.

Ich fühlte mit Ruben. Ich gab mir viel Mühe, mit ihm gemeinsam an seinen Süchten und seiner Selbstmordgefährdung zu arbeiten, und baute ein starkes Beziehungsband sowohl mit ihm als auch mit seiner Frau auf. Rosa, eine außergewöhnliche Frau, liebte ihren Mann wirklich und genau so, wie er war, und sie hielt fest zu ihm. Manchmal jedoch waren die Dinge für die beiden besonders schwer. Aus diesem Grund bemühte ich mich außerdem, sie in der Eheberatung zu unterstützen. Sosehr Ruben seine Frau und seine Kinder auch liebte, seine Seele, so sagte er mir, sei in Vietnam gestorben. Ohne seine starken athletischen Beine fiel es ihm schwer, sich noch als Mann zu fühlen. Er war wieder und wieder im örtlichen Veteranenkrankenhaus und in der psychiatrischen Station aufgenommen worden, auf der ich arbeitete, doch das alles schien ihm wenig zu helfen. Was wirklich der Heilung bedurfte, war Rubens gebrochener Geist, aber in dem modernen Medizinbetrieb verstand man nichts von einer solchen Art Behandlung, und sie hatte hier auch keinen Platz. Mir war das klar, und ich tat mein möglichstes innerhalb der Grenzen der Krankenhausbestimmungen, denen ich entsprechen mußte; aber ich hatte die Befürchtung, dies könnte nicht genug sein.

Eines Abends, als ich zu Hause war und gerade ins Bett gehen wollte, erhielt ich einen Anruf von Rosa. Sie weinte so sehr, daß ich sie kaum verstehen konnte. Unter Tränen teilte sie mir mit, daß Ruben sich am Nachmittag umgebracht hatte, indem er sich mit einem Schrotgewehr in den Kopf schoß. Rosa flehte mich an, ihr eine *limpia* zu geben. Sie hatte mich einen Vortrag über Curanderismo halten hören und suchte nun verzweifelt nach einer Möglichkeit, mit dem großen Schmerz ihrer Traurigkeit fertig zu werden. Ich hatte keine Ahnung, woher sie meine Nummer wußte, und es widersprach klar den Krankenhausbestimmungen, sie jetzt zu sehen. Aber ich brachte es einfach nicht fertig, sie mit ihrer Trauer allein zu lassen, und beschrieb ihr den Weg zu meinem Haus.

Als sie schließlich eintraf, konnte ich es nicht fassen, in welchem Zustand sie sich befand. Sie roch nach Pot und war dermaßen betrunken, daß sie kaum gerade gehen konnte. In ihrem

Kummer war sie so verzweifelt – ich wußte nicht, was ich mit ihr anstellen sollte. Außerdem spürte ich meinen eigenen durch Rubens Tod ausgelösten *susto*. Ich sah ihn ständig aufrecht vor mir, wie er sich an der Theke mit seinem Oberkörper abstützte und so tat, als habe er Beine. Ich konnte es einfach nicht fassen, daß dieser kräftige Mann nun tot war.

Da ich nicht wußte, was ich tun sollte, bat ich Rosa, sich mit dem Gesicht zu mir zu setzen, während ich um göttliche Intervention betete. Ich forderte sie auf, die Augen zu schließen und ein paar tiefe Atemzüge zu tun. Ich verbrannte Kopalharz und hüllte sie in den heilenden Rauch ein. Ich selbst schloß meine Augen, ergriff ihre Hände und begann zu sprechen. »Du hast Ruben besser gekannt und mehr geliebt als irgend jemand sonst, Rosa. Sag mir, was er jetzt gerade tut!«

Tränen liefen ihr die Wangen hinunter, und ein Lächeln machte sich auf ihrem Gesicht breit. »Er läuft! Der Mistkerl läuft!«

»Wo ist er?« wollte ich wissen. Ich wußte, daß sie ihn deutlich vor ihrem inneren Auge sah. »Er ist zu Hause«, flüsterte sie, »am Strand. Ich kann seine Fußabdrücke im Sand sehen. Er liebt das Gefühl, wenn seine Füße sich in den Sand drücken. Er ist frei, läuft so schnell, wie seine Beine ihn tragen können.«

Ich hielt Rosa umarmt, als sie ihrem Kummer freien Lauf ließ, und dankte dem Schöpfer im stillen für Seine Gegenwart und Führung. Wir beide wußten, daß Ruben sich nun an einem besseren Ort befand. Trotzdem machte es mich traurig, daß sein Geist nicht stark genug gewesen war, um seine Seele davor zu beschützen, daß die Trauer über den Verlust seiner Beine ihn auffraß. Doch ich war mir sicher, daß Rosa schließlich wieder zu sich finden würde, weil sie ihren Mann genug liebte, um ihn gehen zu lassen.

Bei Mike allerdings war es eine ganz andere Geschichte. Der zweiundfünfzigjährige Chicano kam vor kurzem zu mir und bat mich um eine *limpia*, weil er seinen alten Arbeitsplatz verloren und noch keinen neuen gefunden hatte. Linda, seine Frau, mit der er seit vierunddreißig Jahren verheiratet war, kam mit ihm. Dieses Paar hatte eine starke und liebevolle Beziehung, und sie waren einander und ihren Kindern ergeben. Nachdem er seine Arbeitskraft zweiunddreißig Jahre lang in ein und dieselbe Bank investiert hatte, war Mike infolge von Rationalisierungsmaßnahmen gekündigt worden. Es war ihm nicht möglich, seine Rente zu beantragen, bevor er fünfundfünfzig Jahre alt wurde.

Die Zurückweisungen, denen Mike sich bei der Jagd nach einem neuen Job stellen mußte, förderten in ihm altvertraute Gefühle der Wut und Ablehnung zutage. Er war im Alter von sechs Monaten an Kinderlähmung erkrankt und hatte erst mit fünf Jahren Gehen gelernt. Er erinnerte sich daran, daß er sich vorwärts bewegte, indem er sein linkes Bein nach sich zog und sich an Möbelstücken festhielt. Als er sieben war, mußte er eine Behandlung seiner schwachen Beinmuskulatur über sich ergehen lassen, die daraus bestand, daß der Arzt das kranke Bein zweimal am Tag mit Elektroschocks malträtierte. Das Verfahren war äußerst schmerzhaft, und er haßte es. Unterdessen mußte er eine Schiene tragen, um sein schwaches und verkümmertes Bein zu stützen. Die Kinder in der Schule machten sich über ihn lustig und äfften sein Hinken nach, und bis zum heutigen Tag bekommt Mike einen Wutanfall, wenn er das Wort *cojo*, hinkend, hört. »Zurückweisung wurde mein größter Feind«, erzählte er mir. »Und ich habe deshalb viele Auseinandersetzungen gehabt. Wenn sich die Leute über mich lustig machten, dann griff ich sie an und mußte fortgeschleppt werden, weil ich fast bereit war, einen Mord zu begehen.«

Mike hatte zahlreiche Operationen über sich ergehen lassen müssen und einen Großteil seiner Kindheit im staatlichen Krankenhaus für gelähmte Kinder zugebracht. Viele der Operationen, die dort an ihm vorgenommen wurden, befanden sich noch im Stadium des Experiments, und im Schnitt mußte er nach jeder von ihnen noch drei Monate im Krankenhaus bleiben. Dabei war er meistenteils von seiner Familie vollkommen abgeschnitten, da die Klinik mehrere hundert Kilometer von seinem Zuhause in Tucumcari, New Mexico, entfernt war. »Ich erinnere mich, als ich das erste Mal ins Krankenhaus kam«, erzählte er mir, »habe ich meine Mama zwei Wochen lang nicht gesehen und konnte nicht aufhören zu weinen, weil ich solche Schmerzen hatte und mich so verlassen fühlte. Die Krankenschwestern ermahnten mich, daß nur Babys weinten und daß ich, wenn ich nicht aufhörte, in die ›Dunkelkammer‹ gesperrt würde. Das lehrte mich, meine Tränen zu verbergen, und ich wuchs mit viel Wut im Bauch heran.« Mike mußte schwere, hochgeschlossene schwarze Schuhe und eine Schiene tragen, bis er einundzwanzig Jahre alt war.

»Sich einfügen«, wurde entscheidend für Mike. Er legte drei Kilometer auf Krücken zurück, damit er den Schulweg gemeinsam mit seinen Schulkameraden machen konnte. Als der Sportlehrer sich weigerte, ihn in der Baseballmannschaft mitspielen zu lassen, machte er den Batboy und kümmerte sich um die Ausrüstung des Teams. Mike lernte Saxophon spielen, um sich der Schulband anzuschließen; und er fühlte sich gedemütigt, als der Schulleiter ihm verbot, bei den anderen Kinder mitzumarschieren, weil er nicht Schritt halten konnte. Er durfte nur bei Konzerten und im Footballstadion mitspielen.

Mike erzählte mir, daß es am schwersten für ihn war, sich für den Sportunterricht umzuziehen. Wenn er in der Kabine seine Kleidung ablegte, konnt er sein verkrüppeltes Bein nicht mehr länger vor seinen Kameraden verbergen. Er kompensierte diese Schwäche, indem er hart trainierte und seinen Oberkörper kräftigte. Ganz egal, wie sehr er sich auch anstrengte, er hatte nicht einmal annähernd eine Chance, mit normaler körperlicher Aktivität mitzuhalten. Einmal bestand er in der Turnhalle darauf, mit den anderen Jungen ein Seil hinaufzuklettern, nur um dann mehrere Meter über dem Boden festzustellen, daß er nicht mehr herunterkam. Bei einer anderen Gelegenheit war er mit seinen Freunden auf einen Güterzug aufgesprungen, nur um zu erkennen, daß er sich beim Abspringen mit seinem schwachen linken Bein würde abdrücken müssen. Bei der Landung ging seine Schiene zu Bruch. Er fühlte sich »normal«, wenn er schwimmen ging, doch es war beschämend für ihn, aus dem Becken zu klettern und sich an der Wand entlang zu seiner Schiene zu ziehen.

Er hatte nicht allzu viele Verabredungen, doch wenn er ausging, dann versuchte er das Mädchen zu beeindrucken, indem er sich besonders um seine Kleidung bemühte. Er putzte seine häßlichen Schuhe, bis er sich in ihnen spiegelte, achtete darauf, daß sein Hemd und sogar seine Jeans gut gestärkt waren.

In den Teenagerjahren wurden weitere schmerzhafte Operationen an ihm vorgenommen, wozu auch ein Eingriff an seinem gesunden Bein gehörte. Da sein krankes mit dem Wachstum des anderen Beins nicht mithalten konnte, entschied der Arzt, etwas zu unternehmen, damit das gesunde aufhörte zu wachsen. Dies hatte zur Folge, daß Mike schließlich kleiner war, als er es eigentlich hätte sein müssen. In diesem Alter fing er an, seine Schmerzen mit Alkohol und Schmerzmitteln zu bekämpfen.

Mike lernte Linda kennen, als er zwanzig und sie neunzehn Jahre alt war. »Sie ist das Beste, was mir je zugestoßen ist«, sagte er. »Sie gab mir das Gefühl, liebenswert zu sein, und das tut sie auch heute noch. Schon immer wollte ich die Sterne für sie vom Himmel holen.« Sie hatten drei Töchter zusammen aufgezogen und sich als gesegnet und glücklich empfunden, bis Mike seine Arbeit verlor.

Die neuerliche Zurückweisung, die Mike nun erfuhr, verlangte seinem Geist einen hohen Preis ab. Bei einer Sitzung erzählte er mir: »Ich habe mich bei sechzig Stellen beworben und von jeder eine Absage kassiert. Ich kann nichts anders, als zu glauben, daß das etwas mit meiner Behinderung zu tun hat. All die alten Gefühle, von denen ich meinte, daß ich sie unter Kontrolle hätte, kommen zurück.« Obwohl Linda und seine Familie ihm die Bestätigung gaben, die er brauchte, hatte er entsetzliche Angst davor, schließlich von seiner Frau abhängig zu sein. Mit dem Geld aus der Arbeitslosenversicherung, den Einkünften aus Lindas Vollzeitbeschäftigung und seiner Gage, die er am Wochenende für die Auftritte mit einer Band erhielt, schafften sie es so gerade, aber eben nur knapp. Für Mike war das einfach nicht genug. Die Vorstellung, daß sie für den Rest ihres Lebens würden kämpfen müssen, um sich finanziell über Wasser zu halten, flößte ihm Angst ein und machte ihn auch körperlich krank.

In Mikes Inneren befand sich eine weinende Seele, die nie wirklich hatte trauern dürfen. Bei unserer letzten Sitzung arbeitete ich mit ihm an dem wiederholten Seelenverlust, den er durch seine zahlreichen Krankenhausaufenthalte, seine chronischen Schmerzen, den Spott seiner Altersgenossen und den Selbsthaß erfahren hatte, den er für seine hinkende Seele, seinen Schatten, empfand. In Gedanken an Ruben bat ich den Schöpfer, mir dabei zu helfen, für Mike und mit Mike die Heilung zu bewirken, die er dringend benötigte.

Ich wies Mike darauf hin, daß er mit seinen zweiundfünfzig Jahren gerade das zu Ende gebracht hatte, was die Azteken als »den ersten Lebenszyklus» bezeichnen. Ich vertrat die Auffassung, daß er an dieser Stelle vor der Wahl stand. Er hatte die Möglichkeit, nach- und aufzugeben, oder aber er hörte auf, sein Daseins als bittere Herausforderung zu betrachten, kümmerte sich um seine Heilung, begrub die Vergangenheit und wählte für sich ein neues Leben. Ich machte ihm vorsichtig klar, daß einer der Gründe, warum es ihm so schwerfiel, einen neuen Arbeitsplatz zu finden, sicherlich auch etwas mit seinen noch immer vorhandenen Angst- und Haßgefühlen der Vergangenheit zu tun hatte. Außerdem gab ich zu bedenken, daß er vielleicht an der falschen Stelle nach Arbeit suchte und erst einmal einen Schritt zurücktreten mußte, um seine Vorstellungen neu zu bewerten.

Als ich ihm und Linda die Geschichte von Ruben erzählte, waren sie tief berührt. Mike identifizierte sich mit Ruben und gab zu: »Ich wollte immer gern Soldat sein und meinen Platz in einer Gruppe von Kriegern haben, aber ich vermute, daß ich auf meine Weise auch so manche Schlacht geschlagen und gewonnen habe. Ich weiß, daß ich, weil ich diese experimentellen Operationen erduldet habe, vielen anderen Menschen mit ähnlichen Problemen helfen konnte. Ja, im Augenblick erholt sich meine wunderbare Mutter gerade von einem Eingriff, der ohne die Forschung an Leuten wie mir nicht hätte gemacht werden können. Ihre Hände waren vor Arthritis ganz verkrüppelt, und nun sind ihre Finger wieder gerade und wunderschön. Kinder wie ich waren das Experimentierfeld, auf dem die Ärzte etwas über Muskeln, Sehnen und Knochen lernen konnten.«

Aufgrund der Arbeit, die wir bereits in Form von *pláticas, limpias* und Seelenrückführungen gemacht hatten, vermochte sein Geist Kraft und Klarheit zurückzugewinnen. Indem er bereitwillig zu mir gekommen war, um sein neues »Gesicht und Herz« anzusehen, hatte er sich für das Leben entschieden. Rubens Geist war in Vietnam mit seinen Beinen zerschmettert worden. Er war mit seinem verkrüppelten Geist umhergehumpelt, bis Drogen und Alkohol schließlich die Reste der Seele, die noch in seinem Herzen erhalten geblieben waren, zur Strecke gebracht hatten. Mike wählte einen anderen Weg und war nun bereit für die nächsten zweiundfünfzig Jahre seines Lebens. Er erinnerte sich seiner weinenden Seele und entließ Angst und Haß aus seinem Geist. Nun steht er mit beiden Beinen fest auf dem Boden. Kürzlich war ich überglücklich, von Mike eine Nachricht zu erhalten, in der er mir von dem Glück berichtete, schließlich doch noch einen Arbeitsplatz als stellvertretender Filialleiter einer Bank gefunden zu haben.

Wir müssen nicht alle derart lähmende Erfahrungen wie Ruben und Mike durchmachen, doch Mensch zu sein bedeutet, daß wir unweigerlich früher oder später krank werden oder traumatische Ereignisse durchstehen müssen. Wenn wir uns bewußt dafür entscheiden, unseren Geist zu heilen, für ihn zu sorgen und ihn zu erhalten, dann werden wir meistensteils die Kraft in uns finden, um solches Unglück von uns abprallen zu lassen.

Merkmale der Seele

Während der Geist seinem Wesen nach energetisch ist und vor allem als schützender Schild und als Vermittler zwischen uns und Gott, anderen Menschen sowie allem Lebendigen dient, ist die Seele jener Teil von uns, der alles umfaßt, was wir sind: unsere Begabungen, unsere Hoffnungen und Träume, unsere wahre Stimme, unser Wesen und unsere Identität. Weil alle Seelen einzigartig sind, kommt die Seele bei jedem Menschen seinem ganz persönlichen spirituellen Fingerabdruck gleich. Die Seele ist der Sitz der Kreativität. Sie ist nicht einfach nur passiv vorhanden, sondern in einem fortwährenden Entwicklungsprozeß begriffen, danach strebend, den einen Schritt zum Abschluß zu bringen und mit einem neuen zu beginnen.

In meiner indianischen Tradition glauben wir nicht, daß die Seele etwas da draußen im Weltall, etwas Flüchtiges und Unnahbares sei. Für uns ist sie sehr irdisch, konkret und körpernah. Diese Vorstellung unterscheidet sich von jener, wie sie im christlichen Abendland vorherrscht. An irgendeinem Punkt in ihrer Geschichte schlugen Spiritualität und Medizin unterschiedliche Wege ein, und die Seele scheint sich dem einen und der Körper dem anderen Lager angeschlossen zu haben. Ich bin der Meinung, es sei an der Zeit, dieses Schisma zu heilen.

Ein wahrer Curandero würde niemals die Essenz der Seele eines anderen Menschen »berühren«, ihm nie seine Vorstellungen aufdrängen. Denn die Seele sollte auf keinen Fall durch die Wahrnehmungen, Projektionen oder Meinungen eines anderen verunreinigt werden. In meiner Tradition glauben wir, daß wir aufhören, wir selbst zu sein, wenn unsere Seele zu tiefgreifend verletzt wurde. Der Körper mag weiterleben, aber die Seele ist tot. Im Kern hört ein solcher Mensch auf zu existieren. Es gibt viele Beispiele für derartige »lebenden Toten«. Die sich neuerlich ausbreitende Erscheinung von Jugendlichen, die Amok laufen und dabei ihre Eltern und Mitschüler umbringen, ist ein beredtes Beispiel dafür. Viele dieser Teenager haben in ihrer Kindheit Mißhandlungen von solch niederschmetternder Art hinnehmen müssen, daß sie kein Gespür mehr für ihre Identität oder ihre Hoffnung haben. Eine Seele kann sich aber im Klima der Hoffnungslosigkeit nicht entwickeln.

Es gibt zahlreiche mehr oder weniger subtile Arten, der Seele Gewalt anzutun. Während der Kindheit mußten viele Menschen erleben, wie die ständige Kritik der Eltern langsam ihre Wünsche und ihre Individualität abtrug. Wenn Eltern ihrem Kind stets die eigenen Träume und Ziele aufzwingen, dann ist auch das eine Art Seelenmord.

Eine große Zahl Menschen hat diese Art Übergriffe auf ihre Seele erdulden müssen. Sie lebten oft jahrelang vor sich hin ohne zu ahnen, daß ihnen ein großer Teil ihrer selbst versagt blieb. Dann wachen sie eines Tages auf und wissen plötzlich nicht mehr, wer sie sind, weil sie Jahre damit zugebracht haben, das Leben anderer zu leben. Sie weinen und fühlen sich leer, aber sie haben keine Vorstellung davon, warum das so ist.

Angela, eine Frau Mitte Dreißig, suchte mich beispielsweise auf, weil es Probleme in ihrer Ehe gab. Ohne sich darüber im klaren zu sein, hatte sie für die gesamte Dauer ihrer Partnerschaft die Bedürfnisse des Gatten und des gemeinsamen Kindes den eigenen immer vorangestellt. Damit schwächte sie fortgesetzt ihre Identität und ihren Selbstwert. Im Laufe der Jahre entwickelte sie dann eine Besessenheit hinsichtlich ihrer äußeren Erscheinung. Weil sie sich so unsicher fühlte und im Hinblick auf ihr Aussehen gehemmt war, veränderte sie ständig ihren Kleidungsstil und ihre Haarfarbe. Hatte sie fünf Pfund zugenommen, nahm sie Abführmittel und führte künstlich Erbrechen herbei. Jedesmal wenn sie zu einem gesellschaftlichen Ereignis eingeladen war, brachte sie Stunden damit zu, verschiedene Outfits auszuprobieren und den richtigen Look für den Abend zu finden. Die Vorstellung, daß sie einen Raum voller Menschen zufriedenstellen mußte, bereitete ihr Todesängste. Würden »die und die« sie kritisieren, weil sie zu sexy, zu pummelig oder zu modebewußt aussah? Da sie sich selbst nicht einzuschätzen wußte, mußte sie sich durch jedermanns Meinung definieren lassen, und sie zermarterte sich den Kopf darüber, wie sie sich nur präsentieren konnte, um für alle akzeptabel zu sein. Wenn sie in den Spiegel blickte, was sie mit zwanghafter Häufigkeit tat, sah sie jedesmal eine Fremde.

Wie bei vielen Frauen in unserem Kulturkreis, die sich zwanghaft mit ihrem Gewicht oder ihrem Aussehen beschäftigen, sehnte sich auch Angelas Seele danach, endlich wahrgenommen, endlich gefunden zu werden. Unbewußt war ihr klar, daß sie Hilfe brauchte, aber sie wußte nicht, wie sie darum bitten sollte. Statt dessen legte sie sich körperliche Beschwerden zu, um die Liebe einzuklagen, die sie nicht erhielt. Wenn sie einen Schmerz hatte, dann hoffte sie, ins Krankenhaus zu müssen, damit die Menschen sich ihr zuwandten. Hatte sie Bauchweh, dann stellte sie sich vor, es sei Magenkrebs, weil sie dann umsorgt, gehegt und gepflegt würde. In Wahrheit versuchte sie mit all diesen Leiden jedoch nur zu sagen: »Meine Seele ist verletzt und braucht Hilfe.«

Die Menschen beklagen sich häufig über körperliche Beschwerden oder entwickeln sie tatsächlich, um die Aufmerksamkeit auf die Bedürfnisse ihrer Seele zu richten. Ich hatte eine

Klientin, die, als sie noch sehr jung war, sexuell mißbraucht wurde und nie dazu fähig gewesen war, irgend jemandem davon zu erzählen. Als Kind fiel sie andauernd hin. Wenn sie dann mit blutigen Knien zu ihren Eltern und Lehrern lief, versuchten diese herauszufinden, was dahintersteckte. Hatte sie zu schwache Knöchel? Wuchs sie zu schnell, und war sie tolpatschig, weil sie unter Wachstumsschmerz litt?

Später, als Erwachsene, erkannte die Frau, daß sie mit diesem Symptom in Wirklichkeit um Hilfe rief. In ihren jungen Jahren hatte sie noch nicht sagen können: »Bitte helft mir, meine Seele ist verletzt.« Sie konnte ihren Mitmenschen nur die blutigen Knie zeigen, das war die physische Manifestation ihrer verwundeten Seele. Sie besaß keine Worte für die Tatsache, daß sie vergewaltigt worden war, aber ihre Seele wußte, daß sie Liebe, Verständnis und Heilung brauchte.

In meiner Kultur war es immer bekannt, daß die Seele ebenso tief verletzt werden kann wie Körper, Verstand und die Gefühle. Wir nennen diese Art von Verletzung wie gesagt *susto*. Wortwörtlich übersetzt, bedeutet dies »Seelenangst« oder »-verlust«. Weil die Seele heilig ist und im »Kern« niemals manipuliert werden darf, »läuft sie fort« und »versteckt sich«, als sei sie in der Zeit festgefroren, wenn sie durch eine traumatische Erfahrung entweiht wird. Vielleicht sind wir nicht dazu in der Lage, zu sagen: »Ich bin im Alter von drei Jahren sexuell mißbraucht worden«, aber die Seele wird sich eine andere Ausdrucksmöglichkeit suchen; und es kann sein, daß wir dann wie in dem Beispiel etwa unsere ganze Kindheit lang ständig hinfallen, um damit zu signalisieren: »Sieh doch, mir ist etwas Furchtbares zugestoßen.«

Seelenverlust vermag sich auch in anderen Aspekten unserer selbst zu manifestieren, etwa darin, ob wir mit der vollen Kraft unserer Stimme singen, rufen oder sprechen können. Eine Frau erzählte mir beispielsweise, daß, als sie sechs Jahre alt war, ein Vergewaltiger von hinten an sie herangetreten war und sie an der Gurgel gepackt hatte. Während er ihr die Luft abdrückte und sich an ihr verging, glaubte sie, sterben zu müssen. Von diesem Augenblick an konnte sie nur noch mit einer kleinen, flüsternden, kraftlosen Stimme sprechen. Die Fähigkeit, durch eine emotionale Sprache Gefühle wie Wut und Schmerz zum Ausdruck zu bringen, war ihr fortgenommen worden. Wenn sie dafür sorgen wollte, daß ihre Kinder sich anständig benahmen, dann kam aus ihrem Mund nichts als ein kleines, mitleiderregendes Jaulen.

Als ich mit ihr arbeitete, konzentrierte ich mich insbesondere darauf, ihr dabei zu helfen, die Stimme in ihrer vollen Bandbreite zurückzuerobern. Während sie Bilder malte, forderte ich sie auf, bestimmte Laute zu bilden, um ihre Stimme freizusetzen. Das fiel ihr äußerst schwer. Dann, eines Tages, als sie zu Hause war und ihre Kinder sich besonders wild gebärdeten, hörte sie sich selbst plötzlich laut und kraftvoll sagen: »Nun laßt das aber bleiben!« Sie konnte es nicht glauben, daß sie selbst es war, die da sprach. Nach diesem ersten Durchbruch verbesserte sich ihre Artikulationsfähigkeit immer mehr.

Seelenverlust kann jederzeit durch Traumata und Schocks wie auch durch die Verletzung oder Mißachtung unseres Wesens ausgelöst werden. Selbst wenn Sie ein Mensch sind, dem nie irgend etwas Dramatisches zugestoßen ist, sind Sie nicht vor *susto* gefeit. Jeder hat zum einen oder anderen Zeitpunkt aufgrund der gesellschaftlichen Normen, die zu übernehmen wir gezwungen sind, einen Teil von seiner Seele verloren. Dieser Verlust kann sich im Haus unserer Eltern, in der Schule, bei unserer ersten Verabredung, beim Studium, im Beruf oder in unserer Ehe ereignet haben. Während einige mit diesen kleinen *sustos* ziemlich gut zurechtkommen, ohne sich dabei wirklich zu verlieren, erleben andere, die sehr sensibel sind, diese Ereignisse als äußerst verletzend.

Eine der Geschichten, die ich in diesem Zusammenhang häufig in meinen Workshops erzähle, illustriert, wie wir in der

Kindheit Teile von uns selbst verlieren. Martita ist ein dreijähriges kleines Mädchen, welches noch nicht wirklich weiß, daß Bäume und die Erde nicht sprechen können. Sie wacht eines Morgens auf und hört, wie die Vögel ihr etwas vorsingen. Sie hört die Bäume sagen: »Komm raus und spiel mit uns.« Voller Freude springt sie aus dem Bett, zieht sich an und geht in den Hinterhof. Dort findet sie einen winzigen Vogel, der aus seinem Nest gefallen ist. Sie hebt ihn auf und hält ihn in ihrer Hand, spürt die warme Brust des Vogels und das Leben, das in dem Tier pulsiert. In diesem Augenblick spürt sie, daß sie eins mit der ganzen Natur, mit allem Leben ist.

Außerdem lernt sie noch eine andere Lektion: Sie ist groß. Wenn sie zu ihren Eltern aufblickt, dann sieht sie Giganten, die sie in die Arme nehmen, sie halten und sich um sie kümmern; doch für diesen winzigen Vogel ist auch sie eine Gigantin. Es gibt einige Dinge in der Welt, die kleiner sind als sie selbst, und diese Erkenntnis läßt sie wachsen. Als der Vogel seinen kleinen Schnabel aufsperrt, erkennt sie, daß er hungrig ist. Sie setzt ihn wieder auf den Boden, läuft ins Haus zurück und ruft: »Mami, Mami, ich habe einen kleinen Vogel im Hinterhof gefunden. Ich habe ihn in meiner Hand gehalten, und er hat mir gesagt, daß er hungrig ist. Was soll ich tun?«

Statt daß sie dem Kind hilft, den Vogel zu füttern, verzieht sich das Gesicht der Mutter wütend, und sie kreischt: »Was? Du hast einen Vogel angefaßt? Martita! Weißt du denn nicht, daß Vögel Krankheiten übertragen? Faß nie wieder ein solches Tier an. Geh sofort in dein Zimmer.«

Das kleine Mädchen zieht sich auf sein Zimmer zurück und weint. Plötzlich ist ihm etwas fortgenommen worden, das so schön und geheimnisvoll war und ihm so ein großartiges Gefühl gegeben hatte. Wenn die Kleine an den Vogel denkt, dessen winziges warmes Herz gegen ihre Handfläche schlug, sieht sie nun das wütende Gesicht ihrer Mutter vor sich. Weil sie die Mutter liebt, sie braucht, ohne sie gar nicht überleben kann, räumt sie ihr Zimmer auf und malt der Mutter ein wunderschönes Bild. Sie geht hinunter, gibt ihr das Gemälde und sagt: »Sieh doch, was ich für dich gemacht habe, Mami.« Die Mutter schaut sich das Bild an. »Braves Mädchen«, sagt sie. »Und hast du auch dein Zimmer aufgeräumt?« – »Ja, Mami«, antwortet die Kleine. »Braves Mädchen«, wiederholt die Mutter.

Martita hört die Botschaft hinter dem, was ihre Mutter sagt, und sie lernt, daß »brave Mädchen« bestimmte Dinge tun und andere nicht. Sie malt ein Bild für ihren Vater und wird auch von ihm gelobt. In der Schule macht sie ähnliche Erfahrungen. Schon bald hat sie herausgefunden, daß man andere zufriedenstellen muß, wenn man ein »gutes Mädchen« sein will, also versucht sie genau dies zu tun. Doch ein Teil ihrer Seele geht bei dieser Sozialisation verloren, ein Teil des Menschen, der sie wirklich ist, und ein Teil dessen, was sie fühlt.

Eines Tages, als sie mit ihren Schulkameraden die Straße hinuntergeht, sieht einer von ihnen einen kleinen Vogel, der aus dem Nest gefallen ist und nun um Hilfe ruft. Die Freundin will sich zu dem Vogel niederbeugen, um ihn zu untersuchen, doch die kleine Martita hält sie zurück. »Faß ihn nicht an! Vögel übertragen schreckliche Krankheiten!« Die Freude, die sie einst empfunden hatte, weil sie sich als Teil der Natur fühlte, wurde durch Angst ersetzt. Ihre natürlichen Reaktionen auf den hilflosen, warmen, lebendigen kleinen Vogel wurden von einer Abneigung abgelöst, die ihrem ganzen Wesen widerspricht, aber trotzdem nun ein Teil von ihr ist. Ihre Fähigkeit, spontan und mit offenem Herzen auf das Leben zu reagieren, wurde unterdrückt. Sie wagt es nicht mehr, sich ursprünglich zu verhalten, doch sie erinnert sich später nicht mehr daran, wie es dazu kommen konnte.

Alle Teile unserer selbst akzeptieren

Um »ganz« zu sein, müssen wir Zugang zu allen Teilen unseres Wesens haben. Wir gehen zum Curandero oder zur Curandera, damit sie uns dabei unterstützen, diese verlorenen Teile unserer Seele zu identifizieren und sie zurückzuholen. Der Curandero hilft uns bei der Frage »Was für ein Mensch bin ich? Bin ich erdig, ruhig und weich, dramatisch, extravertiert, introvertiert, sensibel, stoisch, künstlerisch, analytisch, intellektuell, leidenschaftlich-emotional ...?« Von ihm erfahren wir, daß es keine »richtige« Antwort darauf gibt, weil es falsch ist, jemanden auf eine oder einige wenige Aspekte seines vollen Potentials zu beschränken. Wir müssen vielmehr alle Facetten des Menschen erleben, der wir sind.

Es ist ein leichtes, uns selbst zu verurteilen, weil wir durch Anpassung, die von Eltern, Lehrern und anderen Autoritätspersonen vermittelten Wertvorstellungen verinnerlicht haben. Zum Beispiel mußte ich viele Jahre lang mit der Tatsache ringen, daß ich ein sehr sensibler Mensch bin, weil mich genau diese meine natürliche physische und emotionale Sensibilität in der Kindheit immer in Schwierigkeiten gebracht hatte. Wenn meine Mutter mich zwang, zum Frühstück Weizenbrei zu essen, den ich haßte, dann erbrach ich ihn zuweilen über den ganzen Tisch. Das versetzte jeden in Aufregung. Wenn ich draußen gewesen war und mich von Kopf bis Fuß schmutzig gemacht hatte, dann wurde ich dafür manchmal vermöbelt. Ich war so empfindlich, daß niemand mich zu trösten vermochte, und weinte stundenlang. Am meisten verletzte mich in solchen Augenblicken, wenn meine Mutter *»Lágrimas de cocodrilo«* sagte – »Nichts als Krokodilstränen.« Es dauerte nicht lange, und ich haßte den sensiblen Teil meiner selbst.

Wenn ein künstlerisch veranlagtes Kind in einem Umfeld aufwächst, in dem es verpönt ist, künstlerische Neigungen zu haben und ein »großes Durcheinander« zu veranstalten, über die Linien zu malen oder dem Himmel die Farbe Grün zu geben, dann wird die ständige Zurechtweisung in der Regel schon bald zuviel für das Kleine, und es gibt bestimmte Wesensanteile seiner selbst auf. Unter solchen Umständen kann es nicht zu dem notwendigen Ausdruck dieser wichtigen Seelenaspekte kommen.

Ich wandte mich als Kind von meiner dramatischen, poetischen Seite aus einem anderen Grund ab, nämlich weil sie mich zu sehr an meine Mutter erinnerte. Mama war so dramatisch, leidenschaftlich und ichbezogen, daß ich niemals so sein wollte wie sie. Es machte mich wahnsinnig, daß sie nie eine Geschichte erzählen konnte, ohne sie auszuschmücken. Für mich waren diese Verzierungen vielmehr peinliche Lügen. Ihre Stimmungsschwankungen machten mir darüber hinaus dermaßen angst, daß ich mich vor jeglichen tiefen Emotionen fürchtete. Sie hatte als Kind in Theaterstücken mitgespielt, und sie sprach häufig darüber, wieviel Spaß ihr das machte. Deshalb entwickelte ich eine Angst vor der Schauspielerei. Als sie unmittelbar vor meinem Collegeabschluß Selbstmord beging, hatte sie sogar für jedes ihrer Kinder einen Abschiedsbrief in Gedichtform verfaßt. Also wandte ich mich immer ab, wenn ich mit Poesie in Berührung kam, weil mich ihre Energie erschreckte. Ich wurde insofern der kleinen Martita ähnlich und wandte mich angstvoll von den Dingen ab, die spontan in meiner Seele aufstiegen.

Nachdem es mir erst einmal gelungen war, diesen verlorenen Teil meiner selbst zurückzugewinnen, ergossen sich die Gedichte förmlich aus mir heraus, und ich fing an, in Theaterstücken mitzuspielen. Die leidenschaftliche, wunderschön-dramatische Frau, die ich war, kam hervor, und mein wahres Wesen konnte deutlicher zum Ausdruck kommen. Ich erkannte: Ohne diesen Teil meiner Seele würde ein wichtiger Aspekt Elenas fehlen. Es ist der Teil von mir, der in Workshops Geschichten erzählt, der das Psychodrama ermöglicht und Zeremonien entwickelt, damit meine Patienten heilen können. Es ist der Part meiner selbst, der es mir möglich macht, eine Klientin ins Badezimmer zu führen, sie mit Männerkleidung auszustaffieren und sie vor den Spiegel zu stellen, um sie durch einen Schock mit ihrem männlichen Anteil zu konfrontieren und zu ermutigen, ihn sich zurückzuerobern …

Was ist eine Seelenrückführung?

Seit einiger Zeit sind Workshops über Seelenrückführung in der New-Age-Gemeinde eine große Attraktion, doch in meiner Kultur ist das Zurückholen dieser verlorenen Anteile unserer selbst seit Jahrhunderten fest integriert. Der Brauch ist sehr, sehr alt und außerordentlich nützlich. Wenn wir sagen, daß eine Seele »verloren« oder »fortgelaufen« ist beziehungsweise sich »verbirgt«, dann ist dies natürlich metaphorisch gemeint. Mein Lehrer Ehekateotol sagt, wenn die Seele wirklich den Körper verläßt, dann sterben wir. In Wahrheit wollen wir damit bildlich zum Ausdruck bringen, daß der Teil unserer Seele, der zum Opfer von Verletzung, Gewalt oder einem Trauma wurde, verdrängt ist. Um auf das Beispiel von dem kleinen Mädchen zurückzukommen: Martita behielt eine lebenslange Angst vor Vögeln zurück. Was sie verdrängte, war das Gefühl verlorener Freiheit, die eingebüßte Fähigkeit, die Flügel auszubreiten und die emotionale Gewißheit zum Ausdruck zu bringen, daß sie eins mit der Natur ist.

Wenn dieses kleine Mädchen viele Jahre später als Erwachsene zu mir käme, dann würde ich mit ihr so viele *pláticas* durchführen, wie erforderlich wären, um festzustellen, wann und wo welche Teile ihres Wesens verdrängt worden sind. Dann führte ich sie nach Möglichkeit an den Ort, an dem sie die Erfahrung zum ersten Mal gemacht hatte. Vielleicht würden wir an diese Stelle im Hinterhof gehen, wo sie sich erstmals der Macht ihres Körpers und ihres Einsseins mit der Natur bewußt geworden war, um ihr zu zeigen, wie gut und schön diese Gefühle sind. Ich würde zu ihr sagen: »Sieh den Himmel an, das grüne Gras, spüre den Wind in deinem Gesicht, fühle die Macht der Erdenergie, die dich durchströmt. Nun stell dir vor, wie du den winzigen Vogel in deiner Hand hältst und das Leben in ihm spürst.« Ich würde mehrmals ihren Namen nennen, den verlorenen Teil ihrer Seele zu ihr zurückrufen und dann sagen: »Siehst du, du hast nichts Falsches getan. Es ist gut, die Erde in deinem Körper zu spüren; es ist gut, das Leben des verletzten Vogels durch deine Finger pulsieren zu spüren; und es ist natürlich und gut, den Wunsch in sich zu vernehmen, ihm zu helfen und ihn zu füttern. Sieh die Sonne, sie ist so wunderschön und warm, wie sie auf dich herabscheint und deine Haut in Wohlbefinden badet. Es war nie etwas Falsches daran, so zu empfinden, wie du es getan hast. Es waren andere Menschen, die dich mit Angst erfüllten, die deinem zarten, weit offenen Herzen einen Schock versetzten und es zwangen, sich zu verbergen. Jetzt komm zurück, Martita, und spüre die unglaubliche Kraft des Augenblicks, deines vollständigen Einsseins mit der Natur und die Größe deiner Seele.«

Ob sie nun an dem Ort des Verlustes stattfindet oder in der sicheren Umgebung eines Behandlungszimmers, die Seelenrückführung ist tatsächlich ein Sicherinnern an das eigene Selbst. Durch diesen Prozeß erwärmen wir vorsichtig jene Bestandteile unserer selbst, die in dem Augenblick eingefroren wurden, als sich das Verlusttrauma ereignete, und gliedern sie neu in unser Wesen ein. Wir rufen die Teile von uns zurück, die gezwungen waren, sich zu verbergen, und gestatten es ihnen, sich wieder einzufügen.

Einem Seelenaspekt die Rückkehr zu ermöglichen, verlangt manchmal die reinste Detektivarbeit. Während ich mit meinen Klienten spreche, halte ich immer auch nach Verhaltensweisen

Ausschau, die ihnen zwar normal erscheinen, die es aber keineswegs sind. Eine hysterische Angst vor Vögeln beispielsweise ist nicht natürlich, und sie würde mir zeigen, wo ich nach Martitas Trauma suchen muß, damit wir es gemeinsam heilen können.

Einmal konsultierte mich eine Frau wegen Eheproblemen. Während der *plática* erfuhr ich, daß sie nach dem Sex mit ihrem Mann sofort ins Bad ging, die Vagina ausspülte und lange duschte. Sie achtete peinlich darauf, ihren Intimbereich stets gründlich zu reinigen; und es war ihr überhaupt nicht bewußt, daß dies *keineswegs* etwas ist, was jeder nach dem Geschlechtsverkehr tut. Als ich ihren Mann bat, zu kommen und sich mit uns zu unterhalten, brachte er eine tiefe Traurigkeit darüber zum Ausdruck, daß sich seine Frau so verhielt. Ihm fehlte die Nähe nach dem Liebesakt, das Einander-in-den-Armen-Liegen, Küssen und Aneinanderkuscheln zweier Körper. Das Verhalten seiner Frau verletzte ihn, es löste bei ihm ein Gefühl des Verlassenseins aus; und er fragte sich, ob irgend etwas mit ihm selbst nicht in Ordnung war, was sie dazu veranlaßte, sich auf diese Weise von ihm zu säubern.

Nachdem ich lange Zeit mit der Frau gearbeitet hatte, fand ich heraus, daß sie als kleines Kind vergewaltigt worden war. Jahrelang hatte sie die Erinnerung daran verdrängt, doch der Geruch von Sperma, der nach dem Liebesspiel mit ihrem Mann zwischen ihren Beinen aufstieg, drohte diese stets wiederzubeleben. Ihre wirksamste Schutzmaßnahme war, so schien es ihr, ins Bad zu laufen und sich von dem Geruch zu befreien.

Es war uns glücklicherweise gemeinsam möglich, zurückzugehen, das verängstigte kleine Mädchen, das sie einmal gewesen war, zu finden, zu trösten und zu heilen. Wir konnten der Frau, die sie jetzt war, dabei helfen, sich mit den natürlichen Körpergerüchen ihres Ehemanns wohl zu fühlen.

Eine kulturelle Heilung

Häufig kann eine Seelenrückführung bewirken, daß Menschen auf gesunde Weise mit ihren ethnischen Wurzeln wiedervereinigt werden. Fünf Jahre lang arbeitete ich beispielsweise mit einer Frau namens Donna zusammen. Sie war zu mir gekommen, nachdem ihre Psychotherapeutin, die sie nach einem Selbstmordversuch in einer psychiatrischen Klinik behandelte, die Sitzungen abgebrochen hatte. Als Grund für die Beendigung der Therapie nannte die Analytikerin ihr Gefühl, daß Donna ihr die Luft abschnürte und daß sie sich über ein vernünftiges Maß hinaus für Donna verantwortlich fühlte. Ihre Patientin machte geltend, daß sie gar nicht versucht habe, sich umzubringen, sondern mitten in einem Alptraum schlafwandelte. Sie habe geträumt, ein Paar drohende Hände kämen auf sie zu. Als sie aufwachte, fand sie sich in der Küche mit einem Messer in der Hand und blutverschmiertem Arm wieder.

Eine der ersten Mitteilungen, die ich von Donna empfing, war, daß sie sich für beziehungssüchtig hielt. Sobald sie sich näher mit jemandem einließ, fühlte sie sich von Unsicherheit erfaßt und von der Angst, verlassen zu werden. Wenn ihr Partner beispielsweise übers Wochenende verreisen mußte, dann flehte sie ihn an, er solle sie nicht allein lassen. Denn sie konnte die Vorstellung, allein zu sein, einfach nicht ertragen. Natürlich vertrieb dieser erstickende Zwang, Menschen festzuhalten und unter Druck zu setzen, viele potentielle Partner.

Donna war im Alter von einem Jahr adoptiert worden und wußte nichts von ihren leiblichen Eltern. Sie war in New Mexico zur Welt gekommen, kannte aber nicht den genauen Ort. Aufgewachsen in einem kleinen Ort im südlichen Teil des Staates, zog sie mit einundzwanzig nach Albuquerque. Sie fühlte sich ihrer Adoptivmutter, die ein sehr kühler Mensch war und sie nur berührte, wenn es sich nicht vermeiden ließ, nie nahe.

Obwohl ihr Vater wärmer und liebevoller war, fürchtete Donna sich, ihn in ihr Herz zu lassen, weil sein Beruf es erforderlich machte, daß er viel auf Reisen und nur selten zu Hause war.

Als Kind hatte Donna unter verschiedenen gesundheitlichen Problemen gelitten, unter anderem einer Schilddrüsenerkrankung, chronischen Ohr- und Blasenentzündungen sowie Bettnässen. Ich gewann den Eindruck, ein Großteil ihrer körperlichen Beschwerden war auf die Ängste zurückzuführen, die ihre Adoptivmutter in ihr auslöste. Sie hatte immer das Gefühl, daß die anderen Kinder in der Nachbarschaft sie als Außenseiterin behandelten. Sie ließen sie nicht an ihren Spielen und Wettkämpfen teilnehmen und luden sie nur selten zu Feiern ein. Donna erzählte mir, daß sie einmal sogar Münzen verschluckt hatte, weil sie wußte, daß Geld Wert besaß, und wollte, daß sie ebenfalls etwas wert sei.

Donna hatte jedoch so viele andere Probleme, daß wir lange Zeit brauchten, bis wir schließlich bei dem Adoptionsthema anlangten. Weil sie mit Anfang Zwanzig brutal vergewaltigt worden war, kamen wir zu dem Schluß, daß wir uns zuerst mit diesem Thema und mit ihrer geringen Selbstachtung beschäftigen mußten. Außerdem war es erforderlich, das Ende ihrer letzten Beziehung und den Abbruch ihrer vorherigen Therapie zu betrauern. Da sie so ungeheuerlich große Verlassenheitsängste hatte, war es wichtig für mich, ein starkes Beziehungsband mit ihr zu knüpfen. Donnas Unsicherheit machte das oft schwer. Nachdem sie mir etwas von sich offenbart hatte, wollte sie dann oft von mir wissen: »Aber du wirst mich jetzt doch nicht verlassen, oder?« Einmal, als wir in ihrer Therapie bis zu einem bestimmten Punkt vorgestoßen waren, erklärte sie mir, daß sie entsetzliche Angst habe, weil ihre letzte Therapeutin sie genau an dieser Stelle aufgegeben hatte. Die Vorstellung, daß ich das gleiche tun könnte, erfüllte sie mit Entsetzen.

Nachdem Donna in all diesen Bereichen gute Fortschritte gemacht hatte, meinte ich, es sei nun an der Zeit, das anzusehen, was sich damals in ihrem ersten Lebensjahr ereignete. Als ich die Möglichkeit erwähnte, die Identität ihrer leiblichen Eltern zu erforschen, war sie von panischer Angst ergriffen. Ich erklärte ihr, daß ich diesen Weg deshalb in Erwägung zog, weil es mir sehr schwerfallen würde, mit ihr eine Seelenrückführung zu erreichen, wenn ich nichts über ihr erstes Lebensjahr wüßte. Als ich jedoch Donnas Angst erkannte, entschied ich, die Sache erst einmal auf sich beruhen zu lassen. Es ist nie gut, jemanden zu Schritten zu drängen, zu denen er noch nicht bereit ist. Die *limpias,* die wir durchführten, wirkten sich sehr heilend auf Donna aus, und sie halfen ihr schließlich, die spirituelle Kraft und das Selbstvertrauen zu finden, um mit der Suche nach ihren leiblichen Eltern zu beginnen.

Die Stärkung ihrer Selbstliebe war eine entscheidende Voraussetzung für Donnas Seelenrückführung. Wie schon gesagt wurde, fordere ich Klienten oft auf, eine Puppe als Symbol für ihre Seele zu finden, weil diese für sie einen Konzentrationspunkt darstellt, der diejenigen Teile ihrer selbst spiegelt, die Zuwendung und Liebe brauchen. Als der richtige Zeitpunkt gekommen war, bat ich Donna, sich eine solche Puppe zu suchen. Die Suche nach der Puppe war jedoch sehr schmerzhaft für sie, weil sie so viele alte Traumata an die Oberfläche förderte. Gelegentlich teilte sie mir mit, daß sie Panik fühlte und glaubte, ihr liefe die Zeit für die Suche davon. Die Aufgabe war für sie mit so starken Ängsten besetzt, daß es ihr, als sie schließlich die richtige Puppe gefunden und sie mit nach Hause genommen hatte, schwerfiel, sie überhaupt auszupacken. Die Puppe, die Donna stark ähnelte, insbesondere um die Augen, war wunderschön, ein winziges Neugeborenes mit fest geballten Fäusten. Donna gab ihr den Namen Ember, und wir nutzten sie lange Zeit, um Donna dabei zu helfen, mit ihrem eigenen Selbst eine Beziehung aufzubauen. Denn weil sie nicht wußte, wie sie zu sich selbst in eine liebevolle Beziehung treten sollte, mußte sie sich so verzweifelt an anderen Menschen festklammern.

Donna teilte mir mit, sie wisse von ihrer leiblichen Mutter nur, daß diese bei der Geburt Donnas dreiundvierzig Jahre alt und äußerst unschlüssig in bezug darauf gewesen war, ob sie das Baby nun behalten wollte oder nicht. Während ihres ersten Lebensjahrs befand sich Donna daher übergangsweise in einem Pflegeheim, bis die Mutter eine Entscheidung gefällt hatte. Selbst als Erwachsene noch empfand Donna physische Schmerzen in der Brust, wenn sie Babys weinen hörte.

Ich erklärte ihr, daß sie den Menschen, mit denen sie zu tun hat, ihren Geist überläßt, weil sie so sehr nach Liebe hungert. Sie hatte nach der Geburt die notwendige Bindung zu ihrer Mutter nicht aufbauen können und auch in ihrem ersten Jahr im Pflegeheim nicht genügend Fürsorge erhalten. Wenn sie mit ihrer Puppe sprach, dann »sagte« diese zu ihr: »Ich möchte geliebt und angenommen werden. Ich war von jeglicher Liebe abgeschnitten.«

Von ihrer Adoptivmutter wußte Donna, daß sie als Kleinkind oft ihre Mahlzeiten erbrochen hatte. Wenn sie dies tat, dann bewarf die Stiefmutter sie mit dem Erbrochenen. Wie furchterregend dies für ein kleines Kind gewesen sein muß! Ich war jedoch besorgt, weil Donna mir diese Geschichte so nüchtern erzählte, offenbar ohne gefühlsmäßig beteiligt zu sein. Einer instinktiven Eingebung folgend, die mir sagte, daß sie eine emotionale Anbindung an diese Erinnerung erreichen mußte, stand ich auf, ging in die Küche, kam mit einem Babygläschen zurück und begann, ihr seinen Inhalt unter Zwang in den Mund zu löffeln. Obwohl sie verängstigt aussah, ließ sie die Behandlung über sich ergehen und verlangte lediglich mit schwacher, unsicherer Stimme, ich solle aufhören. Ich ermutigte sie, mir auf die Handflächen zu schlagen und mir mit lauter und kraftvoller Stimme Einhalt zu gebieten.

Während diese Dinge abliefen, kamen in Donna Erinnerungen an die Ereignisse auf, von denen sie bisher nur durch die Schilderung ihrer Adoptivmutter wußte. Dadurch gelang es ihr schließlich, eine Verbindung zu diesen Geschehnissen herzustellen, die Wut und die Traurigkeit, die sie als kleines Kind empfunden hatte, zu spüren und sich selbst energischer und überzeugender zu schützen. Ich machte ihr deutlich, daß man von den Menschen umhergeschubst und mißhandelt wird, wenn man ein unterentwickeltes Selbstwertgefühl hat.

Ich führte viele Zeremonien und *limpias* mit Donna durch, um sie darin zu unterstützen, ihre schmerzhafte Beziehung zu ihrem ehemaligen Partner und zu ihrer letzten Therapeutin loszulassen. Danach waren wir bereit, um mit einer Serie von Seelenrückführungen zu beginnen. Bei den ersten begleitete Donna mich auf Trancereisen, damit sie die verlorenen Anteile ihrer selbst finden konnte. Sie kehrte jedesmal weinend zurück und legte dar, daß sie nichts, aber auch gar nichts gefunden habe und schon langsam glaube, sie besäße gar keine Seele ... Sie sah Menschen und Tiere und beobachtete sich selbst bestimmte Dinge in der Geistwelt zu tun, doch die Seele, die sie suchte, konnte sie einfach nicht finden.

Schließlich fand sie, daß sie nun genug Mut habe, um nach ihrer leiblichen Mutter zu suchen und die Geschichte ihres ersten Lebensjahrs zu erfahren. Sie hatte große Angst. Ich versprach ihr, daß ich ihr helfen würde, und begleitete sie zur Versammlung einer Organisation namens Operation Identify (OI), die Adoptierte mit ihren leiblichen Eltern zusammenführt. Diese Erfahrung war für mich äußerst ergreifend. Irgendwann schließlich wurde ich Mitglied in dieser Vereinigung und half vielen Adoptierten, ihre leiblichen Mütter zu finden. OI forschte nach und fand Donnas Adoptionsunterlagen, und ich stimmte zu, die Vermittlung zwischen Donna und ihrer Mutter zu übernehmen. Sollte diese sich jedoch weigern, sie zu sehen, dann war es mir nicht gestattet, Donna irgend etwas über ihre Vergangenheit zu erzählen. Ich mußte sogar ein Rechtsdokument unterschreiben, in dem ich das zusicherte.

OI gab mir die letzte Adresse der Mutter, die in einem kleinen Ort in New Mexico lebte. Ich klopfte an die Tür und erklärte der Frau, die sie öffnete, nach wem ich suchte. Sie machte ein überraschtes Gesicht und sagte: »Sie ist vor zwei Jahren gestorben.« Ich erinnere mich, daß ich zu meinem Auto zurückging, nur einfach dasaß, tief Luft holte und darüber nachdachte, wie ich Donna sagen sollte, daß wir das Ende einer Sackgasse erreicht hatten.

Sie nahm die Nachricht vom Tod ihrer leiblichen Mutter sehr schwer, doch erfuhren die Ereignisse eine unerwartete positive Wende: Sie verschafften Donna Zugang zu all ihren Akten. Sie brachte sie mit in mein Haus, damit wir sie gemeinsam durchsehen konnten. Zu ihrer größten Überraschung fand sie heraus, daß sie eine reinrassige Latina war. Sie brauchte lange Zeit, um diese Information zu verdauen, da sie eine helle Haut und helle Haare hatte und ihre beiden Adoptiveltern Amerikaner europäischer Herkunft waren.

Wir fanden heraus, daß die Frau, die mir die Tür geöffnet hatte, die Schwester von Donnas Mutter war. Als ich mich mit Donnas Tante erneut in Verbindung setzte, teilte sie mir mit, daß Donna zahlreiche lebende Verwandte hatte. Nachdem diese Verwandten von Donna gehört hatten, wollten alle sie kennenlernen. Weil sie die Vorstellung mit panischer Angst erfüllte, ihrer lange verlorenen Familie gegenüberzutreten, flehte Donna mich an, sie zu begleiten, um ihr Mut zu machen. Doch diese Zusammenkunft stellte sich für Donna als äußerst heilsam heraus. Ihre Familie hatte eine leckere Mahlzeit aus lauter Speisen zubereitet, die in der hispanischen Kultur äußerst beliebt sind. Sie zeigten ihr außerdem Bilder von ihren Verwandten, ließen Donna herausfinden, daß sie »Onkel Chicos Nase« und »Tante Norahs Mund« hatte. Obwohl sie mehrere Monate brauchte, um sich durch all das Neue hindurchzuarbeiten, fügte sie sich nach und nach in die hispanische Kultur ein und war glücklich, daß sie endlich ihre Wurzeln gefunden hatte.

Außerdem erfuhr sie noch mehr über ihre leiblichen Eltern:

Ihr Vater, der nur ein Haus von ihrer Mutter entfernt gelebt hatte, war ebenfalls gestorben, was sie traurig machte. Am wichtigsten für sie war aber herauszufinden, daß ihre Mutter sie »Juanita« genannt hatte. Als sie ihren wahren Vornamen erfuhr, machte sie eine Identitätskrise durch, als sei ihr etwas aufgezwungen worden, was sich fremd und verwirrend anfühlte.

Der Tag, an dem Donna ihre Seele fand

Nun, da Donna und ich all diese Informationen über ihr erstes Lebensjahr hatten, fühlten wir uns bereit, es mit einer weiteren Zeremonie zur Seelenrückführung zu probieren. Für diese Zeremonie streute ich einen Kreis aus blauem Maismehl in meinem Behandlungszimmer aus, der zum Altar hin offen war. Ich legte all meine heiligen Werkzeuge in den Kreis und setzte mich ebenfalls darin nieder. Mit Donnas Erlaubnis hatte ich bereits ihre Puppe Ember genommen, sie in eine kleine Decke gewikkelt und im Osten, dem Ort des Neuanfangs, versteckt. Embers Versteck befand sich zwischen der Tür, die aus meinem Behandlungsraum nach draußen führte, und dem Eisenscherengitter, das ich abends davor zuzog.

Ich instruierte Donna, daß sie während dieser Reise nach Ember suchen und sie beim Namen rufen sollte. Ich erklärte ihr, ich würde ihr nicht helfen können, es sei denn, sie käme durch die Öffnung in den Maismehlkreis, setzte sich mir gegenüber hin und bäte mich um Unterstützung. Ich hatte das Gefühl, daß dies wichtig war, da Donna sich oft in ihrer Hoffnungslosigkeit verlor. Sie war es gewohnt, passiv dabeizustehen, während andere die Arbeit für sie taten. Ich wollte, daß sie selbst die Initiative ergriff, selbst nach ihrer Puppe suchte, selbst entschied, ob und wann sie Hilfe benötigte, und selbst aktive Schritte unternahm, um sie zu fordern.

Über eine Stunde lang rief sie nach Ember, suchte sie überall – unter den Kissen auf meiner Couch, hinter meinen Bücherregalen, in den Schubladen der großen Kommode, in denen ich meine rituellen Gegenstände verstaue. Nach und nach wurden ihre Rufe schwächer, und sie legte Pausen ein, setzte sich hin und starrte lange in den Raum. Ich hatte ihr mitgeteilt, daß Ember sich mit im Zimmer befand, und damit spielte ich ihr keinen Streich. Es tat mir weh, sie so leiden zu sehen, doch ich war mir im klaren darüber, daß ich ihr nicht helfen und auch nur ein Wort sagen durfte, es sei denn, sie bat mich ausdrücklich darum. Sie mußte sich selbst helfen. Ich konnte nichts anderes tun, als still in der Mitte meines Maismehlkreises zu sitzen und ihr liebevolle Energie zu schicken, um sie zu beruhigen und zu stärken. Als die Zeit so verstrich, füllte sich langsam meine Blase, und ich fragte mich, wie lange ich hier noch würde sitzen müssen. Ich fing an, ihr schweigend verzweifelte Botschaften zu schicken: »Donna, frag bitte um Hilfe. Donna, frag bitte um Hilfe.«

Schließlich tat sie es. Sie legte den sehr wichtigen Weg vom Äußeren des Maismehlkreises in sein Inneres zurück, wo ich saß. Sie setzte sich mir gegenüber nieder und blickte mich mit traurigem Gesicht an. Mit einem Ausdruck, der sie wie eine Dreijährige aussehen ließ, sagte sie: »Siehst du, ich habe keine Seele.« In diesem Augenblick spürte ich, wie göttliche Energie mich durchströmte. Es war nicht ich, die jetzt sprach, es war der Schöpfer. Ich sagte: »Ruf sie bei ihrem Namen Juanita.« Mir direkt in die Augen blickend, sagte sie: »Juanita«, drehte den Kopf nach links, stand auf und ging geradewegs auf die Tür zu. Als sie diese öffnete, fand sie ihre Puppe. Ihr Gesichtsausdruck war ekstatisch. Sie rannte zurück in den Kreis, und wir beide mußten weinen, während ich sie und Juanita umfangen hielt. Ich blies ihr diese Seelenessenz in ihr Kronen-Chakra und sagte: »Willkommen daheim.« Später erzählte sie mir, daß sie, immer wenn sie an ihre Seele dachte, das Gefühl hatte, sie auf einer Türschwelle vergessen zu haben, irgendwo, wie ein verlassenes Kind. Nach der Seelenrückführung konnte sie der kleinen Puppe mitteilen: »Ember, du hast sehr wohl eine Mutter.«

Donna ist ein Beispiel für einen Menschen, der vielfache *sustos* hatte erdulden müssen. Sie wurde als Kind von ihrer Mutter verlassen, von einer Pflegemutter getrennt, mit der sie in der Übergangszeit im Heim ein Band zu knüpfen begann, von einer kalten und abnormalen Adoptivmutter angenommen, war als Kind oft schwer krank gewesen und schließlich mit Anfang Zwanzig vergewaltigt worden. Dennoch hatte sie sich wunderbar heilen können. Als ich sie das letzte Mal sah, lebte sie in einer von Liebe getragenen Beziehung, hatte ihren Magister gemacht und arbeitete in einem Beruf, der sie erfüllte. Sie war in ihrem Körper ganz und gar anwesend und glücklich. Obwohl Donna von vielen Problemen beladen war, als sie das erste Mal zu mir kam, arbeitete sie hart an sich und befolgte all meine Vorschläge. Als ich ihr beispielsweise nahelegte, eine *sobadora* aufzusuchen, da tat sie genau das. Wegen der Abwesenheit ihrer Mutter hatte sie in ihrem ersten Lebensjahr nicht genug Berührungen erfahren. Sie mußte lernen, wie sie sich selbst fürsorglich behandeln konnte, und die Arbeit mit einer *sobadora,* die heilend, aber asexuell zu berühren weiß, bekam ihr ausgezeichnet. Sie ging außerdem zur Musiktherapie, um sich bei der Suche nach ihrer Stimme helfen zu lassen. Ich wußte, daß ihre Seele eine singende Seele war und daß ihr Hals-Chakra geöffnet werden mußte. Donna engagierte sich wirklich sehr für ihre Selbstheilung und war bereit, die Verantwortung für ihr Leben zu übernehmen und es für sich zurückzuerobern.

Die Macht der Namen

Donnas Seelenrückführung zeigt, welch große Bedeutung der Name hat. Die Identität unserer Seele ist aufs innigste mit ihm verbunden. In Malidoma Patrice Somés Kultur in Westafrika (siehe Seite 32) fragt der Schamane das Kind nach seinem Namen, während es sich noch im Schoß der Mutter befindet. Nachdem er erst einmal identifiziert wurde, wird der Name als das »Lebensprogramm« der Person begriffen. Zum Beispiel bedeutet Malidoma soviel wie »der Freundschaft mit Fremden schließt«. Somés Name wies also schon darauf hin, daß er sein Leben dereinst arbeitend und lehrend in anderen Kulturkreisen zubringen würde.

Meine Vorfahren, die in Mexico lebten, gaben einem Kind seinen Namen erst nach der Geburt. Aber auch dann waren es nicht die Eltern, die ihn beliebig wählten; sondern die Curandera, die tief in das Kind hineinsehen und seine Seele wahrnehmen konnte, stellte den »richtigen« Namen fest. Mein Lehrer Ehekateotl sagte mir, daß die Azteken Kinder immer noch nach ihrem Kalender benennen. Zum Beispiel wurde ich in dem Jahr geboren, das mit dem »Blumentag« beginnt, dem Tag, der Xochitl heißt. Als ich mich dem Stamm anschloß, wurde mir dieser Name in einer wunderschönen Zeremonie verliehen. Und die Autorin Alicia Gaspar De Alba sagte einmal, nur wenn die Neue Welt mit den alten Namen eingesät werde, könnten die Erinnerungen zurückkommen.

Bei einer Seelenrückführung rufe ich immer den Namen meines Klienten, wobei ich Tonhöhe und Tonfall ändere. Ich tue dies niemals mit einer strengen oder wütenden Stimme, weil es sein kann, daß uns die Eltern in der Kindheit mit Zorn herbeizitiert und damit unserer kleinen Seele Angst eingejagt haben. Wenn ein Klient das Gefühl hat, daß sein Name irgendwie »verdorben« ist und/oder nicht den Menschen widerspiegelt, der er wirklich ist, dann helfe ich ihm dabei, einen neuen oder einen »Geistnamen« auszuwählen.

Wie gesagt hat mein eigener Name im Laufe meines Lebens mehrere Veränderungen erfahren. Doch als ich das Alter von zweiundfünfzig und damit das Ende meines ersten Zyklus erreichte, gab mir mein aztekischer Stamm den vollständigen Namen Xochitlwetzkapahtli, was bedeutet: »Blume, die Heilung durch Lachen bringt«. Diese Benennung verkörpert meine Essenz als Heilerin und als Frau und die Schönheit der Tradition, die ich zurückerobert habe. Es ist ein Name, den ich mit Stolz höre (siehe auch Seite 315).

Seelenrückführungen sind unterschiedlich

Seelenrückführungen sind ebenso unterschiedlich wie die Seelen selbst. Nicht alle gestalten sich so dramatisch wie die Donnas; auch weiß ich nicht jedesmal, welcher Wesensanteil zurückgeholt werden muß. Ebenso »wollen« keineswegs immer alle Teile aus ihrem Versteck hervorkommen. Manche von ihnen lassen mich, wenn ich sie während einer Trancereise sehe, wissen, daß sie sich dort, wo sie sind, eigentlich ziemlich wohl fühlen ... Ich sage meinen Klienten allerdings immer schon vorher, daß sie sich möglicherweise mit derlei Gegebenheiten abfinden müssen. Wenn wir nichts oder nicht das finden, was wir erwartet haben, dann kann auch dies in Ordnung sein.

Ich erinnere mich noch gut an ein Erlebnis mit Gloria, einer jungen Chicana Anfang Zwanzig, die mich aufsuchte, weil sie als Kind sexuell mißbraucht worden war und nun eine Seelenrückführung wollte. Durch unsere Zusammenarbeit konnten wir herausfinden, daß man sie im Alter von drei Jahren belästigte. Zum Glück wuchs sie in einer guten Familie auf und war gesund, so daß wir nicht allzuviel durcharbeiten mußten.

Ich begab mich auf eine Trancereise mit der vorgefaßten Vorstellung, daß ich auf ein mißhandeltes Dreijähriges stoßen würde. Statt dessen fand ich mich zu meiner Überraschung in einem Fluß wieder. Ich tauchte tief in das Wasser und begegnete einer *viejita,* die ein kleines fünfjähriges Kind in den Armen hielt. Das Kleine war sehr blaß. Auf spanisch sagte die *viejita* zu mir: »Hier, du bist Krankenschwester, du mußt das Kind wiederbeleben. Es ist ertrunken.« Ich nahm es ihr aus den Armen, brachte es hinauf an die Wasseroberfläche, legte es ans Ufer und begann mit der Wiederbelebung. Ich sah die *viejita* nicht mehr, also hielt ich das Kind einfach in meinen Armen, bis es wieder normal atmete.

Als ich von meiner Reise zurückkehrte und Gloria die Geschichte erzählte, sah sie mich mit weit aufgerissenen Augen an, als könne sie es nicht glauben. Sie sagte: »O mein Gott, ich hatte vollkommen vergessen, daß ich als Kind beinah ertrunken wäre.« Sie erzählte mir, als sie ungefähr fünf oder sechs Jahre alt war, hätte sie mit der Familie am Ufer des Rio Grande ein Picknick gemacht. Ihr Vater warnte sie davor, direkt am Wasser zu spielen, doch sie gehorchte ihm nicht und fiel in den Fluß. Sie erinnerte sich später nicht einmal mehr daran, wer sie wieder herausgezogen hatte.

Sie stand damals ihrer Großmutter, die zwei oder drei Jahre nach diesem Erlebnis starb, sehr nahe; und es war für Gloria von großer Bedeutung, daß ich der alten Frau in meiner Trancereise begegnete. Sie sagte: »Meine *abuelita* hat sich um den Teil meiner Seele gekümmert, bis du ihn holen gekommen bist.« Auch mir erschien das nur logisch, und ich erwiderte: »Natürlich, wir mußten zuerst das Fünfjährige holen, das im Fluß zurückgeblieben war, bevor wir uns um das Dreijährige kümmern können, das sexuell belästigt wurde.«

Man weiß also auch bei einer Seelenrückführung nie, in welcher Reihenfolge sich die Dinge zutragen werden. Vielleicht müssen wir den Teil der Seele holen, den wir erst vor sechs Monaten zurückgelassen haben, oder jenen, der im Alter von zwei Jahren einen *susto* erlitt. Es hängt alles davon ab, was wir zum jeweiligen Zeitpunkt brauchen. Da die Seele heilig und es nicht meine Aufgabe ist, die Handlungen anderer Menschen zu kontrollieren oder ihre Bedürfnisse vorherzusagen, versuche ich so empfänglich wie möglich zu sein, wenn ich meine Klienten auf ihren Seelenreisen begleite.

»Ich will aber keine ›Herdgöttin‹ sein!«

Auch die Seelenrückführung von Catherine war nicht so spektakulär wie die von Donna; doch die Arbeit, die wir gemeinsam leisteten, stellte sich als genau das heraus, was ihre Seele brauchte. Catherine ist eine der schönsten Frauen, die ich jemals gesehen habe. Mit einer geradezu engelhaften äußeren Erscheinung gesegnet, hat sie pfirsichfarbene Haut, blonde Haare und blaue Augen. Als wir uns kennenlernten, erzählte sie mir, eines ihrer Rollenvorbilder sei Aphrodite, die Göttin der Liebe, die sie bewunderte, weil sie zugleich Mutter und eine freie Frau war. Der griechischen Mythologie zufolge waren Aphrodites Kinder wütend auf sie, wenn sie für lange Zeit fort war, doch freuten sie sich andererseits, wenn sie nach Hause kam, und vergaßen, daß sie je fort gewesen war. »Ich würde lieber wie Aphrodite sein als eine ›Herdgöttin‹«, erklärte mir Catherine. »Ich beneide traditionelle Hausfrauen, aber ich möchte eben auch allein sein können, wenn ich es will. Dafür kann ich meinem Partner Aufregung und Abenteuer bieten.«

Trotz allem, was sie sagte, wechselte Catherines Seele gern zwischen den beiden Extremen des Hausmütterchens und der Femme fatale hin und her. Manchmal kam sie zu mir und erzählte, daß sie sich nun wirklich ins Plätzchenbacken, Schwangerwerden, Haushalten und in all die Dinge vertieft habe, die

»Herdgöttinnen« ihrer Meinung nach symbolisierten. Dann wieder kam sie und meinte: »Na ja, ich bin ausgezogen und habe mit diesem Typen, den ich schon 'ne Weile kenne, ein paar Gläser getrunken, und ich denke nun darüber nach, ob ich mich auf eine Affäre mit ihm einlassen soll.« Auch die Art, wie sie sich kleidete, wechselte zwischen diesen beiden Gegensätzen hin und her. Manchmal sah sie, wenn sie zu mir kam, sexy aus, hatte lange rosa Strähnchen in den Haaren und trug verführerische Röcke. Dann wieder war sie in gerade geschnittene Kittelschürzen gehüllt und brachte mir ein paar ihrer selbstgebackenen Kekse mit.

Meine Aufgabe war es, herauszufinden, welche der beiden Personen Catherine von ihrer Seele ausgehend wirklich war. Während unserer ersten Rückführung stießen wir nur auf ein scheues, trauriges Kind, das nicht sprechen und schon gar nicht zu Catherine heimkehren wollte. Damals hatte sie mir gegenüber die sehr wichtige Aussage gemacht: »Ich will nicht wie meine Mutter enden.« Um ihre wirkliche Seele freizulegen, war es erforderlich, all die Funktionsstörungen durchzuarbeiten, die sehr große Ähnlichkeit mit jenen ihrer Mutter hatten.

Catherine war in Neuseeland aufgewachsen. Ihre Mutter Erica, eine Halbmaori, wurde als manisch-depressiv diagnostiziert und mußte deshalb immer wieder phasenweise ins Krankenhaus. Einmal war sie zwei Jahre ohne Unterbrechung dort. Außerdem litt sie unter einer Eßstörung, aufgrund deren sie zwischen unglaublicher Körperfülle und extremer Magerkeit hin und her wechselte, neigte zu zwanghaftem Einkaufen und zu Wutanfällen – *bilis*. Obwohl Catherine eher ein heller Typ war, hatte ihre Mutter kurze, dunkle, wellige Haare und sah wie eine amerikanische Indianerin aus. Der Anpassungsdruck lastete schwer auf Erica, aber trotzdem bewahrte sie sich zahlreiche ihrer Maorisitten und ging sogar in die Maorikirche.

Ericas Eltern hatten hohe Erwartungen an ihre Tochter gestellt. Sie ließen sie nicht mit den anderen Kindern spielen und zwangen sie, viele Stunden lang Klavier zu üben. Als sie mit sechzehn an ihrem Collegeabschluß scheiterte, schämte Erica sich sehr und fühlte sich so, als habe sie ihre Eltern im Stich gelassen, weil sie deren Erwartungen nicht erfüllen konnte.

Catherines Mutter und ihr alkoholkranker Vater schlugen sie manchmal, und ihre Mutter schien meistens emotional abwesend zu sein. »Mama hat sich innerlich oft zurückgezogen«, erzählte sie mir. »Ich erinnere mich, daß sie zwar da war, aber eben auch nicht. Ich fühlte mich immer entsetzlich leer, wenn ich mit ihr zusammen war. Sie holte mich von der Schule ab, und wir gingen acht Kilometer zu Fuß nach Hause, ohne ein Wort miteinander zu reden. Ich hatte Angst, sie anzusprechen, weil ich fürchtete, sie wütend zu machen.« Manchmal schlug ihre Mutter sie und brüllte sie dabei an: »Du glaubst wohl, du bist hübsch? Nun, du bist häßlich. Kein Mann wird dich jemals lieben.«

Catherine war emotional stark mit ihrer Mutter verstrickt und brachte viel Energie auf, um dieser möglichst in keiner Hinsicht zu gleichen. Einmal, als ihr ein Bild ihrer Mutter als junges Mädchen in die Hände gefallen war, bemerkte sie, wie traurig deren Augen aussahen. Sie sagte mir: »Ich bin mir sicher, daß Großmutter meine Mutter nie irgendwelche Zuneigung hat spüren lassen. Sie hat sie nur zweimal in ihrem ganzen Leben geküßt. Doch meine Großmutter ist eine Maori und gehört damit einer Kultur an, die fest in der Erde verwurzelt ist. Ich glaube, sie wollte, daß meine Mutter in der Welt der Weißen erfolgreich ist. Vielleicht haben sie aufgehört, ihrer eigenen Herkunft Achtung zu zollen. Meine Urgroßmutter verbot ihren Kindern, zu Hause Maori zu sprechen. Sogar heute noch tut meine Großtante so, als verstehe sie kein Maori, obwohl sie es perfekt spricht.«

Als Catherine einundzwanzig war, starb ihre Mutter an einer Überdosis Tabletten. Catherine entschied sich, den Maorisitten gemäß, den Leichnam ihrer Mutter drei Tage lang im Haus aufzubahren. Das habe es ihr leichter gemacht zu trauern, sagte sie mir.

Die nachfolgenden Monate brachten rasch aufeinanderfolgende Veränderungen mit sich. Kurz nach dem Tod der Mutter zog Catherine nach New Mexico, und fünf Monate später wurde sie vergewaltigt. Drei Monate nach der Vergewaltigung lernte sie ihren Mann in einer Bar kennen und zog nach sechs Wochen bei ihm ein.

Von Anbeginn war die Beziehung zu ihrem Ehemann unberechenbar, und er löste in ihr äußerst ambivalente Gefühle aus. Ein Teil von ihr wollte auf immer und ewig in der Ehe verweilen, ein anderer wollte Neues und Unbekanntes erforschen. Catherine hatte keine klaren Pläne für ihre Zukunft. Sie erzählte mir, sie wolle ihren Collegeabschluß machen, einen Kurs in kreativem Schreiben belegen – und hart arbeiten. Doch dann durchlebte sie auch Phasen, in denen sie zuviel trank und zwanghaft aß. Sie wurde hin und hergerissen von dem Wunsch, Kinder zu haben, und dem Drang, ihre Ehe aufzugeben.

Catherinas Seelenrückführung

Wir identifizierten gemeinsam viele *sustos* in Catherines Leben: Mit vierzehn Jahren hatte sie eine Bulimie entwickelt und schon als Teenager mit dem Trinken begonnen. Es mißfiel ihr, daß der Vater sich nie gegen ihre zu Übergriffen neigende Mutter zur Wehr gesetzt oder Catherine beschützt hatte, wenn die Mutter ihr weh tat. Es gab Zeiten, in denen sie sich so schlecht fühlte, daß sie von zu Hause fortlief. Mit elf Jahren war sie von einem Verwandten sexuell mißbraucht worden, während ihre Mutter sich im Krankenhaus befand. Etwa zur gleichen Zeit entwickelte sie entsetzliche Angst vor der Dunkelheit, weil sie unter häufigen Alpträumen litt. Jeden Abend betete sie: »Bitte,

Jesus, laß mich keine Alpträume haben«, aber Jesus schien ihre Gebete nicht zu hören. Catherine sagte mir, sie glaube, daß sie schlecht träume, weil sie ein schlechtes Mädchen sei. Das war eine wichtige Information, denn es zeigte mir eine der Ursachen, warum Catherine mit bestimmten Anteilen ihrer Seele zu keinem ausgewogenen Verhältnis fand – warum sollte man eine Beziehung zu sich selbst pflegen, wenn man sich für schlecht hielt?

Während ihrer ersten Seelenrückführung sah Catherine einen Löwen, der ihr erklärte, er sei einer ihrer Führer. Sie erkannte außerdem ein altes Weib, eine bösartige Fee und Aphrodites Gesicht. Diese Wesen führten sie zu einem Grab, das sie für jenes ihres Ehemanns hielt. Den Blick nach Osten gerichtet, legte sie Blumen darauf ab. Dann beobachtete sie sich selbst ihren Hausrat zusammenpacken und in einen anderen Staat ziehen, wo sie eine neue Wohnung und einen Arbeitsplatz suchte.

Nach der Seelenrückführung sprachen wir über einige der Erlebnisse während ihrer Trancereise. Ich erklärte ihr, für mich sähe es so aus, als verabschiede sie sich aus ihrer Ehe, und ihre Seele wolle ihren Mann wirklich verlassen und herausfinden, wie es wäre, alleinstehend zu sein – auch wenn sie sich davor fürchtete. Catherine befand sich in einer Eltern-Kind-Beziehung mit ihrem Mann. Sie hatte dabei die Rolle des Kindes übernommen. Der Grund hierfür lag zum Teil darin, daß sie ihn so kurz nach dem Freitod ihrer Mutter und ihrer eigenen Vergewaltigung geheiratet hatte. Sie sehnte sich damals nach Schutz, weil sie sich verloren und verletzlich fühlte, aber jetzt vollzog sie eine Entwicklung und war besser dazu in der Lage, für sich selbst zu sorgen. Sie sprach: »Ich war traurig während meiner Reise, aber mir war klar, daß diese Gefühle ihren Ursprung nicht in einer Depression, sondern in meiner höheren Macht hatten.«

Obwohl die Rückführung nichts »Weltbewegendes« gehabt hatte, schien sie doch sehr nützlich und von hohem praktischen

Wert zu sein; und ich wußte, daß Catherines Verstand und Gefühle während ihrer Trancereise sehr präsent gewesen waren. Seelenrückführungen müssen nicht immer dramatische Erlebnisse sein. In Catherines Fall hätte ich eigentlich erwartet, daß sie einem kleinen, verlorenen, mißhandelten Kind begegnete; doch da waren andere Teile ihrer selbst, die zuerst bearbeitet werden mußten, bevor sie sich den jüngeren verletzten Aspekten zuwenden konnte. Das ist nur ein weiteres Beispiel für die Einzigartigkeit der Seele eines jeden Menschen und für das individuelle Erleben des Rückführungsprozesses.

Drei Monate später stießen wir auf das verlorene Kind im Inneren Catherines. Sie und ich sahen ein sehr kleines Mädchen, das sich nackt, verängstigt und frierend im Dunkeln zusammenkauerte. Es war stark abgemagert, und ich konnte sehen, wie sich die Rippen unter der Haut abzeichneten. Obwohl es hungerte, war es zu verängstigt, um irgend etwas zu erbitten. Es hielt sich für unsichtbar, meinte, von niemandem wahrgenommen zu werden. Es weinte laut los.

Nach dieser Seelenrückführung sagte Catherine zu mir: »Elena, ich weiß nicht, wie ich diesen Teil meiner Seele lieben soll. Ich komme mir so ungeschickt vor. Ich schiebe ihn zurück in die Dunkelheit, wohin auch meine Eltern mich geschoben haben. Ich sage mir, daß ich nicht gut genug, nicht schlank genug, nicht hübsch genug bin, und suche die Bestätigung für meinen Wert im Äußeren. Ich habe ein ganzes Jahr gebraucht, um das zu hören, was du mir zu sagen versuchst. Ich muß lernen, wie ich meiner eigenen kleinen, verwundeten Seele eine gute Mutter sein kann. Wenn ich zwanghaft esse, dann überfüttere ich diesen Teil von mir. Wenn ich Diät lebe, dann lasse ich ihn hungern.«

Wenige Monate später trafen wir uns erneut zu einer Seelenrückführung. Diesmal sah Catherine ihre Großtante Mae. Für Catherine war diese Frau wie eine Großmutter. Die alte Frau umarmte und küßte sie und sagte: »Ach, Catherine, du siehst so hübsch aus.« Als Catherine sie erkannte, wurde sie traurig und ließ sie wissen: »Großtante, du warst nie mürrisch. Du warst immer da, hast dich um uns gekümmert und leckeres Essen gekocht, wenn Mama im Krankenhaus war. Ich würde so gern etwas über meine Wurzeln als Maori erfahren. Das fehlt mir sehr.« In der Trance fing sie an, im Kreis um ihre Großtante herumzutanzen, und sie fühlte sich dabei wie eine Kriegerin.

Später erklärte mir Catherine während der *plática,* diese Reise habe ihr gezeigt, daß sie doch Liebe empfangen hatte. Obwohl ihre Eltern nicht so für sie dagewesen waren, wie sie es sich gewünscht hätte, erhielt sie stets Zuwendung von ihrer Großtante Mae. Für mich bedeutete dies, daß ihre Seele das Potential besaß, sich selbst lieben zu können. Als Catherines Ahnen anfingen, zu ihr zu sprechen, erkannte sie bald, daß ihre Maoriherkunft die Medizin bereithielt, die ihr helfen würde, sich selbst zu heilen. Tante Mae war inzwischen im Alter von fast neunzig Jahren gestorben, und Catherine wünschte, sie hätte von ihr etwas über ihre Maoriwurzeln erfahren. Catherine war wirklich dabei, Teile ihrer verlorenen Seele zurückzuholen.

Bei ihrer letzten Seelenrückführung stießen wir auf ein zweieinhalbjähriges Mädchen, das auf dem Mond umherwanderte. Es war äußerst vernachlässigt, schmutzig und verhielt sich autistisch. Ihr Geistführer war ein Drache mit Flügeln, der sie zurück auf die Erde brachte. Nach dieser Seelenrückführung wurde es Catherine übel, und sie mußte sich übergeben. Ein solches Erbrechen ist typisch für die »Rückkehr« der Seele, für Erdung und den Wiedereintritt des verlorenen Seelenaspekts in den Körper. Es handelte sich um eine wirkliche spirituelle Reinigung.

Kurz nach dieser Seelenrückführung fuhr Catherine für einige Monate nach Neuseeland. Als sie das Grab ihrer Mutter aufsuchte, konnte sie intuitiv erkennen, daß diese sie sehr wohl geliebt hatte. Doch noch wichtiger war die Erkenntnis, daß sie ein ganz anderer Mensch als ihre Mutter ist. Sie fand außerdem heraus, daß sie nun bereit war, selbst Mutter zu werden, also die zwei polaren Aspekte ihrer Seele zu integrieren. Kurz darauf wurde sie schwanger, und ihr Sohn kam in Neuseeland auf die Welt. Wenige Monate später wurde das verlorene kleine Mädchen erwachsen und ließ sich scheiden.

Weil ich wußte, daß Catherine eine starke Frauengemeinschaft brauchte, lud ich sie zu einer Versammlung von Heilerinnen ein, deren Arbeit auf unterschiedlichen spirituellen Glaubenssystemen gründete. Eine der Teilnehmerinnen war eine Medizinfrau aus Hawaii, die, weil Maoris und Hawaiianer die gleichen polynesischen Vorfahren haben, Catherine als Verwandte anerkannte. Diese Erfahrung kräftigte sie sehr. Sie lernte außerdem eine Wicca-Priesterin kennen, der sie sich als Schülerin anschließen wollte. Inzwischen ist sie selbst eine Wicca-Priesterin und lehrt keltische Geschichte an einer Universität. Sie ist glücklich mit einem Neuseeländer verheiratet und hat zwei kleine Söhne. Es macht ihr Spaß »Herdgöttin« zu sein, und sie ist gern Aphrodite, die Göttin der Liebe.

Seelenrückführung mit der Familie

Eine Frau kam zu mir, nachdem ihr Sohn im Teenageralter erstochen worden war. Sie hatte bereits ein dreijähriges Kind verloren, und der Schock dieses neuerlichen Verlusts ließ einen Teil ihrer Seele sprichwörtlich gefrieren, so daß sie nicht um ihren Sohn trauern konnte. Viele Chicanomütter lassen ihrer Trauer auf eine erdige, verwurzelte, vollständige Weise freien Lauf, indem sie sich auf den Sarg oder in das Grab werfen. Dieses Verhalten macht es ihnen möglich, ihre Verzweiflung über den Verlust vollständig zum Ausdruck zu bringen und ihre Herzen langsam von den Qualen zu befreien, um danach mit einem wirklichen Heilungsprozeß beginnen zu können. Diese Frau aber fühlte sich bei der Beerdigung ihres Sohnes wie betäubt. Es war ihr einfach nicht möglich, den Teil ihrer selbst zu finden, der trauern mußte. Mit der Zeit fühlte sie sich in zunehmendem Maße teilnahms- und hoffnungslos. Ihre Familie begann sich Sorgen zu machen, als bei ihr plötzlich Ohnmachtsanfälle auftraten und sie anfallartige Aktivitätsschübe entwickelte. Bevor sie zu mir kam, hatte man sie allen nur erdenklichen medizinischen Untersuchungen unterzogen, aber »nichts Organisches« gefunden. Einer ihrer Ärzte gab ihr den Rat, Antidepressiva zu nehmen, doch das wollte sie nicht.

Acht Monate nach dem Tod ihres Sohnes kam diese Frau schließlich zu mir. Es war offensichtlich, daß sie dringend den Verlust ihres Sohnes betrauern mußte. Da ihr dies bisher nicht gelingen wollte, war ein Teil ihrer Seele bei ihm »im Sarg« zurückgeblieben. Ihr Ehemann und ihre Tochter begleiteten sie zu dieser ersten Sitzung; und mir fiel auf, daß der Mann sich ihr gegenüber sehr fürsorglich verhielt. Doch ohne es zu beabsichtigen, hielt er sie davon ab, angemessen zu trauern. Jedesmal wenn sie eine Kerze für ihren Sohn hatte anzünden wollen, sagte er zu ihr: »Laß ihn einfach los. Das Anzünden von Kerzen hindert ihn daran, sich spirituell weiterzuentwickeln.« Die wenigen Male, die sie hatte weinen können, forderte er sie auf, sich zusammenzunehmen.

Wenn möglich, ist es immer besser, an den Ort zurückzukehren, an dem sich der *susto* ereignet hat. Ich war der Meinung, daß es wichtig war, die Seelenrückführung am Grab ihres Sohnes durchzuführen; und die Familie erklärte sich dazu bereit. Zunächst hielt ich eine Zeremonie für die Mutter ab, verbrannte Kopalharz und »kämmte« ihren ganzen Körper mit meiner Adlerfeder. Sie bekam starke Unterleibsschmerzen und krümmte sich. Ihr Mann eilte sofort zu ihr, um ihr aufzuhelfen, doch ich hielt ihn zurück. Inzwischen kniete sie bereits auf dem

Grab ihres Sohnes. Der Körper ist ausgesprochen weise und weiß genau, was zu tun ist. Ihre Ohnmachtsanfälle hatten ihr gesagt, daß sie zu diesem erdigen Ort zurückkehren müsse, an dem sie ihre Seele zurückgelassen habe.

Ich fragte sie: »Als der Sarg deines Sohnes in das Grab hinabgelassen wurde, was wollte deine Seele da am liebsten tun?«

Ein Klagen entrang sich ihr, und sie warf sich bäuchlings auf den Boden. Sie fing an zu schreien, wieder und wieder: »*Mijito, mijito,* bitte verlaß mich nicht.« Da war es. Dies war der Ort, an dem sie ihre Seele »zurückgelassen« hatte, in dem Grab bei ihrem Sohn. Sie konnte ihn nicht in ihren Schoß zurückholen und ihm neues Leben geben, also wollte ihre Seele mit ihm sterben. Ich erklärte ihr sanft, daß ihre Zeit noch nicht gekommen war, daß sie weitere Kinder, einen Mann und Enkelkinder hatte, die sie sehr liebten und brauchten. Ihr Mann lernte aus dieser Erfahrung, daß es für seine Frau sehr wichtig war, zu weinen. Von dieser Zeit an hinderte er sie auch nicht mehr daran, wenn sie Kerzen für ihren Sohn anzünden wollte und weinte.

Seelenrückführungen in der Gruppe

Seit über fünf Jahren halte ich nun auf der Ghost Ranch und an anderen Orten Workshops für medizinische Fachkräfte ab, die auf praktischere, experimentellere Weise etwas über Curanderismo erfahren möchten. In der Regel bringe ich etwa dreißig Teilnehmer aus den gesamten Vereinigten Staaten zusammen. Unter dem Namen »Der Tanz der Curanderos« führt ein solcher Workshop die Interessenten in die Techniken ein, die ich bei *limpias, pláticas* und Seelenrückführungen verwende. Ich hebe dabei jedesmal besonders hervor, wie wichtig es für Heiler ist, auf die Bereiche in ihrem eigenen Leben zu achten, die der Heilung bedürfen. Seelenrückführungen sind ein wichtiger

Bestandteil der eigenen Heilung, denn es ist schwierig, andere zu therapieren, wenn einem selbst bestimmte Seelenaspekte verlorengegangen sind. Zwar wäre es unrealistisch, von Heilern zu erwarten, daß sie »vollkommen« sind; denn schließlich tragen wir alle *sustos* in unseren Herzen. Aber wir müssen fortgesetzt an uns arbeiten. Um anderen nützlich sein zu können, benötigen wir ein starkes Gefühl für unser Selbst. Aus diesem Grund achte ich immer darauf, daß meine Workshopteilnehmer an einer Seelenrückführung in der Gruppe mitmachen.

Diese Rückführungen können sehr wirkungsvoll sein, weil sie uns zu erkennen helfen, wie weitverbreitet beziehungsweise universell unsere eigenen Wunden und Traumata sind. In Gruppen dieser Größenordnung nimmt die *plática* die Form einer Gesprächsrunde an, in der ich eine Adlerfeder herumgehen lasse, die Teilnehmer bitte, ihre Verletzungen zu offenbaren und zu sagen, ob sie glauben, einen Teil ihrer Seele verloren zu haben.

Bei einem dieser Workshops forderte ich alle Teilnehmer auf, eine Puppe mitzubringen, die den verlorengegangenen Teil ihrer Seele symbolisieren sollte. Ich bat sie, die Puppe während des ganzen Wochenendes bei sich zu tragen, sie mit ins Bett und zu den Mahlzeiten in die Cafeteria zu nehmen.

Am Sonntagnachmittag trafen wir uns dann zur Seelenrückführung. Den Kopf in die Mitte des Kreises gerichtet, legten sich alle so bequem wie möglich hin. Meine Assistenten und ich befanden uns in der Kreismitte, und die Teilnehmer umgaben uns wie die Speichen eines Rads. Meine Helfer spielten verschiedene Perkussions- und Musikinstrumente, und die Workshopteilnehmer drückten ihre Puppen an die Herzen, während ich ihnen den Weg auf einer schamanischen Reise wies. Ich führte sie zu ihren tierischen und menschlichen Führern und bat diese geistigen Wesen, die jeweiligen verlorenen Seelenaspekte zu finden und der zugehörigen Frau oder dem entsprechenden Mann zurückzubringen. Nachdem alle Teilnehmer von ihrer

Reise zurückgekommen waren, bat ich sie, mir ihre Puppen auszuhändigen. Als ich von ihnen allen umgeben so dasaß, fühlte ich mich wie eine dieser Pueblo-Mutterfigurinen aus Ton, die im Kreis all ihrer Babys sitzt ...

Ich hielt eine Puppe nach der anderen hoch und fragte: »Wer ist das?« Jeder der Gruppe nannte seinen Namen und erklärte, welchen Teil seiner Seele die Puppe darstellte. Einer von ihnen sagte etwa: »Pablito ist sehr schüchtern und hat sich von klein auf geschämt, weil er so dunkle Haut hat. Die Kinder in der Schule machten sich gewöhnlich über ihn lustig und nannten ihn *negrito*. Als ich auf meine Reise ging, fand ich ihn ganz allein in einer Ecke eingerollt in der Fötushaltung vor. Er weinte. Ich ging zu ihm, nahm ihn in meine Arme, tröstete ihn und versprach ihm, es nicht mehr zuzulassen, daß er jemals wieder verletzt würde. Ich versicherte ihm, er sei mit seiner dunklen Haut in Ordnung und sehe so, wie er ist, einfach großartig aus.«

Auch für Therapeuten gilt die Binsenweisheit, daß es bestimmte Dinge gibt, die Menschen gefühlsmäßig auf der körperlichen Ebene erleben müssen – wir können nicht alles mit unserem Intellekt erfassen. Selbst wenn es diesen dreißig gut ausgebildeten medizinischen Fachkräften anfangs vielleicht peinlich gewesen sein mag, den ganzen Tag lang vor all den anderen mit einem Spielzeug im Arm herumzulaufen, am Ende der Seelenrückführung drückte jeder von ihnen seine Puppe an sich, als sei sie wirklich ein Teil seiner selbst. Solche Erfahrungen erinnern mich stets an die Geschichte *Das Samtkaninchen* von Margery Williams (München 1997). Als das Kaninchen das weise Pferd fragt, ob es weh tue, echt zu sein, antwortet das Pferd: »Manchmal.« Denn es sagte immer die Wahrheit. Doch es fügt auch hinzu, sofern man echt sei, mache es einem nichts aus, wenn einem weh getan werde. Es ist für Menschen unendlich viel besser, den Schmerz zu ertragen, wenn man herausfindet, wer man wirklich ist. Denn der Lohn und die Freiheit wiegen um ein Vielfaches das Leid auf, das man ertragen muß, um dorthin zu gelangen.

Die Seele »verläßt« nicht immer nur dann den Körper, wenn wir eine traumatische oder traurige Erfahrung machen. Manchmal möchte ein Teil von uns an einem Ort zurückbleiben, an dem wir sehr glücklich waren. Beispielsweise muß ich jedesmal, wenn ich die Ghost Ranch nach einem Wochenendworkshop verlasse, für mich eine Seelenrückführung zelebrieren, weil ein Teil meiner selbst diesen wunderschönen Ort so ungern verläßt. In den hohen Wüstenbergen des nördlichen New Mexico gelegen, ist die Ranch einer der spirituellsten Orte, an denen ich mich jemals aufgehalten habe. Georgia O'Keeffe hat hier gelebt und ist hier gestorben, und die Wüste mit den umliegenden Bergen hat sie zur Schaffung vieler ihrer unglaublichen Bilder inspiriert. Für mich ist es ein heiliger Kraftort.

Ich erinnere mich noch gut an einen bestimmten Sonntagnachmittag, als ich von dort aus nach Hause fuhr, nachdem ich ein Wochenende lang mit einer Gruppe bemerkenswerter Menschen gearbeitet hatte. Je weiter ich mich von der Ranch entfernte, desto mehr nahm das Gefühl von Leere in mir zu, welches mir deutlich sagte, daß mir etwas fehlte. Mehrere meiner Freunde von weit außerhalb, die an dem Workshop teilgenommen hatten, würden die Nacht bei mir zubringen, um am nächsten Morgen abzureisen. Als wir in meinem Haus eintrafen, bat ich sie, mir bei einer Seelenrückführung behilflich zu sein, um den Teil meiner selbst zurückzuholen, der auf der Ghost Ranch geblieben war.

Sie alle versammelten sich um mein Bett und riefen: »Elena, Elenita, komm zurück. Komm zurück.« Ich hatte die Augen geschlossen und »sah«, wie ein Seelenanteil von mir in dem wunderschönen Himmel über der Ghost Ranch umherflog und herumwirbelte, von Stern zu Stern sprang und sich dort vollkommen zu Hause fühlte. Schweigend sagte ich zu diesem Teil von mir: »Ich weiß, daß du gern dort bist, aber ich brauche dich hier bei mir. Wir werden noch viele Male dorthin zurückkehren, aber im Augenblick benötige ich dich hier.« In diesem Augenblick legte mein *compadre* Guillermo seine Hände auf mein Schlüsselbein und meine Stirn, und ich spürte, wie Elena zurückkehrte. Ich fing an zu weinen, und all meine *compadres* und *comadres* legten mir ihre Hände auf den Körper und beruhigten mich, als sei ich ein kleines Kind. Gemeinsam sprachen sie: »Willkommen zu Hause, Elenita, willkommen zu Hause.« Sie deckten mich zu, steckten die Decken fest, gaben mir einen Gutenachtkuß und schalteten das Licht aus. Ich fiel in einen tiefen, gesunden Schlaf.

Kapitel 5

Das verdrehte Herz

Wo ist dein Herz?
Wenn du dein Herz an jeden und alles gibst,
Dann führst du es nirgendwohin ... du zerstörst es.
Nezahualcóyotl, aztekischer Dichter

Im Nahuatl leitet sich das Wort »Herz« vom gleichen Stamm ab wie das Wort »Bewegung«, und das Gedicht sagt uns, daß die Suche und Sehnsucht nach jenen irdischen Dingen, die keinen wahren Wert besitzen, zum Verlust des energetischen, potenten und wahren Ichs führt. Dies geschieht beispielsweise häufig, wenn wir einen anderen Menschen um irgendeinen Aspekt beneiden, sei es seine Arbeit, sein Aussehen oder seine Errungenschaften.

Frauen entwickeln oft Neid, wenn es um das Körpergewicht geht. Eine leicht übergewichtige, attraktive Chicana Anfang Dreißig kam einst zu mir wegen Gewichtsproblemen, Depressionen und »emotionaler Taubheit«. Sie erzählte mir, daß ihre Depressionen begannen, kurz nachdem ihre beste Freundin zwanzig Pfund abgenommen hatte. Von dem Augenblick an hatte sie an allem, was ihre Freundin tat, etwas auszusetzen. Sie fing an, ihre Freundin zu hassen, und sie haßte sich selbst, weil sie so fühlte. Diese Emotionen ergriffen auf eine Weise Besitz von ihr, daß es ihr schwerfiel, zur Arbeit zu gehen und ihre Familie ausreichend zu versorgen. Der Teufelskreis des Neids verschlimmerte außerdem ihr Gewichtsproblem, weil sie zusätzlich zu essen anfing, wenn sie deprimiert war.

Genauso destruktiv ist es wie gesagt, wenn man Opfer des Neids wird: Eine andere Klientin, die Großmutter einer Freundin, erklärte mir beispielsweise, daß sie ein ewiges Licht angezündet habe in der Hoffnung, damit die Mißgunst ihrer Nachbarn abzuwenden. Sie arbeitete als Hausangestellte, und ihre dankbaren Arbeitgeber schenkten ihr immer ihre alte Kleidung. Weil sie stets so gut angezogen war, hatten die Nachbarn nun angefangen, sie als »Manuela *la farsante*« – Manuela, der Snob – zu bezeichnen, obwohl sie ebenso arm wie ihre Mitbürger war. Sie investierte viel emotionale Energie in die Sorge darüber, daß sie die Freundschaft der Nachbarn und das gute Ansehen bei den Menschen in ihrer Umgebung verlieren könnte.

Genauso wie unsere Seele brauchen wir aber auch unsere Energie zu 100 Prozent, wenn wir unser Leben authentisch und gesund führen wollen. Wer unter *envídia* leidet, der bekommt in Wahrheit die Auswirkungen einer Art *susto* zu spüren. Mißgünstige Menschen waren irgendwann einmal ebenfalls »neidlos glücklich« und vertrauensvoll, doch die Traumata des Lebens veranlaßten sie dazu, ihren Weg in eine passive Richtung des Wunschdenkens zu lenken und die falsche Erwartungshaltung zu entwickeln, daß ihr Frosch sich eines Tages in einen Prinzen verwandelt. Seelenverlust hat seine Ursachen fast immer in den Entbehrungen, im Hunger und in den Verletzungen der Kindheit.

Envídia kann sich aus ganz normalen Impulsen heraus entwickeln. Wir alle werden mit natürlichen, legitimen Bedürfnissen geboren, die auf unserem Weg zur Reife erfüllt werden müssen; doch viele Menschen sind statt dessen in Familien aufgewachsen, in denen *seit Generationen* niemand genug Liebe, Verständnis oder Förderung erhielt. Das führt dazu, daß wir das Nest noch hungrig verlassen.

Ein vierzigjähriger amerikanischer Indianer namens Polito

kam zu mir, weil er unter schrecklichem Neid auf all jene litt, deren Familienleben Wärme und Nähe reflektierte. Er hatte ein Dasein der Vernachlässigung und Isolierung gefristet. Der Vater starb, als Polito sieben Jahre alt war, und die kleine Schwester war nur wenige Monate danach ums Leben gekommen. Im Alter von acht Jahren wurde er in ein Indianerinternat geschickt, weil seine alkoholkranke Mutter sich nicht richtig um ihn kümmerte. Er konnte sich nicht daran erinnern, daß sie je gelächelt oder ihn einmal liebevoll berührt hätte. Er sagte: »Ich hatte nie das Gefühl, daß mich irgend jemand haben will. Niemand ist zu meiner Feier gekommen, als ich den Abschluß an der Abendschule gemacht habe; und als ich nach Vietnam aufbrach, kam niemand, um mich zu verabschieden.«

Polito suchte Nähe am falschen Ort. Er hatte Beziehungen zu zwei Frauen unterhalten, die ihn jedoch ebenso schikanierten, wie es zuvor seine Mutter getan hatte. Diese Frauen waren nie fähig, eine wirkliche Bindung zu ihm aufzubauen, sie ließen ihn immer im ungewissen. Er hatte aus freiem Entschluß nicht geheiratet und auch keine Kinder, trotzdem beneidete er Ehemänner und Väter. Als Alkoholiker, der wegen Trunkenheit am Steuer mit dem Gesetz in Schwierigkeiten gekommen war, beneidete er Menschen, die mit ein paar Gläsern in Gesellschaft entspannen konnten und es dabei beließen. In der Woche der Superbowl sagte er mir, daß er Leute beneide, die sich hinsetzen, die Footballspiele ansehen und ein paar Flaschen Bier mit ihren Freunden teilen konnten. Er fühlte sich von jeglicher Freundschaft ausgeschlossen.

Leider hatten sich seine Depression, seine Traurigkeit und sein Neid schließlich so aufgebaut, daß er wieder zu trinken begann, nachdem er fünf Jahre »trocken« gewesen war. Das war einer der Gründe, warum er zu mir kam. Er war in eine Alkoholkontrolle geraten und mußte seinen Führerschein abgeben. Er hatte sich selbst so wenig in der Gewalt, daß er betrunken zu seiner ersten Therapiesitzung erschien.

Statt selbst aktiv zu werden und ein authentisches Leben zu führen, verschwendete Polito viel Zeit darauf, den anderen das zu neiden, was er nicht hatte – die Fähigkeit, Freundschaften zu schließen und mit Freunden gemeinsam etwas zu trinken, eine Familie und Kinder. Er war in einen Teufelskreis geraten: Wenn sein Neid so anwuchs, daß er ihn nicht mehr ertragen konnte, dann fütterte er ihn mit Alkohol, ungesunden Beziehungen und selbstzerstörerischem Verhalten. Sein Neid richtete sich schließlich gegen ihn selbst.

Konsequenzen und Ausmaße des Neids

Da wir einen »Energiekörper« ebenso wie einen physischen Körper haben, senden wir, meist ohne uns dessen bewußt zu sein, negative wie positive Gedanken und Energien an die Menschen und Dinge in unserer Umgebung aus und beeinflussen sie dadurch. Wenn wir beispielsweise sehen, daß eine Freundin überdurchschnittlich gut tanzt und deshalb viel Aufmerksamkeit auf sich zieht, wird ein Teil von uns sie bewundern, aber ein anderer könnte neidisch sein und insgeheim »beten«: »Ich hoffe, sie stolpert und macht sich zum Idioten.« Es wird uns oft vollkommen entgehen, daß wir solche Gedanken haben und daß sie jemanden verletzen könnten, dennoch trifft es zu. Christus hat gelehrt, daß negative Gedanken ebenso schädlich sind wie negative Taten. Ob wir nun einer solchen Interpretation folgen oder nicht – wenn wir andere zum Brennpunkt unserer Bosheit, unseres Grolls und unserer Begierden machen, dann hat diese Energie das Potential, sie zu verletzen.

Es wurde schon an anderer Stelle angedeutet, daß *envídia* uns physisch, emotional und spirituell krank machen kann und das Potential hat, das »Objekt« unserer Begierde ebenfalls krank zu machen: Neid wirkt sich auf den Beneideten aus. Der

Mißgünstige schafft eine aufdringliche Bindung zu seinem Opfer, und diese Bindung kann für beide destruktiv sein.

Manche Menschen erkennen jedoch gar nicht, daß ihr Verhalten durch *envídia* verursacht wird. Zum Beispiel kommt es häufig vor, daß ein Angestellter seine Neidgefühle gegenüber dem Vorgesetzten kompensiert, indem er ihm besondere Geschenke und sich selbst unabkömmlich macht. Doch unter diesem Deckmäntelchen wird sein Neid ihn im höchsten Maß sensibel auf alles reagieren lassen, was der Chef über ihn sagt. Egal, was der Vorgesetzte auch äußert oder tut, der Angestellte wird es als Kritik empfinden, etwas daran auszusetzen haben und sich bei seinen Kollegen darüber beklagen, daß »der Alte« ihn nicht zu schätzen weiß.

Ein Mensch, dessen Herz vom Neid verdreht wurde, hat das Potential, ein »Seelendieb« zu sein. Als die »Eishexe« Tonya Harding einen Schläger anheuerte, um Nancy Kerrigan am 6. Januar 1994 die Beine zu brechen, verletzte sie ihre Rivalin jedoch vor allem da, wo es am meisten schmerzt – in ihrer Seele. Durch diese Verletzung war es ihr fast unmöglich, an den Olympischen Spielen teilzunehmen. Und Tonya Harding hat ohne Zweifel einen wichtigen Teil ihrer eigenen Existenz zerstört – nicht nur dadurch, daß sie für schuldig erklärt und vom amerikanischen Eiskunstlaufverband auf Lebenszeit gesperrt wurde ...

Neid ist ein natürliches Gefühl. Wir alle haben schon das Stechen der Mißgunst verspürt angesichts des Glücks, das ein anderer hat oder zu haben scheint. Ich sage gern scherzhaft, daß 99 Prozent der Bevölkerung unter Neid leiden und daß das übrige eine Prozent lügt. Wir geben es im allgemeinen nicht zu, wenn wir anderen etwas neiden.

Neid kann milde, aber auch schwere Formen annehmen. Möglicherweise ruft *envídia* sogar körperliche Empfindungen hervor, die uns bewußt sind, etwa ein enges Gefühl im Herzbereich. Neid überfällt uns oft vollkommen überraschend. Wenn wir zum Beispiel erfahren, daß ein Freund im Lotto gewonnen hat, scheint unser Lächeln zu gefrieren, während wir ihm gratulieren. Wir spüren ein unangenehmes Stechen in der Brust, ein Unbehagen, das wir am liebsten ignorieren oder unterdrücken würden, weil wir uns unbewußt für unseren Neid, für diese so eindeutige Emotion, schämen. Wir wissen, daß wir unseren Freund gern haben, aber etwas geschieht mit uns, überflutet uns mit Gefühlen, die uns Unbehagen einflößen. Mit Neid geht ein bemerkenswertes Leugnen einher, denn kein Mensch gesteht sich gern selbst ein, daß auch er gierig, schadenfroh, wertend, kritisierend, rachsüchtig, egoistisch, manipulativ und nachtragend sein und all diese anderen schrecklichen Eigenschaften haben kann, die man für gewöhnlich immer nur bei anderen sieht.

Wenn die Kluft zwischen arm und reich weiter wird, dann ist das Klima für die Entwicklung von *envídia* besonders geeignet. Neid wächst in Menschen heran, die über Jahrzehnte hinweg von der Hand in den Mund leben. Als ich noch ein Kind war, da erhielt ich immer die abgelegten Kleidungsstücke meiner Schwester Irma, auch ihre alten Schuhe. Ich haßte Schuhe, die meine Zehen einzwängten, und Kleider, die meinem Stil nicht entsprachen. Ich war jedesmal neidisch, wenn Irma ein neues Kleid oder ein neues Paar Schuhe erhielt. Ich hege noch immer Ausläufer dieser Gefühle, was dazu führte, daß mein Kleiderschrank voller Kleider und Schuhe jedes nur denkbaren Aussehens ist. So etwas kommt häufig vor. Viele Menschen fragen sich: »Warum geb' ich nur soviel Geld für all dieses Zeugs aus?« oder »Warum hab' ich all diese Nahrungsmittel in meinem Kühlschrank, wenn ich zum Schluß doch die Hälfte davon wegwerfen muß?« Manche verschulden sich, weil sie ständig in teuren Restaurants essen gehen oder viel Geld für Dinge ausgeben, die sie zu brauchen meinen, damit sie mit ihren Nachbarn mithalten können. Ihnen ist nicht klar, daß dieser Hunger, den sie in sich spüren, aus einer Zeit stammt, als ihren Seelen etwas vorenthalten wurde. Sie bemühen sich jedoch um die falsche Art »Nahrung«, um die Leere in sich zu füllen, statt sich um die Rückführung ihrer verlorenen Seelenaspekte zu kümmern.

In Mexico gilt Neid als eine der am weitesten verbreiteten Krankheiten. Auf den Märkten kann man eine ganze Reihe von Ölen, Tränken, Amuletten, Seifen oder Kräutern kaufen, um die Auswirkungen von Neid zu verhindern oder einzudämmen. Wenn ein Mensch zum Opfer von *envídia* wird, dann kennen Curanderos zahlreiche Rituale, die sie zur Heilung des Patienten heranziehen. Das bedeutet nun keineswegs, daß Mexico mehr von Neid befallen sei als irgendein anderes Land, sondern nur, daß diese Krankheit hier als Leiden erkannt wurde, welches Verstand, Körper und Geist beeinträchtigen kann. In der mexikanischen Tradition gibt es zahlreiche Variationen von der Geschichte, in der ein Mann seine Seele dem Teufel verkauft, um etwas zu bekommen, worum er einen anderen beneidet. Wenn der Teufel dann jedoch kommt, um seinen Lohn einzufordern, dann legt der Mann ihn mit einer List herein, weil er inzwischen seine Lektion gelernt und den Wert seiner Seele erkannt hat.

Im übertragenen Sinne empfinde ich *envídia* als eine Art »Virus«, der im höchsten Maße ansteckend und gefährlich ist. Dies wird ersichtlich daraus, wie rasch sich die durch Mißgunst geschürte Disharmonie verbreitet. Die besondere Art Neid etwa, die durch den überwältigenden nordamerikanischen Materialismus hervorgebracht wurde, hat sich längst auch in Lateinamerika breitgemacht und die Grenzen zwischen den Kulturen durchdrungen. Ähnlich verhält es sich bei anderen westlichen Gesellschaften nach amerikanischem Vorbild und ihren Nachbarn, die in ärmeren Verhältnissen leben. Die Verbreitung dieses »Virus« kann an der Tatsache gesehen werden, daß beispielsweise in Mexico heute so viele junge Menschen, die früher mehr oder weniger mit sich selbst und dem zufrieden waren, was sie hatten, nun neidisch auf die Nachbarn in den Vereinigten Staaten starren. Sie sehen den materiellen Wohlstand, der ihnen von amerikanischen Fernsehprogrammen serviert wird, bekommen die Wertvorstellungen zu Ohren, die ihnen die US-Popmusik präsentiert, kopieren teure Klamotten und begehrte Sportschuhe, wünschen sich Handys, Computer und andere elektronische Geräte. Was müssen sie tun, um all diese Dinge besitzen zu können, und was müssen sie dafür bezahlen? Werden sie »ihre Seelen dafür verkaufen« und ihre kulturellen Werte verlieren, die sie bisher im großen und ganzen gesund und im Gleichgewicht gehalten haben? In Mexico herrscht heute die reale Angst, daß Jugendliche tatsächlich ihre Seelen verkaufen werden, indem sie mit Drogen handeln und/oder Straftaten begehen, um an all die Dinge zu kommen, von denen sie meinen, daß sie sie bräuchten. Dieser Prozeß befindet sich bereits im vollen Gange – in stetig wachsenden Dimensionen. In den Vereinigten Staaten ist eine riesige Verbrechensrate unter Jugendlichen schon nackte Realität. Teenager aus ökonomisch unterprivilegierten Stadtvierteln sagen: »Warum sollen wir für einen Minimallohn in der Hamburgerbude arbeiten, wenn wir doch mit Drogenverkauf jeden Tag Hunderte von Dollar verdienen können?«

In den Vereinigten Staaten entdecken wir, daß nur wenige der angepriesenen Dinge die Macht haben, uns wirklich glücklich zu machen. Und der Neid, der durch den Hunger nach materiellem Besitz geschürt wird, hat inzwischen sagenhafte Ausmaße angenommen. Eltern sind es mittlerweile sogar schon leid, ihren Kindern Turnschuhe für hundertfünfzig Dollar, teure Computer, mit denen sie Zugang zu allen Computerspielen und zum Internet haben, und sogar schicke Autos zu kaufen. In Dallas ist das begehrteste Abschlußgeschenk heutzutage für wohlhabende High-School-Absolventinnen eine Brustvergrößerung oder eine durch den Schönheitschirurgen optimierte Nase – damit diese jungen Frauen so »attraktiv« sein können wie jene, die sie beneiden ...

Die sechs Wurzeln des Neids

Nach meiner Erfahrung gibt es vor allem sechs Dinge, die bei Menschen Neid auslösen: Macht, Geld, Schönheit, Körperformen, Liebe und Jugend. Bei Männern scheint Macht und Geld eine größere Rolle zu spielen, während Frauen sich eher von den anderen Themen besessen zeigen.

Männer sind leicht neidisch auf die äußere Erscheinung ihrer Geschlechtsgenossen, insbesondere was den Haarwuchs und die Körpergröße betrifft. Ich behandelte einmal einen Mann, der viel Zeit damit verbrachte, sich zwanghaft mit seinem Toupet zu beschäftigen. Er regte sich außerdem darüber auf, daß er nur einen Meter sechzig groß war. Wenn es windig wurde, dann setzte er stets eine Baseballcap auf. Schwimmen kam für ihn gar nicht in Frage, weil er immer die Befürchtung hatte, die anderen könnten bemerken, daß er ein Haarteil trug. Er brachte Stunden damit zu, in den Spiegel zu starren, um seine Haare so zu legen, daß sie natürlich aussahen.

Dieser Klient war entsetzlich neidisch auf großgewachsene Männer mit vollem Haar. Er hatte seinen natürlichen Kopfschmuck bereits in den Zwanzigern verloren und war nun Mitte Vierzig. Immer wenn er eine neue Frau kennenlernte, machte er sich Sorgen, ob sie wohl herausfinden würde, daß er ein Toupet trug. Ich erklärte ihm, daß sie das vermutlich bei ihrer ersten Verabredung festgestellt und bereits entschieden hatte, auch weiterhin mit ihm auszugehen, weil sie ihn mochte.

Als ich dem Mann vorschlug, das Toupet doch einfach abzunehmen und die Tatsache zu akzeptieren, daß er eine Glatze hatte, wurde er sehr betreten und sagte, dies könne er nicht tun. Er hatte eine Haartransplantation machen lassen, die verpfuscht worden war, und trug dadurch so viele schreckliche Narben davon, daß er glaubte, für immer mit dem Toupet zurechtkommen zu müssen. Unglücklicherweise gelang es mir nicht, ihm zu helfen. Er fühlte sich so verwundbar, nachdem er mir seine Narben gezeigt hatte, daß er nicht mehr wiederkam. Das machte mir deutlich, wie untrennbar seine Energie mit den Sorgen über seine Glatzköpfigkeit verbunden war. Er hatte noch nie eine stabile Beziehung zu einer Frau aufbauen können, weil ihn die Zwangsvorstellungen bezüglich seiner Haare mit panischer Angst vor emotionaler und körperlicher Nähe erfüllten. Ich konnte nicht anders, als zu denken: »Wie schade um die verschwendeten zwanzig Jahre!«

Frauen investieren unglaublich viel Zeit und Geld in Programme zur Gewichtsreduktion, Fitneßmaßnahmen, Schönheitsoperationen und Kosmetika, um jünger auszusehen. Doch je zwanghafter wir mit unserem Körper umgehen, desto weniger leben wir wirklich darin. Frauen mit Eßstörungen oder Übergewicht, die eine Diät nach der anderen machen, sind in ihrem Körper nicht präsent. Wir alle werden mit bestimmten physischen Merkmalen geboren, die wir geerbt haben. Wenn wir erst einmal die Körperform ablehnen, mit der wir geboren wurden, dann verlieren wir den intuitiven Teil unseres Wesens. Oft ist es unrealistisch, Kleidergröße achtunddreißig erreichen zu wollen. Unser Körper sagt uns auf natürliche Weise, was wir wann essen sollen, um gesund zu bleiben: Wenn wir Hunger haben, dann ist es an der Zeit für eine Mahlzeit; sind wir satt, dann sollten wir aufhören zu essen. Sobald wir uns an der natürlichen Appetitregelung unserer Seele zu schaffen machen, dann bricht das System zusammen. Es liegt unglaubliche Ganzheitlichkeit und Befriedigung darin, den eigenen Körper genau so zu akzeptieren, wie er ist. Clarissa Pinkola Estés, von durchaus stattlicher Figur, lobt die Frau, welche die Großartigkeit ihres die Erde preisenden Körpers spürt. Als ich der bekannten Psychoanalytikerin und Bestsellerautorin das erste Mal begegnete, empfand ich ihre Energie als so geerdet und lebendig, daß ich wußte, ich sehe einen Menschen, der sich in seinem Körper glücklich und zu Hause fühlt.

Neid auf die »vollkommene« Beziehung

Die überwiegende Mehrheit der Menschen, die zu mir kommen, sind entweder unzufrieden mit ihrer gegenwärtigen Beziehung oder erliegen noch immer der Illusion, der »perfekte« Mann oder die »vollkommene« Frau träte eines Tages in ihr Leben und würde sie »erretten«. Wenn sie romantische Filme oder junge Paare Händchen halten sehen, dann haben sie das Gefühl, ihre eigenen Beziehungen, vergangene und gegenwärtige, seien einfach enttäuschend. Einige von ihnen bitten mich sogar um einen Liebestrank oder wollen, daß ich ihnen mittels Tarotkarten helfe, ihren Seelengefährten zu finden. Irgendwie glauben sie, nur die richtige magische Handlung vollziehen zu müssen, und schon begegneten sie dem Partner, nach dem sie suchen.

Eine Beziehung ist Bestandteil des Lebens, aber sie sollte nicht der ausschließliche Lebensinhalt sein. Wenn Menschen so zwanghaft nach der perfekten Beziehung suchen, die ihren Hunger vollständig stillt oder all ihre Bedürfnisse befriedigt, dann vergessen sie, in ihre eigene Seele zu blicken, um dort Nahrung zu finden. Solche Menschen werden sehr hungrig ins Grab gehen.

Ich habe einmal mit einem Klienten namens David gearbeitet, einem gutaussehenden, alleinstehenden Italoamerikaner von etwa vierunddreißig Jahren. David wollte wissen, ob ich nicht einen »Liebestrank« für ihn hätte, denn er sei es leid, immer allein zu sein. Mehrere Monate bevor er zu mir gekommen war, hatte er angefangen, sich von den Menschen zurückzuziehen und mehr Zeit allein in seiner Wohnung zuzubringen. Er war immer melancholischer geworden, und sein Energiepegel fiel auf einen Tiefststand. »Ich möchte endlich meine Seelengefährtin kennenlernen, Kinder haben und glücklich sein«, erklärte er mir.

Mit der Zeit machte ihn der Anblick von Paaren, die er auf der Straße, in den Einkaufspassagen und bei seiner Arbeit als Bauarbeiter sah, immer bedrückter. Er starrte schöne Paare an, beobachtete ihre Körpersprache und spürte, wie sein Herz sich zusammenzog, wenn die beiden einander anblickten, sich küßten oder Händchen hielten. Hielt er sich im Einkaufszentrum auf, dann fielen ihm unweigerlich die vielen Paare auf. Er suchte sich eines von ihnen aus und folgte ihm eine Weile, weil er sich von der energetischen Ausstrahlung ihrer Liebe angezogen fühlte. Auf diese merkwürdige Weise wollte er daran teilhaben. Solche in seiner Vorstellung überhöhten Beziehungen nährten seine Phantasien, allesamt romantische Klischees, von sich selbst und seiner »Zukünftigen«. Er war hin und her gerissen zwischen dem Wunsch, zu Hause zu bleiben und in seiner Vorstellungswelt allein zu sein, und dem zwanghaften Nachdenken darüber, wie er denn je die Liebe seines Lebens kennenlernen sollte, wenn er nicht aus dem Haus ging. Er grübelte ständig über dieses Dilemma nach, was wiederum seine Unsicherheit verstärkte ...

Nachdem wir eine Reihe von *limpias* durchgeführt hatten, erkannte David klar, daß er in einen Teuelskreis geraten war. Er fing an, sich ehrliche und fundierte Fragen zu stellen wie etwa: »Will ich denn wirklich in einer Beziehung sein? Bin ich überhaupt bereit dazu?« Nachdem er sich erst einmal dazu durchgerungen hatte, sein Herz so gründlich zu erforschen, brachten wir seine Verwirrung vor den »Großen Geist«. Er fing an, ehrlich um Klarheit zu beten, und ihm wurde bewußt, daß er eigentlich unentschlossen war, ob er jemandem überhaupt so nahe kommen wollte. Die Verantwortungen als Vater erschienen ihm zum gegenwärtigen Zeitpunkt in seinem Leben überwältigend, und er fürchtete, er würde die besondere Zeit vermissen, die er nun allein verbrachte und die ihm so viel bedeutete. Andererseits sah er, wie einsam er war. Er wußte, daß seine biologische Uhr tickte und ihm sagte: »Ich will ein

Kind!« Viele Menschen glauben nicht, daß Männer überhaupt eine derartige biologische Uhr haben, doch das ist durchaus der Fall. Ich habe schon viele männliche Klienten gehabt, die einen starken Wunsch nach Kindern zum Ausdruck brachten und anfingen zu verzweifeln, weil sie bereits die Dreißiger erreicht und noch immer keine Partnerin gefunden hatten. Manche dieser Männer betrachten Kinder als Mittel, um ihren Namen weiterzureichen, andere sehnen sich danach, Kinder zu haben, bevor sie »alt« werden.

Eines hatte David nun vollkommen deutlich erkannt, daß nämlich die Zeit, die er für seine Phantasien aufwandte, Energieverschwendung war. Er wollte wirklich tief geliebt werden und ebenso wiederlieben. Er wollte eine eigene Familie, aber er fürchtete auch, sein geschätztes Alleinsein einzubüßen. Nach einigen weiteren *pláticas* und *limpias* fing er an, all die widersprüchlichen Bedürfnisse in seine Seele und sein Herz zu integrieren, und sein Weg trat ihm deutlicher vor Augen. Das neidische Gefühl, das der Anblick von Liebespaaren früher in ihm auslöste, hatte ihm eine wichtige Botschaft übermittelt: »Du bist nicht glücklich. Tu etwas dagegen. Du hättest wirklich gern eine Beziehung. Du hast einfach nur Angst.«

Nachdem ihm klargeworden war, was er tatsächlich wollte und brauchte, nahm sich David vor, sich nicht mehr länger zwanghaft mit anderen Paaren zu beschäftigen, seine Phantasien aufzugeben und wieder mehr die Gesellschaft anderer Menschen zu suchen. Er wußte, daß sein Herz sich wirklich ernsthaft nach einer Familie sehnte; doch er hatte auch erkannt, daß er sich vor dem Unbekannten fürchtete. Weil er dies anerkannte, konnte er seine Ängste überwinden. Erst jetzt war er wirklich bereit dazu, nach einer Partnerin zu suchen.

Neid ist ein Spiegel

Mißgunst kann nicht nur von Schaden sein, sondern auch nutzen. Wenn Ihr Neidgefühl ein »normales« Maß hat, dann dienen Ihnen die Eigenschaften, um die Sie andere beneiden, als Spiegel, als Boten Ihres Herzens, die Ihnen sagen können, was Ihre Seele am meisten begehrt. Obwohl Neid unglaublich destruktiv sein kann, vermag er uns auch zu zeigen, was uns glücklich, gesund und liebevoll macht. Wenn wir *envídia* in uns aufsteigen fühlen, dann ist es an der Zeit, achtsam zu sein.

Tritt der Mensch, den Sie beneiden, beispielsweise als Sprecher in der Öffentlichkeit auf, dann sehnt sich womöglich ein Teil Ihrer Seele danach, zu lehren oder vor einer Gruppe darüber zu sprechen, was Sie wissen. Möglicherweise haben Sie etwas zu sagen, was noch in Ihrem Inneren verschlossen ist. Richtet sich Ihr Neid auf einen Kollegen, der kürzlich befördert wurde, dann fühlen Sie sich wahrscheinlich in Ihrer gegenwärtigen Position festgefahren und sind bereit für neue berufliche Herausforderungen. Begehren Sie den Reichtum und materiellen Besitz eines anderen, dann mag dies ein Hinweis darauf sein, daß Ihr Leben in emotionaler und spiritueller Hinsicht nicht reich genug ist.

Reine, unverfälschte Gefühle wie Neid werden kleine Wegweiser zu den intuitiven Aspekten unserer Persönlichkeit. Sie schicken dem Verstand eine Botschaft und geben uns die Gelegenheit, unsere Gefühle zu analysieren. Sie sind eine wertvolle Möglichkeit zu Wachstum und Veränderung, sofern wir nur bereit sind zuzuhören. Wenn wir aus dem Gleichgewicht geraten sind und unser Herz völlig verdreht ist vor lauter Neid, dann sind uns unsere Intuitionen ohne Hilfe nicht mehr zugänglich. Befinden wir uns aber in Balance mit unserem inneren Selbst, dann kann Neid ein wertvoller Führer sein, der uns zu den Dingen bringt, die richtig für uns sind.

Ich habe zahlreiche Menschen behandelt, deren Neid sie schließlich zu einem an Herausforderungen und Befriedigungen reichen Leben geführt hat. Ron etwa kam zu mir, weil er mit angehört hatte, wie seine Freundin, eine beliebte Dozentin, finanzielle Vereinbarungen für einen Vortrag auf einer nationalen Konferenz getroffen hatte. Als er hörte, daß die Veranstalter ihr sechshundert Dollar zuzüglich Spesen bezahlen wollten, war er aufgeregt und voller Neid. Er warf ihr vor: »Willst du mir etwa sagen, du bekommst all dieses Geld und eine kostenlose Reise dafür, daß du eine Stunde redest? Weißt du eigentlich, wie hart ich arbeiten muß, um soviel zu verdienen?«

Nachdem wir einige *pláticas* und *limpias* durchgeführt hatten, wurde Ron klar: Das, worum er seine Freundin beneidete – nämlich ihre Fähigkeit, vor großen Menschenansammlungen zu sprechen –, war etwas, was er selbst gern gemacht hätte. Ihm wurde bewußt, daß er ein sehr extravertierter, charismatischer Mensch war, der in einer beruflichen Position festsaß, die ihn frustrierte. Obwohl er über viele Talente verfügte, hatte er doch nie wirklich etwas mit ihnen angefangen. Immer wieder faßte er den Entschluß, noch einmal aufs College zu gehen und seinen Abschluß nachzumachen, doch jedesmal gab er nach kurzer Zeit wieder auf. Ron besaß auch die Fähigkeit, das zu tun, worum er seine Freundin beneidete; aber er wußte nichts damit anzufangen. Statt in Aktion zu treten, beschränkte er sich aufs Reagieren.

Oftmals unternehmen Neider halbherzige Versuche, das zu erlangen, was ihren Neid weckt. Doch meist verfügen sie nicht über die Energie, um ihre Vorstellungen zu verwirklichen. Als Ron und ich zusammenarbeiteten, half ich ihm, diese Energie zu sammeln und auf ein Ziel zu richten. Obwohl er nicht auf die Schulbank zurückkehrte, begann er doch in der Öffentlichkeit aufzutreten, indem er sich zum Fürsprecher einer Obdachlosenorganisation machte, für die er ehrenamtlich arbeitete. Das Gefühl, seine Energie und seine Talente für andere einzusetzen, gab Ron ein starkes Gefühl von Selbstachtung und Befriedigung.

Neid unter Familienmitgliedern

Envídia unter Familienmitgliedern kommt häufig vor, doch wird dieses Gefühl in unserem Kulturkreis normalerweise unter den Teppich gekehrt. Eltern rufen oft unbewußt Rivalitäten zwischen Geschwistern hervor, indem sie ein Kind bevorzugen, das mehr Zuwendung erhält als die übrigen. In großen Familien entsteht bei Kindern Neid, wenn sie merken, daß offensichtlich nicht genug Liebe für alle da ist, oder wenn sie feststellen, daß ein Bruder oder eine Schwester mehr Zuwendung erhält als sie selbst.

Die schlechte Beziehung zwischen den Eltern kann manchmal an der Wurzel des Neids zwischen den Geschwistern liegen. Obwohl es zutrifft, daß es oft Mangel und finanzielle Not sind, die den Neid verursachen, so habe ich doch viele Menschen aus armen Familien kennengelernt, die emotional aus dem vollen schöpften, weil ihre Mütter und Väter einander und ihre Kinder von Herzen liebten. Es kommt fatalerweise immer wieder vor, daß ein Partner, der sich von seinem Gefährten nicht genug geliebt und getragen fühlt, den Sohn oder die Tochter zum Ersatzpartner macht. Manchmal hat ein Kind ein enges Verhältnis zu einem Elternteil, beneidet jedoch die Schwester oder den Bruder, die/der dem anderen Elternteil näher steht. Das ist ein fruchtbarer Boden für üble Nachrede. Erfahrungsgemäß kommt es dann beispielsweise vor, daß eine Tochter zu ihrer Mutter geht und sagt: »Weißt du eigentlich, daß dein Lieblingssohn jede Nacht um die Häuser streicht, um sich zu besaufen?« Oder ein frustrierter Sohn behauptet etwa: »Ist dir klar, daß deine Lieblingstochter es sich jedes Wochenende auf dem Rücksitz im Auto ihres Freundes besorgen läßt?« Die Dinge werden ganz schlimm, wenn ein Elternteil seinem Kind irgendwelche Geschichten anvertraut, aber darum bittet, sie nicht weiterzuerzählen – womöglich mit dem Zusatz: »Du bist mir das liebste meiner Kinder, aber sag es nicht deinen Geschwistern.« Damit werden alle möglichen Arten unausgewogener und schmerzlicher Dynamik erzeugt.

Als mein Vater, kurz nachdem meine Mutter gestorben war, krank wurde und ins Krankenhaus mußte, überfiel mich ein Sturm starker Gefühle und Panik. Obwohl ich bereits in den Dreißigern war, hatte ich Angst, daß mein Vater sterben und mich ganz ohne Eltern zurücklassen würde. Ich kaufte Geschenke und Blumen für ihn und eilte in sein Krankenzimmer. Ich weinte und weinte und sagte: »Bitte, Papa, stirb nicht. Wenn du das tust, dann bin ich eine Waise. Ich liebe dich, ich liebe dich.« Ich muß wohl hundertmal wiederholt haben, daß ich ihn liebe.

Überrascht von meinem leidenschaftlichen Schmerzensausbruch, sagte er: »*Mijita,* ich bin nicht so krank. Warum regst du dich so auf?«

Ich erklärte ihm: »Na ja, Mama ist vor wenigen Monaten gestorben, und ich habe solche Angst, daß ich beide Elternteile verlieren könnte.« Wir verbrachten einen wunderschönen Nachmittag zusammen. Er erzählte mir viele Dinge über sich selbst und über Mama und wie wichtig sie ihm war. Wir fühlten uns einander sehr nahe. Als ich aufbrach, umarmte ich ihn leidenschaftlich und sagte ihm mehrmals: »Ich liebe dich, Papa. Ich liebe dich.« Er erwiderte: »Ich liebe dich auch.«

Da wurde mir mit einem Schlag bewußt, daß ich mich all die Jahre lang danach gesehnt hatte, diese Worte von ihm zu hören. Ich hatte immer gewußt, daß er mich liebt, aber ich hatte mich danach gesehnt, ihn diese Worte aussprechen zu hören, ihre Melodie zu hören. Ich tanzte den ganzen Weg nach Hause.

Da ich die war, die ich bin, mußte ich diese Neuigkeit mit meinen Schwestern teilen. Als erstes rief ich Rosario an. »Ich habe Papa im Krankenhaus besucht, und er hat gesagt, daß er mich liebt«, erzählte ich ihr und plapperte munter drauflos und sagte, wie glücklich ich war. Dann wurde mir das lange, schmerzhafte Schweigen am anderen Ende der Leitung bewußt, und ich spürte den Schmerz, die Spannung und den Neid in einer nahezu greifbaren Welle auf mich zukommen. Langsam, schwach und zögernd erwiderte Rosario: »Na ja ... *mir* hat er nie gesagt, daß er mich liebt.«

Gefühle der Trauer und Hoffnungslosigkeit überwältigten mich. Mein erster Gedanke war: »Was soll's? Ich kann mein Glück nicht wirklich aufrechterhalten. Es macht andere unglücklich.« Doch dann durchflutete mich göttliche Energie, und es fiel mir ein zu sagen: »Geh, kauf ihm ein paar Blumen und Geschenke, lauf hysterisch heulend in sein Krankenzimmer und sag ihm hundertmal immer wieder: ›Ich liebe dich, Papa. Bitte stirb nicht.‹ Und er wird dir sagen, daß auch er dich liebt. Mit anderen Worten, arbeite dafür so, wie ich es getan habe ...«

Klatsch und das Verbreiten von Gerüchten

Klatsch und das Verbreiten von Gerüchten stehen in direktem Zusammenhang mit *envídia*. Was noch schlimmer ist, bei der Person, die das Gerücht in Umlauf bringt, handelt es sich für gewöhnlich um einen Freund, ein Familienmitglied, einen Kollegen oder Nachbarn von dem Opfer, um das es in dem Gerücht geht. Schließlich haben die Leute ja kein Interesse daran, über jemanden herzuziehen, den sie nicht kennen. Oftmals habe ich den Schock über den Verrat förmlich auf dem Gesicht eines Klienten gesehen, der zu mir gekommen war, weil ein Freund, Beziehungspartner oder Familienmitglied irgendein verletzendes Gerücht über ihn in Umlauf gebracht hat. Die Erkenntnis, hintergangen worden zu sein, ist eine der schmerzhaftesten Erfahrungen, die wir machen können – besonders wenn wir herausfinden, daß der Übeltäter jemand ist, der uns etwas bedeutet. Er zerstört unser Vertrauen in die Liebe, das eine, wonach wir uns im Leben am meisten sehnen.

Ein fünfzehnjähriges Mädchen namens Julia wurde von seinem Eltern zu mir gebracht, weil es sich weigerte, weiter zur Schule zu gehen. Sie machten sich Sorgen um ihre Tochter, weil sie sich langsam mehr und mehr in sich zurückzog und immer trauriger wurde.

Das erste, was mir an Julia auffiel, war ihr inneres Glühen. Vor mir saß eine hübsche junge Frau mit elfenbeinfarbener Haut, gleichmäßigen, feinen Zügen und einer spirituellen Kraft, die ihr zartes Gesicht erstrahlen ließ. Julia regte sich über ihre Entdeckung auf, daß eine enge Schulfreundin mitbekommen hatte, wie Julia sich im Bad erbrach, und das Gerücht in Umlauf gebracht hatte, daß Julia Gewicht verlor, weil sie an Bulimie leide. Die Freundin sprach diese Unwahrheit aus, als ein Junge, der ihr gefiel, statt ihrer Julia um eine Verabredung bat. Da sich das Gerücht inzwischen in der ganzen Schule verbreitet hatte, war Julia zu sehr in Verlegenheit gebracht, um wieder dorthin zu gehen. Sie fühlte sich durch ihre Freundin zutiefst verraten.

In Wirklichkeit litt Julia an einer chronischen Nierenerkrankung. Die neuen Medikamente hatten ihr Übelkeit verursacht und trugen zu ihrem Gewichtsverlust bei. Da sie sehr schüchtern war, mochte sie nicht über ihre Krankheit sprechen. Kurze Zeit nachdem ich mit ihr gearbeitet hatte, gelang es ihr, die Beziehung zu dieser Freundin zu beenden und einen Artikel für die Schülerzeitung zu schreiben, in dem sie davon erzählte, wie man mit einem Nierenleiden leben kann. Sie erhielt unerwartet viel Unterstützung von ihren Altersgenossen; und durch die Behandlung bei mir lernte sie etwas darüber, wie zerstörerisch Neid sein kann. Sie kommt nun in der Schule gut zurecht, und es geht ihr gesundheitlich wieder besser. Vor kurzem hat sie mich sogar angerufen, um mich wegen eines Artikels für die Schülerzeitung darüber zu interviewen, wie im Curanderismo *envídia* behandelt wird. Sie sorgt nun also für sich und noch obendrein für andere.

Wenn wir von anderen beneidet werden

Es gibt ein altes spanisches Sprichwort, das heißt: »*Vale màs causar envídia que no lástima.*« – »Es ist besser, beneidet als bemitleidet zu werden.« Wir wollen uns nichts vormachen – wenn sie die Wahl hätten, würden die meisten Menschen lieber das Ziel von Mißgunst sein als jemand, der sich vor Kummer nach irgend etwas verzehrt, das er nicht hat. Zu wissen, daß wir beneidet werden, kann uns sogar mit einem Gefühl der Überlegenheit erfüllen. Doch wenn wir kein starkes Selbstgefühl haben, dann hat der Neid eines Mitmenschen das Potential, uns krank zu machen. Manche von uns können wie Nancy Kerrigan zu sehr realen physischen Opfern des Neids anderer werden (siehe Seite 246).

Eine meiner Klientinnen, eine schmale, attraktive Chicana in ihren Vierzigern, mußte am eigenen Leib erfahren, wie groß die Macht von *envídia* sein kann. Anna hatte wunderbar langes, welliges Haar, das ihr bis zur Taille reichte und sie großartig aussehen ließ. Als erfolgreiche Erzieherin, die sie war, kam sie zu mir, weil sie an einem Kindheitstrauma arbeiten wollte, das ihr die Fähigkeit genommen hatte, ihren Intuitionen zu vertrauen. Anna bekam viele Komplimente wegen ihres Haares, insbesondere von Männern. Natürlich wußte sie genau, wie sie die Finger durch die Haare ziehen mußte, so daß man gar nicht umhin konnte, sie zu bewundern...

Als ich sie das nächste Mal wiedersah, konnte ich meinen Augen kaum trauen: Die Haare, ihr ganzer Stolz, waren trocken, kraus und viel, viel kürzer. Sie erklärte mir, daß eine Freundin ihr geraten hatte, an der oberen Hälfte ihrer Haarpracht eine Dauerwelle zu machen, da sie dort viel glatter war als in der unteren welligeren Hälfte. Sie sah in den Spiegel, nachdem die Freundin gegangen war. Die Frisur erschien ihr nun nicht mehr ganz so schön; und so kam sie zu dem Schluß, daß ihre Freundin recht hatte und daß sie sich selbst eine Dauerwelle machen sollte. Als sie jedoch die Chemikalien in die obere Partie einarbeitete, tropfte einiges davon auch auf die untere und machte die zuvor welligen Haare glatt. Außerdem waren sie so stark, daß sie das Haar austrockneten und strohig werden ließen.

Anna erlitt einen Schock. Ihre Intuition hatte ihr geraten, das Haar in Ruhe zu lassen, doch sie schenkte dem keine Beachtung. Statt dessen gab sie der Verlockung nach, ihre Haare noch schöner zu machen, als sie ohnehin schon waren. Nun hatte sie am oberen Kopf kleine Löckchen, während der Rest schlaff und trocken herunterhing. Sie versuchte, zu retten, was zu retten war, aber es sah einfach furchtbar aus!

Eine der *limpias*, die wir miteinander zelebrierten, zeitigte eine tiefgreifende Wirkung. Sie hatte die abgeschnittenen Haare aufgehoben und für die Zeremonie mitgebracht; diese waren mit einem wunderschönen Band zusammengebunden, und wir legten sie in den Westen, den Ort, der symbolisch für das Loslassen steht. Wir streuten Maismehl in Form eines Herzens darum aus. In den Osten legten wir ein Bild von ihr als Baby. Man gab ihr seinerzeit den Spitznamen *Peloncita,* was »kleines Glatzköpfchen« bedeutete. Für Anna symbolisierte dieses Foto einen Neuanfang. In den Norden legte sie ein Bild ihrer Lieblingsgroßmutter, einer *sobadora.* Sie starb, als Anna ein Teenager gewesen war; und Anna blickte zu ihr auf, um Kraft zu erhalten. Sie wollte über ihre äußerliche schlimme Erfahrung hinauswachsen und hatte das Gefühl, die Weisheit und Spiritualität einer Großmutter zu brauchen, um herauszufinden, was in ihrem Leben wirklich wichtig war.

Im Süden plazierte Anna verschiedene Fotografien von sich selbst, auf denen sie sich jeweils in einem unterschiedlichen Alter befand. Jedes dieser Bilder war stellvertretend für ein Trauma, eine Situation, in der sie ein weiteres Stück ihrer Intuition verloren hatte. Sie waren Symbole für die *sustos,* die sie nach und nach dazu gebracht hatten, ihre Macht aufzugeben. Schließlich legte sie ein Bild ihrer Freundin in den Westen zu den abgeschnittenen Haaren, da sie meinte, diese Freundschaft ebenso wie das Haar loslassen zu müssen. Weil sie die Intuition ehrte, die ihr riet, diese Freundin ziehen zu lassen, konnte Anna sich mit Liebe von ihr trennen. In der imaginären fünften Himmelsrichtung streuten wir einen Kreis aus Maismehl aus, der symbolisierte, daß Anna den Halt einer starken Gemeinschaft brauchte, die ihr Bestätigung gab als der Mensch, der sie war.

Wir legten den Weg durch die fünf Himmelsrichtungen zurück, Anna sprach ihre Gebete und legte ihre Absichten dar. Als die Zeremonie zum Abschluß kam, hatte sie etwas Wichtiges gelernt: Sie wußte nun, daß es für ihr Leben von großer Bedeutung war, ein starkes gefühlsmäßiges Bild ihres innersten Wesenskerns zu haben. Auf gewisse Weise hatte ihre Freundin Anna ihr tatsächlich zu der Erkenntnis verholfen, daß sie zuviel Wert auf ihre äußere Erscheinung legte. »Mir wurde klar, daß mich die Komplimente, die ich wegen meiner Haare erhalten hatte, dazu veranlaßt hatten, mich zu sehr auf meine äußere Schönheit zu konzentrieren.« Indem sie etwas verlor, was für sie wirklich von Bedeutung war, lernte Anna, ihrer Intuition nicht zuwiderzuhandeln.

Es dauerte viele Monate, bis Annas Haar wieder sein gesundes Aussehen zurückerhielt, doch sie hatte eine wertvolle Lektion über die Macht des Neides gelernt.

»Ich komme einfach nicht voran!«

Ein Satz, den ich immer wieder mal von einem Klienten höre, lautet: »Ich komme einfach nicht voran, weil mich so viele Leute beneiden.« Auch wenn es gelegentlich zutrifft, daß *envídia* unser Vorankommen bremst, so benutzen wir Neid doch ebensooft als Ausrede, um das unter Verschluß zu halten, was uns wirklich beunruhigt. Doch ob ihre Klagen nun berechtigt sind oder nicht, viel wichtiger ist es für diese Menschen, ihre eigene Kraft zu fördern.

Einer meiner Klienten, ein fünfzigjähriger Buchhalter, Ehemann und Vater namens Juan, suchte mich auf, um eine *limpia* zu erbitten, weil er in sich Wut auf einen Kollegen angestaut hatte. Er war überzeugt davon, daß er bei einer dringend erwarteten Beförderung übergangen worden war, weil der Kollege das Gerücht in die Welt gesetzt hatte, Juan sei Alkoholiker. Er erklärte mir: »Dieser Kollege beneidet mich seit langem, weil ich meine Arbeit besser mache als er. Am meisten belastet mich seine scheinheilige Art. Er tut so, als ob er mein Freund sei. Aber dann redet er hinter meinem Rücken über mich. Ich komme mir wie ein Idiot vor, weil ich ihm vertraute. Nun hab' ich überhaupt gar keine Lust mehr, zur Arbeit zu gehen, weil ich weiß, daß die Kollegen über mich reden. Ich habe das Gefühl, daß mein Ruf ruiniert ist, aber ich kann es mir nicht leisten zu kündigen.«

Nach einer Reihe von *limpias* und *pláticas* war es Juan möglich, mehr Verantwortung für seine Situation zu übernehmen. Er sah nach und nach ein, daß er in der Beziehung zu seinen Kollegen zu passiv gewesen war, und wollte mit seinem Chef über seine Vermutung sprechen, daß dieser Kollege Gerüchte über ihn verbreitet hatte. Sein Boß gab zu, das Gerede zu kennen, behauptete aber zu wissen, daß Juan kein Alkoholiker sei. Wichtiger war, daß er meinem Klienten mehrere spezifische

Gründe nannte, warum er nicht befördert worden war. Zugleich versicherte er Juan, daß er mit dessen Arbeit sehr zufrieden war, und machte Vorschläge, wie er die Leistungen noch verbessern konnte.

Juan konfrontierte auch seinen Kollegen mit den Gerüchten. Dies trug zwar nicht dazu bei, ihre Freundschaft wiederherzustellen, doch setzte es dem Getratsche ein Ende. Juan akzeptierte die Verantwortung für seine eigenen Verhaltensmuster, statt seine Probleme allein auf die neidische Einstellung des Kollegen zurückzuführen. Dadurch gelang es ihm, den Teil in sich zu heilen, der ihn am Fortkommen hinderte. Er lernte, bestimmt genug aufzutreten, um das zu erreichen, was er wollte.

Der Neider

»Alles, was ich getan habe, tat ich aus den falschen Gründen!« weinte Cristina, eine fünfzigjährige Rechtsanwältin und Mutter zweier Kinder. »Ich studierte Jura, um den ›richtigen‹ Ehemann zu finden. Ich hatte Kinder, weil es von mir erwartet wurde. Ich verharre in einer schlechten Ehe, weil eine Scheidung mich schlecht aussehen lassen würde. Obwohl ich den Druck und den Konkurrenzkampf bei meiner Arbeit hasse und oft in einen Streit mit meiner Sekretärin und den anderen Anwälten in der Kanzlei gerate, habe ich Angst zu kündigen, weil ich mich vor dem Urteil fürchte, das die Leute dann über mich fällen werden. Es kommt mir so vor, als ob ich überhaupt gar keine eigene Identität hätte – nur einen Haufen Masken, die ich den ganzen Tag lang an- und ablege.«

Als ich anfing, mit Cristina zu arbeiten, meinte sie, eigentlich könne sie nicht mehr weiterleben, weil ihr der tägliche Existenzkampf einfach zu schwer erschien. An ihr war eben erst Brustkrebs diagnostiziert worden, und sie dachte schon über einen möglichen Selbstmord nach, weil sie ihrer Familie nicht »zur Last fallen« wollte. Zusätzlich litt sie unter Angstzuständen, Bluthochdruck und einem zu hohen Cholesterinspiegel. Sie war eine Perfektionistin, die sich nicht entspannen konnte; und mich bezeichnete sie als ihre letzte Hoffnung.

Cristina hatte ihre Seele verkauft: an ihre Kanzlei, an ihren Porsche, an ihr schickes Haus in der »richtigen« Nachbarschaft und an das Fitneßstudio, in dem sie sich jeden Tag zwei Stunden quälte, um dem gängigen Schönheitsideal zu entsprechen. Sie hatte keine Hobbys und wenig Zeit, um neue Interessen zu entdecken oder zu entwickeln, weil sie ein Workaholic reinsten Wassers war und zwölf Stunden jeden Tag bei der Arbeit zubrachte. Sie wurde vom Neid auf all die Menschen verzehrt, die offenbar glücklicher waren als sie. Sie beneidete Frauen, die sich künstlerisch ausdrückten, weil sie diese als Freigeister empfand. Sie beneidete Hausfrauen, weil sie daheim bleiben und sich darauf beschränken konnten, gute Ehefrauen und Mütter zu sein. Da ihre Ehe gescheitert war, beneidete sie Paare, die glücklich und zufrieden aussahen. Sie beneidete Männer, weil sie es »leichter hatten«, sie beneidete junge Frauen, weil sie selbst langsam »häßlich und alt« wurde, und sie beneidete alte Frauen, weil sie glaubte, daß sie wegen ihrer Krankheit sterben würde, bevor sie würde in Rente gehen und das Leben genießen können.

Cristinas Herz war verdreht. Als sie zu mir kam, da wußte sie nicht, daß ihr Neid das Problem war; aber es wurde schon bald deutlich, das *envídia* ihr ganzes Dasein verschlang. Sie hatte so viel Angst zu sterben, daß sie zu dem Schluß gekommen war, es sei besser, sich selbst das Leben zu nehmen und der ganzen Sache ein Ende zu setzen. Größer als ihre Angst vor dem Tod war jedoch die Befürchtung, noch gar kein richtiges eigenes Leben geführt zu haben. Deswegen beneidete sie all die Menschen in ihrer Umgebung, die scheinbar mehr Spaß hatten und deren Leben offenbar erfüllter und substantieller war als das ihre.

Als wir miteinander arbeiteten, stellte ich fest, daß Cristinas Vater ein äußerst ehrgeiziger und zielstrebiger Mann gewesen war, der alles in Kauf nahm, nur um voranzukommen. Er hatte immer aufs College gehen wollen und sich seit jeher einen Sohn gewünscht. Als die älteste von drei Schwestern wurde Cristina sein Sohnersatz, und sie und ihr Vater pflegten eine äußerst enge Beziehung. Da Cristina sehr intelligent war, sagte man ihr schon von klein auf, daß sie dereinst aufs College gehen würde; und sie erfüllte diesen ehrgeizigen Wunsch ihres Vaters auch.

Cristina empfand ihre Mutter als schwach, passiv und unfähig und wollte in keiner Hinsicht so sein wie diese. Das negative Mutterbild, das sie verinnerlicht hatte, machte es ihr schwer, Verbindung zu dem starken weiblichen Anteil ihrer Seele aufzunehmen.

Sie liebte ihren Mann nicht mehr, der ebenfalls berufstätig war. Doch sie fühlte sich äußerst stark an all die materiellen Besitztümer gebunden, die ihnen gemeinsam gehörten. Jedesmal wenn sie über die Scheidung nachdachte, machte ihr die Frage angst, ob sie wohl allein würde leben können und es ohne all die Annehmlichkeiten, die ihre Ehe ihr ermöglichte, aushalten würde.

Nachdem wir einige Zeit miteinander gearbeitet hatten, wurde es offensichtlich, daß Cristina sich in Wahrheit nach einer Arbeit sehnte, die weniger Anforderungen an sie stellte. Sie träumte von einer Tätigkeit, die es ihr erlauben würde, mehr Zeit zu Hause mit den Hobbys und Aktivitäten im Freien zu verbringen, die ihr Freude bereiteten. Als ich dies für sie in Worte faßte, bekam sie es mit der Angst zu tun. Obwohl ihr auf einer bestimmten Ebene klar war, daß sie das Leben ihres Vaters führte, konnte sie diese Rolle nicht aufgeben – aus der Furcht heraus, ihn zu erzürnen. Außerdem bedeutete ihr das Prestige, das ihr Beruf als Rechtsanwältin mit sich brachte, sehr viel.

Die letzte *limpia,* die wir gemeinsam durchführten, spiegelte ihr Bedürfnis wider, diese Ambivalenz zu durchbrechen. Ihre

Absicht war es, sich entweder für ihr altes Leben zu entscheiden oder aber ein vollkommen neues zu wählen. Während der Zeremonie wurde mir jedoch klar, daß Cristina den Status quo beibehalten wollte. In all ihren Gebeten bat sie Gott, ihr zu helfen, mit ihrem Ehemann glücklich und mit ihrer Arbeit zufrieden zu sein. Sie war einfach nicht dazu fähig, für sich ein anderes, erfüllenderes Leben zu wählen. Danach sah ich sie nicht wieder. Zwei Jahre später las ich in den Todesanzeigen, daß sie an Brustkrebs gestorben war.

Nicht jeder kann geheilt werden. Manche Menschen sind einfach zu schwer geschädigt. Mir kam es so vor, als ob Cristina ihre Seele zu fest in Leder eingepackt hatte. Sie war zu sehr damit beschäftigt, die Zielsetzungen ihres Vaters auszuleben und eine knallharte »Machofrau« zu sein. Sie hatte nie wirklich ein eigenes Leben geführt. Statt dessen entschied sie sich dafür, weiter die Last ihres Neids zu tragen.

Neid bei seinen Wurzeln packen

Wenn die Seele und der Geist eines Menschen relativ stark sind, dann kann er seinen Neid selbst heilen. Eine Möglichkeit besteht darin, zu der Person, die man beneidet, hinzugehen und es ihr offen zu sagen. Die Ehrlichkeit und Ernsthaftigkeit dieser Handlungsweise durchbricht auf entscheidende Weise die Spannung, die sich sonst zwischen den beiden betroffenen Menschen aufbaut und ihre Energie verändert. Wenn Ihre Freundin beispielsweise plötzlich unverhofft zu Reichtum gekommen ist oder in der Lotterie gewonnen hat, dann sollten Sie Ihren Mut zusammennehmen und ihr sagen: »Weißt du, ich würde mich wirklich gern für dich freuen, aber ich kann es nicht. Wenn ich mir vorstelle, daß du jetzt all dieses Geld hast, dann bin ich einfach neidisch.« Es ist tatsächlich gut, solche Gefühle auszusprechen. Indem wir dies tun, kappen wir die zudringliche Verbindung, die wir mit Menschen aufbauen, denen wir negative oder neidische Gedanken schicken. Indem Sie zugeben, daß Sie neidisch sind, öffnen Sie unbeschreiblicher Heilung und gefestigter Freundschaft die Tür. Solches Verhalten macht es dem Neider möglich, seine Schamgefühle zu spüren; und dies wiederum kann in dem Beneideten sehr verständnisvolle, trostspendende Reaktionen auslösen.

Gelegentlich kann Neid eine sehr humorvolle Erfahrung sein. Von dem Augenblick an, als ich mich dazu entschloß, selbst ein Buch zu schreiben, war ich neidisch auf bekannte Chicana-Schriftstellerinnen. Jedesmal wenn Demitria Martinez oder Ana Castillo ein neues Buch veröffentlichten, spürte ich mein »verdrehtes Herz«. Vor einiger Zeit hielt ich in Las Cruces, New Mexico, für das Border-Book-Festival einen Workshop ab. Meine Veranstaltung unter dem Titel »Weinende Seele und verdrehtes Herz: Eine Curandera heilt mit Poesie« brachte meine eigenen Gedichte mit den für den Curanderismo typischen Konzepten in Verbindung. Ich sprach darüber, wie unsere kreativen und spirituellen Aspekte freigelegt werden, wenn wir den Neid und den Seelenverlust in unseren Herzen heilen. Um ein Beispiel für Neid zu geben, erzählte ich dem Publikum von mehr als hundertfünfzig Zuhörern von meinem eigenen Neid auf Ana Castillo, wie dieser mein Herz verdreht hatte und wie schließlich das Schreiben eines eigenen Buches mir dabei half, ihn zu heilen. Nachdem ich ihren Namen zweimal genannt hatte, sah ich, wie jemand im Publikum eine Hand hob. Es war Ana Castillo! Ich war aufgeflogen. Ich hatte ihr meinen Neid eingestanden, ohne es überhaupt zu wissen. Ich empfand die Situation als komisch und beschämend zugleich. Ihre Frage lautete: »Elena, nachdem du meinen Namen nun zweimal genannt hast, sag mir doch, wie kann ich mich in Zukunft vor neidischen Menschen wie dir schützen?« Das Publikum lachte, und ich war ganz verdattert. Nach meinem Vortrag kam sie dann zu mir, und wir umarmten einander. Heiler, hilf dir selbst.

Wenn ich jemandem beichtete, daß ich ihn oder sie beneide, dann empfand ich dies meist als große Erleichterung und als Gelegenheit, die Scham über diesen Neid loszulassen und zu heilen. Dabei bin ich oder ist die andere Person manchmal in Tränen ausgebrochen. Diese Art Ehrlichkeit gibt zwei Menschen fast immer die Möglichkeit, einander näherzukommen.

Eine berechtigte Sorge, die wir wohl alle gemeinsam haben, lautet sinngmäß: »Was ist, wenn ich der Person sage, daß ich sie beneide und daß ich mich nicht über ihr Glück freuen kann, und sie mich im Gegenzug dafür zum Teufel schickt?« Ich kann mit Zuversicht behaupten: Die Situation entwickelt sich normalerweise nicht so. Wir alle sind uns tief im Inneren darüber im klaren, daß wir irgendwann einmal auf jemanden neidisch waren. Wenn uns also jemand seinen Neid ehrlich beichtet, dann können wir uns leicht mit den Gefühlen dieser Person identifizieren. Die Verletzlichkeit und die Furcht der Menschen bei solchen Gelegenheiten hat etwas Rührendes. Wenn ich Vorträge über *envídia* halte und darüber spreche, diese Gefühle zuzugeben, dann macht es mir oft einen Riesenspaß, wenn die Zuhörer nachher zu mir kommen und üben, ihren Neid einzugestehen. Sie sagen vielleicht etwas wie: »Ich beneide dich um dein langes Haar.« Oder: »Ich wünschte, ich könnte auch solche Vorträge halten wie du und die Leute so zum Lachen bringen.«

Eine weitere amüsante Begebenheit im Zusammenhang mit Neid ereignete sich, als ich vor kurzem meine Schwester besuchte. Meine Mutter hatte einige Gedichtbände aus Mexiko besessen, die für sie ihr ein und alles gewesen waren. Sie bewahrte sie in einer besonderen Schachtel auf, und uns Kindern war es streng verboten, sie auch nur zu berühren. Jahre nach dem Tod meiner Mutter fand ich heraus, daß meine Schwester Irma die Bücher an sich genommen hatte und bei sich zu Hause aufbewahrte. Da ich immer schon Schriftstellerin hatte sein wollen und bereits als kleines Mädchen von diesen Büchern fasziniert gewesen war, fühlte ich mich niedergeschlagen und war voller Neid. All die Erinnerungen daran, wie es war, die kleine Schwester zu sein und immer nur die abgelegte Kleidung der Älteren zu tragen, brachen über mich herein.

»Du hast ja Mamas Bücher!« rief ich.

»Ach, komm schon, dein blöder Name steht überall in den dämlichen Büchern«, sagte sie.

»Was?« Ich wußte nicht, wovon sie sprach.

»Komm her und sie es dir an.«

Tatsächlich hatte ich überall in den Büchern meinen Namenszug hinterlassen. Das war mir vollkommen entfallen. Nach jedem im Inhaltsverzeichnis aufgeführten Gedicht hatte ich »*la famosa* (die berühmte) Elena Martinez« oder »*la hermosa* (die wunderschöne) Elena Martinez« hingekritzelt. Ich erwähnte auch das Datum und die Tatsache, daß ich elf Jahre alt war. Ich konnte somit genau feststellen, wann ich die Grenze überschritten und die kostbaren Bücher meiner Mutter verunstaltet hatte.

Das war eine sehr heilsame Erfahrung, sowohl für mich als auch für meine Schwester. Ich sagte: »Also gut, es soll mir recht sein, du kannst die Bücher behalten. Ich hab' ja bereits mein Zeichen in ihnen hinterlassen.« Wir lachten und lachten, und unser Neid war geheilt. Wenn man einem Menschen nahesteht, dann muß es nicht furchteinflößend sein, seinen Neid zuzugeben.

Falls Sie nicht den Mut aufbringen, mit jemandem von Angesicht zu Angesicht zu sprechen, oder irgendwelche wichtigen Gründe haben, solche Beichten lieber zu unterlassen, dann können Sie es auch allein sich selbst gegenüber zugeben, daß Sie neidisch sind, und entsprechende Schritte für die Heilung dieses Gefühls unternehmen. Sie können sich in einen meditativen Zustand versetzen, sich Ihren Ärger eingestehen und sich dann fragen, was Ihnen diese Gefühle über sich selbst sagen. Wie wichtig ist es Ihnen tatsächlich, dieses Ding zu besitzen, das Sie begehren? Müssen Sie es wirklich haben, oder handelt es sich nur um eine Grille? Wenn Sie darauf versessen sind, Ihren Po in eine Hose der Größe achtunddreißig zu zwängen, sind Sie dann wirklich bereit, für den Rest Ihres Lebens immer nur kleinste Portionen zu essen? Sind Sie ernsthaft darauf vorbereitet, mehrere Jahre harte Arbeit in Ihren Doktortitel zu investieren? Manchmal sind Neidgefühle nur Launen, und Sie müssen Ihr Herz fragen: »Was willst du wirklich?« Indem wir uns selbst eingestehen, daß wir Neid empfinden, können wir diese Gefühle als Spiegel verwenden, um Veränderungen positiver Art in unserem Leben herbeizuführen.

Falls die Neidgefühle nicht abebben und nach und nach das Herz und die Seele auffressen, dann gehen die Menschen aus meinem Kulturkreis zur Curandera. Abhängig davon, wie sehr ihre Seele verletzt wurde, benötigen sie vielleicht nur eine *plática* und eine *limpia,* oder aber es ist eine Seelenrückführung notwendig. Polito, von dem ich zu Beginn dieses Kapitels erzählt habe (siehe Seite 243 ff.), fiel in die letztere Kategorie, denn seine Traumata reichten sehr tief. Während einer der *pláticas,* die ich mit ihm abhielt, malte er ein Bild von seiner Familie; doch sich selbst vergaß er. Alle Verwandten waren weit voneinander entfernt. Dies half mir zu erkennen, wie stark sein Gefühl der Abspaltung von seiner Familie war, und warf ein Licht darauf, wie sehr Polito die Menschen beneidete, die eine enge familiäre Bindung hatten, gute Ehen führten oder sich wertvoller Freundschaften erfreuen konnten.

Nachdem ich mehrere *pláticas* und *limpias* mit ihm durchgeführt hatte, um die verlorenen Teile seiner Seele zu identifizieren, machten wir unsere erste Seelenrückführung. Ich versetzte Polito in Trance und sagte ihm, daß ich ihn auf eine schamanische Reise schicken würde, damit er seine verlorenen Seelenaspekte suchte und wiederfand. Ich trommelte eine ganze

Zeitlang, und als ich merkte, daß seine Reise sich ihrem natürlichen Ende näherte, half ich ihm, aus seinem Trancezustand zurückzufinden. Dann fragte ich ihn behutsam: »Polito, was hast du gesehen? Hast du deine Seele wiedergefunden?«

Er fing an zu weinen und sprach: »Ich habe ein Kind gesehen, ein sehr kleines Kind, das seine kleinen Ärmchen klagend nach mir ausgestreckt hat.« Polito zeigte mir, wie. »Doch der Junge hatte keinen Kopf, weil alle anderen immer das Denken für ihn übernahmen. Von den Armen, Beinen und der Brust des Kindes tropfte das Blut herunter. Es sagte: ›Ich bin so viele Male verwundet worden.‹ Unmittelbar bevor du aufgehört hast zu trommeln, habe ich eine Leuchtschrift gesehen, die mir befahl: ›Wach auf!‹«

Während der nächsten Seelenrückführung sah sich Polito wieder als kleinen Jungen. Sein Kopf und seine Schultern waren vornübergeneigt, und er blickte auf den Boden vor sich. Er hatte sich draußen versteckt, weil seine Mama und sein Papa im Haus waren und sich betranken. Der kleine Junge erzählte Polito, er wolle gern fröhlich sein, aber seine Eltern seien betrunken und wollten nicht auf ihn hören. Er fühlte sich so unerwünscht.

Später, als wir darüber sprachen, teilte Polito mir mit, daß er sich früher als Kind tatsächlich stundenlang draußen versteckt hatte. Er beneidete immer seinen Bruder Juan, weil dieser das Lieblingskind seiner Mutter war. Zahlreiche Gefühle kamen nun an die Oberfläche, und er fragte sich, welchen Weg sein Leben wohl genommen hätte, wenn sein Vater nicht gestorben wäre. Er fing an zu weinen und sagte: »Ich wünschte, mein Vater wäre noch bei mir.«

Polito konnte einen Großteil seines Neids auf Familien und familiäre Nähe überwinden, indem er sich an die Wurzeln seiner Herkunft erinnerte. Er fing an, an einigen der Zeremonien und Tänze der Puebloindianer teilzunehmen, und dies vermittelte ihm ein Gefühl kultureller Identität und der Zugehörigkeit. Seine Depression ließ nach. Er hatte seine Großeltern nie kennengelernt, da sie starben, als er noch sehr klein war. Aber ich konnte ihn trösten, indem ich ihm sagte: »Die Erde, auf der wir gehen, ist die Asche unserer Ahnen.«

Das Kind auf dem Mond

Viele der Klienten, die ich wegen *envídia* oder anderer Arten des Seelenverlusts behandelt habe, sehen ihre verlorenen Wesensaspekte in der Form eines kleinen, einsamen und vernachlässigten Kindes. Eines der Bilder, die ich am häufigsten sehe, wenn ich während einer Trancereise die Seele meiner Klienten suche, ist ein auf dem Mond zusammengekauertes Kind. Dieses Kind sieht häufig wild aus, hat verfilzte Haare, dreckverkrustete Haut und verschmutzte Hosen. Wenn ich es dann rufe und bitte, mit mir zu kommen, dann reagiert es generell nicht sofort, sondern ich muß es mir mit viel Geduld erst gewogen machen. Bei solchen Gelegenheiten dränge ich das Kind nie. Vielmehr sage ich mir, daß ich alle Zeit der Welt habe, wenn es erforderlich ist, sein Vertrauen zu gewinnen. Ich würde es nie zwingen, mich zu begleiten. Damit verletzte ich seinen Seelenkern zutiefst.

Erst bitte ich das Kind darum, daß ich seine Haare kämmen darf. Es läßt dies eine Weile lang zu, dann läuft es fort. Wenn es zurückkommt, dann frage ich, ob ich es zum Fluß führen und waschen darf. Dies tue ich sehr vorsichtig, da seine Haut so zart ist und so häufig verletzt wurde. Bei dieser Verfahrensweise geht es nicht darum, das Kleine »sauberzumachen« und in ein vorzeigbares, ideales Kind zu verwandeln, sondern einfach darum, sein Vertrauen zu gewinnen und sanft die Energie zu behandeln, die sich nach Schmerz und Trauma ins Verborgene zurückgezogen hat. Wenn das Kind schließlich bereit ist, mit mir zurückzukehren, nehme ich es in die Arme, und wir fliegen gemeinsam zurück zur Erde, wo ich seinen kleinen Geist symbolisch wieder in den Scheitel meines Klienten zurückblase. Das Kind auf dem Mond mag dreckig sein und wild, aber es verfügt über wertvolle Energie, die wir zum Leben brauchen. Wir müssen lernen, dieses Kind bedingungslos zu lieben und es wieder in unser Innerstes zu integrieren.

Neid ist ein verheimlichtes und beschämendes Gefühl, doch es ist wie gesagt auch wertvoll. Wenn ein Teil unserer Seele fehlt und wir andere Menschen um ihre Energie, ihre Begabungen und Errungenschaften beneiden, dann können wir deutlicher erkennen, welchen Teil unserer selbst wir zurückerobern müssen. Wir müssen das Kind vom Mond zurückholen, Neid als Spiegel nutzen, damit er uns sagt, was unsere Seele braucht und wer wir wirklich sind.

Menschen dazu zu bringen, daß sie sich ihre Neidgefühle eingestehen, gehört zu meinen schwierigsten Aufgaben. Es hilft, wenn ich den Klienten sage: »Wir alle empfinden Neid, weil dies eben zum Menschsein dazugehört.« Wir müssen unseren Neid in Selbstliebe umwandeln, das verletzte kleine Kind umarmen und wieder in unserem Wesen aufnehmen, selbst wenn die Stiche in unserer Seele uns gelegentlich Schmerz verursachen. Es ist unbedingt erforderlich, daß wir alle Teile unserer selbst, auch dann, wenn sie uns wild, angsteinflößend, schmutzig und unattraktiv vorkommen, neu in das Ganze einfügen. Falls uns das gelingt, werden wir fähig sein, unsere ganze Kapazität auszuleben und unser Potential zur vollkommenen Liebe auszuloten.

Wenn ich meine Arbeit tue, dann bete ich oft mit diesen Worten zur aztekischen kosmischen Mutter Coyolxauhqui:

»Mutter, die im Dunkeln leuchtet, hilf mir,
Diese meine seltsame Energie zu zähmen, bis dein
Strahlendes, magnetisches Herz mich in Liebe verwandelt.
Denn wirklich und wahrhaftig, ich will lieben.«

Kapitel 6

Lehrzeit – Schülerlehrer, Lehrerschüler

Für jeden Curandero kommt einmal die Zeit, da er sein in langen Jahren angesammeltes Wissen und seine Erfahrung an andere weiterreichen möchte. Nachdem ich fast zwei Jahrzehnte lang Curanderismo studiert und praktiziert hatte, kam diese Zeit schließlich auch für mich. Ich hatte angefangen zu lehren, lange bevor ich formal Schüler annahm. Tatsächlich begann ich damit schon in den Jahren, da ich als Krankenschwester in El Paso, Texas, arbeitete, einer Stadt mit einem großen Chicano-Bevölkerungsanteil direkt an der mexikanischen Grenze. Weil der Trend zur Beschäftigung mit kulturübergreifender Medizin so stark und die Zahl derjenigen, die wirklich Auskünfte über Curanderismo geben konnten, so gering war, wurde ich im tatsächlichen Sinn des Wortes dazu gedrängt, über diese Heilkunst zu sprechen. Ich wurde häufig dazu aufgefordert, Vorträge über Volksglauben oder Volkskrankheiten und Naturheilverfahren zu halten. Für viele war dies die einzige Informationsquelle über Curanderismo, weil es nur sowenig authentisches publiziertes Material darüber gab.

Damit will ich nicht sagen, daß ich »alles« wußte. Anfangs hatte ich manchmal nur einen kleinen Wissensvorsprung vor meiner Zuhörerschaft. Doch ihr Lerneifer war so groß, daß die Menschen darüber hinwegsahen. In dieser Zeit fuhr ich häufig über die mexikanische Grenze nach Juárez, um dort mit den Curanderas vor Ort zu arbeiten. Ich brachte etwas Neues in Erfahrung, fuhr zurück und teilte mein hinzugewonnenes Wissen. Meine Zuhörer stellten mir Fragen, und ich beantwortete sie, so gut ich es vermochte. Wußte ich die Antwort wirklich einmal nicht, dann sagte ich es geradeheraus und brach so bald wie möglich nach Mexiko auf, um dort jemanden zu finden, der mir weiterhelfen konnte. Wenn ich auf die damalige Zeit zurückblicke, dann bin ich noch jetzt erstaunt, wie bereitwillig die Menschen jemandem zuhörten, der sowenig wußte wie ich. Mir ist außerdem klar, daß ich sofort niedergemacht worden wäre, wenn ich eine Amerikanerin europäischer Abstammung gewesen wäre – »Ach, was weiß die schon …!« Doch weil meine Vorfahren Azteken und Maya, meine Eltern in Mexiko gebürtig waren, da meine Großmutter als Curandera arbeitete und ich braune Haut hatte, zeigten diese Leute die Bereitschaft, mir zuzuhören und dem zu vertrauen, was ich sagte. Auf diese Weise schenkten sie mir die Zeit, die ich brauchte, um mich zu einer besseren Lehrerin und Rednerin zu entwickeln, die wirklich etwas zu sagen hat.

Ende der achtziger Jahre war ich dann zu einer Referentin geworden, die regelmäßig und in vielen Bundesstaaten vor medizinischem Fachpersonal Vorträge hielt und mit ihm konferierte. Derselbe Personenkreis fragte an, ob ich auch Workshops über Curanderismo abhalten würde. Zu meinem Erstaunen wollten diese modernen Fachkräfte sich nicht nur theoretisch mit Curanderismo beschäftigen, sie hatten vor, Curanderos zu werden. Eines der Dinge, die sie besonders interessierte, war, wie man *limpias* verabreicht. Also dachte ich: Warum soll ich sie nicht an einen wunderschönen Ort in der Natur, die Ghost Ranch, einladen und für sie einen Workshop abhalten? Fünf Jahre lang veranstaltete ich dann diese Intensivkurse zweimal jährlich von Freitag bis Sonntag.

Ich begann, indem ich den Teilnehmern zunächst ganz Grundlegendes beibrachte: die Symbolik des Altars und wie man ihn einrichtet, die Bedeutung der fünf heiligen Richtungen und wie man Zeremonien und Rituale abhält, indem man die Himmelsrichtungen als Grundlage verwendet. Wie man *limpias* und Seelenrückführungen durchführt, zeigte ich der Gruppe, indem ich sie gemeinsam üben ließ. Wir bildeten Paare, die lernten, wie man zuhört, wichtige Informationen entlockt und dem Klienten wirklich hilft, sich auf das zu konzentrieren, was er während einer *limpia* freisetzen will. Dabei mußte ich die Psychologen oder Therapeuten, die die *plática* durchführten, häufig dazu ermutigen, die vorgefaßten Annahmen und Interaktionsregeln aufzugeben, die mit dem jeweiligen Bereich ihrer psychologischen Spezialisierung verknüpft waren, und der eigenen Intuition zu folgen.

Es überraschte mich, was aus diesen Ärzten, Krankenschwestern, Therapeuten und Sozialarbeitern nun hervorbrach – alle nur denkbaren Arten physischen und sexuellen Mißbrauchs, ein Trauma nach dem anderen. Am meisten fielen mir die Themen auf, die sich bei diesen unterschiedlichen medizinischen Fachkräften zugleich zu entwickeln schienen. Jeder von ihnen hatte täglich soviel Verantwortung zu tragen, so vielen Menschen zu helfen, alle mußten Zeugen solch umfassenden Leids sein – weil sie dermaßen viel geben mußten, blieben ihre eigenen Verletzungen Jahr um Jahr unversorgt. Viele von ihnen sprachen darüber, wie müde sie waren. In einem sehr realen Sinne begannen sich die Versammlungen auf der Ghost Ranch denn auch in Workshops zu verwandeln, die der Heilung der Helfer dienten.

Mir war klar, daß ich die Aufgabe dort mit der Zeit nicht allein würde bewältigen können; also brachte ich immer einige Assistenten mit. Meine Schwester Irma Martinez, eine vollendete Curandera, war ebenso häufig als Helferin anwesend wie meine Freundin Linda Velarde, die über unglaubliches Heilwissen verfügt.

Selbst mit ihrer Unterstützung kostete es mich unendlich viel Kraft, dafür zu sorgen, daß dreißig Menschen bewußt, konzentriert und miteinander verbunden blieben. Ich ging sogar soweit, Mischungen aus ätherischen Ölen und Duftwässer aus Kräutern und Ölen herzustellen; ich hielt sie auf dem Altar bereit, damit ich diejenigen einreiben oder besprühen konnte, die im Begriff waren abzuschweifen. Ihr Geist mußte wieder zurück in den Raum und zu den bevorstehenden Aufgaben gebracht werden.

Nach den *pláticas,* für die der größte Teil des Freitags erforderlich war, verbrachten wir den Abend mit Trommeln und Chanten. Ich habe Musik und Klang schon immer als wirkungsvolle Heilinstrumente empfunden, weil sie die Energie in den Menschen wecken und sie mit ihrem Geist verbinden. Trommeln sind äußerst hilfreich, um »eingefrorene« Gefühle freizusetzen, und Chanten öffnet das Hals-Chakra, löst erstarrte Angstgefühle auf. Unsere Trommel- und Chanting-Sessions öffneten die Teilnehmer nur noch weiter und gestatteten es ihnen, ihre Traumata und Leiden noch mehr freizugeben und zu transzendieren.

Am darauffolgenden Morgen berichteten mir die Teilnehmer meist von den unglaublichen luziden Träumen, die sie in der Nacht hatten, und bauten sie in ihren Heilungsprozeß ein. Dann begannen wir in der Regel mit den *limpias.* Ich hatte bereits alle für die *Zeremonie* erforderlichen Zutaten auf dem Altar aufgebaut – das Ei, Wasser, *romero* und duftende Öle. Wieder unterteilte ich die Gruppe in Paare und gab ihnen die grundlegenden Anweisungen. Diese wunderbaren Erfahrungen mit ihnen werden für immer in meinem Herzen sein. Ich werde nie vergessen, wie es klingt, wenn Menschen heilen, das erbärmliche Weinen und das Lachen, der Geruch nach Kopalharz und *romero* und der Anblick der Assistenten, die in dem riesigen Raum umhergehen und mitfühlend den Teilnehmern helfen, die Unterstützung brauchen.

Diese *limpias* waren eine Vorbereitung auf die Seelenrückführung in der Gruppe, mit der ich das Wochenende immer ausklingen ließ. Ich gab den Teilnehmern den Nachmittag frei und bat sie, sich einen schönen, ruhigen Platz zu suchen, um über den Teil ihrer selbst nachzudenken, den sie wieder integrieren wollten. Am nächsten Tag kamen dann alle zusammen, und die Seelenrückführung in der Gruppe begann.

Eines der Phänomene, die ich an Seelenrückführungen in der Gruppe immer besonders mag, ist, daß ich nie weiß, was der Große Geist von mir verlangen wird: Sie verlaufen immer anders. Mit der Zeit und dadurch, daß eine Kerngruppe, vor allem Frauen, sich wiederholt zu jedem neuen Workshop anmeldete, wuchs die Erfahrung und das Verständnis der Teilnehmer für den Prozeß. Aus diesem Grund wurden auch die Seelenrückführungen immer virtuoser, kunstvoller und integrierten Elemente aus dem Theater und der Mystik. Ich war glücklich über diese Entwicklung. Denn zu dem Wichtigsten, was ich den Workshopteilnehmern vermitteln wollte, gehörte die Erkenntnis, daß sie nicht in irgendwelchen speziellen, starren Prozeduren oder in irgendeiner ewig gleichen Form steckenbleiben sollten. Viel bedeutender war es, zu wissen, wie sie in Kontakt mit der Gruppenenergie kommen und spüren konnten, was die jeweilige individuelle Gruppe brauchte.

Menschen, die in medizinischen Berufen arbeiten, sind oft in einer Vorstellung von unveränderlichen Prozeduren und Schritten verhaftet. Seelenrückführung ist jedoch kein Rezept aus einem Verfahrenshandbuch. Ich habe in Mexiko gelernt, daß zuviel Struktur die Seele überhaupt erst dazu veranlassen kann, sich zu »entziehen«! Seelen sind Experten im Versteckspiel, und unsere Aufgabe als Heiler ist es, sie »einzufangen«, ohne daß sie es »merken«. Erforderlich ist dazu ein sehr liebevoller Hinterhalt. Wenn man die Menschen in einem unbewußten Augenblick »erwischt«, dann zeigen sie ihr wahres Wesen. Ich erinnere mich beispielsweise noch gut an eine Geschichte, die mir von zwei lesbischen Freundinnen erzählt wurde. Eine der Frauen trat immer sehr stark und hart auf – eine richtige

»Machofrau«. Eines Abends kamen sie von einer Fahrt zurück nach Hause. Sie dachten nicht daran, daß der Bruder der einen Frau einen Schlüssel zum Haus besaß. Dieser hatte sich selbst hereingelassen, weil er etwas holen wollte. Als sie an die Tür kamen, öffnete er sie gerade. Keine der Frauen konnte im Abendlicht erkennen, wer er war, und beide waren erschrocken. Komischerweise geriet jedoch die »Machofrau« in Panik, schob ihre Partnerin zur Tür und lief fort. Aus der Fassung gebracht, kam ihre wahre, ängstliche Seele zum Vorschein.

Weil wir so viele Masken haben, ist es schwer für den Heiler, die Seele hervorzulocken, damit er »Hab dich!« sagen kann. Bevor wir wirklich heilen können, müssen wir also alle Teile unserer selbst klar sehen.

Der wilde Eber

Ich erinnere mich gern an ein bestimmtes Seminar, während dessen ich mich entschloß, einmal alles umzudrehen. Ich wollte den Workshopteilnehmern zeigen, wie man die Seele dazu bewegen kann, uns zu sagen, was sie braucht. Für diese Seelenrückführung wollte ich die Tiergeister auf konkretere Weise einbringen. Wir hatten dies bereits bei früheren Workshops mit Holz- und Metallmasken getan, die ich in Mexiko und Peru gekauft hatte, aber ich wollte herausfinden, ob ich die Teilnehmer noch etwas tiefer führen konnte. Mit dieser Idee im Kopf hatte ich eine meiner Assistentinnen, Jeri, gebeten, ein Tierkostüm vorzubereiten und zum Workshop mitzubringen. Sie sollte der Führergeist sein, der die Teilnehmer holt und in den Raum geleitet, in dem die Himmelsrichtungen markiert waren und der Altar stand.

Jeri hatte das Kostüm des wilden Ebers sehr kunstvoll gestaltet und viel Zeit mit Üben verbracht, um so zu handeln, zu klingen und sich zu bewegen, wie es dieses Tier tatsächlich tut. Als meine Assistenten und ich uns auf die Seelenrückführung in der Gruppe vorbereiteten, spürte ich auf einmal deutlich, daß Jeri eigentlich etwas anderes lernen mußte. Ich bekam den Eindruck, daß sie den Norden zu sehr intellektualisierte und eine tiefere und emotionalere Verbindung zu ihren Ahnen herstellen mußte. Also bat ich eine andere meiner Schülerinnen, die Rolle des wilden Ebers zu übernehmen, und forderte Jeri auf, statt dessen die Persona des Nordens zu spielen.

Mir war es sehr wichtig, daß die Himmelsrichtungen bei dieser Seelenrückführung lebendig wurden, also stellte ich an jeden der vier Kompaßpunkte eine lebendige Manifestation ihrer Energie. Im Westen stand meine *comadre* Linda, gekleidet in Schwarz und das Gesicht hinter einer Schädelmaske verborgen. Bei uns nennt man diese Gestalt »La Huesuda«, »die Knochige«. In der westlichen Kultur kennt man sie als den unerbittlichen Schnitter. La Huesuda lädt die Menschen ein, sich am Zyklus von Tod und Wiedergeburt zu beteiligen. Ich bat Jeri nun, den alten Mann zu spielen, eine vorgebeugte Gestalt im Overall, die die Teilnehmer im Norden begrüßt. Im Süden befand sich meine Schwester Irma, die als kleines Mädchen mit Zöpfen und Sommersprossen verkleidet war. Ich stand im Osten als die Göttin der Sonne und der Geheimnisse.

Indem ich es den Workshopteilnehmern ermöglichte, die Himmelsrichtungen in ihrer lebendigen Form zu besuchen, wollte ich ihnen die Gelegenheit verschaffen, tiefer mit ihren Ängsten und Hoffnungen in Verbindung zu treten und sich für ihre eigenen Verletzlichkeiten zu öffnen. Ich wollte ihren persönlichen Rahmen sprengen – jenes Gerüst aus festen Erwartungen und starren Vorstellungen, das jeder von uns hat. Ich wußte, mir würde dies am wirkungsvollsten gelingen, indem ich sie von Angesicht zu Angesicht mit dem Unerwarteten konfronierte. Um das Geheimnis bis zum Schluß aufrechtzuerhalten, ließ ich sie alle in einem anderen Zimmer warten, bis der häßliche, knurrende, widerwärtige wilde Eber kommen würde, um einen nach dem anderen zu holen und in den Ritualraum zu führen.

Es war auf erstaunliche Weise enthüllend, wie jeder der Teilnehmer reagierte. Aus dem Gleichgewicht gebracht, zeigten sie alle ihr wahres Gesicht. Die meisten hatten einfach Angst, andere ergaben sich ihrem Schicksal, und alle waren nervös und unruhig. Eine Frau hatte so viel Angst, daß sie sogar anfing zu rebellieren. Sie versuchte, die übrigen Teilnehmer davon zu überzeugen, daß sie Widerstand leisten müßten, wenn der Eber käme, um sein nächstes Opfer zu holen: »Wir müssen nicht mit ihr mitgehen. Wir müssen das nicht tun.« Uns durch die Konfrontation mit unseren verborgenen Verhaltensweisen und Gefühlen schockieren zu lassen ist eine angsteinflößende Erfahrung, weil wir alle so verletzlich sind. Wenn uns unsere Masken vom Gesicht gerissen werden, dann kommt nicht selten ein trauriges, verletztes kleines Kind zum Vorschein. Doch wie ich es bei meinen Schülern immer wieder betone, müssen alle Teile des Selbst gefunden und integriert werden, wenn wir lernen wollen, uns wirklich zu akzeptieren und zu lieben. Nachdem jeder der Teilnehmer alle vier lebendig gewordenen Himmelsrichtungen aufgesucht hatte, legten sie sich in einem Kreis auf den Boden. Als alle da waren, führte ich sie in einer schamanischen Reise auf die Suche nach ihrem verlorenen Seelenaspekt.

Nach der Trancereise hatten die Teilnehmer im Rahmen einer Gesprächsrunde die Gelegenheit, über ihre Erfahrungen zu reden. In einer solchen Runde sprechen alle aus ihrem Herzen heraus, und jeder kommt dran, bis alles gesagt worden ist. Nur derjenige, der die Adlerfeder in der Hand hält, die im Kreis herumgereicht wird, darf das Wort ergreifen. Die übrigen müssen sich bemühen, mit ihrer Aufmerksamkeit wirklich bei dem zu sein, worüber die betreffende Person gerade spricht, und zuhören, ohne zu unterbrechen oder den Sprecher auf irgendein Thema »festzunageln«.

Damit Sie sich eine bessere Vorstellung davon machen können, wie dieser spezielle Workshop von den Teilnehmerinnen erlebt wurde und was sie daraus gelernt haben, bat ich drei von ihnen, ihre Geschichte mit uns zu teilen. Die erste erzählte Jeri, die den alten Mann spielte; der zweite Bericht ist von Soledad, die den wilden Eber abgab; und der dritte stammt von Lorraine, die an der Seelenrückführung selbst teilnahm. Diese drei außergewöhnlichen Frauen wurden später meine Schülerinnen.

Jeri: Sich hingeben und der Ahn werden

»Es ist inzwischen schon mehrere Jahre her, da fragte mich Elena, ob ich bereit sei, ihr bei ihren Workshops auf der Ghost Ranch zu helfen. Ich hatte an diesen Veranstaltungen teilgenommen, seit sie zum ersten Mal unter dem Titel »Der Tanz der Curanderos« im Jahre 1988 stattfanden. Im Laufe der Zeit, als meine eigene Heilung langsam voranschritt, konnte ich damit beginnen, Elena und den anderen etwas zurückzugeben. Anfangs übernahm ich einfache Aufgaben wie Aufräumen, Feuerholzsammeln und etwa das Umstellen von Möbelstücken. Als mein Wissen wuchs, wurde ich gebeten, mehr beizutragen – die Feuerstelle vorzubereiten, den Tanzkreis zu säubern und schließlich mit Elena und den anderen Curanderas in ihrem Planungskreis mitzuarbeiten.

Ich war so stolz und so bange, als sie mich anrief und mir Anweisungen gab, um das äußere Drum und Dran eines Tiers, eines wilden, grimmigen Ebers herzustellen. Ich sollte das Tier bei der Seelenrückführung der Gruppe sein. Und ich legte los – betete um Führung, ging in die Wildnis, um einen Zugang zu den Bildern für diesen Part des Geistes zu finden. Zugleich arbeitete ich daran, meine eigenen Masken zu erkennen, die Illusionen, die ich erschaffen hatte, um mich zu schützen.

Während die Zeremonien [als Vorbereitung auf die Seelenrückführung] vorankamen, war ich zufrieden damit, vertraute Aufgaben zu übernehmen. Doch es wurde mir bald klar, daß diesmal alles anders war. Nichts, was ich anfing, war ganz richtig. Die Stühle mußten noch einmal umgestellt werden, und meine Ideen wurden leichthin verworfen. Als ich aufgefordert wurde, Holzstäbe für jede *maestra* zu suchen, dachte ich: ›Das ist gewiß etwas, das ich bewältigen kann.‹ Ich ging hinaus in den Regen und hinab in den *arroyo,* wo ich wunderschöne, glatte und starke Stäbe fand. Freudig wie ein Kind präsentierte ich liebevoll meine Gaben. ›Ach nein, dieser ist nicht in Ordnung. Er entspricht nicht ganz meinen Vorstellungen. Ehrlich gesagt, das tun sie alle nicht. Du kannst sie wieder zurückbringen.‹ Meine Maske lächelte, und ich sagte: ›Okay.‹

Der Regen und meine Tränen zogen mich zurück in den *arroyo.* Ich legte mich auf die Erde und weinte. Ich war nicht würdig. Mein Gesicht spiegelte meine schlimmsten Ängste wider, und ich sah ›das Tier‹. Mir war kalt, ich war erstarrt vor Angst.

Ich ging zurück und kleidete mich in Weiß für die *limpias.* Ich saß bei meiner *comadre* Luisa erwartungsvoll im Kreis, bereit, mit der Arbeit zu beginnen – ohne recht zu erkennen, daß wir bereits mittendrin waren. ›Nein, nein, Luisa und Jeri, ich möchte, daß ihr diesmal die *limpias* erhaltet.‹ Ich sah Luisa an, und ihre Augen waren rund und dunkel. Ich dachte, ich könnte in sie hineinfallen, aber ich kann mich nicht bewegen. Ich bin zu Stein geworden, zu hartem, weißem Stein. Doch etwas tief in mir bewegte sich, und es war warm. Es wuchs und sagte mir, daß es an der Zeit für mich war, mich hinzugeben, und ich wußte, es mußte sein. Irgendwie war Irma bei mir, hielt mich in den Armen, beruhigte mich, daß Hingabe und Tod nicht endgültig sind, wiegte mich in ihren Armen. Irgendwie wußte ich, daß ich von Elena, von den *comadres,* von mir selbst geprüft wurde. Ich fühlte, wie ich in die Erde hineinstarb. Wärme, Liebe, Singen, Rückkehr, Hingabe, Zugehörigkeit, Frieden – alles überflutete mich.

Später, als wir mit den Vorbereitungen für die Seelenrückführung anfingen, sagte Elena, sie wolle, daß ich meine Rolle an Soledad abgebe. Sie solle ›das Tier‹ sein. Die *limpia* hatte mich vorbereitet, mich bis auf die Knochen von meiner eigenen rauhen Stimme, von meinen Selbstzweifeln befreit. ›Ich möchte, daß du den *viejo* übernimmst‹, fügte Elena hinzu. Ich war bereit, ich würde die Rolle spielen. Sie malte die Linien des Alters auf meine Stirn. Ich sah klar durch ihren strengen Gesichtsausdruck. Ihre Maske war durchsichtig, als sie sagte: ›Du weißt, daß das alles ein Test war!‹ Die Liebe, die nun aus mir hervorströmte, ließ mich zugleich lachen und weinen. ›Ja‹, flüsterte ich, ›ich weiß.‹ Als ich über das Feld ging, spürte ich die Veränderung. Mein Stock und meine Zigarette schienen eine Verlängerung meiner abgearbeiteten Hand. Mein Körper wurde leichter. Ich beugte mich, und mein Kopf senkte sich, so daß ich auf die Erde blickte. Meine Füße schlurften über den Boden. Konnte es denn wirklich sein, daß ich das war.

Ich gab mich hin und nahm Irmas Arm als Stütze. Sie war so wunderschön und strahlend. Ich erinnerte mich, daß ich mich im Norden befand, dem Ort der Ahnen. Ich war dort, aber mein Körper war transformiert. So viele Stimmen erklangen hinter mir im Norden. Ich gab mich hin, und sie drangen in mich ein. Eine jede sprach zu ihren Kindern, meinen Freundinnen, die zu mir gebracht wurden, damit ich sie segnete.

Danach riet mir Elena, mich auszuruhen. ›Sieh dein Gesicht an‹, sagte sie, ›du hast deine Maske abgelegt.‹ Ich ging allein in mein Zimmer, zündete eine Kerze an und blickte in den Spiegel. Ich war verändert. Ich sah die Augen, das Gesicht, den Geist, die Seele, die Heilerin, die Schülerin, die Lehrerin, die Alte, das Kind und ›das Tier‹. Sie alle waren in mir.«

Soledad: *»Das Tier« werden*

»Bei meinem ersten Workshop auf der Ghost Ranch ging es mir sehr schlecht, ich brauchte dringend eine *limpia,* ich war verwirrt und suchte nach Antworten. Als ich am zweiten Workshop teilnahm, hatte ich bereits viele Veränderungen in meinem Privatleben vorgenommen. Ich befand mich mehr im Frieden mit mir selbst, war offen für Veränderungen; und ich wartete auf eine Herausforderung. Elena nahm dies wahr. Am dritten Nachmittag, als wir gerade zum Essen gingen, kam sie auf mich zu und teilte mir mit, daß ich an der Seelenrückführung teilnehmen würde. Ich sollte die Rolle des *nagual* übernehmen; das ist jemand, der sich in ein Tier verwandeln oder seine eigenen Tierführer oder -geister herbeirufen kann. Als *nagual* oder ›Tier‹ sollte ich die Form des wilden Ebers annehmen. Es kam mir nicht in den Sinn, Widerstand zu leisten oder etwas in Frage zu stellen. Diese Lektion hatte ich bei Elena schon vor langer Zeit gelernt. Ich wußte, daß sie im Begriff war, meinen Rahmen zu sprengen, daß sie einen Plan hatte und daß ich ihm, ohne Fragen zu stellen, folgen mußte.

Eine andere *comadre,* Jeri, hatte ein kunstvolles Kostüm für den wilden Eber hergestellt. Ich wäre zum damaligen Zeitpunkt nicht darauf gekommen, daß sie es möglicherweise für sich selbst gemacht haben könnte. Es war ein wunderschönes Lederkostüm, das wie eine Toga angelegt wurde. Jeri hatte außerdem Arm- und Handhüllen aus Rinde gefertigt, die mit Lederriemen festgebunden wurden. Eine schreckenerregende Ebermaske, die meinen Kopf und die Schultern vollkommen bedeckte, vervollständigte die Verkleidung.

Wir waren fünf, jeweils eine Frau für eine der fünf Richtungen. Jede zog sich entsprechend an und hatte ihre bestimmte Rolle zu spielen. Meine Aufgabe war es, nacheinander die zwanzig Frauen in den Raum, zu jeder der vier Himmelsrichtungen und dann in die Mitte des Kreises zu führen, wo sie sich hinlegen mußten. All dies fand in einem großen verdunkelten Raum statt, der bereits von der Kraft, dem Geheimnis, der Reinigung und dem Geist der Arbeit durchdrungen war, die wir in den drei Tagen zuvor hier geleistet hatten.

Elena erklärte mir, daß es meine Aufgabe war, für jede der Frauen ihren persönlichen Rahmen zu sprengen – sie zu erschrecken und die Seele aus ihrer Deckung zu locken, damit sie sprechen würde. Sie sagte mir nicht, wie ich dies tun sollte, sondern nur: ›Vertraue deiner Intuition, *comadre,* du wirst schon wissen, was du tun mußt. Doch gehe schonungslos mit ihnen um. Vielleicht mußt du fest zupacken. Schubse sie, weck sie auf, sorg dafür, daß die Seele an die Oberfläche kommt.‹

Wir begannen gleich nach dem Essen mit unseren Vorbereitungen, die etwa zwei Stunden dauerten. Wir kämmten uns die Haare, und diejenigen von uns, die sich schminken mußten, taten es sorgfältig. Wir alle halfen einander. Wir pinselten sogar unsere Zehen- und Fingernägel mit einem strahlenden Rot an. Elena erklärte, daß ab sofort alles von Bedeutung war, jedes Detail, jedes Wort, jede Geste.

Es heißt, daß eine Curandera oder ein Schamane, der das Kostüm des Tiers anlegt, sich in einen *nagual* verwandelt. Jedenfalls fühlte es sich für mich genauso an. Ich zog die Ledertoga an, befestigte die Armhüllen aus Rinde und setzte zum Schluß die Maske auf. Ich *war* der wilde Eber.

Die Frauen warteten auf uns. Ich wußte, daß ich aggressiv, erbarmungslos und angsteinflößend wirken mußte. Ich spürte, wie ich – in den Knien eingeknickt, die Arme hängend – mich vornüberbeugte. Ich gab ein ersticktes, lautes Grunzen von mir, dann noch eins, dann ein Brummen. Ich bewegte mich auf die Tür des Zimmers zu, in dem die Frauen warteten, schlug dagegen, trat die Tür und rammte sie mit den Schultern. Ich hörte die ersten überraschten Schreie und das unsichere Lachen aus dem Raum kommen. Das trieb mich an. Knurrend öffnete ich die Tür und sah die Frauen dicht beieinandersitzen. Ich schlurfte mitten hinein in ihre Gruppe, trat ihnen auf die Füße, rempelte sie an, um sie aus dem Weg zu schieben, packte eine von ihnen am Arm und zerrte sie aus dem Zimmer.

Ich knallte die Tür hinter mir zu, schubste die Frau kräftig zur ersten Himmelsrichtung und zwang sie, vor dem alten Mann des Nordens niederzuknien. Danach führte ich mein Opfer zu jeder der drei anderen Richtungen, grunzte und packte auch ein wenig härter zu, wenn es mir nötig erschien.

Nach der vierten Himmelsrichtung brachte ich die Frau in die Kreismitte und sorgte dafür, daß sie sich hinlegte. Dort mußte sie schweigend warten, während ich die übrigen eine nach der anderen hereinführte, grunzend, zupackend, kämpferisch. Ich raste, und sie taten es ebenfalls. Gelegentlich war der Raum, in dem sie warteten, still, erfüllt von einer Angst, die ich fast riechen konnte, wenn ich ihn betrat. Ich spürte, wie sie sich in die Ecken drückten, versuchten, sich in Sicherheit zu bringen. Dann wieder war da eine Teilnehmerin, die mein Auftreten vollkommen veränderte. Ich spürte, daß diese Frau ihre Angst annahm. Indem sie dies tat, löste sie meine Wut auf. Ich wurde durch sie zu einer sanften, liebevollen Begleiterin, statt ein Eindringling zu sein.

Das ging, glaube ich, etwa drei Stunden lang so, aber ich hatte das Gefühl für die Zeit vollkommen verloren. Ich wußte nur, daß da noch Frauen waren – sie schienen sich zu vervielfachen ... Es kamen Augenblicke, da fühlte ich mich müde, erschöpft. Ich betrat das Zimmer und sah mich nach Energie um, mit der ich die meine auffüllen konnte. Dann fand ich eine Frau wie jene, die akzeptierte, was mit ihr geschah. Ich nahm sie sanft am Arm, und sie tröstete mich. Zu guter Letzt stand mir die letzte Teilnehmerin allein in dem dunklen, leeren Raum gegenüber. Erschöpft, niedergeworfen von meiner eigenen Kraft und Wut, ging ich ruhig zu ihr, streckte einen Arm aus, verbeugte mich und führte sie zur ersten Himmelsrichtung.

Ich trommelte, machte Krach und tanzte im Kreis herum, als die eigentliche Seelenrückführung begann. Elena führte die Frauen auf ihre Reise, und ich folgte ihnen – auf meine Art. Ich konnte Lachen, Weinen, Schluchzen und Stöhnen hören. Doch anders als die gedämpften und unterdrückten Geräusche im ›Zimmer des Entsetzens‹ waren dies nun Laute der Befreiung und Hingabe.

Danach war ich eine ganze Zeit lang vollkommen erschöpft, ausgebrannt und bewegungsunfähig. Ich hatte drei Stunden lang gebrüllt, gegrunzt, mich gekrümmt und die Frauen malträtiert. Mir war zuvor nicht klargewesen, daß es soviel Kraft kostet und solch eine Last ist, der Aggressor zu sein.

Es war ein großes Geschenk, diese Rolle spielen zu dürfen. Zum ersten Mal begriff ich die Angst des Angreifers, seine Hilflosigkeit, seine Einsamkeit, seine Verwirrung und seine unerklärliche Unfähigkeit aufzuhören. Ich spürte das beängstigende Bedürfnis weiterzumachen und das traurige Gefühl der Reue, als ob ich mit der Aggression nicht aufhören könnte, als ob sie mich und nicht ich sie kontrollierte. Der wilde Eber zu sein setzte in mir das Wissen frei, daß ich meinen Peinigern vergeben, daß ich ihre Verletzungen, ihren Schmerz, ihre Schädigung sehen mußte. Der wilde Eber zu sein befreite mich von meinem eigenen Haß und Zorn. Das war meine Seelenrückführung.«

Lorraine: In den Händen des wilden Ebers

»Bei diesem Workshop brauchten wir zwei ganze Tage, um uns bis an den Punkt vorzuarbeiten, an dem sich jede Frau auf ihr individuelles Problem konzentrieren und schließlich eine aufschlußreiche *limpia* empfangen konnte. Die meisten der zwanzig Teilnehmerinnen, waren bereits ein- oder zweimal zuvor dabeigewesen, so daß wir glaubten, recht gut auf das vorbereitet zu sein, was uns erwartete. Aber meine Güte, was hatte Elena für Überraschungen parat! Sie wies uns an, unsere festlichsten, ausdrucksstärksten Gewänder anzuziehen und dann in einem Vorzimmer zu warten.

Voller Aufregung wegen all der unglaublichen Erkenntnisse, mit denen wir in den zweieinhalb Tagen zuvor herausgefordert worden waren, schwatzten wir miteinander, lachten und bewunderten uns gegenseitig in unseren Kostümen, als sich plötzlich hinter der Tür ein gewaltiges Brüllen vernehmen ließ. Es klang so angsteinflößend, daß wir alle entsetzt aufschrien. Zusammen mit dem Brüllen brach der grauenerregendste, abscheulichste, haarigste Eber in unseren Raum ein, den ich mir vorstellen konnte. Schließlich kam er zu mir, legte mir seine Klauen auf den Arm und zerrte mich in das Zimmer, in dem die Seelenrückführung abgehalten werden würde.

Ich kann besten Gewissens sagen, daß diese Augenblicke zu den furchterregendsten meines Lebens gehören. Nachdem ich den verdunkelten, dunstigen Raum betreten hatte, erfaßte mich das Entsetzen noch gewaltiger, als der Eber mich zu jeder der Himmelsrichtungen schob. Im Osten, am Anfang also, stand eine wunderschöne Göttin, welche die Sonne darstellte. ›Ehre den Osten, denn er ist die Himmelsrichtung der aufgehenden Sonne, der Anfang eines neuen Tages für dich.‹ Sie sprach mit solch hypnotisierender und bewundernswerter Autorität, daß ich zu weinen begann und alle nur denkbaren widersprüchlichen Gefühle in mir aufstiegen.

Der Eber bedeutete mir dann, ich solle zum Westen hinübergehen, wo eine geisterhafte Frau stand, die sprach: ›Du wirst loslassen. Du wirst es zulassen, daß dein altes Ich stirbt.› In diesem Augenblick spürte ich nichts als blankes Entsetzen. Ich wollte am liebsten fortlaufen. Obwohl ich genau wußte, daß dies alles ein inszenierter Auftritt war, fühlte ich mich dennoch von intensivsten Gefühlen überwältigt.

Der Eber führte mich dann in den Norden, den Ort unserer

Ahnen, wo ein archetypischer weiser Großvater stand. Er hielt eine Hacke in der Hand, trug einen Overall und einen Strohhut auf dem Kopf. Hier ergriff mich große Trauer, ich empfand Respekt und Ehrfurcht vor diesem freundlichen alten ›Herrn‹. Mit dem inneren Auge sah ich meinen Vater, Großvater, Urgroßvater und viele weitere Generationen von Ahnen. Der alte ›Mann‹ sagte: ›Du wirst es schon schaffen, *mijita,* hab keine Angst. Ich werde immer für dich dasein.‹ Ich weinte, ergriffen von seiner sehr tiefen emotionalen Liebe. Ich empfand ein starkes Aufwallen des Stolzes auf meine Vorfahren, für die lange Linie der Generationen voller Kraft und Mut. Diese bewundernswerten Attribute waren tatsächlich ein Teil auch von mir. Ich dachte: ›Das ist es, wer und was ich tatsächlich bin.‹ All die Scham, die ich jemals meinetwegen oder ob meiner Vorfahren empfunden hatte, schwand dahin; und ich fühlte statt dessen Stolz. Ein wohliges Schaudern ergriff meinen gesamten Körper.

Der Eber, den ich nicht mehr länger fürchtete, führte mich zum Süden, dem Ort der Kindheit und des Lernens, an dem ein symbolisches kleines Mädchen ›Himmel und Hölle‹ spielte. Das ›Kind‹ malte meine Wangen mit Lippenstift an, lächelte und sang herrliche Weisen. Auch hier flossen wieder Tränen der Freude und Traurigkeit. Ich sah die schöne spielerische Zeit meiner Kindheit ebenso wie jene beängstigende traurige vor meinem inneren Auge.

Nachdem ich die vier Himmelsrichtungen besucht hatte, wurde mir geheißen, mich auf den Boden in die Mitte des Kreises zu legen und zuzusehen, wie der Eber die übrigen Frauen zu den vier Himmelsrichtungen brachte. Es war eine aufschlußreiche Erfahrung für mich, die unterschiedlichen Reaktionen zu beobachten. Dies ließ mich auf tiefe Weise erkennen, daß man auch anders als mit Angst auf unerwartete Ereignisse reagieren kann.

Zum Schluß führte Elena uns mit ihrer sanften, weichen Stimme auf eine Reise ins Innere. Ich stellte mir dabei meinen

Seelenkern vor und erlebte eine süße, ruhige, liebevolle Reise, die ich niemals vergessen werde und zu deren Wegen ich oft zurückkehre. Ich kann nicht genau sagen, was den anderen Frauen an diesem Wochenende widerfuhr. Ich weiß nur, daß unsere *maestra* Elena mir geholfen hat, die Angst und Scham zu überwinden, die ich schon seit mehreren Jahren in mir trug. Ich erhielt die Gelegenheit, der Angst direkt ins Auge zu blicken. Ich erkannte, daß ich eine liebevolle und sprituelle Frau bin und daß ich, mit der Hilfe des Schöpfers, eines Tages anderen helfen will, diese Erkenntnis auch für sich zu gewinnen.«

Vom Lehrer zum Schüler

Wenn ich Geschichten wie diese höre, dann versetzt es mich in Erstaunen, wohin es mich gebracht hat, Curanderismo zu lehren. Wie dies so oft in meinem Leben geschehen ist, beginne ich mit einer Idee, und es entwickelt sich etwas Neues aus ihr. Angefangen hatte ich mit der Vorstellung, daß ich einer Gruppe medizinischer Fachkräfte etwas beibringen würde, aber dann wurden sie zu meinen Lehrern. Durch sie erfuhr ich, wie wichtig es ist, erst die eigenen Wunden zu heilen, bevor wir uns jenen anderer zuwenden dürfen. Als ich mit den Workshops auf der Ghost Ranch begann, wußte ich zwar bereits aus eigener Erfahrung, wie sehr Selbstheilung mir geholfen hat, eine bessere Heilerin zu werden. Aber ich wußte dies halt nur auf meiner persönlichen Ebene. Nachdem ich mit all diesen medizinischen Fachkräften gearbeitet hatte, erhielt ich auf der universellen Ebene Zugang zu dieser Wahrheit. Als ich sah, wie furchtbar manche dieser Menschen verletzt worden waren, erkannte ich erst richtig, wie verhüllend unsere Masken sind. Denn etliche der Kursteilnehmer waren Ärzte, Krankenschwestern oder Leute, die leitend in großen Gesundheitsorganisationen arbeiteten. An der Oberfläche sahen sie so gut beieinander aus, trotzdem quälten sich ihre armen Seelen dermaßen! Ich bewunderte die Kraft, die jeder von ihnen aufbringen mußte, um sich dies einzugestehen und sich zu heilen. Als ich sie bei späteren Workshops wiedersah, konnte ich erkennen, wie weit sie vorangekommen waren, wie sehr sie inzwischen das umsetzten, was sie neu gelernt hatten. Außerdem bewunderte ich ihren Mut. Sie erinnerten mich daran, daß niemand einmal und für immer geheilt ist. Heilung ist eine Reise, die das ganze Leben dauert.

Ich kann nicht beschreiben, welch tiefgreifende Erfahrung es für mich war, in der Gesellschaft dieser wunderbaren Menschen zu sein, sie die Wahrheit sprechen zu hören, sie in meinen Armen zu halten, während sie ihren Heilungsprozeß durchliefen. Keiner schien am Ende dieser Workshops nach Hause fahren zu wollen. Viele von ihnen sagten zu mir: »Dieses Wochenende habe ich zum ersten Mal erfahren, was es heißt, in eine Gemeinschaft eingebunden zu sein, die mich in meinem Leid und meiner Heilung unterstützt und meine Freude mit mir teilt. Diese Erfahrung wird mir fehlen.« Im Laufe der Jahre kamen dieselben Personen immer wieder, lernten mehr und mehr, drangen tiefer und tiefer vor. Dadurch war es mir ebenfalls möglich, mein Bemühen um das Wissen, was sie wirklich brauchten, und mein Engagement für ihre Ausbildung noch zu vergrößern. Vor allem aber erfüllte mich ihre Hingabe mit Ehrfurcht.

Ich hatte angefangen, diese medizinischen Fachkräfte zu unterrichten, weil ich annahm, daß sie mehr über meine Kultur erfahren wollten, um dem hispanischen Bevölkerungsanteil besser helfen zu können. Schließlich erkannte ich jedoch, daß ihr Einsatz für diese Arbeit aus einer tiefen inneren Sehnsucht erwuchs, sich selbst zu heilen. Die Seelenrückführung war einer der Hauptschlüssel zu diesem Prozeß. Schon bald fingen die Freunde auf der Ghost Ranch an, uns scherzhaft als Geisterjäger zu bezeichnen, weil sie miterlebten, wie wir die muffigen

Rumpelkammern der Seele öffneten und die Geister hinaus ans Tageslicht ließen. In diesen Jahren teilten wir viel Traurigkeit und Schmerz, viel Lachen und Freude miteinander.

Zuviel und zu schnell

Das Wissen über Curanderismo weiterzureichen war nicht immer eine leichte Aufgabe. In meinem Eifer, diese Heilkunst mit anderen zu teilen, habe ich manchmal tiefgreifende Fehler gemacht. Viele Jahre lang schenkte ich jedem meiner Schüler nach den Seelenrückführungen auf der Ghost Ranch einen *sahumador* und eine Truthahnfeder, damit sie ihre eigenen *limpias* durchführen konnten. Ich wählte sogar einen Töpfer in Corrales, New Mexico, aus, bei dem ich all die benötigten *sahumadores* in Auftrag gab. Doch schon bald lernte ich, daß man solche Werkzeuge nicht jemandem geben darf, dem die Jahre des Lernens und die tiefen Erfahrungen in der Anwendung fehlen und der einfach noch nicht bereit ist, einen solchen Gegenstand zu empfangen. Sonst wird man von dem Mangel an Ehrfurcht gegenüber diesen heiligen Werkzeugen enttäuscht. Ein *sahumador* repräsentiert Ihr Feuer, den Ort, an dem Sie Ihre Energie sammeln, während Sie Ihre *limpia* vorbereiten. Es ist das Gefäß, in dem Sie Ihr Kopalharz verbrennen und mit dem Sie Ihren heiligen, reinigenden Rauch herstellen.

Einigen meiner Schüler zerbrach ihr *sahumador,* nur wenige Stunden nachdem ich ihnen diesen gegeben hatte; und sie wollten nun wissen, wo sie einen neuen herbekommen könnten. Bei anderen löste dieses Geschenk ihre Selbstüberschätzung aus; und sie fingen an, sich als Curanderas zu bezeichnen und Aspekte meiner Workshops zu kopieren. Mir fallen dabei im besonderen zwei Schüler ein, die meine Veranstaltung sogar Wort für Wort abkupferten. Ironischerweise ließen sie, als sie zum Mittagessen gingen, die Kerzen auf dem Altar brennen, der direkt neben dem Fenster stand. Die Vorhänge fingen Feuer, und der Raum brannte aus.

Wenn sich solche Dinge ereigneten, dann habe ich es später immer erfahren. So wurde mir bald klar, daß ich als Lehrerin auch die Verantwortung hatte, meinen Schülern Werkzeuge und Informationen nicht ohne entsprechende Vorbereitung zu überlassen. Noch wichtiger: Ich erkannte, daß ich die Teilnehmer an den Workshops zu rasch öffnete. Sie hatten in ihrer alltäglichen Gemeinschaft nicht die Art Unterstützung, wie sie sich auf der Ghost Ranch bot. Obwohl ich versuchte, soviel wie möglich zu tun, indem ich ihnen etwa in Briefen Mut machte, hatte ich weder die Zeit noch die Kraft, ihnen kontinuierlich die Hilfe zu bieten, die sie brauchten. Ich war zu weit fort und hatte zu viele andere Verantwortungen, so mußten diese Schüler ohne einen Mentor auskommen. Wenn man solche Workshops zweimal jährlich mit zwanzig bis fünfundzwanzig Teilnehmern abhält, dann hat man mit der Zeit eine riesige Gruppe von Menschen, die alle auf die eine oder andere Weise von einem abhängen.

Da ich mich überfordert fühlte, fragte ich mich: »Was hast du da angefangen?« Manche meiner Schüler fragten mich, ob sie kommen und bei mir leben dürften. Und einige erschienen tatsächlich und blieben eine Woche oder länger bei mir. Viele verlangten immer mehr. Inzwischen hatte ich aber auch einen geistig zurückgebliebenen Sohn, um den ich mich kümmern mußte, ein Privatleben, an dem ich mich erfreuen wollte, und zahlreiche Lehr- und Heilaufträge vor Ort, denen ich mich verpflichtet fühlte. Mir wurde bewußt, daß es an der Zeit war, Grenzen in meinem Leben zu ziehen. Nach einem der Workshops, die ich auf der Ghost Ranch abgehalten hatte, war ich so erschöpft, daß ich Wochen brauchte, um wieder zu Kräften zu kommen. Schließlich gab ich diese Kurse auf, entschloß mich, ein oder zwei Jahre Pause zu machen und dann weiterzusehen. Das war keine leichte Entscheidung, die auch eine schwere Zeit nach sich zog, denn mir fehlten diese wundervollen Erfahrungen. Aber ich wußte, daß ich einfach die Gangart wechseln mußte.

Die ersten »Lehrlinge«

Auch in dieser Zeit kamen weiterhin Menschen zu mir, die sagten, sie wollten mehr lernen und tiefer in den Curanderismo eindringen. Also überlegte ich: »Was, wenn ich etwas Neues ausprobiere? Was, wenn ich ungefähr zwanzig von den medizinischen Fachkräften, die an mehreren meiner Workshops teilgenommen und die wirklich die Gabe des Heilens haben, einlade, ein Jahr lang zweimal im Monat intensiv mit mir zu arbeiten?« Ich forderte etwa vierzig von ihnen auf, probehalber an einem Sonntagnachmittag zu kommen, um die Idee mit mir zu diskutieren. Dabei stellte ich mir vor, daß von den vierzig ungefähr zehn auftauchen würden. Zu meinem Erstaunen kamen sie jedoch alle – und brachten noch ihre Freunde mit. Mein Wohnzimmer drohte aus den Nähten zu platzen.

Die Hauptfrage, die ich ihnen stellte, war: »Habt ihr die Kraft, um das durchzustehen, was es bedarf, um Curandera zu werden?« Ich wollte nur solche Menschen ausbilden, denen ich vertraute und an die ich dereinst würde Klienten überweisen können, wenn ich nicht mehr in der Lage wäre, mich um all die Menschen zu kümmern, die meine Hilfe suchten. Ich brauchte Interessenten mit echtem Engagement. Curanderismo zu lernen dauert ein ganzes Leben, und ich wollte nur solche Therapeuten ausbilden, die dieser Heilkunst auch Ehre machen würden.

Von den fünfzig Interessenten, die an jenem Nachmittag erschienen waren, wählte ich dreiundzwanzig aus. Es stellte sich rasch heraus, daß nur neunzehn von ihnen wirklich ausreichend Hingabe aufbrachten und eine realistische Vorstellung davon hatten, was in der Ausbildung von ihnen erwartet wurde. Eine Frau, die aus den Tarotkarten las, meinte bereits alles über Curanderismo zu kennen, weil ihre Mutter eine Curandera war. Sie wollte die erforderlichen Schritte nicht leisten, weil sie glaubte, all das notwendige Wissen irgendwie geerbt zu haben.

Es war offensichtlich, daß etwa die Hälfte derjenigen, die ich ausgesucht hatte, fortgeschrittener war als die übrigen. Sie hatten bereits Lehrgänge in alternativen Heilweisen wie Rolfing und Massagetherapie absolviert, wußten viel darüber, wie man *limpias* gibt, und waren schon Teilnehmer an vielen meiner Workshops und Hörer meiner Vorträge gewesen. Aus dem Grund bildete ich eine Anfänger- und eine Fortgeschrittenengruppe. Diese Entscheidung sollte eine interessante Dynamik zur Folge haben: Manche der Teilnehmer entwickelten starkes Konkurrenzdenken, sagten sich selbst und zu anderen mit Stolz: »Ich bin in der Fortgeschrittenengruppe.« Ironischerweise stellte ich dann aber später fest, daß mehrere Anfänger schon bald tüchtiger waren als die erfahreneren Schüler. Obwohl einige der letzteren eine unglaubliche Gabe für Curanderismo hatten, wurden sie auch von unverarbeiteten Problemen blockiert, die sie daran hinderten, so rasch wie die Neulinge voranzukommen. Die Anfängerinnen, die eher dazu bereit waren, an ihren Schwierigkeiten zu arbeiten, holten die »alten Hasen« schon bald ein und überrundeten sie sogar, falls man das in diesem Zusammenhang überhaupt so sagen kann.

Aus dieser Erfahrung lernte ich, daß man es sich niemals leisten kann, den Wachstumsprozeß einfach einzustellen. Als ich die Transformationen und die Seelenerforschung meiner »Lehrlinge« beobachtete, kam es mir manchmal so vor, als erblickte ich mich selbst in einem Spiegel. Ich dachte dann: »Das bin ich vor fünf Jahren.« Oder: »Das ist etwas, mit dem habe ich mich erst vor einem Monat herumgeschlagen.« Meine Schüler zu unterweisen war und ist für mich noch immer eine aufschlußreiche und die Bescheidenheit fördernde Erfahrung.

Ich hatte meine Ausbildung als Curandera auf die schwere

Art erhalten, indem ich auszog, mir Lehrer suchte und vieles auf eigene Faust erarbeitete. Ich wollte nicht, daß meine Schüler diese Mühsal ebenfalls auf sich nehmen mußten, daß sie auf die gleiche Weise leiden und dieselben Fehler machen würden wie ich. Ich wünschte mir, als ich zu lernen begann, so sehr eine Stütze und mußte weit reisen, um in der Gesellschaft Gleichgesinnter zu sein. Ich wußte, daß meine Schüler einander die Hilfe bieten konnten, die mir seinerzeit fehlte. Heute kann ich aus ganzem Herzen und mit Stolz sagen, daß sie auch für mich zur Familie und zu meiner Stütze geworden sind. Wenn eine von uns krank ist, dann bringen ihr die anderen Nahrung. Sie segnen einander die Häuser und führen ihre Familien zusammen. Als kürzlich eine der Frauen ihren Arbeitsplatz verlor, gingen vier der *comrades* unabhängig voneinander und aus eigenem Entschluß zu ihr, um ihr eine *limpia* zu bereiten. Es machte mich sehr glücklich, als ich davon hörte. Zuvor hatten sie immer gewollt, daß ich anwesend bin, wenn sie diese Art Arbeit taten. Nun sorgen sie für sich selbst.

Wir beschlossen jeden unserer Kurse immer mit einer Gesprächsrunde; und dabei kamen viele verschiedene Themen zur Sprache, insbesondere anfangs. Zum Beispiel befanden sich zunächst nur zwei Männer in der Gruppe, und einige interessierten sich dafür, warum dies so war. Manch eine Chicana wollte wissen, warum ich auch Weiße aufnahm. Sie fragten: »Wie können diese Frauen Curanderas werden? Das entspricht doch gar nicht ihrer kulturellen Identität!« Ich verstand solche Fragen, weil ich die gleiche Art Rassismus und Unterdrückung, wie diese Chicanas sie erlitten, aus eigener Erfahrung kannte. Aber mir war und ist auch klar, daß wir in dieser Hinsicht einen Schritt weiterkommen müssen. Für mich gilt nicht die Hautfarbe als Kriterium, sondern die Stärke mit der die Gabe des Heilens und die engagierte Lernbereitschaft ausgeprägt sind. Am Ende des Jahres wurden wir alle dann dadurch belohnt, daß eine der Chicanas in der Gesprächsrunde erklärte, ihre besten Lehrer in der Gruppe seien die weißen Frauen gewesen. Ich spürte Erleichterung, als ich das hörte; denn ich weiß, daß ich niemandem Bewußtsein beibringen kann. Das ist etwas, worum jeder Mensch sich selbst bemühen muß.

Mir war nicht klargewesen, daß all diese Themen aufkommen würden. Ich hatte ein Programm zusammengestellt und mir ausgemalt, daß wir sofort damit beginnen würden. Doch im Leben hat das, was wir planen, und das, was dann letztlich geschieht, oft nicht sehr viel miteinander zu tun. Die wichtigste Lektion aus dieser Erfahrung war für mich jedenfalls, daß mehr Gesprächsrunden erforderlich waren, weil die Schüler so vieles zu heilen hatten. Im Laufe der Zeit gelang dies dank unserer Gesprächskreise dann auch in vielerlei Hinsicht.

Die Bedeutung von »Lehre«

Einer der wesentlichen Unterschiede zwischen meinem einjährigen Ausbildungskurs und den Workshops auf der Ghost Ranch war, daß letztere eher Einführungskurse waren, um einen ersten Eindruck vom Curanderismo zu vermitteln. Obgleich an diesen Wochenenden enorme Heilprozesse und persönliche Transformation in Gang gesetzt wurden, waren die Teilnehmer damit nicht hinreichend qualifiziert, um nun als praktizierende Curanderos oder Curanderas von dannen zu ziehen. Da die Teilnehmer aus allen Ecken der Vereinigten Staaten kamen, hatten viele von ihnen zu Hause keine Unterstützung durch alternative Heiler, auf die sie zurückgreifen konnten. Mit der Zeit ist mir nur zu klar geworden, daß *niemand* ohne die Unterstützung durch eine Gemeinschaft Heiler sein kann. Weil Seele und Geist in die Arbeit integriert sind, weil der Curanderismo den Heiler vom Geheilten nicht trennt, bringt diese Betätigung für beide, den Klienten und die Curandera, tiefgehende Themen an die Oberfläche – und manchmal kann sich der Heiler davon überwältigt fühlen. Ich bin absolut davon überzeugt, daß Niño Fidencio im Alter von vierzig Jahren starb, weil er vollkommen ausgepumpt war (siehe Seite 97).

Wenn ich nicht jemanden hätte, den ich am Ende des Tages anrufen könnte, um etwa zu erzählen: »Ich habe heute vier *limpias* gemacht, ich bin vollkommen fertig« – jemanden, der wirklich versteht, was das bedeutet –, dann würde ich den Curanderismo wohl nicht sehr lange praktizieren können. Diese Heilverfahren versetzen uns in einen anderen Bewußtseinszustand. Wenn man niemanden kennt, mit dem man die Dinge verarbeiten, mit dem man weinen kann, weil man soviel Schmerz aufgenommen hat, dann wird man in große Schwierigkeiten geraten. In Mexiko, wo die Heiler durch die Gemeinschaft gestützt werden, kommt, sofort nachdem die Curandera fertig ist, eine Gruppe von Frauen. Sie ziehen mit Weihwasser einen Kreis um die Heilerin und spritzen ihr ein besonders präpariertes Wasser in den Nacken oder massieren sie. Sie wissen, daß die Curandera ihre Energie wieder auffüllen muß, und sie achten diesen Umstand hoch. Als ich zum ersten Mal nach Mexiko kam und sah, wie die Heiler dort behandelt werden, fühlte ich mich schrecklich allein. Das ist ein weiterer Grund, warum ich wußte, daß ich in meiner Heimat beständige Schüler brauche, weil ich mir ein tragfähiges System zur Unterstützung schaffen mußte.

In den Kursen, die ich entwickelte, bearbeiteten wir eingehend die Prozesse, welche wir auf der Ghost Ranch beobachtet hatten. Wir fingen an, indem wir unsere Techniken in der Praxis von *pláticas* verfeinerten. Ich würde um einen Freiwilligen bitten, und einer meiner Schüler, der über etwas Bestimmtes reden wollte, sollte sich als Klient zur Verfügung stellen. Ein anderer war dann dafür verantwortlich, die *plática* durchzuführen, während die übrigen zuhörten. Wichtig war für mich, daß es sich hierbei nicht um eine Psychotherapie im herkömmlichen Sinne handelte, sondern um ein Zuhören des Herzens. Bei jenen, die bereits eine akademische oder eine Krankenpflegeausbildung absolviert hatten, mußte ich sogar dafür sorgen, daß sie einiges wieder »entlernten«. Manchmal sind die vierzig Zentimeter von unserem Kopf zu unserem Herzen die längste Reise, die wir zurücklegen müssen. Gelegentlich unterbrach ich die *plática* und forderte die ganze Klasse dazu auf, den bisherigen Ablauf zu diskutieren.

Als meine Schüler Fortschritte machten, bat ich sie, ihren engsten Freunden und Familienmitgliedern *limpias* zu geben. Das einzuüben, was sie gelernt hatten, war äußerst wichtig für ihr Wachstum als Heiler. Und ich lud sie ein, ihr Feedback und ihre Gefühle nach solchen Erfahrungen in die Gruppe einzubringen. Weil sie zu Beginn so unsicher waren, half es ihnen sehr, daß sie zunächst an Menschen üben konnten, denen sie etwas bedeuteten und die ihnen vertrauten. Als sie dann etwas über die Durchführung von *pláticas* lernten, entstand dadurch ein festes Fundament, um noch mehr *limpias* durchzuführen. In diesem ersten Jahr behandelten wir außerdem all die gängigen »Volkskrankheiten«: *susto, envídia, bilis, empacho* und *mal ojo*. Weil einige meiner Schüler nichtmedizinische Berufe ausübten, konnten sie keine Vollzeitheiler werden. Doch ich half ihnen dabei, Wege zu finden, wie sie das Gelernte auch in ihren Arbeitsalltag einbauen konnten. Ich hatte angenommen, daß wir zum Schluß zu Seelenrückführungen kommen würden, aber in diesem Jahr blieb einfach keine Zeit dafür übrig. Ich mußte bei unserem Vorankommen das Tempo der Gruppe berücksichtigen.

Während dieses Prozesses lernten meine Schüler, wie sie sich selbst heilen können, und wir wurden zu einer fest zusammengewachsenen Gemeinschaft. All ihre Kurse fanden im »blauen Zimmer« statt, dem Raum, in dem ich auch meine Patienten behandle. Dort zu arbeiten war für meine Schüler sehr wichtig, weil es ihnen die Gelegenheit gab, die Energie des Raums zu spüren und meinem Altar nahe zu sein. Bald schon bezeichneten sie unsere Kurse als das »Blaue-Zimmer-College«.

Im ersten Jahr mochte ich nicht allein unterrichten. Ich wollte, daß meine Schüler eine größtmögliche Perspektive entwickelten, und ich sorgte daher dafür, daß viele andere als Lehrer hinzukamen. Ich lud Dr. Oscar Hutterer ein, den Präsidenten der Academia Mexicana de Medicina Tradicional, damit er seine Erfahrungen mit uns teilte. Er erzählte, wie es war, mit traditionellen Heilern aufzuwachsen, von seiner Entscheidung, all diese Vorstellungen aufzugeben, als er mit dem Medizinstudium begann, und wie sich der Kreis dann wieder schloß, als er zu einem gesunden Respekt vor dem Curanderismo zurückfand. Er forderte uns auf, am Kongreß für traditionelle Medizin teilzunehmen, auf dem Heiler, Kräuterkundige, alternative Heilpraktiker und Ärzte über ihr jeweiliges Spezialwissen sprechen würden. Seither nahmen meine Schüler und ich zweimal an dieser Veranstaltung teil.

Dr. Eliseo Torres, Autor von Büchern über Curanderismo und Vizepräsident für Studentenangelegenheiten an der University of New Mexico, kam ebenfalls, um mit uns zu sprechen. Er ist Experte in Sachen Heilkräutern. Er brachte viele Pflanzen sowohl aus Mexico wie auch aus den Staaten mit in meinen Unterricht, um über ihre Verwendungsmöglichkeiten zu sprechen. Eine Curandera namens Flordemayo, die die Heilweisen der Maya praktiziert und eine geweihte Mayapriesterin ist, führte uns in ihre Heilkunst ein. Sie ermöglichte unsere Teilnahme an einer speziellen Zeremonie in dem Dorf ihres Lehrers Don Alejandro, dem spirituellen Führer der Quiché-Maya in Guatemala. Meine Schwester Irma hielt einen Vortrag über den Mayakalender und gab jedem Schüler seinen Mayanamen. Bernadette Vigil, eine *Nagual*-Schamanin aus der Eagle-Knight-Linie, half mir, jeden Schüler mit einem Medizinbeutel auszurüsten. Ich lud außerdem eine Frau namens Pacal ein, die eine Nachfahrin von Yaqui- und Tarahumare-Indianern ist. Pacal hielt für uns eine Schwitzhüttenzeremonie ab, auf die sie spezialisiert ist.

Ehekateotl und Tzenwaxolokuauhtli Tzatzoehtzin kamen

und wohnten eine Woche bei mir, während deren wir ihnen halfen, Behandlungsräume einzurichten. Tzen ist der Leiter des aztekischen Mexihka Council of the Tetzkatlipoka Tradition, ein Arzt und Lehrer. »Ehe« und Tzen zu unterstützen bot meinen Schülern die ausgezeichnete Gelegenheit, denen, die des Spanischen nicht mächtig waren, als Übersetzer zu dienen und den beiden Azteken bei der Arbeit zuzusehen. Dies verschaffte ihnen außerdem die Möglichkeit, eine wichtige Lektion über Gemeinschaft zu lernen. Meine »Lehrlinge« bereiteten Mahlzeiten zu, nahmen Telefonanrufe entgegen, um Termine zu vereinbaren. Sie reinigten das Haus und kümmerten sich um die vielen Menschen, die zur Behandlung kamen. Ich war sehr stolz darauf, wie meine Schüler sich ins Zeug legten.

Als sie mich baten, sie ein weiteres Jahr zu unterrichten, brauchte ich erst etwas Zeit, um darüber nachzudenken, aber schließlich stimmte ich zu. In diesem zweiten Jahr konzentrierten wir uns auf Seelenrückführungen. Nach und nach ließ ich meinen Schülern mehr freie Hand und gestattete ihnen immer öfter, auf eigene Verantwortung zu arbeiten. Ich schicke ihnen außerdem Patienten. Wenn mich jemand mit einem physischen Problem aufsucht, dann verweise ich ihn an eine der Krankenschwestern der Gruppe. Bedarf jemand einer physischen Therapie, so schicke ich ihn zu unseren Rolfern und Massagetherapeuten. Dieses zweite Jahr hielt ich meine Schüler dazu an, unabhängiger zu werden, ihrer Intuition zu vertrauen und intensiver Curanderismo zu praktizieren.

Zurück zu den Wurzeln des Curanderismo

Es wurde für meine Schülerinnen – diesmal waren es ausschließlich Frauen – obligatorisch, nach Mexico zu fahren, um hier vor Ort die Wurzeln dieser Heilkunst zu sehen, zu spüren, zu riechen. Ich schickte sie zu den *mercados*, in denen ich meine Vorräte kaufte, damit sie sich dort die Regale voller medizinischer Kräuter und Blumen ansähen. Im *mercado* kann man Heilmittel für jedes nur vorstellbare Leiden erwerben; und die Händler sind sehr erfahren in deren Anwendung. Ich wollte außerdem, daß meine Schülerinnen sich davon überzeugten, wie zugänglich Curanderismo in Mexiko ist. Sie sollten die Amulette sehen sowie die Spezialseifen, welche Liebespartner anziehen oder abstoßen, außerdem die Badepulver, die als Glücksbringer dienen, und die vielen Arten heiliger Kerzen, die von Curanderas gesegnet wurden. Ich zeigte ihnen, wie man die eigens hergestellten Wässer und das frisch gewonnene Kopalharz einkauft, die ich in meinen Zeremonien verwende. Sie waren wie Kinder in einem Süßigkeitenladen, und sie kauften und kauften.

Ich brachte sie dann zum *kalpulli* meines Lehrers Ehekateotl. In dieser Schule wurden wir von all seinen Schülern empfangen. Sie hatten unglaublich leckere Speisen für uns zubereitet. Wir aßen *tamales*, Maistaschen, die auf Yucatán-Art zubereitet und in Bananenblättern eingewickelt worden waren, und wir erfreuten uns an mannigfachen anderen traditionellen Gerichten. Die *comadres* und *compadres* hießen uns mit einem wundervollen Segen und einer Zeremonie vor dem Altar willkommen, ebenso mit einer Gesprächsrunde, in der sie viele wunderbare und liebevolle Worte für uns fanden.

Zum Erstaunlichsten an der ganzen Erfahrung gehörte es, daß wir die Erlaubnis erhielten, eine Schwitzhüttenzeremonie an einem Ort namens Xochimilco abzuhalten, der aus schwimmenden Gärten und Inseln besteht. Die Regierung hatte ihn zu einer Touristenattraktion gemacht, in dem es vor farbenfrohen Booten und Mariachibands nur so wimmelte. Aber kurz zuvor haben die Azteken die Genehmigung bekommen, auf einigen der heiligen Inseln wieder ihre traditionellen Schwitzhüttenzeremonien durchzuführen. Wir beluden zwei der wunderschön bemalten Gondeln, die man hier mieten kann, mit allem, was wir für diese Maßnahmen benötigten, und ließen uns eine Stunde lang durch die engen Kanäle treiben, während die aztekischen Heiler Flöte und Trommel spielten und bezaubernd dazu sangen. Sobald wir angekommen waren, transportierten wir all unser Holz, das Wasser und die übrigen Vorräte zu dem Platz und arbeiteten dann stundenlang, um die Schwitzhütte mit hohen Gräsern zu bedecken, die wir selbst schnitten. Jeder Stein wurde hochgehalten und gesegnet, bevor wir ihn auf die Feuerstelle legten.

Einige der älteren Männer und Frauen erzählten uns, daß es an diesem Ort seit dreihundertfünfzig Jahren keine solche *Temazcal*-Zeremonie mehr gegeben hatte. Als das besondere Instrument, das den Schrei des Adlers imitiert, und die Flöten zu spielen anfingen, begannen wir alle mit einem Sprechgesang heiliger Worte auf Nahuatl. Es fühlte sich so an, als seien die Geister bei uns, die hier schon vor über drei Jahrhunderten wirkten.

Ich war der Meinung, es sei außerordentlich wichtig für meine Schülerinnen, die vier Kraftorte der Azteken in Mexico City zu besuchen. Dies sind die Orte, an denen die Energie der Himmelsrichtungen in unseren Zeremonien ihren Ursprung hat; und ich wollte, daß sie an der Quelle stünden. Tausende von Jahren hatten die Azteken heilige Handlungen an diesen kraftvollen Plätzen zelebriert; und sie setzten dies auch noch fort, nachdem die Spanier die alte aztekische Stadt Tenochtitlán, die heute Mexico City heißt, erobert hatten. Den Menschen ist wie gesagt oft nicht bewußt, daß die Azteken, anders als viele andere Stämme und obwohl sie mit der Gewalt der Eroberer konfrontiert waren, keineswegs von dannen zogen. Sie blieben in ihrer heiligen Stadt, achteten auch weiterhin die Kraftorte der vier Himmelsrichtungen und hielten ihre Zeremonien dort ab. Wie es anderenorts ebenfalls so oft der Fall war, errichteten die Spanier in dem Versuch, die alte Religion auszurotten, auf den heiligen Plätzen ihre Kirchen. Doch selbst das hielt die Azteken nicht davon ab, die Orte weiterhin mit ihren Zeremonien und Tänzen zu ehren.

Ich hatte unsere Reise so geplant, daß wir am 12. Dezember in Mexico City sein würden, um dort das Fest der Jungfrau von Guadalupe mitzuerleben. Wir fühlten uns sehr geehrt und gesegnet, als eine Gruppe von Azteken uns zu einer Wallfahrt und einer die ganze Nacht andauernden Wache in die Basilika einlud. Die dunkelhäutige Jungfrau von Guadalupe ist eine sehr wichtige Figur sowohl für Mexikaner als auch für Amerikaner. Der Legende zufolge heißt es, daß sie einem Indianer erschien und ihm sagte, sie wolle eine ihr zu Ehren errichtete Kirche am Fuße des Hügels. Als der Indianer dem Priester von seiner Vision erzählte, schenkte ihm niemand Glauben. Um ihm zu Beweisen für seine Geschichte zu verhelfen, füllte die Jungfrau seinen Mantel mitten im Winter mit herrlich duftenden Rosen. Als der Priester das Wunder der Blumen sah, glaubte er dem Indianer und ließ die Kirche bauen. Die Jungfrau von Guadalupe ist die beliebteste Heilige Mexikos und außerdem in den Augen vieler Curanderas ihre Schutzpatronin. Im Jahr 1754 wurde sie zur Beschützerin Neuspaniens erklärt. Heute befindet sich die Basilika von Guadalupe am Fuß des Hügels von Tepeyac in Mexico City an der gleichen Stelle, an der sich auch der Schrein der aztekischen Erd- und Maisgöttin Tonantzin befunden hatte.

Am Festtag der Jungfrau von Guadalupe zugegen zu sein war für mich und meine Schülerinnen eine äußerst bewegende Erfahrung. Es befanden sich Tausende und Abertausende Menschen mit uns dort. Viele kamen den ganzen Weg auf den Knien, legten so Hunderte von Meilen zurück, um ein Wunder zu erbitten. Es ist ein ehrfurchtgebietender Anblick, die Demut und den Glauben dieser Menschen zu sehen, die für ihre Wallfahrt aus allen Ecken der Welt anreisen. Statt zu gehen, hatten einige ihren Körper die letzten Meilen sogar gerollt. Der Anblick rührte uns zu Tränen, und viele meiner Schüler erklärten mir später, daß es sie spirituell gestärkt hatte, solche Glaubensbezeugungen und die Tausenden von Menschen zu sehen, die sich alle an einem Ort versammelt hatten, um die Jungfrau zu ehren.

Der Festtag der Jungfrau beginnt eigentlich am Abend des 11. Dezember, an dem viele Stämme Nachtwachen mit Trommeln und Chanten abhalten. Am nächsten Tag sind die aztekischen Tänzer von morgens bis abends mit Zeremonien beschäftigt. Es ist eine außerordentliche Erfahrung, die farbenprächtige heilige Kleidung und den Kopfschmuck aus Federn zu sehen. Weil ich bei dieser Basilika in den achtziger Jahren mit Andres Segura getanzt hatte, ließ der Anblick der Tänzer jetzt starke Erinnerungen in mir erwachen. All diese Erfahrungen hatten eine tiefe Wirkung auf meine Schülerinnen und brachten diese ein unglaubliches Stück vorwärts. Sie lernten, daß man die Heilkunst nicht von ihren kulturellen Wurzeln trennen kann.

Reise zum heiligen Berg: Humor und Widrigkeiten

Zu den wichtigsten Ereignissen auf unserer Reise gehörte die Fahrt zu einem heiligen Berg der Azteken. Ehekateotl hatte ein Mittagessen für uns im Restaurant eines Freundes namens Antonio arrangiert. Dieser war ein Curandero, der mit dem Einsatz der richtigen Nahrungsmittel heilt. Antonio sollte auch während der Fahrt die Mahlzeiten für uns zubereiten. Im Restaurant trafen wir dann auf Flor Silvestre, einen von Ehekateotls Schülern, der zusammen mit Antonio unser Bergführer sein würde.

Geplant war, daß wir nach dem Mittagessen mit dem Bus zu einem heiligen Platz in einem Ort namens Chalma am Fuße eines Berges ungefähr zwei Stunden von Mexico City entfernt fahren. Nach der Zeremonie in Chalma würden Antonio und Flor uns zu einem Platz für den Sonnentanz auf der Spitze des Berges bringen. Dabei handelt es sich um einen ganz besonderen Ort, der von einem nordamerikanischen Indianer angelegt worden war, der den Sonnentanz bei den Azteken einführte. Dort wollten wir den Wärter des Berges treffen, Tata Faustino, einen Ältesten, der auch das Abendbrot und eine Schwitzhüttenzeremonie für uns vorbereitet haben würde.

Unsere Zeitplanung war knapp, denn zwei Tage später sollte ich einen Vortrag auf der nationalen Konferenz der Academia Mexicana de Medicina Tradicional halten. Das war aber noch nicht alles. Meine Schülerinnen und ich sollten außerdem im Anschluß an die Konferenz durch eine Zeremonie geehrt werden, während deren wir unsere Nahuatl-Namen erhalten würden.

Ich hatte das Programm für die Woche einer meiner Schülerinnen anvertraut, Soledad. Inzwischen gab »Ehe« unserem Busfahrer genaue Anweisungen, nannte ihm den Namen des Restaurants und sagte ihm, wie man dorthin gelangt. Antonios Restaurant befand sich mitten in Mexico City, einer unendlich großen Metropole. Der Busfahrer nickte die ganze Zeit und sagte: »Oh, *sí, señor,* ich weiß genau, wo sich dieses Restaurant befindet.« Da er selbst aus Mexico City stammte, machte ich mir keine Sorgen. Ich ging davon aus, daß er wußte, wovon er sprach.

Wir wohnten allesamt in einer Frühstückspension mitten in der Stadt, wo wir jeden Morgen unsere Gesprächsrunde abhielten und dann zu unseren jeweiligen Abenteuern aufbrachen. An diesem Morgen kam der Busfahrer, um uns abzuholen, und was als schöne Fahrt begann, entwickelte sich zum reinsten Alptraum. Es wurde bald offensichtlich, daß wir im Kreis herumfuhren. Schließlich fragte ich den Busfahrer, ob er denn überhaupt wisse, wohin er uns bringen solle, und er antwortete: »Ich glaube, der Name des Restaurants ist ›Fernandos‹.« Ich erwiderte: »Aber du warst dir deiner Sache doch so sicher, als ›Ehe‹ dir gestern den Weg beschrieb.« Er meinte nur: »Mach dir keine Sorgen, wir werden es finden.«

Wir kreisten eine weitere Stunde in der Stadt herum; und es war ganz klar, daß er keinen blassen Schimmer davon hatte, wo dieses Restaurant sich denn nun befand. Ich bat ihn anzuhalten, damit wir nach der Richtung fragen konnten, doch niemand hatte je etwas vom »Fernandos« gehört. Schließlich faßte ich einen »spirituellen Plan«. Wir würden das Restaurant finden, indem wir das *cruz* machten, das Kreuz der vier Himmelsrichtungen. Wir stiegen alle aus dem Bus aus, und ich verkündete: »Wir sind hier in Mexiko, weil wir die Kraftorte der vier Himmelsrichtungen ehren wollen. Also gehen einige von euch ein paar Blocks nach Süden und fragen dort nach der Richtung zum Restaurant ›Fernandos‹.« Den anderen *comadres* gab ich die gleichen Anweisungen für die übrigen Richtungen. Wir wollten uns zu einem vereinbarten Zeitpunkt wieder am Bus treffen. Ich war sicher, daß die Ahnen uns magisch zum »Fernandos« führen würden.

Roberto, der Busfahrer, sah uns an, als ob wir einen Knall hätten, zündete sich eine Zigarette an und fläzte sich auf seinem Sitz, um der Dinge zu harren, die da kommen mochten. In diesem Augenblick war ich wirklich wütend auf ihn. Ungefähr eine halbe Stunde später kamen wir alle wieder zusammen. Doch leider hatte niemand das Restaurant gefunden. Wir konnten »Ehe« nicht anrufen und um Hilfe bitten, weil er und der ganze Stamm bereits auf dem Weg nach Oaxtepec, Morelos, war, wo die Konferenz der Akademie stattfinden und er einen Vortrag halten sollte.

Inzwischen wurden wir hungrig und ärgerlich. Meine Schülerinnen sahen, wie aufgeregt ich war, und fingen an, mir Ratschläge zu erteilen. Das war so ungefähr das letzte, was ich in diesem Augenblick gebrauchen konnte. »Vielleicht sollte es einfach nicht sein, *comadre*. Vielleicht sollten wir es aufgeben und zur Pension zurückkehren.« Aber ich war nicht bereit, jetzt schon aufzugeben, und bat sie, mich eine Weile allein zu lassen. Ich war schon immer sehr sensitiv, und ich konnte *spüren*, daß Antonio und Flor auf uns warteten und sich Sorgen machten. Ich empfand sozusagen ihre Besorgnis wegen all der Verantwortung, uns zu diesen vielen verschiedenen Orten zu bringen, und stellte mir vor, wie sie in dem Restaurant umgeben von Speisen saßen und mit den Händen rangen.

Schließlich gingen wir in einen nahegelegenen Park, um uns dort einen Imbiß und etwas zu trinken zu kaufen. Ich setzte mich allein hin und betete zum Großen Geist, um Anweisungen zu erbitten. Mir war klar, daß meine Schülerinnen sich meinetwegen schlecht fühlten und mir helfen wollten, aber ich wußte auch, ich würde entscheiden müssen, was nun zu tun sei. Ich sah ein, daß wir das Restaurant so unmöglich finden konnten. Da waren wir nun mitten in Mexiko City, umgeben von mehr als neunzehn Millionen Menschen, und hatten in jedem Block wenigstens drei Restaurants zur Auswahl. Ich erkannte die Aussichtslosigkeit, das »Fernandos« zu finden. Zu guter Letzt forderte ich Roberto auf, uns zu dem Kraftplatz des Westens zu bringen. Ich hoffte, daß wir vielleicht durch irgendeine göttliche Fügung dort auf Antonio und Flor träfen. Außerdem wußte ich, wo Chalma war. Ich stellte mir vor, daß ich, wenn wir erst dort wären, uns irgendwie auf die Spitze des Berges bekäme. Ich wollte nicht auch noch Tata Faustino enttäuschen, der ebenfalls auf uns wartete. Ich dachte, auf diese Weise kämen wir wenigstens mit *einem* unserer Führer zusammen. Und vielleicht wären die beiden anderen durch irgendein Wunder bereits dort und warteten auf uns.

Als wir wieder im Bus saßen, bat ich Soledad um unser Programm. Sie sah mich verdrießlich an und sagte: »*Maestra*, ich habe es verloren.« Ich bedachte sie mit einem vernichtenden Blick. Nichts schien an diesem Tag zu klappen.

Es gelang uns schließlich, den Kraftplatz des Westens zu erreichen, und wir hielten dort eine sehr starke Zeremonie ab. Meinen Schülerinnen fiel auf, daß es an diesem Ort keine Symbole aztekischer Spiritualität gab. Da stand eine gigantische Kathedrale, die sich hoch wie ein Erzengel über die kleine Stadt erhob, doch nichts wies darauf hin, daß dieser Ort den Azteken heilig war – außer einer kleinen Gruppe aztekischer Tänzer, die hier ebenfalls eine Zeremonie abhielten.

Inzwischen wurde es langsam dunkel, aber ich war noch immer entschlossen, nach Chalma zu fahren. Der Busfahrer sah mich ängstlich an und erinnerte mich daran, daß die Fahrt zwei Stunden dauern würde und daß es auf der Strecke keine Motels gab. Dennoch war ich entschlossen, dorthin zu gelangen. Ich sah ein öffentliches Telefon mit einem Telefonbuch, also rief ich in unserer Frühstückspension an, um mich ein letztes Mal zu erkundigen, ob Flor oder Antonio irgendwelche Nachrichten für uns hinterlassen hatten. Es waren keine da.

Inzwischen war ich bei dem Gedanken an all die Menschen, die sich über unser Verbleiben Sorgen machten, den Tränen nah. In diesem Augenblick kamen einige meiner *comadres* aus dem Bus zu mir und überredeten mich sanft und liebevoll aufzugeben. Sie sagten: »Bitte, *maestra*, du bist müde, und wir sind müde. Laß uns zu der Pension zurückfahren und sehen, was der morgige Tag bringt.« In diesem Augenblick waren sie meine Lehrer. Ich mußte tatsächlich meinen eigenen Willen aufgeben und nachgeben.

Am nächsten Morgen nach dem Frühstück beendeten wir gerade unsere Morgenzeremonie im Wohnzimmer der »Casa Gonzales«, als sich die Verandatür öffnete und eine wunderschöne, dunkelhäutige Frau mit langen Haaren und bekleidet mit einem *huipile* hereinkam. Sie sah verwirrt aus, als ob sie einen *susto* erlitten hätte. Dann sah sie die Frauen in dem Kreis und roch das Kopalharz. Sie rief: »Elena? Elena?« Ich trat aus dem Kreis und schloß Flor in die Arme. Sie brach in Tränen aus.

»Ach, wir haben uns solche Sorgen um euch gemacht. Wir haben gestern Stunden und Stunden gewartet. Ich habe so lange gebraucht, um euch zu finden. Ich wußte, daß ihr in der ›Casa Gonzales‹ untergekommen wart, aber ich konnte es im Telefonbuch nicht finden. Schließlich ging ich auf der Suche danach die Straße hinauf und hinunter, bis mir schließlich jemand sagte, wo es ist.«

Das war eine großartige Lektion für meine Schülerinnen. Nun konnten sie sehen, wie sehr diese Menschen um unseretwillen gelitten und uns vierundzwanzig Stunden lang gesucht hatten, weil sie sich so sehr verantwortlich für uns fühlten. Alle Beteiligten konnten viel aus der Situation gewinnen. Flor rief Antonio an und forderte ihn auf, all das Essen einzupacken. Wir fuhren zu dem Restaurant, holten ihn ab und fuhren dann alle gemeinsam nach Chalma.

Wegen der Höhe, des langen, schweren Aufstiegs, mancher körperlicher Probleme, die einige der *comadres* hatten, und der Tatsache, daß wir all das Essen tragen mußten, war es schwierig für mehrere der Frauen, den Berg hinaufzuklettern. Doch wir halfen einander. Als wir jedoch oben ankamen, war es bereits dunkel. Tata Faustino ging anderen Verpflichtungen nach, so daß er uns nicht begrüßen konnte, aber er hatte zwei seiner Helfer gebeten, auf uns zu warten.

Wir bereiteten unsere Mahlzeit im Mondlicht zu und bauten unsere Betten auf dem Heuboden des Stalls. Auf dem Berg wurde es nachts sehr kalt, und wir besaßen nicht genug Schlafsäcke, also schliefen wir schließlich überhaupt nicht. Das war für viele meiner Schülerinnen eine schwierige Erfahrung, doch sie lernten daraus. Später kamen einige von ihnen zu mir und sagten: »*Maestra*, nun begreifen wir, was du all die Jahre durchgemacht hast. Wir verstehen jetzt, wie viele Nächte du gelitten und was du im Laufe der Jahre getan haben mußt, um lernen und uns nun an dieser Heilkunst teilhaben lassen zu können.« Es war eine wunderbare Erfahrung, bei der wir viel miteinander weinten.

Wir brauchten lange Zeit, um von dem Berg wieder herunterzukommen, und natürlich hatten wir keine Zeit mehr, um uns zu waschen, aber wir alle fühlten uns durch den Abstieg stark miteinander verbunden. Natürlich mußte ich trotzdem meinen Vortrag halten, und es war noch eine Fahrt von zwei Stunden nach Oaxtepec. Wir kamen sehr spät an, und inzwischen machte sich der ganze Kongreß Sorgen um uns. Als wir schließlich eintrafen, war Dr. Hutterer völlig in Aufruhr: »Wo wart ihr?!« rief er. Er hatte das Programm umgestellt, so daß ich meinen Vortrag direkt vor dem Mittagessen würde halten können, aber inzwischen war es bereits erheblich später. Das ganze Publikum stand kurz davor einzuschlafen und war äußerst lethargisch. Ich weckte sie jedoch alle wieder auf und brachte sie mit meinem Vortrag über *envídia* zum Lachen.

Danach fuhren wir alle nach Cocoyoc, einer Stadt voller Gärten und heißer Quellen, in die sich die aztekischen Könige zur Entspannung begaben. »Ehe« hatte eine einzigartige Zeremonie für uns arrangiert, in deren Verlauf wir unsere Nahuatl-Namen erhalten sollten. Begleitet von aztekischen Tänzern, von Trommeln und Flöten, marschierten wir in einer Prozession an einen unglaublich schönen Ort. Alle waren in strahlende Farben, in ihre zeremonielle Kleidung mit Kopfschmuck gehüllt.

Weil ich für meinen Vortrag vor dem Kongreß wenigstens halbwegs »vernünftig« aussehen wollte, hatte ich im Bus meine durchgeschwitzte Unterwäsche gewechselt und eine Strumpfhose unter meinem langen engen Rock angezogen. Als wir nun im Kreis Aufstellung nahmen, bedeutete mir »Ehe«, ich solle meine Strumpfhose ausziehen, damit meine Füße die Erde direkt berührten. Ich muß wohl kaum sagen, daß ich mir große Sorgen machte, wie ich das einigermaßen würdevoll bewerkstelligen sollte, ohne allen Anwesenden meinen nackten Hintern zu zeigen, aber irgendwie gelang es mir. Manche Dinge sind eben nicht verhandelbar, und eine Strumpfhose zwischen meinen Füßen und der Mutter Erde gehörte dazu.

Die Zeremonie war außergewöhnlich schön. »Ehe« verlieh jeder von uns ihren Nahuatl-Namen und berührte dann mit einem besonders geschmückten Stab unsere Hände und Füße. Er nannte mehrmals unsere Namen, damit sie sich in unsere Körper »eingruben«. Ich hatte wie gesagt bereits den ersten Teil meines Nahuatl-Namens erhalten, Xochitl, was »Blume« bedeutet. An diesem Tag verlieh »Ehe« mir den zweiten Teil meines Namens, Xochitlwetzkapahtli, »Blume, die Heilung durch Lachen bringt«. Während all der Zeit, die wir einander kannten, beobachtete er meine Seele und erkundete das, was die Azteken als mein »wahres Gesicht und Herz« bezeichnen. Der Name, den er für mich wählte, spiegelte das wider. Er erklärte mir unter anderem dazu, dieser Name bedeute für mich sehr viel Verantwortung. Er warnte mich, daß die Gemeinschaft mir den Namen wieder wegnehmen könnte, wenn ich meine Verantwortungen nicht respektierte. Er hängte jedem von uns ein Medizinhalsband um, auf dem die Symbole für unsere Namen eingeritzt waren. Meine Schülerinnen waren gerührt, weil sich jemand die Mühe gemacht hatte, für sie eine so unglaubliche Zeremonie zu arrangieren.

Was für eine Lektion dieser Tag doch gewesen war! Und wie passend, daß in meinem Namen auch der Begriff »Lachen« enthalten war! Ich hatte all die verrückten Erfahrungen der vergangenen zwei Tage durchmachen müssen, nur um zu erfahren, daß ich die Leute nicht nur zum Lachen bringen mußte, sondern auch lernen sollte, über mich selbst zu lachen. Diese Zeremonie der Namensgebung war für mich auch eine Seelenrückführung. Als er Xochitlwetzkapahtli zeremoniell in meine Hände und Füße »klopfte«, blitzten all meine übrigen Namen in meinem Verstand auf: Ada, Elenita, Helen, Elena. Wir erhalten unseren ersten Namen durch den aztekischen Kalender, aber nur ein Lehrer kann uns unseren vollständigen verleihen.

Es war eine Woche angefüllt mit unglaublichen Erfahrungen gewesen, und meinen *comadres* und mir kam es so vor, als hätten wir uns ein Leben lang dort aufgehalten. Für viele von uns war es schwer, wieder zurück in den Alltag zu finden, nachdem wir soviel Magie gesehen und an so vielen Segnungen mit einer so freundlichen und liebevollen Gemeinschaft von Menschen teilgenommen hatten.

Das Geschenk des Adlers

Vor einiger Zeit machten meine Schülerinnen und ich eine weitere unglaubliche gemeinsame Erfahrung, und zwar auf dem heiligen Berg Pascual Abaj, der außerhalb von Chichicastenango liegt und als einer der heiligsten Orte in Guatemala gilt. Mehrere Monate lang hatten Dr. Hutterer und seine Frau Rachel sich um einen verletzten Adler gekümmert. Dieser warf einige Federn ab, und Rachel fragte mich damals, ob meine Schüler bereit seien, ihre Adlerfedern zu empfangen. Seinerzeit hatte ich nein gesagt, aber jetzt, als wir unsere Reise nach Guatemala vorbereiteten, erklärte ich Rachel, daß die Zeit für mich gekommen war, meinen Lehrlingen ihre Federn zu geben. Adlerfedern sind ein ganz besonderes Werkzeug für uns, denn sie werden als heilig betrachtet. Eine Adlerfeder wird einem Heiler von einem anderen Heiler oder einem Ältesten gegeben, wenn man meint, der Empfänger sei dafür ausreichend vorbereitet. Es ist eine große Ehre, eine Adlerfeder zu erhalten. Meine Schülerinnen hatten soeben das erste Jahr ihrer Ausbildung abgeschlossen und waren nun bereit. Von großer Bedeutung war für mich außerdem, daß die Federn von einem Adler stammten, der vollständig geheilt wurde und schließlich fortflog.

Ehekateotl bat einen Lakota- und einen Medizinmann aus Ecuador, ihm bei der Zeremonie zu helfen. Viele der Teilnehmer am Kongreß für traditionelle Medizin, der in diesem Jahr in Quetzaltenango abgehalten wurde, stiegen mit uns auf den

Berg. Zu dem Zeitpunkt hatten meine Schülerinnen noch keine Ahnung, daß sie ihre Adlerfedern erhalten würden. Sie wußten lediglich etwas von »irgendeiner Zeremonie«, die wir ihnen zu Ehren planten. Später erfuhr ich, einige von ihnen hätten miteinander darüber gesprochen und selbstbewußt gesagt: »Ich weiß nicht, warum sie für uns eine besondere Zeremonie abhalten wollen. Wofür brauchen wir eine Zeremonie?« Als meine Mitautorin Joy Parker, die uns bei dieser Fahrt begleitete, das hörte, dachte sie sich: »Mein Gott, wißt ihr denn gar nicht, daß ihr mit eurer ersten Adlerfeder geehrt werden sollt...?« Doch sie sagte kein Wort zu ihnen darüber.

Auf dem Gipfel des Berges bildeten wir zwei Kreise, einen äußeren, in dem sich meine Schülerinnen befanden, und einen inneren, in dem die Ältesten und Medizinleute standen. »Ehe« rief einen der Lehrlinge nach dem anderen bei ihren Nahuatl-Namen. Ich führte sie in den inneren Kreis, wo »Ehe« einige persönlichen Worte zu ihnen sprach. Dann segneten die Medizinleute zusammen die Adlerfedern, und »Ehe« reichte sie liebevoll an die Schülerinnen weiter.

Schließlich war eine Feder übriggeblieben. »Ehe« rief mich herbei und übergab sie mir mit den Worten: »Du hast eben deine erste Generation geboren. Das ist eine große Verantwortung. Du wirst für den Rest deines Lebens verantwortlich sein für das, was sie sagen und mit dieser Medizin anfangen.« Ich fühlte mich von Dankbarkeit überwältigt und auch von dem Wissen über die gewaltigen Ausmaße dessen, was ich unternommen hatte, indem ich das, was ich selbst gelernt hatte, an eine neue Generation von Curanderas weitergegeben hatte.

Zu dem Zeitpunkt, da ich die Entscheidung zu lehren getroffen hatte, stellte ich mir das Ganze so einfach vor! Als Mensch, der im Frühling geboren wurde, der Jahreszeit des Ostens, bin ich immer voller Optimismus und großer Ideen. Das Geheimnisvolle zieht mich seit eh und je an, und ich hielt immer aus unbekannten Gründen auf das Unbekannte zu. In den ersten Jahren meiner Workshops auf der Ghost Ranch und bei meiner ersten Schülergruppe sind mir viele Fehler unterlaufen. Ich habe jedoch das Gefühl, daß ich inzwischen mehr Weisheit erwerben konnte, die mich davon abhalten wird, die Fehler der Vergangenheit zu wiederholen – wie etwa den, jemandem ein heiliges Werkzeug an die Hand zu geben, für das er noch nicht bereit ist. Ohne Zweifel werde ich jedoch neue Fehler machen, da wir uns alle immerzu in einem Lernprozeß befinden.

Auf dieser Bergspitze in Guatemala eine Adlerfeder empfangen zu dürfen war ein Gefühl, als kehrte ich zurück an den Ausgangspunkt. Ich erinnerte mich daran, wie ich jahrelang für eine Adlerfeder gebetet hatte, damals, als ich mit der Ausbildung der Heilkunst noch am Anfang stand und immerzu nach Mexiko fuhr, um dort zu lernen. Die Feder, die »Ehe« mir nun gab, war die fünfte, die ich von Medizinleuten erhalten hatte. Ich wußte, daß ich symbolisch den vollständigen Kreis zurückgelegt hatte, bei allen Himmelsrichtungen gewesen und nun bei der fünften, der Mitte, angekommen war.

Kapitel 7

Die Götter, die nicht sterben wollten – Die Zukunft der Volksmedizin

Im Jahr 1521, nachdem die Spanier Mexiko überfallen und die alte Hauptstadt Tenochtitlán zerstört hatten, erkannten die Azteken, daß ein dunkles Zeitalter für sie angebrochen war. In einer berühmten Proklamation, die nun bald fünfhundert Jahre erhalten geblieben ist, brachte Cuauhtémoc, der letzte Herrscher des Aztekenreichs, einen verzweifelten Plan hervor, um soviel wie möglich vom spirituellen und kulturellen Erbe seines Volkes zu bewahren. Er forderte seine Leute auf, ihre Ballplätze, ihre Lernstätten, ihre heiligen Tempel und ihre Kraftorte zu zerstören und alles an sich zu nehmen, was sie als Schatz, als kostbar und wichtig betrachteten: Sie sollten es tief in ihren Herzen verschließen. Mütter und Väter wurden instruiert, ihr Wissen heimlich zu bewahren und ihren Kindern zu Hause die spirituellen, philosophischen und medizinischen Lebens- und Volksweisheiten beizubringen. Auf diese Weise konnte, auch wenn sich ihre »Sonne nun im Dunkeln befand«, ein Großteil des Wissens der aztekischen Zivilisation bewahrt werden bis zu dem Tag, da die Verkündung des neuerlichen Aufgehens ihrer Sonne wahr werden würde.

Das Kommen der Konquistadoren war eine Zeit maßloser Qual, Zerstörung und großen Seelenverlusts für die mittelamerikanischen Ureinwohner. Es gibt eine Geschichte über die *tlamatinime,* die weisen Männer der Azteken, die sehr gut illustriert, wie zerstörerisch es ist, ein Volk seiner Kultur und seiner spirituellen Glaubensvorstellungen zu berauben. Nachdem all ihre Kraftorte und heiligen Stätten zerstört worden waren und die Spanier ihnen mitgeteilt hatten, daß der christliche Gott nun der einzige sein sollte, den sie anbeten durften, da wurden die *tlamatinime* von Hernán Cortés und den legendären zwölf Mönchen zu sich gerufen. »Wenn es, wie ihr sagt, zutrifft, daß unsere Götter tot sind«, so sprachen sie, »dann ist es besser, wenn ihr uns gestattet, ebenfalls zu sterben.« Doch die »Götter« – die Energiekräfte, die die Azteken verehrten – weigerten sich zu sterben; Gleiches gilt für die Medizin und die Spiritualität des Volkes. Ich selbst und viele andere, die heute auf der Welt sind und die alten Weisen achten, sind der lebendige Beweis dafür, daß viel erhalten geblieben ist.

1992, fünf Jahrhunderte nachdem Kolumbus Amerika »entdeckt« hatte, wurde ich Zeuge dessen, wie stark die Azteken jenen Kräften widerstanden, die sich um die Auslöschung ihrer Kultur bemüht hatten. In der Woche vom 12. Oktober versammelten sich amerikanische Ureinwohner jeglicher Couleur in Mexico City, um dagegen zu protestieren, daß Kolumbus für seinen Akt der Gewalt und den von ihm begonnenen Genozid Ehre widerfuhr. Vor allem demonstrierten sie auch deswegen, weil es nicht offiziell anerkannt wurde, daß in der Neuen Welt lange vor der Ankunft der Europäer bereits Völker mit reichen Kulturen und hochentwickelten Heilsystemen lebten. Das Treffen stellte die reinste Wallfahrt dar. Ureinwohner aus allen möglichen Gegenden waren anwesend; und viele aus Nord-, Süd- und Mittelamerika hatten die lange Reise sogar zu Fuß zurückgelegt. Eine Gruppe von Inuit aus Alaska verbrachte ein ganzes Jahr damit, Mexiko zu erreichen.

Ich war mit einer Gruppe aus New Mexiko ebenfalls anwesend. An unserem ersten gemeinsamen Abend hielten viele von uns Zeremonien in Teotihuancán ab, jener alten Stadt, welcher die Azteken den Namen »Ort, an dem Menschen zu Göttern wurden« gaben. Früher einmal galt Teotihuacán als eines der einflußreichsten religiösen und politischen Zentren in ganz Mittelamerika. Es war außerdem der Ort, an dem die Spanier ihre bitterste Niederlage hatten einstecken müssen, die *Noche Triste,* die »traurige Nacht«. Gekleidet in farbenfrohe Gewänder, strömten zahllose Menschen aus vielen verschiedenen Kulturen in diese ehrfurchtgebietende Stadt, die von riesigen Baudenkmälern umgeben ist, nämlich der Sonnen- und der Mondpyramide sowie dem Palast des Quetzalcoatl. Die Besucher spielten Instrumente, tanzten und hielten ihre Zeremonien ab.

Am darauffolgenden Tag kehrten wir alle ins Zentrum von Mexico City zurück, zum Zócalo, wohl eine der größten *plazas* der Welt, auch unter dem Namen »Plaza de la Constitución« bekannt. Der Zócalo ist den Azteken heilig, weil so viele Relikte ihrer Geschichte darunter begraben liegen. Die Spanier begannen mit der Planung dieses Platzes, unmittelbar nachdem sie Tenochtitlán erobert hatten. Die Hälfte dieser *plaza* wurde direkt aus dem südlichen Teil des zerstörten aztekischen Tempelbezirks, Teocalli, errichtet. Am nördlichen Ende des Zócalo befindet sich ein Gebäude, das einfach »die Kathedrale« genannt wird; es ist die größte Kirche des amerikanischen Kontinents. Diese imponierende und schöne Struktur, mit deren Bau man 1573 begann und die in ihrer jetzigen Form 1813 vollendet wurde, wird gekrönt von zwei hohen Türmen. Da sie auf einer Stelle steht, auf der sich zuvor ein ebenfalls von den Spaniern zerstörter alter Tempel befand, ist die Kathedrale auch für die Azteken heiliges Gelände.

An diesem Tag wurden viele herrliche Zeremonien mit Tanz und Gesang vor dem Gebäude abgehalten. Als sich der Zócalo mit dem Geruch von verbranntem Kopalharz füllte und Hunderte von Menschen trommelten, begann ein aztekischer Krieger die Kathedrale von außen hinaufzuklettern. Tausende Menschen beobachteten ihn und jubelten ihm mit erhobenen Gesichtern zu. Als er die Spitze des höchsten Turms erreichte, rief er: »Wir sind nicht untergegangen!« Solange ich lebe, werde ich diesen Augenblick nicht vergessen.

Wenn Sie den Inkas oder den Mayas und all den anderen eingeborenen Völkern auf dem Kontinent von Nord-, Süd- und Mittelamerika zuhören, dann werden Sie überall die gleiche Geschichte hören. Obwohl die Europäer versucht haben, die Lebensweise der Ureinwohner zu zerstören, war diese nicht auszumerzen. Weil die Götter nicht sterben wollten, starb auch die Kultur und die Medizin nicht. Das muß irgendeinen Zweck haben. Beispielsweise kann es meines Erachtens kein Zufall sein, daß eine Chicana, die in den Staaten geboren und aufgewachsen ist und einen westlichen Studienabschluß hat, dennoch die Medizin praktiziert, die von Generation zu Generation weitergegeben wurde: die Medizin meiner Vorfahren.

Die Zeit ist gekommen, da mehr und mehr einheimische Heiler ihre Medizin mitzuteilen beginnen. Der afrikanische Medizinmann Malindoma Patrice Somé wurde von seinen Ältesten aufgefordert, uns ihr Wissen in den Workshops, die er überall auf der Welt hält, und in seinen Büchern nahezubringen (siehe Seite 32). Der Schamane Martin Prechtel wurde von seinem Lehrer, der den Tzutujil-Maya angehört, in das »Land der Toten«, die Vereinigten Staaten, zurückgeschickt, um das Wissen über Zeremonie und Heilen mitzuteilen, das ihm gegeben worden war. Darüber hinaus gibt es viele andere einheimische Männer und Frauen, die vor kurzem erst von ihren Ältesten angewiesen wurden, ihre Medizin in Büchern, bei Versammlungen, in Zeremonien und Workshops weiterzugeben.

In seiner Rede, die mein Lehrer Ehekateotl 1997 vor dem Kongreß für traditionelle Medizin hielt, griff er zurück auf die Worte, die der letzte aztekische Herrscher gesprochen hatte. »Ehe« teilte uns mit, daß sein Volk glaubt, der richtige Zeitpunkt für die kulturelle Wiedergeburt sei nun endlich da. Die Zeit, in der wir mit den Kindern der Eroberer teilen würden und die Cuauhtémoc prophezeit hatte, sei nun gekommen.

»Die Azteken ließen die Spanier nicht an ihrer ›Größten Medizin‹ teilhaben, weil offensichtlich war, daß die Eroberer unsere spirituellen Vorstellungen mißverstehen würden«, sagte Ehekateotl vor dem Kongreß. »Unsere Medizin war unser großer Schatz, und wir haben sie sorgfältig behütet, weil wir wußten, daß sie sonst zerstört werden würde. Im Jahr 1521 hatte Cuauhtémoc, der letzte Herrscher des Aztekenreiches und der große Bewahrer der mündlichen Tradition, dazu aufgefordert, daß alle Schriften und alle Weisheit der alten Mexihka im Herz der Nachkommen der Azteken bewahrt werden mögen. Das Volk hat diesen Auftrag erfüllt, das Wissen bewahrt und intakt gehalten. Diese Lehren wurden vom Vater an den Sohn und von der Mutter an die Tochter weitergegeben. 468 Jahre lang, während einer Epoche der Transformation, wurde diese Tradition eifersüchtig gehütet. Doch nun initiieren wir die neue Entwicklungs- und Wachstumsperiode, in der wir die Menschen an unserem Wissen teilhaben lassen können ...«

Bei anderer Gelegenheit erzählte »Ehe« eine Geschichte von seinem Vater. Dieser wurde, »... wie alle meine Vorfahren über mehr als sechshundert Jahre hinweg, in Mexico City geboren. Es handelte sich um einen Menschen, dem unsere Tradition umfassend und tiefgreifend bewußt war. Zweiundfünfzig Jahre lang zeichnete er verantwortlich für eine Tradition namens ›Mexihko Tlaltonaltikeh‹, was ›Der eine, der den Schatten in Mexiko fängt‹, bedeutet. Aus diesem Grund durfte er in all dieser Zeit das Stadtgebiet nicht verlassen. Seine Verpflichtungen ließen dies nicht zu. Er praktizierte die Medizin auf eine wunderbare Weise, denn er erwies sich als ein Mann von großer Integrität, und er war seiner Gemeinschaft stets zu Diensten. Er unterwies die Menschen in der Entwicklung der astronomischen Wissenschaft und in der Verwendung unseres Kalenders sowie in Landwirtschaft und Handel. Er lebte in einer Epoche, welche als die letzte der Sonnenverdunklung gilt. Es war ihm nicht möglich, seinen authentischen Namen zu verwenden und nach freiem Willen seine traditionelle Kleidung zu tragen, er mußte in Anzug und Krawatte gehen. Die Tradition war verborgen [vor der Außenwelt] für mehr als 468 Jahre, und mein Vater starb, sieben Jahre bevor wir sie enthüllen konnten. Die Ahnen hatten bereits festgelegt, daß dieser Augenblick im Jahr 1989 gekommen sein würde.«

Für mich und meine Schüler, meine Klienten und meine Lebensgemeinschaft ist die Rückkehr der aztekischen Medizin und die Wiederauferstehung der Volksmedizin in der modernen Welt etwas, das jeden einzelnen Tag unseres Lebens zutiefst berührt.

Der Mann mit dem Messer

Vor nicht allzu langer Zeit wirkte sich das Bedürfnis der westlichen Kultur nach der Weisheit von Volksheilern und den Fähigkeiten derer, die alternative Medizin praktizieren, direkt und dramatisch auf mich ganz persönlich aus. Am 24. April 1998 hatte ich einen Operationstermin, um einen gutartigen Tumor von der Größe eines Golfballs an der rechten Seite meines Halses entfernen zu lassen. Er war seit über einem Jahr stetig gewachsen. Ein Hals-Nasen-Ohren-Spezialist, an den ich mich um Rat gewandt hatte, empfahl die Entfernung der Geschwulst. Ich stimmte zu, weil das Gewächs bereits anfing, mir stechende Schmerzen zu verursachen. Der Arzt teilte mir mit, daß es ein sehr einfacher Eingriff wäre, der lediglich eine Lokalanästhesie erforderlich macht und vierzig Minuten dauert. Mehr hatte er zu dem Vorgang nicht zu sagen.

Erst wenige Minuten vor Beginn der Operation wurde mir klar, daß einer der Krankenhausärzte und nicht der Spezialist selbst den Eingriff vornehmen würde. Doch ich war bereits zu betäubt, um zu protestieren. Ich erinnere mich daran, daß der

Arzt sagte: »Dieser Tumor ist sehr viel größer, als ich angenommen hatte.« Zwei Stunden später ging ich nach Hause, und ungefähr um zehn Uhr abends begann ich mir Sorgen zu machen, weil die Narkose nicht abklingen wollte. Mein rechtes Ohr, der rechtsseitige Kiefer und die rechte Seite meines Halses und Nackens fühlten sich noch immer taub an. Um Mitternacht rief ich den diensthabenden Arzt an. Er sagte unverblümt: »Die Narkose ist schon seit Stunden abgeklungen. Die müssen bei der Operation einen Nerv durchtrennt haben. Das Gefühl in Gesicht und Hals kann irgendwann einmal zurückkommen oder auch nicht.«

Es fiel mir schwer, in dieser Nacht zu schlafen, denn ich mußte dauernd darüber nachdenken, wie es wohl sein würde, den Rest meines Lebens kein Gefühl mehr auf dieser Seite meines Gesichts und meines Halses zu haben. Würde ich meine Enkel bitten müssen, mich nur noch auf die linke Seite zu küssen, und meinem Liebsten erklären, daß seine Berührungen auf dieser Seite mein Herz nicht erreichen können? Jedesmal wenn ich mich auf die rechte Seite drehte, die mir die liebste Schlafposition ist, kam es mir vor, als bohre sich irgendein Fremdkörper in mein Gesicht. Diese Wahrnehmung erschreckte mich, bis mir klarwurde, daß es sich bei dem Fremdkörper um mein eigenes Ohr handelte. Mein Gehirn sagte mir, mein Ohr sei ein Fremdkörper.

Sechs Tage danach kehrte ich in die Praxis zurück, um die Fäden ziehen zu lassen. Als der Arzt Luft holte und mich fragte, wie es mir gehe, brach ich in Tränen aus und sagte: »Ich kann diese Seite meines Gesichts nicht mehr spüren. Ist der Nerv durchtrennt? Wird das so bleiben?«

Dieser Arzt ging sofort in die Defensive. Er sagte: »Ich kann nicht wirklich vorhersagen, was geschehen wird. Ich weiß nicht, ob das Taubheitsgefühl vorübergehend oder bleibend ist. Es dauert sehr lange, bis Nerven ihre Funktion zurückerlangen. Vielleicht dauert es Monate, oder es geschieht nie. Wenn nach anderthalb Jahren das Gefühl noch immer nicht zurückgekehrt ist, dann fange ich an, mir Sorgen zu machen.« Diese Aussage erfüllte mich mit unbeschreiblicher Traurigkeit. Ich dachte: »Dieser Arzt braucht anderthalb Jahre, bis es ihn berührt, was er mir mit seinem Messer angetan hat?« Ich fragte mich außerdem: »Ist das die Art Medizin, die wir uns für uns selbst, für unsere Familien, für unsere Alten und unsere Kinder wünschen? Können wir es nicht besser machen?«

Zum Glück kenne ich eine Medizin, die mehr vermag als jene, und ich wußte, wohin ich mich wenden mußte, um die Hilfe zu erhalten, die ich wirklich brauchte. Ich suchte meinen mexikanischen Akupunkteur Olivario Pijoan auf, und er behandelte mich liebevoll und aufmerksam. Er nahm ein Anatomiebuch aus dem Schrank, setzte sich neben mich und zeigte mir die Nevenbahnen, die möglicherweise verletzt oder zerstört worden waren. Er beruhigte mich außerdem, indem er sagte, daß es ihm in der Vergangenheit immer wieder gelungen war, den von Ärzten angerichteten Schaden wiedergutzumachen. Am wichtigsten war jedoch seine Zuversicht, daß es durch die gemeinsame Arbeit bestimmt möglich sein würde, das Gefühl in meinem Gesicht wiederherzustellen. Nach seiner gründlichen Behandlung erhielt ich eine liebevolle Massage von dem Massagetherapeuten in seiner Praxis.

Eine der heilsamsten Erfahrungen für mich kam jedoch, als *Yerba-buena*-Worte über E-Mail von meiner lieben Freundin Kaiya bei mir eintrafen. *Yerba buena* ist ein Begriff, den Chicanos auch verwenden, wenn sie eine von der Großmutter, Mutter oder dem Heiler liebevoll verabreichte Medizin meinen. Mir wurden schon früher wunderschöne Dinge in Briefen und E-Mails gesagt, doch zum ersten Mal wurde ich derart kraftvoll zu der Erkenntnis geführt, daß ich selbst in mir die Kraft habe, meine eigene Medizin »zu sein« und meine Heilung herbeizuführen. Kaiyas liebevolle, heilsame Worte führten mich nach innen, veranlaßten mich, eine Seelenrückführung zu machen und all die Teile meiner selbst zurückzurufen, die sich im Verlauf dieser schrecklichen Erfahrung versteckt hatten. Ich will hier einiges vom Inhalt ihres bemerkenswerten Briefs mit Ihnen teilen:

»Elena, ich bin so froh, daß Du Akupunktur und Massage für Dein Gesicht und Deinen Hals erhalten hast. Aber ich fordere Dich noch einmal dazu auf, die Worte des Arztes, der Dir das Messer an den Hals gesetzt hat, zusammen mit vielen anderen solchen Erfahrungen auf den Komposthaufen zu tun. Ich glaube nämlich, daß Deine medizinische Ausbildung Dich viel zu anfällig für ärztliche Autoritäten gemacht hat. Du hast seine Worte ›Monate oder nie‹ aufgenommen, als seien sie unumstößliche Wahrheiten ... In Wirklichkeit ist es ja so, daß [er und sein Assistenzarzt] gar nicht genau wissen, was sie eigentlich getan haben, und sie haben auch keinen Schimmer davon, wie sie es reparieren sollen oder ob es vielleicht sogar von selbst heilt.

Hier kommt Dein selektives Zuhören ins Spiel. Der Körper sucht die Wahrheit. Der Körper will sich wie Wasser, das durch ein ausgetrocknetes Bachbett fließt, mit seinen beschädigten Teilen wiedervereinigen. Deine Rolle im Inneren dieses Körpers ist es, dem rauschenden Wasser zuzuhören und die Felsen der Angst und das Geröll Deiner negativen Einstellung zu Ärzten und ihrer unpersönlichen Art aus dem Weg zu räumen, indem Du die energetischen Muster entspannst und damit Deinen Nerven die Gelegenheit gibst, Schuß- und Kettfäden ihres Netzes wieder zusammenzuflicken. Je mehr Streß und Angst [Du fühlst], desto schwerer machst Du es den natürlichen Energien zu fließen.

Meine liebe Schwester, werde zum Wind, und blas den Streß zu den Staubwirbeln in die Wüste fort. Komm zu dem Ozean, der einmal den Wüstenboden liebkoste. Möge das Wasser Dich zum Schweiß, zu Kräuterbädern und zu den heilenden heißen Quellen führen. Küsse das Feuer mit dem süßen Duft von Kopalharz, Salbei, Zeder und all dem, was Du für die *limpia* brauchst. Möge der Rauch deinen Schmerz, Deine Angst und Furcht als Signal zu Deinen Ahnen tragen, damit sie erfahren, daß Du ihre Unterstützung benötigst. Und lege Dich auf die Erde, meine Elena. Bedecke Dich mit Erde, spüre die Macht der Mutter in den Fasern unter Deinen Füßen und der Pflanzen, mit denen Du Dich umgibst. Spüre sie als die Spinnenfrau, die das notwendige Netz neu erschafft, das durch eine kleine Verletzung lediglich geschädigt wurde. Vielleicht ist dies eine Zeit des Ablassens, erforderlich, um den energetischen Abfall, der im Zusammenhang mit der Entstehung Deines Tumors steht, aus Deinem Körper zu führen. Möge er zu kosmischem Staub werden, Elena. Laß zu, daß sich Dein authentisches Selbst wieder mit Deinem Lächeln verbindet, nicht mit Deiner Lähmung, dem gefühllosen Schutz des heimgesuchten Ichs. Du bist nun dabei, den Menschen zu erschaffen, der Du wirklich bist – der Künstler ist bei der Arbeit.

Audre Lorde spricht in ihrem *Krebstagebuch* [Berlin 1994] von dieser lähmenden Angst: Wir seien so sozialisiert, daß wir Angst mehr respektierten als unser eigenes Bedürfnis nach Sprache und Definition. Und während wir still auf diesen endgültigen Luxus der Furchtlosigkeit warteten, erdrücke uns die Last dieser Stille.

Sing es heraus. Tanz es heraus, *mi compañera, mi hermana curandera.* Wir sind diejenigen, auf die wir gewartet haben. Setz Deine Stimme frei, bewege Deinen steifen Hals mit der sich beugenden Weide, die das Wasser des Lebens sucht. Wisse, daß der Kreis niemals endet und daß wir alle eins sind. *En paz, salud y amor, siempre,* Kaiya.«

Während ich den Brief las, der treffenderweise gerade in dem Augenblick ankam, als ich am letzten Kapitel dieses Buches schrieb, erkannte ich, daß für mich wohl die Zeit gekommen war, um mich noch weiter von der westlichen Medizin zu entfernen. Im Rückblick realisierte ich, daß ich einen Teil meiner medizinischen Ausbildung »entlernen« mußte, um etwas von meinem unbegründeten Respekt in Gegenwart der vermeintlich allmächtigen westlichen Ärzte zu verlieren. Ich hatte mich möglicherweise zu rasch dem Messer ausgeliefert. Vielleicht wäre es besser gewesen, zunächst alternative Heiler aufzusuchen, die mir geholfen hätten, den Tumor wieder kleiner werden zu lassen oder zumindest den Grund herauszufinden, warum mein Körper diese Geschwulst hervorbrachte. Als ich den Arzt fragte, was diese Gewächse in meinem Körper entstehen ließ, antwortete er mir lediglich, er habe keine Ahnung ... Und das war bereits der dritte Tumor, den sie bei mir feststellten, und die letzten beiden hatten sich im Laufe nur eines Jahres gezeigt.

Es gibt auch im System der westlichen Medizin zahlreiche Ärzte, die liebevoll sind und die sich Zeit für ihre Patienten nehmen. Die Schulmedizin hat ebenso unbestreitbar große Vorzüge, vor allem natürlich bei der Notfallmedizin. Ich verlange nicht, daß wir all dies über Bord werfen. Ich bin allerdings der Meinung, wir sollten dieses moderne medizinische System, das wir geschaffen haben, immer wieder gründlich überprüfen, seine Stärken und Schwächen analysieren und dann feststellen, welche Alternativen sich uns bieten. Noch wichtiger ist, daß wir prüfen, wie bereitwillig wir – wie ich es selber getan habe – die Verantwortung Ärzten überlassen wollen, ohne zuvor die anderen Möglichkeiten gründlich zu erforschen.

Wie die moderne Medizin alternative Medizin sieht

Es ist merkwürdig, daß ich als Curandera zwar bereit bin, die westliche Medizin als Ergänzung meiner eigenen hinzuzuziehen, daß aber Schulmediziner alternative Heilmethoden oder die Volksmedizin meistens als unwissenschaftlich oder unorthodox abqualifizieren. Obgleich alternative Therapien seit Hunderten von Jahren erfolgreich und weit verbreitet in der Behandlung und Diagnose von Krankheiten zur Anwendung gekommen sind, steht das wissenschaftlich orientierte medizinische Establishment ihnen skeptisch gegenüber oder lehnt ihren Einsatz unumwunden ab. Manche Ärzte stellen sogar den Wert von Heilkräutern wie Echinacea und Johanniskraut in Frage, deren Wirksamkeit in wissenschaftlichen Versuchen inzwischen abschließend bewiesen wurde.

In diesem Buch habe ich die Frage gestellt, wie konventionelle Medizin und Curanderismo zusammen an einem Strang ziehen könnten. Die Wahrheit ist, daß diese einander ergänzende Partnerschaft nur dann zustande kommen kann, wenn der moderne Arzt die Fähigkeit entwickelt, der Volksheilkunde aufrichtigen Respekt entgegenzubringen, und sich für ihre Heilungsmodalitäten ernsthaft interessiert. Trotz eines wachsenden Interesses in breiten Bevölkerungsschichten wollen die meisten Mediziner kein Gesundheitssystem in ihr Behandlungsschema integrieren, das sich nicht durch eine lineare, wissenschaftliche Herangehensweise definieren läßt. Während ich viele meiner Klienten an Ärzte überweise und/oder mich zur Zusammenarbeit mit ihnen bereithalte, höre ich nur selten von einem Arzt, der daran interessiert wäre, mit mir gemeinsam der Gesundheit eines Patienten zu dienen.

Ein entscheidendes Hindernis bei der Zusammenarbeit von Ärzten und Volks- oder alternativen Heilern ist die Vorstellung der modernen Mediziner, daß Krankheiten durch spezifische oder durch nichtspezifische (wie etwa emotionale und Seelen-) Faktoren verursacht werden. Wenn man zum Beispiel einen Schulmediziner fragt, was das Entstehen eines Magengeschwürs verursacht, so wird er etwa sagen, es handle sich um ein Zusammenkommen von chronischer Gastritis mit anderen Faktoren und versuchen, dies mit säurereduzierenden Mitteln und ähnlichem zu kurieren. Der Auffassung vieler Ärzte zufolge ist eine ganzheitliche Herangehensweise, die Aspekte wie Ernährung, Gefühle, Spiritualität und Persönlichkeitsarbeit einschließt, Zeit- und Geldverschwendung und verzögert nur die rasche Heilung, die die schnellwirkenden chemischen Medikamente versprechen. Natürlich gibt es auch Patienten, die eine ganzheitliche Herangehensweise ablehnen. Sie wollen nur das Mittel gegen ihre Magengeschwüre, und ihre Wünsche sollten respektiert werden. Sie haben das Glück, über ein medizinisches System zu verfügen, das ihre Wünsche unterstützt. »Schnelle Heilung«, Fall erledigt ...

Doch wenn wir einmal in die Praxis gehen und betrachten, wie zum Beispiel Magengeschwüre in der modernen Gesundheitsfürsorge behandelt werden, dann erkennen wir, daß der Prozeß dann doch sehr viel weniger effizient und zeitaufwendiger ist, als immer angenommen wird. Ich habe erfahren, daß die meisten meiner Patienten erst einmal warten mußten, bis sie einen Termin bei ihrem Hausarzt bekommen. Da die Gesundheitsbehörden zum Sparen anhalten, verschrieb der Arzt vorerst ein säurereduzierendes Medikament (Antazidum), bevor er irgendwelche teuren Tests anordnete. Während die Patienten darauf warteten, daß das Medikament anschlägt, fühlten sie sich schlecht, und ihr Energiepegel sank. Sie hatten keine Freude mehr am Essen, schliefen schlecht und stritten sich mit ihrem Partner, weil sie sich schlecht fühlten, übellaunig waren und nicht so oft wie früher Lust auf Sex hatten.

Der weitere tpyische Verlauf, wie er sich ähnlich auch in vielen industrialisierten Ländern außerhalb der USA ereignen könnte, sieht dann etwa so aus: Zwei Monate später geht der Patient, noch immer mit starken Magenschmerzen, wieder zu seinem Arzt, der ihn diesmal röntgen läßt, eine Magenspiegelung und einen Bariumeinlauf verordnet. Der Arzt diagnostiziert ein Magengeschwür, verweist den Patienten jedoch zur Weiterbehandlung an einen Internisten. Der Patient wartet wieder auf seinen Termin bei diesem Spezialisten. Inzwischen wirkt sich seine Krankheit im Hinblick auf sein Privat- und Berufsleben in zunehmendem Maße ungünstig aus. Falls der Patient negativ auf die Medikamente reagiert, dann wird er ein zweites Medikament erhalten, um die Nebenwirkungen zu bekämpfen. Handelt es sich um eine Patientin, so könnte sie durch die Arzneien vielleicht eine Vaginalinfektion bekommen, die wiederum mit einer Creme oder mit Zäpfchen behandelt werden müßte – und so weiter.

Die Gefühle oder der Seelenverlust, den ein blutendes Magengeschwür bei einem Menschen hervorruft, oder der Streß beziehungsweise die emotionalen Probleme, die es vielleicht überhaupt erst verursacht haben, finden in der Behandlung meist keinerlei Berücksichtigung – es sei denn, der Patient beklagt sich über Depressionen, was den Arzt womöglich dazu veranlassen wird, ihm ein Rezept für Psychopharmaka zu geben. Sollte das Antidepressivum die Libido des Patienten beeinträchtigen oder ihn müde machen, so erhält er ein weiteres Medikament, das diese neuerlichen Nebenwirkungen verringern wird und das er zusammen mit dem Antidepressivum einnehmen kann ...

Es gibt einen alten Witz, der viel darüber aussagt, wo wir mit unserer gegenwärtigen Gesundheitsfürsorge gelandet sind: Petrus steht am Himmelstor, als drei Ärzte zu ihm treten. Er fragt den ersten: »Was hast du geleistet, um dir Zutritt zum Himmel zu verschaffen?«

Der Arzt antwortet: »Ich bin Herzspezialist und habe Hunderte Leben gerettet.«

Petrus spricht: »Das ist wunderbar. Du darfst in den Himmel.«

Der zweite Arzt erklärt: »Ich habe Tausenden gesunder Babys auf die Welt geholfen.«

Und Petrus freut sich: »Großartig, du darfst ebenfalls in den Himmel.«

Schließlich ist der letzte Arzt an der Reihe, und Petrus will wissen: »Und du, was hast du getan, um in den Himmel zu kommen?«

Der Arzt sagt: »Ich habe für die Verwaltung einer Gesundheitsorganisation gearbeitet und ihr geholfen, Millionen Dollar zu sparen.«

Petrus antwortet: »Komm rein. Du kannst drei Tage bleiben.«

Die Zusammenarbeit mit heiliger Medizin

Im Laufe der Jahre habe ich auf Vortragsreisen durch Mexiko und die Vereinigten Staaten einige Ärzte kennengelernt, die eine außergewöhnliche Vision davon haben, wie wir das Beste von moderner und alter Medizin miteinander verbinden können. Eine dieser herausragenden Persönlichkeiten heißt Dr. Oscar Hutterer Ariza. Er ist seit achtundzwanzig Jahren Arzt und auf Dermatologie und Psychiatrie spezialisiert. Dr. Hutterer lehrt als Medizinprofessor an der Universität in Mexico City Psychologie, und er hält Vorlesungen über die Geschichte und Philosophie der Medizin von Hippokrates bis heute.

Er wurde 1941 in Mexico City als Kind eines deutschen Vaters und einer mexikanischen Mutter aus Veracruz geboren und verbrachte einen Großteil seines Lebens unter den Einheimischen des mittelamerikanischen Staates. Weil er schon als Kind einen inneren Drang verspürte, sich »nützlich zu machen«, fühlte er sich bereits in sehr jungen Jahren von der Medizin angezogen. Sein lebenslanges Interesse an der Volksmedizin begann in der Kindheit, unter anderem deshalb, weil seine Mutter, die viele Heilmittel aus der Homöopathie kannte, sich oft von Curanderos beraten ließ. Er erhielt *limpias* mit dem Heilkraut *pirul* und wurde außerdem von Trancemedien behandelt.

Als er jedoch an der Universität studierte, redete man ihm

ein, Volksmedizin sei Aberglaube. »Man brachte mir als Arzt bei, die Patienten zu beschimpfen, die an die Wirksamkeit von Volksheilmitteln und an den Curanderismo glaubten. Ich lernte, daß diese Medizin nur für unwissende Menschen etwas tauge und daß wir als Ärzte diesen Praktiken ein Ende zu setzen hätten. Wenn ich mit Patienten sprach, die glaubten, daß ihr Kind unter *mal ojo* litt, dann widersprach ich ihnen. ›Sei kein *burro*‹, sagte ich. Dabei war ich der *burro*, der Esel. Ich war der Unwissende. Doch obgleich man mir beigebracht hatte, so zu denken, habe ich mich immer für die ortstypischen Heilmethoden interessiert.«

Im Laufe der Zeit entdeckte Dr. Hutterer den Wert der Heilkunst seiner Kindheit und seines Pueblos neu. »Meine Universitätsausbildung war begrenzt, konzentrierte sich vor allem auf Pharmakologie. Diese Art Lehre erschwert eine gleichberechtigte Beziehung mit den Patienten. Sie gestattet es Ärzten nicht, Krankheit aus der Perspektive der Gemeinschaft zu sehen, und noch viel weniger, Patienten zu zeigen, wie sie wirklich geheilt werden können. Den Menschen wird ein medizinisches System oktroyiert, das ihrem Wesen völlig fremd ist. Unsere Fürsorge geschieht fragmentiert. Darin liegt der Grund, warum unsere Patienten nicht genesen. Ich erkannte sehr früh in meiner Laufbahn, daß meine Ausbildung für die Versorgung der Krankheiten in meinem Pueblo nichts taugte. Ich hatte gelernt, die Institutionen zu bereichern, die vom Schmerz der Menschen leben. Damit meine ich die Labors, die Pharmaindustrie, die Krankenhäuser und so fort.

Im Jahr 1978 gründete ich mit einer Gruppe Ärzten und anderen, die mit der westlichen Medizin unzufrieden waren, die Academia Mexicana de Medicina Tradicional. Wir alle wollten den Pueblos bessere Dienste leisten. Manche meiner Kritiker lachten mich aus und sagten, ich mache Rück- statt Fortschritte. Aber ich wußte es besser. Als ich mich noch in der Ausbildung befand, war ich beispielsweise zum ersten Mal bei einer

Entbindung in der Klinik zugegen und mußte mit ansehen, wie schmerzhaft die Prozedur für die Frau war. Sie lag auf dem Rücken und arbeitete der Erdanziehung fast entgegen. Ich sah Mütter mit zerrissenen Uteri, Scheidenverletzungen und vielerlei Komplikationen. Ich erinnerte mich daran, wie es hingegen aussah, wenn einheimische Frauen auf traditionelle Weise gebären, und erkannte, daß sie über eine überlegene Methode verfügten. Mir fiel auf, daß ich meine Patienten von einem Leiden kurierte und ihnen dafür ein anderes verpaßte, meist hervorgerufen durch die Nebenwirkungen der Medikamente, die ich ihnen verschrieb. Ich beobachtete, wie Curanderos Krankheiten behandelten, und stellte fest, daß die *limpias,* Heilkräuter und homöopathischen Mittel ebenso Heilerfolge zeitigten, dabei aber geringere Komplikationen und seltener sekundäre Krankheiten hervorriefen. Ich sah ein, daß meine Ausbildung ihre Grenzen hatte und daß ich andere Methoden des Heilens kennenlernen mußte. Ich fing an, den Curanderismo in die westliche Medizin einzubringen.«

Es kam die Zeit, da wollte Dr. Hutterer sich mit anderen austauschen, die ebenfalls traditionelle Heilweisen praktizierten. Also bat er die Academia Mexicana, einen internationalen Kongreß über traditionelle und Volksmedizin zu unterstützen. Dieser Kongreß hat sich mittlerweile als äußerst erfolgreich erwiesen und findet inzwischen jährlich statt. An den Veranstaltungen nehmen Tausende Menschen aktiv und als Beobachter teil, die alle das Interesse an traditionellen Heilweisen gemeinsam haben. Ein Großteil der Identitfizierung, chemischen Analyse und Erforschung der Wirkweise von Heilkräutern in Mexiko und Lateinamerika wird nun von den Teilnehmern dieses internationalen Kongresses vorgenommen. Die Redner kommen aus dreißig verschiedenen Ländern und aus den unterschiedlichsten Bereichen, unter anderem aus der Anthropologie, Ethnologie, Ökologie und aus einem breiten Spektrum von Spezialgebieten der Gesundheitsfürsorge, darunter auch aus dem Curanderismo. Dieser interdisziplinäre Ansatz bei der Erforschung traditioneller Heilkunst ist in seiner Bandbreite einzigartig und fördert ein besseres Verständnis dessen, was die einzelnen Disziplinen zu der Erforschung traditioneller Auffassungen von Gesundheitsfürsorge beitragen können. Der Kongreß hat bisher über zehn internationale und mehrere nationale Versammlungen organisiert.

Obwohl die Curanderos in Mexiko zahlenmäßig stärker als irgendwo sonst in Lateinamerika vertreten sind, hat Dr. Hutterer erkannt, daß Länder wie Peru, Bolivien, Indien und China über eine höherentwickelte traditionelle Medizin verfügen. Außerdem besaßen die Curanderos in Mexiko bisher keine anerkannte gemeinsame Stimme oder einen Ort, an dem sie sich regelmäßig untereinander austauschen konnten. Mit Hilfe der Academia Mexicana hat Dr. Hutterer viele Volksheiler aus seinem eigenen Land wie auch aus der ganzen Welt zusammengeführt. »Wir müssen lernen, den Curandero zu respektieren und als Kollegen anzuerkennen. Es ist unbedingt notwendig, daß wir von ihm lernen. Ärzte wissen sehr wenig über Volksmedizin. Außerdem mußte ich feststellen, daß meine Ausbildung nicht auf die Menschen ausgerichtet ist, denen ich dienen will. Westliche Ärzte befinden sich im Irrtum, wenn sie sich ausschließlich auf das ›Vorwärtskommen‹ konzentrieren und die Ahnen außer acht lassen. Ich habe inzwischen begriffen, daß die westliche Medizin ein System ist, das auf einem technologischen Markt basiert, der einige wenige bevorzugt. Die Armen, mit denen ich zu tun habe, können sich dieses System nicht leisten.«

Als ich Dr. Hutterer fragte, warum er nicht Curandero werden wolle, sagte er: »Aber ich *bin* Curandero. Ein Curandero ist ein Heiler, der die Berufung hat und den *don.*« Als ich von ihm wissen wollte, wie er sich den Curanderismo der Zukunft vorstelle, war seine Antwort ermutigend: »Meine Vision besagt, daß alle medizinischen Systeme miteinander zu einem verschmelzen und daß viele Heilverfahren als ergänzende Medizin fortbestehen. Meine Zukunft als Arzt sollte so aussehen, daß ich die Krankheiten im Pueblo mit einem Curandero an meiner Seite heile. Ich möchte Hand in Hand mit Technikern, traditionellen Heilern und Wissenschaftlern arbeiten.«

Vor einigen Jahren hat Dr. Hutterer eine internationale Auszeichnung ins Leben gerufen, die Praktikern, Forschern und anderen, die sich um die Förderung von traditioneller und Volksmedizin verdient gemacht haben, zuerkannt wird. Seit 1991 ist die Martin-de-la-Cruz-Medaille weltweit mehr als vierzig Personen zuerkannt worden. Martin de la Cruz war ein aztekischer Arzt, der als erster ein Buch über die Verwendung von Heilkräutern bei den Azteken schrieb und ins Kastilische übersetzte. Dr. Eliseo Torres, Ehekateotl, Andres Segura und ich, wir alle haben diese angesehene Medaille bereits erhalten.

Tieraona Low Dog: Doktor und Kräuterkundige

Obwohl Dr. Tieraona Low Dog keine Curandera ist, gehört sie dennoch zu jener neuen Art medizinischer Fachkräfte, die Universitätsabschlüsse haben und trotzdem die mit ihrer Herkunft eng verbundene Volksheilkunde anwenden. Als Dr. Low Dog im Standing-Rock-Reservat in South Dakota aufwuchs, dachte sie, überall behandle man Krankheiten mit Heilkräutern. Indem sie den Medizinleuten bei der Arbeit zusah, lernte sie schon als Kind, daß viele Erkrankungen ihren Ursprung in Traurigkeit und Seelenschmerz haben, die ihr Lakota-Stamm als »Geist-Krankheit« bezeichnet, und daß ein gesunder Körper auf dem Gleichgewicht von Seele und Geist beruht. Dr. Low Dog sagt: »Die westlichen Ärzte beschränken sich in der Regel darauf, den Körper heilen zu wollen. Sie schenken der Seele nicht viel Aufmerksamkeit. Und das ist traurig, denn auch die westliche Medizin hat ihre Wurzeln in der Religion.«

Obwohl sie praktizierender Doktor der Medizin ist, hat Dr. Low Dog die Anwendung von Heilkräutern nicht aufgegeben. Lange bevor sie den Entschluß faßte, Medizin zu studieren, sammelte, zog und verschrieb sie Heilkräuter für die Mitglieder ihrer Gemeinschaft in Standing Rock. Während sie als Ärztin das erste Mal ein Rezept für Antibiotika ausstellte, kam ihr plötzlich der beunruhigende Gedanke, daß sie eigentlich gar nichts Genaues über das Medikament wußte, das sie verschrieb. Es wurde ihr bewußt, daß sie es selbst niemals zuvor eingenommen hatte; sie wußte nicht, woher es kam oder unter welchen Umständen es hergestellt, ob es zuvor an Tieren ausprobiert oder wie sorgsam es getestet worden war. Sie erkannte auch eines ganz klar: Die meisten der Familien mit geringem Einkommen, die sie in der speziell für Familien eingerichteten Klinik an der University von New Mexico behandelte, hatten Schwierigkeiten damit, die Medikamente, die ein Großteil der Ärzte verschrieb, überhaupt zu bezahlen. Aus diesem Grund bringt sie ihren Patienten die Verwendung einiger weniger Heilkräuter von grundsätzlicher Wirkkraft bei und zeigt ihnen, wie man Tinkturen zubereitet, damit sie sich den teuren Einkauf in Drogerien sparen können.

Insbesondere in der Jahreszeit, in der Erkältungen und Infekte vorherrschen, ermutigt sie Eltern, ihre Kinder prophylaktisch mit Echinacea zu versorgen, dem eine klinisch bewiesene Stärkung des Immunsystems nachgesagt wird. Die Einnahme dieses Heilkrauts ist für praktisch jedermann sicher, auch für Kinder, da es in keiner vernünftigen Dosierung giftig wirkt, keine tödliche Dosis und keine unangenehmen Nebenwirkungen hat. Es kann sogar während der Schwangerschaft und des Stillens eingenommen werden. Dr. Low Dog rät außerdem einigen Patienten, die unter Depressionen leiden, es einmal mit Johnniskraut zu versuchen, das auf natürliche Weise antidepressiv wirkt. Der positive Effekt dieses Heilkrauts tritt nach drei bis vier Wochen ein, es beeinflußt nicht die Herztätigkeit und hat keine Nebenwirkungen wie zum Beispiel sexuelle Funktionsstörungen. Sowohl Echinacea als auch Johanniskraut sind klinisch gut ausgetestet und werden beispielsweise von französischen und deutschen Ärzten routinemäßig verschrieben.

Außer Heilkräutern stehen Dr. Low Dog eine Reihe anderer Hilfsmittel für die Behandlung ihrer Patienten zur Verfügung, etwa die Meditation oder sogenannte Wellness-Besuche bei den Unheilbaren, während deren sie nicht über ihre Krankheit sprechen dürfen. Auch Vorbeugung ist für sie ein wesentliches Thema. »Wenn man nur, wenn man krank ist, zu einem Arzt gehen darf, dann ist dies, so komisch es sich auch anhören mag, für viele eine Motivation, immer krank zu bleiben.« Sie betrachtet jede Begegnung mit einem Patienten als Gelegenheit, nicht nur seine physischen Symptome, sondern auch seine Gefühle zu erforschen. Während sie anerkennt, daß westliche Ärzte ihr Vorgehen bei der Diagnose hieb- und stichfest entwickelt haben, so ist sie andererseits der Auffasung, daß diese noch einen weiten Weg vor sich haben, wenn es darum geht, wie man Patienten an Körper, Geist und Seele heilt. Ihr Traum ist es, die Wartezimmer in Krankenhäusern und Arztpraxen mit Großmüttern zu besetzen, die an der Seite jener warten, die einen Arzttermin haben. Denn diese Älteren wissen, wie man den Menschen die richtigen Fragen stellt, wie man Eltern beruhigt, die sich Sorgen machen und sich aufregen, und wie man kranke Kinder tröstet.

Eines der Phänomene, die sie an ihren Patienten besonders faszinierend findet, ist die Sprache, deren diese sich bedienen, um ihre Beschwerden zu beschreiben – welche zugleich die Sprache ist, die sie lernen muß, wenn sie mit ihren Patienten auf verständliche Weise über medizinische Angelegenheiten sprechen will. Beispielsweise hat sie herausgefunden, daß viele Latinos meist mit Nein antworten, wenn man sie fragt, ob sie depressiv sind. Dies gilt insbesondere für ältere Männer, die Depressionen als Charakterfehler empfinden. Will man jedoch von der gleichen Person wissen, ob sie Schwierigkeiten mit dem Schlafen hat, unter Appetitlosigkeit leidet oder ob sie bedrückt ist, dann beantworten sie die Frage meist positiv. Außerdem stellte Dr. Low Dog fest, daß viele, die die Einnahme eines Antidepressivums verweigern, positiv reagieren, wenn sie sagt: »Hier ist ein Heilkraut, das deine Stimmung ein bißchen heben könnte.«

Ihre Patienten suchen sie auf, so meint Dr. Low Dog, weil sie je einen Fuß in den Türen beider Welten hat, in jener der modernen Medizin und in jener der Volksmedizin. Sie erinnert sich auch an eine Gelegenheit, bei der sie eine Familie bei der schweren Entscheidung unterstützte, den Vater, Nestor, von den lebenserhaltenden Geräten abzunehmen. Als ganz klar wurde, daß Nestor seine tödliche Krankheit nicht überstehen würde, fragte sie seine beiden Söhne, die sich um ihn kümmerten, wann sie die Geräte abstellen lassen wollten. Als sie ihr mitteilten, daß sie dazu am nächsten Morgen bereit seien, beschwerten sich die anderen Ärzte des Krankenhauses. »Diese Maschine kostet achttausend Dollar am Tag!« sagten sie. Doch Dr. Low Dog bestand auf dem genannten Termin, denn sie war der Meinung, daß es hier um die Herzen der betroffenen Menschen ging und nicht um kalte Dollars und Cents.

Sie forderte die Söhne auf, Bilder von ihrem Vater und seine Lieblingsmusik mitzubringen, die sie in ihr Abspielgerät legte. Dann zog sie die Vorhänge um das Bett des Vaters zu und fragte die Söhne, ob sie über ihren Vater sprechen wollten. Sie erzählten ihr, wie beliebt er in ihrem kleinen Ort gewesen war. Als sie schließlich bereit waren, baten sie die Krankenschwester, die Geräte abzuschalten und Nestor gehen zu lassen. »Möchten Sie jetzt allein sein, um weinen zu können, oder wollen Sie, daß wir zusammen beten?« fragte Dr. Low Dog die Söhne dann. Sie baten sie, mit ihnen zu beten, und die drei hielten einander vor dem Bett des toten Vaters bei den Händen. Alle auf der Station sagten, den ganzen verbleibenden Tag habe ein Geist des Friedens in diesem Raum geherrscht. »Obwohl ich nicht den gleichen kulturellen Hintergrund hatte wie die Söhne«, erklärte Dr. Low Dog, »waren wir doch dazu in der Lage, das Heilige dieses Augenblicks miteinander zu teilen, weil wir eben alle nur Menschen sind.«

Damals, da ich noch als Krankenschwester arbeitete, wünschte ich mir so sehr, Curanderismo und Spiritualität in die Krankenhaussituation einbringen zu dürfen, aber, wie Sie ja schon wissen, wurde mir dies nicht gestattet. Ich bin jedoch sehr froh darüber, daß es heute Menschen wie Dr. Low Dog gibt, die sich für die Integration der Volksmedizin in modernen Krankenhäusern einsetzen. Dr. Low Dog macht mir Hoffnung, wenn sie erzählt, daß sie – obwohl ihre medizinische Ausbildung brutal war und viele Männer und Frauen sie nicht mit intakter Seele durchstehen konnten – dankbar dafür ist, sich ihre Ideale bewahrt zu haben.

Eine integrative Medizin für die »Weltfamilie«

Im Verlauf der letzten zehn Jahre habe ich mich mehr und mehr an Konferenzen beteiligt, die sich darauf konzentrieren, Volksheiler aus der ganzen Welt zusammen an einen Tisch zu bringen. Dabei bin ich in Kontakt mit einigen außergewöhnlichen Organisationen gekommen, die sich der Erforschung traditioneller Heilweisen und der Zusammenführung traditioneller Heiler aus zahlreichen Kulturen widmen. Eine dieser Gruppen, von der ich sehr viel gelernt habe, ist das Center for Natural and Traditional Medicines (CNTM). Es arbeitet von Washington, D. C., aus und wurde unter anderem von Kaiya Montaocean, John Rutayuga und Vera Pratt begründet. Kaiya Montaocean ist eine Frau, deren direkte Vorfahren Iren und Apachen sind und die in einem Indianerreservat in Oklahoma aufgewachsen ist; John Rutayuga, dessen Mutter eine traditionelle Heilerin war, ist der Fürsprecher einer weltweiten einheitlichen Gesundheitsfürsorge; und Vera Pratt hat Ökologie studiert und ist eine Wohltätigkeitsaktivistin. Das CNTM widmet sich dem Erhalt und der Förderung von traditionellem medizinischem Wissen der Einheimischen, damit diese Praktiken in Zukunft einem umfassenden weltweiten Gesundheitsfürsorgeprogramm als Grundlage dienen können.

Im Laufe der Jahre hat sich zwischen Kaiya Montaocean und mir eine enge Freundschaft entwickelt. Ich lernte sie 1988 kennen, als sie mich einlud, an der ersten nationalen Konferenz über alternative und komplementäre Therapien teilzunehmen. Damals gab es noch kein Netzwerk für die Praktizierenden und die Erforscher der Volksheilkunde, folglich stieß sie durch Mundpropaganda auf mich. Irgendwer hatte ihr erzählt, daß es irgendwo im Südwesten eine Frau gab, die dafür eintrat, daß Curanderismo eine großartige Basis für ein auf der Gemeinschaft beruhendes Gesundheitsfürsorgesystem abgeben würde. Als Kaiya erstmals an das Organisationskomitee der Konferenz, das sich weitgehend aus Ärzten und Akademikern zusammensetzte, herantrat, um Leute wie mich aufzunehmen, da äußerten sie sich skeptisch. Alternative Medizin war in Ordnung, aber Volksheilkunde – nun, da hatten sie ihre Zweifel. Schließlich einigten sie sich: »Vielleicht können wir ein oder zwei Leute wie sie zur Konferenz einladen, aber wir haben keine wissenschaftlich gültigen Belege, die Aussagen über den Erfolg oder Mißerfolg von Volksheilern treffen.«

Kaiya war jedoch entschlossen, Gesundheitsfürsorgepraktiker aus allen Bereichen der Gesellschaft einzubeziehen. Auf eigene Faust beschaffte sie Gelder, um nicht nur mich, sondern außerdem Heiler afroamerikanischen, afrokaribischen, indianischen, ostindischen, asiatischen und afrikanischen Ursprungs einzuladen. Die Konferenz, die am Walter-Reed-Krankenhaus in Washington, D. C., abgehalten wurde, war ein großer Erfolg, und den Volksheilern gelang es tatsächlich, den übrigen Teilnehmern die Augen zu öffnen. Für die alternativen Praktiker war es besonders aufschlußreich, da sie zum ersten Mal die Gelegenheit hatten, Verbindung mit den Wurzeln ihrer Tätigkeit in der Volksheilkunde aufzunehmen. Es handelte sich also um eine wertvolle und äußerst notwendige Zusammenführung.

Die zunehmende Unterstützung, die das CNTM regionalen Konferenzen und Gesprächskreisen zuteil werden ließ, führte zur weltweiten Zusammenarbeit mit zahlreichen ähnlichen Organisationen wie etwa der African Holistic Health Association, den Indian Health Services, dem Chinese Healing Arts Institute und der Academia Mexicana de Medicina Tradicional in ihren Foren und Symposien. Inzwischen hat das CNTM eine Organisation namens Healing Roots Network ins Leben gerufen, welche die Kommunikation zwischen einem Konsortium aus Einzelpersonen und Nichtregierungsorganisationen fördert, die gemeinsam darüber nachdenken, wie man weltweit natürliche und traditionelle Heilkunde mit geeigneter Technologie zusammenfassen kann. Kaiya berichtet: »Gegenwärtig unterstützen wir aktiv die Einführung und Ausrüstung von Zentren, die auf der Basis von traditioneller, ökologischer Volksheilkunde arbeiten, in Südafrika, Senegal, Nigeria, Ghana, Thailand, in der Mongolei, in Indien, Peru, Ecuador, Brasilien, Chile, El Salvador, Guatemala, Belize, Jamaika, Surinam und bei den souveränen indianischen Nationen Nordamerikas, darunter den Seminolen, Apachen, Kiowa, Comanchen, Cherokee, Diné (Navaho) und Hopi.

Das Ziel des Healing Roots Network ist es, das Bewußtsein der Menschen dafür wiederzubeleben, daß die von unseren Ahnen angewandten Heilverfahren und ihr Wissen, das sie uns hinterlassen haben, keineswegs tot oder ausgelöscht, sondern in den meisten Gemeinschaften auf unserer Mutter Erde noch immer lebendig sind und gedeihen. Es liegt an uns, ob wir beides pflegen und in einer zugänglichen Wissensbasis oder in einem Netzwerk organisieren, das über die künstlichen Ländergrenzen hinaus Kommunikation ermöglicht. Die Heilkünste sind ein weltweites Phänomen, und jede Gruppe, jede Kultur hat eine Farbe, ein Motiv, einen Pinselstrich beizutragen zu einem stetig wachsenden Wandbild der Therapien und Heilverfahren.«

Kaiya hebt besonders hervor, daß moderne Ärzte zwar auf die alternative Heilkunde herabblicken mögen, aber erstaunliche 80 Prozent der Weltbevölkerung sich in der einen oder anderen Form traditioneller oder alternativer Behandlungsweisen bedienen, auch wenn sich zum Beispiel ethnische Gruppen in den Vereinigten Staaten fürchten und schämen, offen über ihre Hinwendung zu traditionellen Verfahren zu sprechen. Das ironische daran ist, daß das herkömmliche Gesundheitssystem in den Vereinigten Staaten buchstäblich zusammenbricht, während zugleich das Leugnen und die Kritik an der alternativen und Volksmedizin fortgesetzt wird. Doch Kaiya zeigt sich davon überzeugt, daß der gegenwärtige Zerfall Anlaß zur Hoffnung ist: »Wenn die Dinge auseinanderbrechen, dann gibt einem dies die Gelegenheit, einen Blick tief in ihr Inneres zu tun und die erforderlichen Veränderungen vorzunehmen.«

Kaiyas Vision vom Curanderismo und der traditionellen Medizin in der Zukunft ähnelt der meinen sehr. »Weil ihre Heilverfahren ihren Ursprung im Herzen haben, führen sie uns ins Zentrum, damit wir ein Gesundheitssystem schaffen können, das alle wie in einem Kreis aufnimmt. In diesem Kreis wird die Bedeutung von ausreichend gesunder Nahrung, medizinischen Heilkräutern, sauberem Wasser, reiner Luft und bezahlbarer und angemessener Technologie nicht herabgesetzt werden.«

Neue Pflanzen aus alten Wurzeln

Die Generation meiner Eltern mußte miterleben, wie das Feuer des Rassismus die Grundlagen unserer Kultur verbrannte, was Scham und Leugnen unserer Herkunft und Sitten sowie einen starken Assimilationsdruck zur Folge hatte. Aber jetzt wachsen in dieser verbrannten Erde neue Pflanzen aus den alten Wurzeln. Wie wertvoller Samen, der erhalten geblieben ist, wird der Curanderismo in meiner und nun auch in einer neuen Generation wiedergeboren.

Zum Schönsten am Curanderismo gehört für mich, daß er die Persönlichkeit des Praktizierenden direkt zum Ausdruck bringt. Obwohl ich eine sehr traditionell orientierte Curandera bin, die *pláticas* anbietet, *limpias* mit Eiern vollzieht und Seelenrückführungen gibt, wird mein dramatisches, leidenschaftliches Wesen in meiner Arbeit sehr offensichtlich. Als meine Schüler anfingen, den Curanderismo in ihre eigene Arbeit zu integrieren, habe ich miterlebt, wie sehr jede der Frauen sich immer mehr auf ihre eigene Essenz bezog und sie zum Ausdruck gebracht hat. Zwar ist es den meisten von ihnen leider nicht möglich, den Curanderismo in seiner reinen Form in ihre Arbeit einzubringen, doch beeindruckt es mich immer wieder, wie kreativ sie sich bei ihren Interaktionen mit Patienten und Klienten des Geists dieser Medizin bedienen. Für mich ist dieses Verweben, diese Art Achtsamkeit die Zukunft des Curanderismo, der in der Arbeit als liebevolle Fürsorge, Mitgefühl, Geduld, Kreativität, Seelenbewußtsein und Selbstbewußtsein zum Ausdruck kommt. Daher will ich im folgenden einige der Geschichten meiner Schülerinnen wiedergeben, weil aus ihnen ersichtlich wird, wie sie die Medizin des Curanderismo zu ihrer eigenen gemacht haben.

Irene, deren Nahuatl-Name Coatl lautet, arbeitet in der mittleren Managementebene einer großen staatlichen Organisation in Santa Fe. Weil ihr Büro sich in solch unmittelbarer Nähe zur Landesregierung befindet, meint sie, daß die konservativen politischen Strömungen der Hauptstadt jeden Denkansatz ersticken, der sich vom Mainstream abhebt. Anders als die meisten meiner übrigen Schülerinnen, die alle entweder Krankenschwestern sind oder sich auf Körperarbeit der einen oder anderen Art spezialisiert haben, hat Irene es nicht mit individuellen Patienten zu tun, sondern mit den Chefs gemeinnütziger Organisationen und ihrem Personal, die vertraglich verpflichtet sind, Kindern und ihren Familien zu helfen. Folglich muß sie äußerst kreativ vorgehen, wenn sie sich an ihrem Arbeitsplatz die Prinzipien des Curanderismo zunutze machen will. Trotzdem hat sie eine Vielzahl interessanter Möglichkeiten aufgetan, um die spirituellen, philosophischen und kulturellen Lektionen, die sie gelernt hat, einzubringen.

Auf der persönlichen Ebene nimmt sie sich die Zeit, »um Kollegen, die eine ›Mini-*plática*‹ brauchen, mit dem Herzen zuzuhören. Außerdem eröffne ich die Sitzungen, die ich abhalte, mit einer Anrufung des Schöpfers. Ich habe Menschen der unterschiedlichsten kulturellen Herkunft aufgefordert, unsere Sitzung mit einem Ritual aus ihrem Kulturkreis zu beginnen, und anschließend beobachtet, daß die Teilnehmer ruhiger sind, besser zuhören und einander offener gegenübertreten. Sie sprechen dann mehr vom Herzen aus, und sie alle haben den Wunsch geäußert, auch weiterhin die Sitzungen mit einem heiligen Augenblick zu eröffnen.«

Irene nutzt den Curanderismo außerdem, um mit dem alltäglichen Streß ihrer Arbeitsumgebung besser zu Rande zu kommen. »Ich habe es mir angewöhnt, mich nach der Arbeit mit einer Kopalharzräucherung zu reinigen, wenn ich selbst einen durch die Arbeit bedingten *susto* erlitten habe.«

Der Curanderismo half Irene dabei, einen tieferen Zugang zu

den Gemeinschaften zu finden, mit denen sie zu tun hat. Sie sprach die Heiler, die am staatlichen Programm für amerikanische Ureinwohner teilnehmen und mit denen sie durch ihre Arbeit in Kontakt kommt, darauf an, ob sie sich vielleicht an einem der nächsten Kongresse für traditionelle Medizin beteiligen wollen. Bisher haben alle ihr Einverständnis erklärt. In Zukunft will Irene Möglichkeiten finden, um die Prinzipien des Curanderismo in die Arbeit mit gefährdeten Jugendlichen einzubringen. »Ich hoffe, daß ich eine Serie von *pláticas* mit Ehekateotl in ein Programm für Jugendliche integrieren kann, die von der Schule geflogen sind. Ehekateotls Botschaft, daß man seinen Platz im Universum, seine Verbindung zu den Ahnen und zur Geschichte kennen und entsprechend in Übereinstimmung mit den universellen Prinzipien des Gleichgewichts handeln muß, wird diese Jugendlichen stärken und heilen.«

Valerie (Cuetzpalin) arbeitet seit zehn Jahren als Rolferin und kümmert sich um die muskulären und emotionalen Verspannungen ihrer Klienten. Obwohl sie Curanderismo in ihrer Arbeit nicht direkt zum Einsatz bringt – es sei denn, ihr Patient bittet ausdrücklich darum –, ist sie fasziniert von den Parallelen, die sie in den beiden Behandlungsmethoden sieht: »Wenn man die Schriften von Ida Rolf liest, dann spiegeln viele ihrer Ideen Konzepte aus dem Curanderismo wider. Rolfer und Curanderos lernen, wie man im Rahmen einer *plática* auch die Bedürfnisse des Patienten heraushört, die er *nicht* erwähnt... [Wenn ich mit einem Klienten arbeite,] dann »beobachte ich ihn und bediene mich hierzu meiner Beobachtungsgabe und meiner Intuition, um verschiedene Manierismen, Gewohnheiten und Fixierungen im Körperausdruck wahrzunehmen. Im Curanderismo tut man dies ebenfalls – und noch mehr. In beiden Heilverfahren dringt man in die Geschichte und Wirklichkeit der betreffenden Person ein. Wenn jemand zu mir kommt, damit ich ihn mit Rolfing behandle, dann ist er hier, weil er irgendeine

Veränderung bewirken will, ob er nun unter körperlichen Schmerzen, emotionalen Traumata, den Folgen eines Mißbrauchs beliebiger Art leidet oder sich einfach größere körperliche Mobilität beziehungsweise eine stärkere Präsenz in seinem eigenen Körper wünscht. Der zusätzliche Reichtum des Curanderismo bestätigt das, was ich in meiner Arbeit bereits gespürt und intuitiv erkannt habe, und fügt dem, was sich positiv auf die Gesundheit eines Menschen auswirkt, sogar noch weitere Dimensionen hinzu.

Eine meiner Klientinnen namens Sara war im Begriff, sich zum dritten Mal zu verheiraten. In ihrer letzten Ehe war es zu Handgreiflichkeiten gekommen, und sie brachte ein tiefes Bedürfnis zum Ausdruck, in ihrem Leben voranzukommen und die Muster der Gewalttätigkeiten zu überwinden. Sie vermochte sie durch die Art, wie sich an bestimmten Stellen in ihrem Körper die Energie zusammenzog, zu lokalisieren, an ihrer angespannten Stimme, an der Verkrampfung ihres Magens, ihrer Brust und ihrer Atmung. Sara redete viel über ihren Geist und ihr Bedürfnis nach Zeremonien und Ritualen, also bot ich ihr vor der Hochzeit eine *limpia* an. Sie kam mit allen möglichen Bildern und Gegenständen, die in Beziehung zu ihrer vorangegangenen Ehe standen und zu ihrer Mutter, die sich, wie Sara meinte, an ihr festklammere. Dieser Umstand verhindere, daß sie eine gesunde Ehe führen könne. Während der Zeremonie vermochte Sara sich von vielem zu befreien und sich schließlich auch ihren eigenen Anteil an all diesen Ereignissen einzugestehen. Als wir dann zur eigentlichen *limpia* kamen, konnte sie das Bedürfnis, sich von ihrer Mutter freizumachen, klar zum Ausdruck bringen. Während der *limpia* integrierte ich Rolfing-Bestandteile, um Sara darin zu unterstützen, auch körperlich loszulassen. Die physischen, emotionalen, mentalen und spirituellen Aspekte ihrer Gesundheit wurden allesamt angesprochen.«

Pat (Xochitl) ist eine ausgebildete Krankenschwester, die gegenwärtig für ein Apartmenthaus mit sechsundsechzig Wohneinheiten in Paradise Hills, New Mexico, zuständig ist. In einigen dieser Wohnungen kommt es häufig zu Auseinandersetzungen und zu Gewalt zwischen den Eheleuten. Wenn eine Familie auszieht, zelebriert Pat daher in der Regel eine Haussegnung und eine spirituelle Reinigung, bevor sie die neuen Mieter einziehen läßt. Sie wartet, bis die Wohnung vollkommen sauber, frisch gestrichen und mit neuen Teppichböden versehen ist, dann bringt sie Kopalharz und ihre Kerzen zur Anwendung und reinigt jedes Zimmer von negativen Energien. Zum Abschluß segnet sie das ganze Gebäude, um es für die neuen Bewohner vorzubereiten.

»Ich nehme diese Aufgabe sehr ernst, weil ich ein friedliches Lebensumfeld für die Menschen schaffen will.« Sie führt sogar Buch darüber, ob die Wohnungen, die sie auf diese Weise gereinigt und gesegnet hat, eine geringere Mieterfluktuation aufweisen als die übrigen Wohneinheiten, bei denen sie keine Gelegenheit dazu hatte. Am wichtigsten ist jedoch folgendes: Sie nimmt sich eine der Grundvorstellungen des Curanderismo, daß nämlich die Gemeinschaft eines der Fundamente der Gesundheit ist, sehr zu Herzen. Sie wendet viel Energie auf, um besondere Bäume zu pflanzen und den Hausbewohnern Plätze im Freien einzurichten, die sie zur Entspannung nutzen können. Sie stellte auch Basketballkörbe auf, damit die Kinder eine Möglichkeit haben, sich auszutoben. Seit sie mit dieser Arbeit begonnen hat, konnte sie eine spürbar steigende energetische Verbesserung der Wohnungen und auch der Mieter selbst feststellen.

Soledad (Ehecatl) ist eine professionelle Fotografin, die ihre Bilder in Galerien und Museen ausstellt. Seit jeher macht sie immer wieder auch Selbstporträts, indem sie das Setting vorbereitet, dann vor die Kamera tritt und intuitiv den Auslöser betätigt. »Jahrelang wußte ich nicht, warum ich so versessen darauf war, mich selbst zu fotografieren, und warum es mir so leicht fiel, das zu tun. Seit ich bei Elena in die Lehre gehe, ist mir dies nun deutlicher geworden. Ich war mir nicht im klaren darüber gewesen, daß ich durch diese Bilder Aspekte meiner Seele sichtbar machte und ihnen dadurch Gehör verschaffte. In dem Augenblick, da ich in die kleine Welt trete, die ich vor der Kamera erschaffen habe, überlasse ich alles Weitere der Intuition. Ich horche auf meine Seele und vertraue darauf, daß Magie stattfindet. Und meist ist es so. Von Elena und Ehekateotl habe ich gelernt, daß man sich immer dem rauchigen schwarzen Spiegel stellen muß. Ich tat dies durch meine Arbeit bereits jahrelang. Nun habe ich die Gelegenheit, dies auch auf alle übrigen Aspekte meines Leben zu übertragen.«

Vor kurzem kam Soledad auf die Idee, ihre fotografische Begabung als eine Art visuellen Curanderismo einzusetzen, um den Menschen zu helfen, einen Blick auf ihre eigene Seele zu werfen. »Seit Jahren bitten mich meine Kunden, sie so zu fotografieren, wie ich auch mich selbst ablichte. Bisher habe ich immer gezögert. Ich war mir nicht sicher, daß ich jemanden dazu würde bewegen können, sich so weit zu öffnen, daß sein Bild nicht nur die Oberfläche wiedergeben würde. Die Lehre bei Elena hat mir das Selbstvertrauen vermittelt und in mir den Wunsch verstärkt, es zu versuchen. Gegenwärtig mache ich solche Fotos von anderen. In Zukunft würde ich sie gern einen Schritt weiterbringen, indem ich ihnen anbiete, erst … eine *plática,* vielleicht eine Seelenrückführung und dann ein Bild zu machen. [Diese Werkzeuge des Curanderismo] sind eine Möglichkeit, die Menschen zu öffnen und auf das Foto vorzubereiten, damit sie verletzlich genug sind, um ihrem intuitiven Wesen die Oberhand zu lassen. Ein solches Foto kann zum Röntgenbild der Seele werden … Ich habe immer die Vorstellung akzeptiert, daß es möglich ist, [Informationen] ohne kognitiven Prozeß aufzunehmen, und daran geglaubt, daß Verständnis von allein entsteht. Dieses Konzept ist die Basis des Curanderismo.«

Elise (Atl), die als Krankenschwester und Streetworker arbeitet, rät zur Vorsicht. Sie vertritt die Auffassung, daß zwar manche Menschen das, was der Curanderismo zu bieten hat, verzweifelt dringend brauchen, es sei jedoch entscheidend, auch ihre Empfänglichkeit für die Behandlung zu berücksichtigen. Dies stellt eine große Herausforderung an jeden Heiler dar, dessen Wahrnehmungen und Einblicke oft sein Mitgefühl und seinen Wunsch zu helfen wecken. »Ich wollte einst einem Aidspatienten eine *limpia* verabreichen. Abgesehen davon, daß er einen Gehirnschaden durch Schnüffeln von Farbe und anderen flüchtigen Substanzen davongetragen hatte, war dieser junge Mann auch ein chronischer Geschichtenerfinder. Lügen scheint ein zentrales Suchtsymptom zu sein. Vermutlich geht seine Demenz teilweise auch auf seine Aidserkrankung zurück. Wie dem auch sei, dieser junge Mann wurde von seinen Betreuern nur selten ernstgenommen, und folglich fanden seine emotionalen Bedürfnisse im Zusammenhang mit der Aidsdiagnose nur in geringem Maße, wenn überhaupt Befriedigung. Zudem hat er sich den Ruf eines harten Burschen erworben. Ich kannte ihn seit Jahren und fragte ihn eines Tages, ob er gern eine *limpia* verabreicht bekäme. Er lehnte ab, obwohl ich mich bemühte, ihm die Vorteile darzustellen. Ich hätte das wirklich gern für ihn getan – ihm Zugang zu einem alternativen Gesundheitsansatz verschafft, von dem ich im Herzen überzeugt war, daß er ihm helfen würde. Doch obwohl ich solche Betreuungsaufgaben schon seit zwei Jahrzehnten übernehme, mußte ich enttäuscht feststellen, daß ich vermutlich zu sehr gedrängt hatte. Es ist nicht möglich, jemandem zu helfen, der sich nicht helfen lassen will.«

Alice (Ozomatl) hat fast zwei Jahrzehnte lang als Spezialistin für kindliche Entwicklung gearbeitet und ist nun seit einigen Jahren Massagetherapeutin. Der Curanderismo lehrte sie »den Sinn für die Gemeinschaft, das Einander-Helfen und Füreinander-Sorgen.« Vor nicht allzu langer Zeit erhielt sie die Gelegenheit, ihrem Vater zur Seite zu stehen, als dieser mit Krebs kämpfte. Er war mit Volksheilkunde aufgewachsen und hatte diese zugunsten moderner Medizin zurückgewiesen, nun aber war er wieder fähig, Hilfe durch die alten Herangehensweisen anzunehmen. Als Alice ihn im Krankenhaus aufsuchte, gestattete er ihr, eine Zeremonie mit ihm abzuhalten. Danach sagte er, sein Geist habe sich während der Zeremonie emporgehoben und er fühle sich von einer großen Last befreit. Diese Erfahrung erinnerte Alice an ihre Großmutter Nene, eine begabte Curandera, welche die Menschen als »die Königin des Berges« bezeichneten. Sie mußte immer zu Schwerkranken ins Hospital kommen, und Nenes heilende Gegenwart erfüllte die Patienten jedesmal mit Frieden. Alice brauchte all ihren Mut, um dem Vater Curanderismo anzubieten, aber sie wußte intuitiv, daß dies genau das richtige für ihn war. Beide erfüllte nach der Zeremonie großer Friede.

Lorraine (Ocelotl) ist Krankenschwester und arbeitet in einem Krankenhaus. Sie empfindet dieses berufliche Umfeld als frustrierend, weil die Patienten als »Kunden« behandelt werden. Diesen werden nur fünfzehn Minuten ihrer Zeit oder derjenigen des Arztes zugestanden. »Gegenwärtig hat ein großer Prozentsatz der Menschen, die ich täglich sehe, viele körperliche Beschwerden. Ich bin der Meinung, daß ihren Schmerzen fast immer eine Depression zugrunde liegt, die ihren Ursprung in jahrelanger mentaler Qual hat, mit anderen Worten – in Seelenverlust.« Einige ihrer Patienten, die wissen, daß sie Curanderismo lernt, haben sie um *limpias* gebeten. Doch Lorraine verwies sie an ihre *comadres*. In ihrer gegenwärtigen Situation meint sie einen Interessenkonflikt mit ihrem Arbeitgeber heraufzubeschwören, wenn sie diese Patienten zu Hause behandelte.

»Selbstverständlich praktiziere ich bei den Patienten, zu denen ich ein enges Verhältnis habe, das Handauflegen; und ich verabreiche ihnen insbesondere dann kurze Massagen, wenn sie wegen ihrer häuslichen Situation zusammenbrechen und weinen – Eheprobleme und physische, emotionale und sexuelle Gewalt. Wir konzentrieren uns in den Gesprächen auf Depression, Selbstfürsorge, Verlustgefühle und die Möglichkeit von *susto*. Ich lasse sie an einigen meiner eigenen Erfahrungen teilhaben, was ihnen immer Mut macht; dann fällt es ihnen leichter, sich zu öffnen. In unserem gegenwärtigen System wird eine solche Vorgehensweise als unrentabel verurteilt. Diese Patienten sind für gewöhnlich Latinos, Mexikaner oder Anglofrauen, die bereits Erfahrungen mit ähnlichen Behandlungsformen gemacht haben. Natürlich ist die Gesellschaft, in der wir leben und die es zuläßt, daß die Uhr unser Leben beherrscht, unserer Sache nicht gerade förderlich: Der Zwang, Patienten in so kurzer Zeit abzufertigen, läßt eine weitergehende Behandlung nicht zu. Schließlich muß ich sie meist an einen Psychotherapeuten überweisen.«

Lorraines Traum ist es, irgendwann einmal eine Beratungsstelle zu eröffnen, in der sie und ihre *comadres* ihre unterschiedlichen Begabungen und Fähigkeiten einbringen können, um den Menschen wirklich zu helfen. Sie würde sich gern für jeden Patienten ein oder zwei Stunden Zeit nehmen, um gründliche *pláticas, limpias* und Seelenrückführungen anbieten zu können. Außerdem hat sie vor, Abschlüsse in Phytotherapie und Massagetherapie zu machen.

Jeri (Cozcacuáuhtli) ist Krankenschwester in der Psychiatrie und arbeitet mit Jungen im Teenageralter, die aus schwierigen Familien kommen. Diese Burschen haben sich ein dickes Fell zugelegt und wissen sehr wohl, wie man seine Gefühle im Rahmen einer Überlebensstrategie verbirgt. Jeri betrachtet die Wildnis als den Ort der Heilung, und sie nimmt häufig Gruppen dieser Kinder über Nacht in die Wälder mit. Für sie ist die Natur der Ort »tiefen Friedens, an dem Heilung stattfinden kann. Da draußen werden alle Bestandteile eines Menschen offenbart, ausgeleuchtet und geehrt.« Eines der Werkzeuge des Curanderismo, dessen sie sich dort vornehmlich bedient, ist die Gesprächsrunde. »Wir betrachten Gesprächskreise als ein Mittel der Beziehungsaufnahme, des Sortierens, der Integration und Aufrechterhaltung der Beziehung. Die Stimme jedes Beteiligten stärkt die Macht der Gemeinschaft, und der Lehrer wird zum Schüler und der Schüler zum Lehrer ... Die eigene Geschichte zu erzählen und derjenigen anderer zuzuhören, schafft wirklich einen heiligen Raum. Es läßt sich soviel erreichen mit diesen *pláticas!* Mit der Energie zu arbeiten, so wie sie zum Vorschein kommt, ist wie das Öffnen blinder Augen für die Schönheit, die unser Vermächtnis ist und ein Bestandteil der heilenden Medizin.

Bei Herbstbeginn befand sich unsere Expedition eines Nachts weit oben am Beaver Creek. Wir hatten unsere Gesprächsrunde später als sonst zum Abschluß gebracht und uns in unsere Biwaks zurückgezogen, als sich bereits Eis auf dem Wasser in unseren Flaschen zu bilden begann. Plötzlich explodierten die schrillen und durchdringenden Schreie eines Jungen in die Nacht hinein: ›Steht auf, steht sofort auf. Schnell!‹ Weil ich mit einem Notfall rechnete, sprang ich mit einem Satz aus meinem Schlafsack. Doch fand ich den Jungen vor, wie er da mit ausgestreckten Armen und zurückgeworfenem Kopf am Rand des Felds stand – ›Sieh dir die Sterne an, sieh dir doch nur die Sterne an‹, rief er. Obwohl ich es aufgegeben habe, vorhersagen zu wollen, wann Heilung einsetzt, erkenne ich doch den Augenblick, wenn es soweit ist. Auf dem Gesicht dieses Jungen war die Energie der Heilung deutlich wahrnehmbar.«

Eine alte Medizin besteht fort

Für mich ist es so wunderbar, die Geschichten meiner Schüler zu hören, die Samen des Curanderismo keimen und so herrliche Blumen und starke Pflanzen ausbilden zu sehen. Diese Heilkunst wächst und verändert sich, verbreitet sich und bildet neue Möglichkeiten des Ausdrucks. Die Wurzeln sind stark, und das neu Gewachsene nimmt an Kraft zu. Als Ehekateotl mir mitteilte, ich sei den Rest meines Lebens für diese Frauen verantwortlich, hörte sich das nach einer großen Verbindlichkeit an; aber ich weiß auch, daß dies eine Aufgabe ist, die ich schon immer übernehmen wollte. Ich habe mir seit jeher gewünscht, daß andere Menschen die Schönheit des Curanderismo sehen mögen. Diese Schülerinnen nutzen den Curanderismo nicht nur, um anderen in ihrer Gemeinschaft und am Arbeitsplatz zu Diensten zu sein, sie lassen ihn auch ihren Familien zugute kommen. Als Soledads Sohn seinen Halbbruder verlor, führte sie ihn durch eine Zeremonie, die ihn in seiner Trauer unterstützte. Alices Vater wünschte sich *limpias* von seiner Tochter, um besser mit der Tatsache umgehen zu können, daß er Krebs hatte. Valerie legte sich zu ihrer sterbenden Mutter ins Bett und hielt sie die ganze Nacht in ihren Armen. Eines Tages werden meine Schülerinnen ebenfalls Lehrerinnen sein, die die Medizin an ihre Kinder und Schüler weiterreichen.

Ich bin froh, weil ich mich in den Norden stellen und meinen Ahnen sagen kann, daß ich den Tod dieser Heilkunst nicht zugelassen habe. Für mich ist Curanderismo die Kunst, Schönheit, Kultur und Medizin mit all der Kraft und Phantasie des Geistes und der Seele der Curandera zu schaffen. Vielleicht entfaltete sich mein Schicksal ja schon damals, als ich in meiner Kindheit die Blumen stahl, die ich für meine Zeremonien brauchte. Für die alten Azteken waren »Blume und Lied« gleichbedeutend mit Dichtkunst – die Wahrheit suchen durch Trachten nach

Kunst und Schönheit. Die Heilkunst des Curanderismo verfügt über eine Vielzahl von Blumen, duftenden Pflanzen zum Erspüren des Geistes und des Körpers, über Hunderte *yerbas buenas,* Kerzen, die von unseren Gebeten und Wünschen ins Flackern geraten, den Klang der Adlerfeder, die Verzweiflung und *mal aire* fortwischt und diese Leiden Iztacmixcoatl, der Schlange von den Weißen Wolken, überbringt. Curanderismo umfaßt die Klänge von Musik, Gesang, Trommeln und Chants, die unsere Blockaden auflösen, den *empacho* in unseren Herzen und Körpern. Es ist die Medizin liebevoller Hände, die die Knoten in neidischen Herzen löst, und liebevoller Stimmen, die erfüllt von Lachen den Abfluß von *bilis* freimacht. Wenn die Curandera den Namen Ihrer Seele ruft, dann hilft sie Ihnen, zu Ihrem wahren Wesen zurückzukehren, das die Azteken als »Gesicht und Herz« bezeichnen. Sie führt etwas so Einfaches wie ein Ei, gereinigt durch die reine Absicht, über Ihren Körper und trägt dazu bei, Sie von quälenden Gedanken und von der Energie, die Ihnen nicht gehört, zu befreien.

Ich will die lebenspendende Medizin des Curanderismo nicht horten, sondern frei mit all jenen teilen, die zuhören möchten. Diese heiligen Wurzeln meiner Kultur wiederzuentdecken war für mich eine lange und anstrengende Reise. Ich nehme an, meine Seele würde noch immer verloren und vernachlässigt umherwandern, wenn ich die Curandera in mir nicht zurückgewonnen und mich wieder mit ihr vereinigt hätte. Nun gebe ich die Samen des Curanderismo an meine Weltfamilie weiter, an den belebten Geist der vielen Schlangenköpfe auf allen Kontinenten dieser Welt, an die Regenbogenschlange, die im Dunkeln leuchtet.

Indem ich dieses Buch der kosmischen Familie übergebe, sind meine Gebete an Coyolxauhqui, die kosmische Mutter, beantwortet. Weil ich lange genug gelebt habe, um die Generationen nach mir zu sehen, habe ich wirklich lange genug gelebt, um zu sterben. Ich wünsche mir, daß es die leuchtende Wissenschaft des Curanderismo so lange gibt wie die Welt selbst und daß sie auch weiterhin den Schmerz zu Samen zermahlen möge, die den Winter unserer Leiden überdauern, während wir geduldig auf das Keimen der neuen Saat warten – zarte Sprößlinge, winzigfiedrige Blätter, so grün vor Jugend, so alt vor Liebe.

Dank

Zunächst möchte ich all meinen früheren und meinen heutigen Lehrern danken. Besonderer Dank geht an meinen gegenwärtigen Lehrer Ehekateotl Kuauhtlinxan dafür, daß er mich in seine Familie aufgenommen hat und ein sanfter Lehrer ist. An all die *comadritas* und *compadritos* aus dem Centro de Desarrollo Cultural Tetzkatlipoka Kalpulli, *gracias y Ometeotl.*

Ich möchte Rose Tarin dafür danken, daß sie mir gesagt hat, ich würde eine gute Krankenschwester abgeben. Du hast für mich die Tür zu meinem Schicksal aufgestoßen.

Worte können die Dankbarkeit nicht ausdrücken, die ich für all die Klienten empfinde, die mir und meiner Arbeit Vertrauen schenkten. Euer starker Geist und euer beharrlicher Wunsch nach Heilung inspiriert mich noch immer. Ihr wart mächtige Lehrer.

Ich bin meinen Schülern und Schülerinnen ewig dankbar dafür, daß sie bereit waren, Curanderismo in ihre Arbeit zu integrieren. Ihr manifestiert die Vision der Ältesten. Mein Leben wurde bereichert, weil ich mit euch in einem Kreis saß. Mein Leben wird sich immer um euch drehen. Ich nenne euch nicht einzeln bei euren Namen, aber ihr wißt, wer ihr seid. *¡Que tengan una vúda brillante!*

Ich möchte meiner Familie dafür danken, daß sie mich beim Schreiben dieses Buches unterstützt hat:

meiner Schwester Rosario Martinez, die mir vor vielen Jahren einen tollen Stift für meine Buchsignaturen gab und immer wie ein *angelito* für mich war;

meiner Schwester Irma Martinez, deren Mitgefühl und Begeisterung für all meine neuen Unterfangen mir den Mut gaben, an mich selbst zu glauben;

meiner Schwester Marta Gorges für all die Abenteuer, die wir als Kinder miteinander geteilt haben;

meinem Bruder Sergio Martinez für deinen Mut und deine Kraft; die Erinnerung an unser gemeinsames Essen in Lima, Peru, ist mir lieb und teuer;

meinem Schwager Max Castillo dafür, daß du mein *compadre* warst – und für deine albernen Späße.

Meine Wertschätzung für meine geliebten Kinder ist riesengroß:

Jamie Andres Avila, meinem Erstgeborenen, ich danke dir dafür, daß du mich so akzeptierst und liebst, wie ich bin. Du bist ein guter Mann, und ich achte deine Arbeit in der Bewegung gegen sexuelle Nötigung und deine Schauspielerei. Wie die Mutter, so der Sohn.

Meinem einzigen kleinen Mädchen und meiner Kollegin als Krankenschwester Sondra Susan Skory, ich danke dir von ganzem Herzen dafür, daß du eine so liebevolle und fröhliche Tochter bist. Ich freue mich immer über unser Schwätzchen am Telefon. Ich achte deine Arbeit als Kinderschwester auf der Intensivstation und deine Fähigkeiten als Mutter. Ich danke dir und meinem Schwiegersohn John außerdem für meine geliebten Enkelkinder Samantha Nicole und Noah Christopher. Ich liebe es, wenn sie mich Mama Albuquerque nennen.

Meinem Sohn Adrian Fernando Avila, meinem komödiantischen Sohn, der mich immer alle Traurigkeit vergessen macht, indem er mich zum Lachen bringt, bin ich ewig dankbar. Du warst einer meiner großartigsten Lehrer, *mijito*.

Meinem letztgeborenen Sohn Abel Rene Avila für deine spielerische Art und deinen starken Geist. Ich werde niemals dein

Augenzwinkern vergessen, als ich dich bei deiner Abschlußfeier unter Tausenden Marines ausmachte. Du machst uns stolz. Ich danke dir und Pam, daß du mir meine geliebte Enkelin Katherine Margaret Avila gegeben hast. Katie ist im Spiel meine Komplizin.

Ich danke euch, *mijitos,* daß ihr mich als Mutter gewählt habt. Ich liebe es wirklich, eure Mutter zu sein.

Ich bin Kitty Farmer und ihrer Assistentin Dana Roberts dankbar. Kitty ist eine liebevolle Agentin, und ich verdanke es ihrer Fürsorge und Liebe, daß meine Lesereisen weniger anstrengend sind. Wenn alles andere versagt, dann kann ich immer auf dich und Dana zählen.

Mein Dank an Clarissa Pinkola Estés dafür, daß sie meine Freundin und mein Schutzengel ist. Ich spüre, daß ich mich in der Gegenwart eines ganz besonderen Menschen befinde, wenn ich dich sehe oder auch nur mit dir am Telefon spreche. Deine Stimme ist seelenvoll.

An Richard Prosapio, weil er mich neu mit der Natur vereinigt hat.

An meine Freundin Bernadette Vigil, weil sie mir neue Träume angeboten hat. Bernadette, du hast immer wieder zu mir gesagt: »Elena, schreib dein Buch.« Zuletzt habe ich schließlich auf dich gehört.

An Sabrina Garcia, weil sie mir durch dunkle Zeiten hindurchgeholfen und mir bei der Erforschung der feministischen Bewegung Gesellschaft geleistet hat. Wir wußten, wie man Spaß hat.

An Jerry Mondragon, ich liebe dich dafür, daß du mein Bruder bist. Ich danke dir, daß du beim Schreiben von »Tu y Yo« (Du und ich) und »Amantes Sin Casa« (Liebende ohne Haus) mein Partner warst. Mit die schönste Zeit war es für mich, als ich die Theaterstücke und Gedichte, die ich mit dir geschrieben habe, aufführen konnte. Vielen Dank für die vielen Male, die du mich von der Arbeit fortgeholt hast, um mit mir ins Kino zu gehen. Danke, daß du mir jedes Jahr meinen Ventilator und meine Ofen angestellt hast.

An Charlene Ortiz, *manita y comadre,* aus dem Center for Health Policy Development in San Antonio. Du hast immer an mich geglaubt. *Gracias.*

Ein besonderes Dankeschön an meine *comadre* Malinalli, Ana Gutierrez Sisneros Mora. Du hast mir das wahre Wesen von Bescheidenheit nahegebracht. Du hast mein Herz berührt.

Comadre Sandrea Gonzales, ich danke dir dafür, daß du mich als Leiterin des Zentrums für Vergewaltigungsopfer empfohlen hast. Ich fand in dir eine loyale Freundin, als ich dich kennenlernte.

An all meine besonderen Freunde in Taos. Ich liebe Taos, und ich liebe euch.

Vicente Martinez, du bist mein besonderer Bruder.

George und Beverly Chacon, die Liebe, die ihr füreinander hegt, gibt mir Hoffnung.

Juanita Lavadie, ich danke dir für die Geschichten, die du mir über *luto* erzählt hast.

Linda Velarde, *gracias* für deine bedingungslose Liebe.

Flordemayo, was für eine Freude, eine andere Curandera in meiner Nachbarschaft zu finden. Du bist eine gute Freundin. Ich danke dir für die Träume, die du mit mir geteilt hast, und für die *pláticas,* in die wir hineingeraten sind.

An Andi Galicia, Krankenschwesterkollegin und beste Freundin aus El Paso, ich danke dir dafür, daß du mir all diese Jahre so viele heilsame Wege gezeigt hast. Danke für die Geschichte deiner Großmutter über Neid.

An Cris Phillips, ich danke dir für die vielen Male, die du mich in die Arme genommen hast.

An meine langjährigen Freunde Guillermo und Anette Ortiz und an meine geliebte Patentochter Larena, die mir in der Bay Area immer ein Zuhause bot.

So viele Seelen haben dazu beigetragen, meine Arbeit und

mein Leben zu formen. Ich bin euch ewig dankbar. *¡Adelante mis valientes!*

Meine zärtlichste Liebe an Jacinto-Temilotzin Sanchez. Du hast mich verwöhnt, während ich die in meiner Seele eingelagerten Geschichten zur Welt brachte. Als »Lachende Blume« auf »Dichterkrieger« traf, da fand ich Liebe. Du bist der eine, zu dem ich schließlich heimgekehrt bin.

Elena Avila

Ich möchte Joyce Fournier, Gene Stone und all meinen Freunden in der Morning Star Lodge danken, die mit mir die Zeremonie abhielten und mich mit ihren Gebeten unterstützten, als ich mit dem Schreiben an diesem Buch beschäftigt war.

Meine tiefste Dankbarkeit geht an meine lieben Freunde:

Carol Basile und John Dickinson gaben wir wertvolles Feedback zu diesem Buch und emotionale Unterstützung in jeder Phase des Schreibens. Ihr seid wirkliche Seelenfreunde.

Leslie Baer war eine ständige Quelle der Inspiration, des Vertrauens und der Kraft. Durch all die vielen Jahre, die du mit deiner humanitären Organisation Xela-Aid in Quetzaltenango und entlegenen Mayadörfern gearbeitet hast, konntest du mir viele wertvolle Ratschläge darüber geben, wie man in Guatemala am besten auf sich achtet. Ich danke dir auch dafür, daß du ein Treffen zwischen mir und Amalia Vasquez arrangiert hast, der Meisterweberin, Hebamme und Führerin des Dorfes San Martín Chiquito, eine Freundschaft, die bis zum heutigen Tag besteht.

Ich möchte all diejenigen ehren, die mich in den letzten zehn Jahren bei der Hand genommen haben und mir etwas über einheimische Kulturen, ihre Geschichte und ihre Heilkünste beigebracht haben. Eure Hilfe und Freundschaft hat mich in einer Weise auf das Schreiben dieses Buches vorbereitet, wie es keine noch so gründliche Recherche je gekonnt hätte.

Herzlichen Dank an David Friedel und die verstorbene

großartige Linda Schele, die mich, indem wir zwei Bücher miteinander geschrieben haben, in die Welt der Maya einführten.

Viel Dankbarkeit an meine Freunde Malidoma und Sobonfu Somé, die mir so viele Geschenke von der Dagara-Kultur in Afrika machten.

Und dreizehnmal danke schön an den Tzutujil-Maya-Schamanen Martin Prechtel dafür, daß er mir soviel über das Wesen des Heilens und die Berufung zum Heiler mitgeteilt hat.

Vielen Dank auch den »Lehrling«-Curanderas für die Geschichten, die sie in Vorbereitung der Kapitel sechs und sieben so bereitwillig mit mir geteilt haben. Auch wenn wir nicht all eure wunderbaren und tiefgreifenden Erfahrungen unterbringen konnten, eure großzügige Hilfe hat dazu beigetragen, meinen Einblick in den Curanderismo zu vertiefen. Ich bin euch auch dankbar für eure Gesellschaft während unserer Reise nach Guatemala.

Besonderer Dank geht an Valerie Berg, die Transportmittel und Unterbringung für uns in Guatemala gebucht, uns die erste Nacht in ihrem Haus untergebracht und uns eine himmlische Mahlzeit vorgesetzt hat.

Ich möchte außerdem der tiefen Weisheit meiner Mutter Helen Parker gedenken, die immer bereit war, zuzuhören und mich zu trösten, wenn ich müde oder entmutigt war.

Und zuletzt: Dieses Buch hätte nicht geschrieben werden können ohne die zuverlässige Liebe meiner Schwester Debra Jurich, die mir immer zuhörte und mit vernünftigem Rat zur Seite stand.

Joy Parker

Wir beide möchten Jeremy P. Tarcher unsere herzliche Dankbarkeit dafür zum Ausdruck bringen, daß er die Weitsicht hatte, den Wert eines Buches über Curanderismo zu sehen, und uns beide zusammenbrachte, damit wir es schreiben. Ohne deine Hilfe wäre dieses wunderbare Abenteuer, das wir beide gemeinsam erlebt haben, nicht möglich gewesen.

Außerdem möchten wir der literarischen Agentin Elaine Markson danken, die für uns nicht nur einen wunderbaren Vertrag ausgehandelt, sondern uns auch auf dem steinigen Weg von der Idee zum fertigen Produkt vorangeholfen hat. Wir sind dir dankbar für dein Einfühlungsvermögen, deinen Takt, kreativen Geist und deine herzliche Unterstützung. Du bist eine großartige und entzückende Frau.

Dank an unseren amerikanischen Verleger Joel Fotinos, der es uns ermöglicht hat, durch Guatemala und Mexiko zu reisen, um wichtige Nachforschungen für dieses Buch anzustellen.

Viel Dank auch an unsere Lektorin Wendy Hubbert, die dazu beitrug, unserer Vision Form zu geben, und uns unablässig anspornte, unser Bestes zu geben. Wir sind dir tiefe Dankbarkeit schuldig für deinen Glauben an dieses Buch und deine fortgesetzten Bemühungen, ihm einen Platz in der Welt zu verschaffen.

Wir möchten auch der Lektoratsassistentin Jocelyn Wright dafür danken, daß sie dieses Buch in seinen zahlreichen Stufen begleitet hat und immer da war, um unsere Fragen zu beantworten.

Dank auch unserer Korrektorin Deborah Miller, die unbeirrbar in ihrem Eifer war, all die orthographischen Schwierigkeiten mit der Nahuatl-Sprache zu meistern, und uns in der Verwendung einer klaren Sprache unterstützte.

Joy Parker und Elena Avila

Glossar

¡ay! ach!, oh!, au!
abuelita Großmutter. Siehe auch *viejita.*
abuelito Großvater.
alabanzas zeremonieller Sprechgesang.
albacar Kleine Nelkenbasilie.
alma Seele (siehe auch *newatl*).
Anamnese (Aufnahme der) Kranken(vor)geschichte eines Patienten.
Anglo Nachkomme der englischen Einwanderer in den USA.
apapaxtli tlawayotl maihpahtli wörtlich »das mit den heilenden Händen besänftigen, was sich im Herzen des Volkes entwickelt.« Dies ist ein anderer Ausdruck für ein Verfahren mit physikalischen Therapien, Massagen und Körperarbeit, »Massagen«, die Arbeit des/der *sobador(a)* respektive der *tepatiani.*
Äquilibrium Gleichgewicht (hier: von Körper, Seele und Geist, auch im Verhältnis zum kosmischen Geschehen (siehe *holistisch*).
arroyo ausgetrocknetes Flußbett.
Aura feinstofflicher, feinenergetischer Körper. Strahlungsfeld, das sowohl beseelte als auch unbeseelte Körper umhüllt. Sensitive können die Aura sehen, es gibt aber auch schon neue technische Methoden, um das Energiefeld sichtbar zu machen.

bilis Zorn, Wut. Eine der Hauptursachen für die Entstehung von Krankheiten.

bruja Hexe. Siehe auch *embrujado.*

brujería Schwarze Magie.

brujo Hexenmeister.

Burnout-Syndrom das Gefühl »ausgebrannt« zu sein. Erschöpfung. Häufig bei Angehörigen der Heilberufe anzutreffen – aufgrund von Überarbeitung und angesichts des Leids, das sie täglich mit ansehen müssen.

cantadora Heilerin, Curandera, die schamanische Lieder (Heilgesänge) singt.

capirotada mexikanischer Brotpudding, dessen verschiedene Zubereitungsmöglichkeiten symbolisch für die verschiedenen Heilmethoden des Curanderismo stehen.

Centro de Desarrollo Toluca Tetzkatlipoka Kalpulli Kulturelles Entwicklungszentrum vom rauchigen Spiegel, Ausbildungsstätte für Curanderos und Curanderas.

Chacmool aztekischer Regengott. Opferträger mit menschlicher Gestalt.

Chakras feinstoffliche Energiezentren, die jeweils mit bestimmten körperlichen Organen in wechselseitiger Beziehung stehen. Die sieben Haupt-Chakras liegen auf einem feinenergetischen Kanal entlang der Wirbelsäule.

channeln als Trancemedium dienen. Ein *channel* (wörtlich »Kanal«) stellt seinen Körper zwecks Übermittlung von Botschaften aus dem spirituellen Reich zur Verfügung. Siehe auch *espiritualista* und *Fidencista.*

chanten singen, skandieren.

Chicano Nachkomme der spanisch-mexikanischen Einwanderer in den USA.

Co-Abhängigkeit Die Bezeichnung »Co-Abhängigkeit« wurde in Zusammenhang mit der Suchttherapie von Alkoholkranken geprägt. Alle Familienmitglieder eines Alkoholikers gelten als Co-Abhängige, weil sie einen Teil der Verantwortung übernehmen, die eigentlich der Abhängige selbst übernehmen müßte. In erster Linie ist natürlich der Lebenspartner davon betroffen. – Der Begriff bezeichnet aber auch eine regelrechte Beziehungssucht, wobei der oder die Co-Abhängige sich selbst als »unwichtig« empfindet und in einer Art Klammerverhältnis so gut wie alles tut, um eine Beziehung aufrechtzuerhalten, gleich, wie zerstörerisch sie sein mag.

cojo hinkend.

comadre wörtlich »Gevatterin«. Freundin, Seelenverwandte, Gleichgesinnte; dabei aber auch Lehrerin. Männliches Äquivalent: *compadre.*

compadre siehe *comadre.*

conchas Konchas, Muscheln. Zeremonielle Rhythmusinstrumente.

concheros aztekische Tänze.

consejera Ratgeberin. Curandera, die darauf spezialisiert ist, ihre Klienten in allen Angelegenheiten zu beraten, über die diese sprechen möchten. Anders als bei herkömmlichen Psychotherapeuten, die sich an einer bestimmten Schule orientieren und eine gewisse Distanz zu ihren Patienten wahren, ist das Herz *(corazón)* der *consejera* bei dem Prozeß der Heilung ebenso beteiligt. Siehe auch *plática, desahogar* und *Corazón cura corazón.*

Corazón cura corazón Herz heilt Herz. Siehe auch *consejera* und *plática.*

Coyolxauhqui aztekische Göttin, die einst mit der Erde in Zusammenhang gebracht wurde, mit der man aber heute den Himmel und die Komplexität der Menschen, vor allem aber der Frauen, assoziiert. Kraft, die zwischen Himmel und Erde wirkt und alles ins Gleichgewicht bringt. Kosmische Mutter.

cruz Kreuz (der vier Himmelsrichtungen).

Curandera/Curandero Heiler(in), die/der nach den Prinzipien des Curanderismo heilt.

Curanderismo ganzheitliches Heilverfahren mit dem Ziel, alle unsere inneren Elemente im Gleichgewicht mit dem kosmischen Geschehen zu halten. Der Begriff läßt sich auf das spanische Wort *cura* zurückführen, das sowohl »Kur, Heilung« als auch »Geistlicher« bedeutet, womit schon die holistische Sicht von Körper, Geist und Seele zum Ausdruck kommt. Der Curanderismo gründet auf dem Heilwissen dreier Kulturen: vor allem der mittelamerikanischen Ureinwohner, aber auch der spanischen Eroberer des fünfzehnten und sechzehnten Jahrhunderts sowie der afrikanischen Sklaven, die bis zum neunzehnten Jahrhundert nach Amerika verschleppt worden waren. Um das große Leid dieser Menschen zu lindern, bedurfte es einer besonders wirksamen Medizin. Wie alle lebendigen Systeme befindet sich der Curanderismo jedoch in steter Entwicklung. Er ist mit den veränderten Lebensbedingungen der Menschen, die ihn seit Jahrhunderten in Mittelamerika praktizieren und nutzen, gewachsen und stellt uns ebenfalls in unserer aktuellen Situation adäquate Heilverfahren zur Verfügung, mit denen wir auch und vor allem die heutigen (Zivilisations)krankheiten angemessen, weil ganzheitlich behandeln können.

Curandero total ein Curandero, der alle vier Ebenen der Heilkunst einsetzt: Unterweisung, Körperarbeit, Medizin und heilige Werkzeuge.

danza azteca traditionelle Tanzzeremonie.

danzantes zeremonielle Tänzer.

desahogar sein Herz ausschütten. Offenes Sprechen, bis die Blockade des Hals-Chakras aufgelöst ist. Technik, deren sich die *consejera* bedient: Der Klient darf so lange sprechen, bis er wirklich alle seelischen, körperlichen und geistigen Blockaden losgelassen hat.

desarrollo Ausbildung.

descoyuntada Verrenkung, Erschöpfung.

despedida traditionelle Abschiedszeremonie.

Día de los Muertos Tag der Toten, Allerseelen (2. November).

Wichtiger Tag in der mexikanischen Kultur, an dem die Ahnen geehrt werden.

don Gewandtheit im Umgang mit Menschen. Heilige Gabe des Heilens, die über das Erlernbare hinausgeht.

el aliento profundemente »Großer Atem«. Numinose, »göttliche« Kraft, die in der Kunst des Heilers anzutreffen ist.

embrujado verhext. Patienten, die sich als »verhext« oder »verflucht« bezeichnen, leiden erfahrungsgemäß an psychischen Problemen. Siehe auch *bruja, brujo, brujería* und *mal puesto.*

empacho Verstopfung; auch seelische Blockade.

Energiekörper siehe *Aura.*

envídia Neid. Eine der Hauptursachen für die Entstehung von Krankheiten. Betroffene sind sowohl der Mensch, der Neid empfindet, als auch derjenige, der beneidet wird.

espanto traditionell die Angst, die der Anblick eines »Geistes« auslöst. Es handelt sich wohl meist um die »Geister«, die uns quälen, wenn wir etwas Wichtiges nicht zum Abschluß gebracht haben.

expiritualista Trancemedium. Curandera, die ihren Körper zur Verfügung stellt, um Energien aus dem spirituellen Bereich zu channeln.

estomagos vacios »leere Bäuche«. Vermeintliche Heiler (ohne Qualifikation), Quacksalber.

Fidencista In Mexiko gibt es eine große Zahl von *espiritualistas,* die den größten Curandero aller Zeiten channeln – Niño Fidencio – und sich selbst als *Fidencistas* bezeichnen.

fünf Himmelsrichtungen, Ritual der Zeremonie des Loslassens, bei der abhängig vom Problem symbolische Gegenstände in die vier Himmelsrichtungen gelegt werden. Die fünfte »Himmelsrichtung«, die »Mitte«, ist der imaginäre »Ort«, den man nach den Gebeten in die anderen Richtungen erreicht und der nicht näher beschrieben wird, der gesamte Kreis, der das Universum symbolisiert. Die »Summe« von Licht, Frieden, Liebe, Bewußtsein und Harmonie.

Guadalupe, Jungfrau von siehe *Nuestra Señora.*
hermana Schwester.
hierbero Natur-, Kräuterheilkundiger.
holistisch alle Erscheinungen des Lebens von einem ganzheitlichen Prinzip ableitend; das Ganze betreffend; Körper, Seele und Geist – das gesamte Universum in seine Betrachtungen einbeziehend.
huaraches indianisch-mexikanische Sandalen.
huesero einem Chiropraktiker ähnlicher Curandero, der vor allem die Wirbelsäule und die Gelenke einrenkt.
Huesuda die Knochige. Symbol des Todes; Äquivalent zum westlichen »unerbittlichen Schnitter«.
huipiles indianisch-mexikanische Kleidungsstücke. Überhänge, »Tuniken«.
jefe »Chief«, Häuptling.
kalpulli Schule.
Katatonie Spannungsirresein. Schizophrenieform mit Muskelkrämpfen und Wahnvorstellungen.
La Huesuda siehe *Huesuda.*
La Llorena siehe *Llorena.*
La Malinche siehe *Malinche.*
limpia spirituelle Reinigung. Zeremonie, bei der ein Mensch üblicherweise mit Hilfe eines Eies symbolisch von den (unerwünschten) Energien befreit wird, die »nicht zu ihm gehören«. Es kommen außerdem Adlerfedern oder *Romero*-Zweige zum Einsatz, mit denen energetischer »Abfall« aus der Aura »gekämmt« wird.
Llorena die »Weinende Frau«. Aspekt der weiblichen Trauer.
luto etwa einjährige Übergangszeit der Trauer und Heilung (nach dem Verlust eines Partners).
maestra siehe *maestro.*
maestro Meister, Lehrer. Weibliches Äquivalent: *maestra.*
mal (de) ojo wird vielfach als »böser Blick« übersetzt. Diese Bezeichnung ist aber mißverständlich. Das Wort *mal* bedeutet

nicht »böse« (Adjektiv), sondern »Krankheit« (Substantiv). Man übersetzt es also besser etwa als »Krankheit, die durch (An)starren verursacht wird«.

mal aire wörtlich »schlechte Luft«. Erkältungssymptome, Ohrenschmerzen, Gesichtslähmung. Besonders anfällig sind (aus sprachhistorischer Sicht) Kinder, die »der kalten Nachtluft« ausgesetzt sind. Der Brauch, Kinder zum Schutz vor *mal aire* in Decken einzuhüllen, ist jedoch eher symbolisch zu verstehen: Wir schützen sie, indem wir sie mit unserer Liebe und Fürsorge »umhüllen«.

mal puesto Fluch. Schwarzmagisches »Mittel«, um anderen Schaden zuzufügen. Viele Hochstapler verdienen sich goldene Nasen durch den Glauben ihrer Patienten, von einem *mal puesto* beladen zu sein. In Wirklichkeit handelt es sich bei den Betroffenen aber fast ausschließlich um Menschen, die unter psychischen Störungen leiden, und/oder solche, die die Verantwortung für ihr eigenes Leben nach außen, auf andere projizieren und eigentlich entsprechende therapeutische Hilfe benötigten.

mala suerte Unglück, Pech. Im Curanderismo geht man davon aus, daß sich die Energien und Erwartungen, die wir in das Leben investieren, eine direkte Auswirkung darauf haben, was uns zustößt. Deshalb können wir auch das beeinflussen beziehungsweise weitgehend verhindern, was man gemeinhin als »Pech« bezeichnet. *Mala suerte* gehört zu den emotionalen Krankheiten.

Malinche das Gegenüber des *maestro* bei der Zeremonie. Frau, die während der zeremoniellen Handlungen das Feuer hütet.

manzanilla Kamille(ntee).

Mariachi Volksmusik; Musikgruppe.

matzewallitztli Verdienst. Technik zur Gesunderhaltung: Gute Gesundheit ist eine Wahl, die wir treffen, wir »verdienen« sie uns durch bestimmte Maßnahmen.

médico Arzt, Heiler.

mercado Markt, Geschäft.

Mexihka Azteken. Die Mexihka sind der zentrale Stamm Mexikos. Das Wort »Mexiko« ist eine Kombination von drei Nahuatl-Begriffen: *metl* (»Agave«), *xiktli* (»Nabel«) und *ko* (»innerhalb«): »im Nabel der Agave«.

mijita kleine Tochter. Kosename.

mijito kleiner Sohn.

Moxibustion Brenntherapie nach chinesischem Vorbild. Ein langes, schmales Rohr wird über einen bestimmten Punkt des Körpers gehalten. Das Ende des Rohrs erhitzt man mit einer Flamme, wodurch die Körperstelle erwärmt wird.

nagual jemand, der sich (bei der Zeremonie) symbolisch in ein Tier »verwandeln« oder seine Tierführer beziehungsweise -geister (Krafttiere) herbeirufen kann (vor allem Schaman[inn]en).

Nahuatl Sprache der Azteken und ihrer Nachkommen, der Nahua.

nawi ollin teotl die Essenz der vier Bewegungen *apapaxtli tlawayotl maihpahtli, matzewallitztli, tetzkatlipoka* und *pahtlitztli.*

newatl Seele (siehe auch *alma*).

Nuestra Señora Unsere Schöne Frau, die Jungfrau von Guadalupe, Vírgen de Guadalupe. Festtag: 12. Dezember (hoher kirchlicher Feiertag, vom mexikanischen Staat nicht anerkannt, aber toleriert: *Aparicion de la Vírgen de Guadalupe*). Ihre Basilika befindet sich an derselben Stelle wie einst der Schrein der Tonantzin. Siehe auch *Tonantzin.*

ofrendas Altäre und die darauf ausgebreiteten Gaben.

ojo de vendado »Hirschauge«; Talisman zum Schutz vor *mal ojo.*

Ometeotl die Summe der Energie in den »vier Quadranten« (siehe auch *nawi ollin teotl*).

oyoyotes Muschelschmuck an den Fußknöcheln.

pahtliztli Technik, die sich mit allem befaßt, was in der Medizin

Verwendung findet, ob es sich dabei nun um Stoffe pflanzlichen, tierischen, mineralischen oder gasförmigen Ursprungs handelt.

partera eine Curandera, die die Rolle der Hebamme, darüber hinaus aber auch die Vor- und Nachsorge bei der Geburt übernimmt.

pemacho heiliger Kopfschmuck.

Persona Maske. In diesem Zusammenhang der Rollenaspekt der Persönlichkeit.

Peyote auch *Peyotl.* Mexikanische Kakteenart, findet wegen ihrer psychedelischen Wirkung unter anderem in schamanischen Ritualen Verwendung.

pirul Peruanischer Pfefferbaum. Wird beispielsweise bei *limpias* in der Schwitzhütte eingesetzt.

plática Unterhaltung, religiöse Ansprache. Im Curanderismo das Gespräch »von Herz zu Herz«, eine Art »Gesprächstherapie«, die aber nicht die Beschränkungen und die Distanz zum Patienten wie in den westlichen Methoden (Psychotherapie) aufweist. Bei einer *plática* erspürt eine Curandera darüber hinaus die nonverbalen feinenergetischen Schwingungen, die zutreffende Aussagen über den Zustand eines Klienten erlauben. Siehe auch *consejera* und *Corazón cura corazón.*

plaza Platz.

Popol Vuh das heilige Buch der Maya. Es stützt sich auf mündliche Überlieferungen und enthält zahlreiche Legenden und Mythen über die Entstehung der Welt sowie den Sinn des Lebens.

Pot Haschisch, Marihuana.

Psychodrama In der (Gruppen)therapie ein Rollenspiel, in dessen Verlauf Symptome und ihre Ursachen ermittelt werden.

Rolfing Körperarbeit, bei der seelisch-geistige wie auch körperliche Spannungen gelöst werden. Nach der Amerikanerin Ida Rolf.

romero Rosmarin.
ruda Raute.
sahumador Räucherfaß.
salvia Salbei.
Schwitzhütte siehe *tematzcal(li).*
sobadora Masseurin. Curanderas verwenden die Massage nicht nur, um den Körper eines Patienten zu entspannen und zu entkrampfen, sondern auch, um seine Seele zu animieren: um emotionalen gleichsam wie körperlichen Schmerz hervorzuholen und zu heilen.
Spiegel, rauchiger schwarzer Der rauchige Spiegel symbolisiert die Fähigkeit, Illusionen zu durch*schauen.* Der Rauch und die Farbe stehen für die Illusionen. Siehe auch *tetzkatlipoka.*
susto »Seelenverlust, -angst«; Schock. Ein beängstigendes oder traumatisches Ereignis kann zum »Seelenverlust« führen, was metaphorisch einen Zustand beschreibt, in dem wir uns nicht richtig anwesend, vollständig fühlen und nicht wirklich wir selbst sind. Wir haben das Gefühl, daß uns etwas Wesentliches fehlt. Der »Seelenverlust« beschreibt auch die verdeckten Persönlichkeitsanteile, die durch die zwangsläufige Übernahme gesellschaftlicher Normen (Konditionierung) bei der Sozialisation des Kindes unterdrückt wurden.
tamal (gefüllte) Maistasche.
teixkitomantitl »der, der den Stein aus den Augen entfernt«. Einem Augenarzt vergleichbarer Heiler.
tematzcal(li) Schwitzhütte(nzeremonie).
tepahitianikeh »Träger des Medizinsteins«. Insofern einem Allgemein- oder Hausarzt vergleichbar, als er sich nicht auf eine bestimmte Medizin spezialisiert hat, sondern sich um das Wohl der Patienten allgemein kümmert.
tepatiani Heilkundige(r), die/der sich auf Massage spezialisiert hat (siehe auch *sobadora*).
tetzkatlipoka »Tradition des schwarzen rauchigen Spiegels«. Eine der vier Kulturrichtungen, die sich damit auseinander-

setzen, wie Menschen idealerweise in einer Gemeinschaft zusammenleben sollten; Symbol für einen der vier Quadranten des aztekischen Altars. Siehe auch *Spiegel, rauchiger schwarzer.*

titzitl Heiler mit großer Erfahrung, zu dem ein anderer Heiler seinen Patienten schickt, wenn er selbst ihm nicht mehr helfen kann.

tlamatinime »die, die Erde in ihrer Hand halten«. Spirituelle Führer, geistige Heiler. Weise Männer der Azteken.

tonal Geist.

Tonantzin aztekische Erd- und Maisgöttin, die symbolisiert, daß wir ein Teil der Erde sind und sie schützen sollten. Siehe auch *Nuestra Señora.*

Traum, luzider Klartraum, bei dem der Träumende sich bewußt ist, daß er träumt, und das Geschehen beeinflussen kann.

velación Nachtwache.

velas Kerzen, die »für die Gesundheit« brennen.

vestuario zeremonielle Kleidung.

vida imprescindible Vitalität des Lebens.

vida verdad wahres Leben.

viejita Großmutter. Siehe auch *abuelita.*

viejo alter Mann, Ahn.

Wewepahtli »Größte Medizin«. Ganzheitliches Konzept zur Heilung von Körper, Seele und Geist. Dem Patienten innewohnende Heilkraft.

Wicca Hexenwesen der Gegenwart.

yerba buena gutes Kraut. Oft Pfefferminz(tee). Auch für eine liebevoll verabreichte Medizin, symbolisch für liebe, trostspendende Worte.

zócalo Sockel. Der Begriff *zócalo* ist die volkstümliche Bezeichnung des Hauptplatzes einer Stadt oder Ansiedlung. Bei *dem* Zócalo (Name) in Mexico City handelt es sich um einen riesigen innerstädtischen Platz. Er ist den Azteken heilig, weil so viele Zeugnisse ihrer Geschichte darunter begraben liegen.

Adressen

Der Curanderismo hat (noch) keine europäische Tradition, weswegen hier überwiegend (mittel)amerikanische Kontaktadressen angegeben sind. Dennoch wächst auch in unseren Breitengraden die Zahl derer, die sich in einer von Naturwissenschaft und Technik dominierten Welt für Heilweisen interessieren, welche von dem westlichen Modell abweichen. Denn uns wird dadurch ein Spiegel vorgehalten, mit Hilfe dessen wir die Schwächen und die wahren Stärken unseres eigenen medizinischen Systems besser erkennen können. Und durch die Darstellung solcher Elemente traditioneller Medizin, die auch in unser Gesundheitssystem integriert werden könnten, wird nicht nur ein wertvolles kulturelles Erbe bewahrt, sondern es werden vor allem Sicht- und Herangehensweisen vermittelt, die primär auf die Bedürfnisse des leidenden Menschen ausgerichtet sind.

Die Autorin praktiziert, führt Zeremonien durch und präsentiert die Prinzipien des Curanderismo in Workshops:

Elena Avila, RN, MSN, Curandera
95-917 Paikauhale St.
Mililani, Hawaii 96789, USA
Tel.: +1/8 08/6 25 38 82 oder +1/5 05/8 92 89 18
Fax: +1/8 08/6 23 49 27
E-Mail: EAvila9234@aol.com

Ehekateotl Kuauhtlinxan, Arzt, Lehrer und »Träger des Wortes« für die (aztekische) Mexihka-Medizin der Tetzkatlipoka-Tradition, ist unter folgender Adresse erreichbar:

Centro de Desarrollo Cultural Tetzkatlipoka Kalpulli
Gabriel Mancera
1633, Casa 14, Colonia Del Valle C. P. 03100, Mexiko
Del: Benito Juarez Mexico D. F.
Tel.: +52/5/5 34/77 01
E-Mail: ehekateotl@mexico.com

Tzenwaxolokuauhtli Tzatzoehtzin, Arzt, Lehrer und Leiter des Mexihka Council of the Tetzkatlipoka Tradition:

Centro de Desarrollo Toluca Tetzkatlipoka Kalpulli
In den USA:
1933 Vermont N. E.
Albuquerque, NM 87110, USA
Tel.: +1/5 05/2 37 02 24
In Mexiko:
Tel. und Fax: +52/72 13 09 86

Curanderas, die von der Autorin empfohlen werden:

Irma Martinez Mossner, Curandera, Sobadora
P. O. Box 51 71
Pagosa Springs, CO 81147, USA
E-Mail: Kodiakrrserpent@netscape.net

Maria Christina Moroles, L. M.T., Curandera total
Arco Iris, H.C. 70
Box 17, Ponca, AR 72670-9620, USA
Tel.: +1/8 70/8 61/55 06
E-Mail: sunhawkar@hotmail.com

Soledad, Curandera und Fotografin
Tel.: +1/5 05/3 45/78 82
Fax: +1/5 05/3 45/52 51
E-Mail: shindi@soleda.com

Alicia Maes (Ozomatl), Curandera, Sobadora
2405 Mervosh Pl. SW
Albuquerque, NM 87105, USA
E-Mail: ALICIAMAES@aol.com

Linda Velarde, Curandera
P. O. Box 3 86
Taos, NM 8757, USA
Tel.: +1/5 05/7 51/96 13
E-Mail: velarde@laplaza.org

Flordemayo, Curandera und Mayapriesterin
333 Vancouver Rd. SE
Rio Rancho, NM 87124, USA
Tel.: +1/5 05/8 96 27 64
Fax: +1/5 05/8 96 16 76
E-Mail: flordemayo@juno.com
Homepage: www.freeyellow.com/members6/flordemayo

Valerie Berg, Curandera und authorisierte Rolferin
E-Mail: vberg@flash.net

Bernadette Vigil, Nagual-Schamanin
Tel.: +1/5 05/8 56/58 56
E-Mail: Lena928@aol.com

Kaiya Montaocean
Center for Natural and Traditional Medicines, Washington, D. C.
Tel.: +1/3 01/7 72 88 58
E-Mail: cntmed@erols.com

Im deutschsprachigen Raum bietet sich vor allem die AGEM als Ansprechpartner an, wenn man sich über Ethnomedizin informieren will (während der Semesterferien muß man sich allerdings ein wenig gedulden):

Arbeitsgemeinschaft Ethnomedizin (AGEM)
Melusinenstr. 2
D-81671 München
Tel.: +49/89/49 38 31
Fax: +49/89/40 90 81 29
E-Mail: 100042.1504@compuserve.com
Homepage: www.med.uni-muenchen.de/medpsy/ethno/vorstand./html

Aktuelles zum Thema »Ethnomedizin« finden Sie beispielsweise in der Zeitschrift curare, *die Redaktion beantwortet auch spezielle Fragen:*

curare
Zeitschrift für Ethnomedizin
Chefredakteurin Dr. phil. Judith Schuler
Verlag für Wissenschaft und Bildung
Besselstr. 13
D-10969 Berlin
Fax: +49/30/2 51 11 36
Homepage: www.med.uni-muenchen.de/medpsy/ethno/curare.html

Informationen und Workshops, auch Reisen zu Seminaren nach Mittel- und Südamerika, bietet:

Dipl.-Psych. Dr. Walter Andritzky
Internationales Institut für
Kulturvergleichende Therapieforschung e. V.
Kopernikusstr. 55
D-40255 Düsseldorf
Tel.: +49/2 11/34 56 19
Fax: +49/2 11/34 56 28
E-Mail: neteshama@aol.com

Weitere aufschlußreiche Websites:

www.shamanicdimensions.com
www.magnet.ch/ecbs/intro-g.htm
www.ethno.unizh.ch

Außerdem finden Sie im Internet zahlreiche interessante Homepages, wenn Sie bei der (internationalen) Suche beispielsweise Begriffe wie »S(c)hamanism(us)«, »S(c)hamane«, »Ethnomedizin«/»Ethnomedicine«, »Curanderismo«, »Curandero« oder »Curandera« eingeben.